GENERAL
INTRODUCTION TO

社会法
总论

SOCIAL LAW

余少祥 著

社会科学文献出版社
SOCIAL SCIENCES ACADEMIC PRESS (CHINA)

序　言

这本书是我承担的国家社科基金重点课题"社会法总论重大理论问题研究"（批准号：14AFX024）的成果之一，全部章节均出自本人之手，不包括课题组成员的成果，也不包括我撰写的系列研究报告。

作为课题研究的主"产品"，这本《社会法总论》能不能获得学界和同人的认可，说实话，我十分忐忑。我甚至揣测，能否有人耐心将这本书读完。毕竟，在学风日益浮躁，大家都在追求"短、平、快"的今天，基础理论研究是最吃力不讨好的事。从近十年中国社会法年会的情况看，基础理论研究一直是最落寞、被边缘化的领域。在社会法专业研究会年会中，"基础理论"仅有一次被设过分会场，会议论文也仅有少数几篇，这跟学会的导向有关，跟人才和研究氛围也有关联。社会法学者大都沉醉于对劳动法或其他分支学科某个具体问题的研究，看上去一片"繁荣"。事实上，全国人大常委会早就将"社会法"列为我国社会主义法律体系七大法律部门之一了。但到底什么是社会法，社会法与其他法律部门在哪些方面有区别，没有一个人能够从理论上说清楚。也就是说，我们的社会法没有理论。迄今为止，我国社会法所有的制度构建，都缺乏严密清晰的理论支撑。这是很大的问题，也是不能不解决的重要问题。为此，我和少数同人一直奋力疾呼，希望社会法学界重视并加强基础理论研究，因为这是我们一代学人必须肩负的使命。

我从 2006 年进入中国社科院法学所以后，就一直关注社会法基础理论研究，截至 2012 年底，已经基本上将国内带有"社会法"三个字的专著和论文看完，积累了约 40 万字的读书笔记，关于社会法基础理论的主要观点已初步形成。实事求是地说，国内还是有一些学者对社会法基础理论问题做了很多有益的探索，这给了我很多正面或者反面的启迪。我当时就想在这些读书笔记的基础上，写一本关于社会法基础理论的专著，并拟就了全书的框架提纲。不久，恰逢国家社科基金课题招标。我想，反正这项研究要做，不如申报一个国家社科基金课题试试，争取能有几年时间静下心来写作。结果一查阅国家社科基金课题指南，我连"社会法"三个字的影子都没有发现，但我坚信这项研究的重要性，期待评审专家"慧眼识珠"，因此还是认真填写和提交了申报书。不久，立项结果公布，我申报的课题赫然在列，而且是重点课题。我不敢怠慢，开始全身心投入研究工作。这个课题预定的完成时间是四年，最终成果是一本40万字的专著。我当时雄心勃勃，准备一个人独立完成这本专著。但一个自然人一年能撰写的专著的字数是非常有限的，我一是还有别的工作任务，不能保证每天都有时间写，二是写的时候经常"卡壳"，需要查阅或补充很多数据资料，有时还要全部推倒重来。为了保证研究进度，我将中国政法大学徐妍老师和我的一名研究生李广厦延入课题组，由徐妍老师做"社会法的法律功能"研究，李广厦做"社会法的法律特征"和"社会法的价值目标"研究。考虑到观点、体例和风格的统一，我将自己积累的读书笔记倾囊相授，供他们参考，并跟他们一起拟定了写作提纲。徐妍老师功力深厚，且对社会法基础理论关注已久，很快就完成了写作。李广厦从入学伊始，确立的方向就是社会法基础理论，加上聪明勤奋，基础很好，经过一年多的努力，也顺利完成了课题任务。现在，李广厦已经在德国马普学会社会法与社会政策研究所攻读博士学位，专业方向正是社会法基础理论。

2016年8月，我因故离开法学研究所，调入中国社科院社会发展战略研究院工作。这是一个跨学科、综合性的研究机构，承担的课题多、任务重。我一方面接手一些新的课题任务，另一方面继续原有的社会法基础理论研究。我还要承担国家治理研究室、国家治理研究智库和国家机关运行保障研究中心的很多工作。这一段时间，我确实非常忙。直到2017年10月，原计划的研究专题终于全部完成，就是呈现在读者面前的这本《社会法总论》。遗憾的是，徐妍老师和李广厦撰写的章节不能放在一起出版，因为那样不能算"专著"。目前，徐妍老师的大作已经在 2018 年社会法年会上"惊艳亮相"，李广厦的两章依然被"束之高阁"。我想，将来本书再版时，一定要将这三章补上。在此，我谨向两位作者表示歉意，也希望他们的大作能先以论文面世。因为一旦出书，就再难发论文。

其实，原定框架还有"社会法的结构分层"，在做课题申报时被我撤下，主要是因为这部分思考欠成熟，我也担心研究时间不够，招架不住。社会法的重大理论问题还有一些，一本书很难穷尽，且任何理论都是开放的体系，永远处在探索和发展之中。这本书能起到的作用就是抛砖引玉，一方面期望引起学界对社会法基础理论的重视，另一方面是提供一个"靶子"，供大家讨论和批判。本来，我有一个想法，即将它归入我的"弱者"研究系列，取名《弱者的福祉——社会法义理、考据与辞章》，因为社会法首先起源于弱者保护，后来才渐次发展为提供全民福利和保障。后来，我去征求刘白驹老师的意见，他建议还是用《社会法总论》：一方面，这本书阐述的都是"总论"问题；另一方面，有关社会法"总论"的专著目前一本没有，其可以起到先导作用。事实上，这本书贯彻的思想与我的"弱者"研究系列是一脉相承的，因为社会法在本质上是"民生之法"，其立法宗旨是保护弱者，维护社会实质公正和公平。为了便于读者了解我的"弱者"研究系列，我特将《弱者的权利》、《弱者的正义》、《弱者的救助》和《弱者的守望》四本书的"后记"或"序言"附录在后，供读者比较和对照，以更好地理解本书的主题和核心思想。

我再次说明，《社会法总论》的每一行字都是本人独立思考的结果，我文责自负，如有粗疏或不妥之处，敬请读者诸君不吝指正。

余少祥谨识

2018 年 12 月 10 日

目　录

第一章

社会法的起源和发展

19 世纪中期以后，以私法和市场经济为特征的资本主义制度虽然为人类带来了越来越多的物质财富，但是造成了越来越多的社会问题。尤其在一些发达的资本主义国家，工业革命的成果落在了少数人手里，社会对这部分财富完全失去了支配权。由于社会安全和个人生存受到威胁，资本主义社会遇到了空前的危机。[①] 在此情况下，资产阶级国家和社会改良主义者力图通过干预私人经济来解决市场化和工业化所带来的社会问题，并运用行政、法律手段对各类社会问题进行调节，以强化私权主体的社会责任，调和各种利益矛盾和冲突。在此过程中，公法手段被不断运用于过去与之不相干的劳动、社会福利救济、教育和经济等领域。其目的是以政府这只强有力的手来保护社会中处于弱势地位的当事人的利益，保护民生福祉。[②] 正是公法和私法在解决社会问题时存在的不足，造成了"公法私法化"和"私法公法化"的现象，并最终促使了经济法、环境法、社会法等新的法律部门的诞生。

第一节 社会法起源

一 理论渊源

（一）空想社会主义理论

最早的空想社会主义者是英国人莫尔，他在 1516 年出版的《乌托邦》

---

① 白小平：《社会权初探》，《社科纵横》2004 年第 4 期。
② 余少祥：《社会法：维系民生之法》，《今日中国论坛》2009 年第 1 期。

一书，被称为空想社会主义的开山之作。在书中，莫尔提出孕妇、产妇、哺乳期妇女以及婴儿受社会保护，医疗服务完全免费，一切患病者都可得到治疗和所需营养。这就是一种实行社会保障的美好理想。早期空想社会主义的另一位代表人物，是意大利人康帕内拉，他在监狱里写的《太阳城》一书，同样产生了较大影响。中期空想社会主义者的主要代表是法国的摩莱里和马布利。摩莱里的代表作是《巴齐里阿达》和《自然法典》，马布利的著述有很多，1792 年出版的《马布利全集》有 15 卷之多。他们的著作深受法国启蒙思想的影响，开始具有典型的空想社会主义理论形态。19 世纪以后，资本主义在欧洲迅速发展，整个社会日益分裂为资产阶级和无产阶级两大对立阵营，资本主义社会内部的矛盾和弊端日益暴露。面对资产阶级的残酷剥削和无产阶级的苦难，圣西门、傅立叶、欧文将空想社会主义提到了前所未有的高度。他们对资本主义制度进行了无情的揭露和批判，有的还试图将社会主义理论同群众运动联系起来，甚至进行了通过暴力推翻当时社会制度的尝试。他们精心描绘了未来社会的蓝图，提出了一些积极主张和有价值的思想，具体包括：废除生产资料私有制，消灭剥削和压迫，消灭阶级和阶级差别；改变资本主义分配制度，实行共同劳动、合理分配；消灭工农差别、城乡差别、脑力劳动和体力劳动的差别；等等。如欧文致力于改善工人的劳动条件，提高工人福利。他召开股东会议推广自己的想法，呼吁议会通过这方面的立法草案，并出版了一本《论工业体系的影响》小册子，宣传劳工福利思想。后来，欧文两次发出呼吁书《上利物浦伯爵书——论工厂雇佣童工的问题》和《致不列颠工厂主书——论工厂雇佣童工的问题》，力图将零星赈济转变为劳工依法享有的权利。[①] 空想社会主义者关于未来社会的某些天才构想，为社会法的诞生提供了直接的思想资料，成为社会法重要的智识资源。

（二）国家责任理论

早期资产阶级思想家魁奈、亚当·斯密和休谟等，都认为人类本性是

---

① 〔英〕欧文：《欧文选集》第 1 卷，柯象峰等译，商务印书馆，1979，第 101 页。

利己的，每个人都是理性的经济人，是自己利益的最佳判断者，在市场上的行为遵循"效用最大化"原则。他们相信，人们追逐私利的行为，会带来社会的繁荣，整个社会在"看不见的手"的指引下有序地运行，最终会达到个人私利与社会福利平衡的结果。当时十分流行的工作伦理是加尔文主义哲学和社会达尔文主义①，整个社会崇尚个人奋斗和自由竞争，认为贫穷和弱势都是个人责任。如洛克认为，"与穷人相比，富人拥有更多为自己行为负责的资本。但是，在有关贫穷的问题上，除了以自己的行为对穷人施加影响力之外，富人无法帮助穷人"。② 随着社会化大生产的发展，人们对贫困与社会风险的看法发生了根本转变，贫困不再被认为是一种罪过，而是一种不幸，这种不幸的后果应该由社会来承担。社会风险是工业社会的必然现象，必须通过社会保险制度予以化解。③ "物竞天择、适者生存"的市场竞争法则，虽然可以使竞争者之间保持公平的竞争秩序，却无法保证竞争结果的公平，因为竞争法保证的是程序的公正和形式公平，而不是结果的平等和实质公平。因此，一个人的不幸如贫困、失业、疾病、受教育程度低等，不应归责于个人道德的失败，而应归责于国家没有提供充分的机会和物质保障来缓解和消除上述不幸。也就是说，国家有责任向其提供医疗、住房、失业救济、教育等一系列福利，提供成人教育正是国家承担责任的一种方式。④ 这就是国家责任论最初的理论形态，其为社会法的产生和发展提供了理论契机。

20 世纪 30 年代，凯恩斯主义彻底颠覆了西方古典经济学的理论基础，将国家责任论推到了一个新的高度。凯恩斯依据"有效需求原理"，认为资本主义经济患了失业、经济危机等多种严重疾病，并有引起无产阶级革命导致资本主义制度全面崩溃的危险，而病因正是"有效需求不足"。对此，他提出了由政府出面干预经济的"一揽子"措施，包括提高资本边际

---

① 〔美〕迪尼托：《社会福利：政治与公共政策》，何敬等译，中国人民大学出版社，2007，第 37 页。

② Calvin Woodand, "Reality and Social Reform, the Transition from Laissez-Faire to the Welfare State", *The Yale Law Journal* 72 （2）, 1962, p. 292.

③ 杨思斌：《英国社会保障法的历史演变及其对中国的启示》，《中州学刊》2008 年第 3 期。

④ 郭丁铭：《论成人教育法的社会法属性》，《昆明理工大学学报》2007 年第 2 期。

效率、"半通货膨胀"政策、扩大商品和资本输出等。其经济思想的核心是，放弃古典经济学的自由放任的市场经济政策，通过政府对经济的积极干预，缓解甚至解决资本主义社会的各类矛盾，挽救资本主义制度。以此为基础，美国国会批准了《社会保障法》，第一次在同一部法律中规定社会保险、社会福利和社会救济等内容，创建了社会保障法规由单纯的社会保险向综合性发展转变、国家职能从"消极"向"积极"转变的新模式。①

（三）人权理论

在欧美的文化中，人权是一个专有名词，特指人的某种"自然权利"，即人因其为人而应该享有的权利。现代人权理论起源于欧洲的文艺复兴，文艺复兴的本质乃是其对人的本体价值的认识和确认。也就是说，每个人都有自己与生俱来的权利，这是基于人类本性的一种权利。文艺复兴后期，洛克在《政府论》中对"自然权利"作出了最早界定。他认为，人生来就应该是平等的，不存在从属或受制的关系，任何人都不得侵害他人的生命、健康、自由或财产。洛克避开了人权的来源及存在的合法性问题，直接将人生来就应该平等当作一个不言自明的前提条件展开论述。在洛克看来，全社会的生存是根本的自然法。他说："根本的自然法既然是要尽可能地包含一切人类，那么如果没有足够的东西可以充分满足双方面的要求，即赔偿征服者的损失和照顾儿女们的生活所需时，富足有余的人就应该减少其获得充分满足的要求，让那些不是如此就会受到死亡威胁的人取得他们迫切和优先的权利。"② 在个人与社会的关系上，杰克力图使个人与社会达到适当的平衡，认为"人一出生即享有生存权利"③，且涉及全人类

---

① 美国 1935 年《社会保障法》的主要内容有：为因年老、长期残废、失业等陷入贫困的社会群体提供收入保障，为老年和残废者的医疗费用提供保障，为保障计划受益者提供现金保障待遇等。这部法律的直接理论来源是凯恩斯主义。凯恩斯倡导"积极国家"，反对自由主义的消极国家，主张政府要扩大福利设施，对经济活动进行积极干预，实行社会保障，消除贫民窟，实施最低工资法等。
② 〔英〕洛克：《政府论》（下），叶启芳等译，商务印书馆，1964，第 118 页。
③ 〔美〕杰克·唐纳利：《普遍人权的理论与实践》，王浦劬等译，中国社会科学出版社，2001，第 102 页。

生存的内容至少与涉及个人生存的内容一样多，反对牺牲个人利益以服从社会利益，人的基本生存权利不受侵犯。卢梭认为，人类根本的政治目标是追求平等与自由。他说，"如果我们探讨，应该成为一切立法体系最终目的的全体最大的幸福究竟是什么，我们便发现它可以归结为两大主要目标：自由与平等"①；"每个人都生而自由、平等，他只为了自己的利益，才会转让自己的自由"。② 卢梭认为，在自然状态中，人们之间虽因年龄、体力的不同存在自然的不平等，但绝没有财产和政治上的不平等，财富私有制和不平等占有乃是一切社会不平等的根源。这一时期，以洛克、孟德斯鸠、伏尔泰和卢梭等为代表的著名学者，倡导"自由、平等、博爱"和"人权"等思想，在政治、社会领域引起巨大变革，成为社会立法和国家对公民应尽义务的理论先导。

生存权学说是人权理论发展的必然结果。这一学说认为，国家应该把保护社会弱者生存作为自己的义务，社会财富的分配应确立一个使所有人都获得与其生存条件相适应的基本份额的一般客观标准。社会成员根据这一标准具有向国家提出比其他具有超越生存欲望的人优先的、为维持自己生存而必须获得的物和劳动的要求的权利。③ 18 世纪末，以托马斯·潘恩等为代表的一批思想家明确提出生存权和社会权思想，产生了极大的社会影响。在《人权论》一书中，托马斯·潘恩用清晰的语言系统阐述了穷人的权利，强调穷人不仅有生存权，而且应该享有各种经济、社会和文化权利，并且首次提出一项激进的社会改革方案，使穷人能实际享有这些社会权利。④ 他将国家看成为人民利益服务的仆人，认为政府应该对社会负起责任，即不仅要照顾贫穷残疾者与孤儿寡妇，还要使身体强健的人有工作。同时，他主张对无劳收益征收累进税和实行高额分级遗产税，将税收用来为儿童和老人提供补助，为救济失业兴办公共工程，以及为教育提供款项，等。由于其杰出贡献，历史学家汤普森在评价《人权论》时认为，

① 〔法〕卢梭：《社会契约论》，何兆武译，商务印书馆，1982，第 42 页。
② 〔法〕卢梭：《社会契约论》，何兆武译，商务印书馆，1982，第 9 页。
③ 刘升平、夏勇：《人权与世界》，人民法院出版社，1996，第 319 页。
④ 〔美〕潘恩：《潘恩选集》，马清槐等译，商务印书馆，1982，第 313 页。

第一部分的成就是伟大的，但第二部分是非凡的，因为第二部分树起了导向 20 世纪社会立法的航标，成为社会法产生的理论先导。

（四）新财产权理论

作为一个古典的法律概念，"财产"或"财产权"（Property）长期被视为民法领域研究的重要内容。也就是说，法律强调财产权为私权利，应由意思自治主导的私法调整，尽可能禁止公权力对其进行干涉。如功利主义者认为，人是趋乐避苦的，财产权是个人追求快乐的工具，具有很强的个人主义倾向，强调个人财产神圣不可侵犯，即便社会共同福利要求对个人权利进行调整，也很难要求个人作出妥协。[①] 社会契约论者大部分认为，个人在进入社会之前，在自然状态中拥有包括财产权在内的自然权利，政府的目的是保护财产权，如果它企图干涉个人的财产权，个人就可以反抗，甚至推翻政府。但是，随着"公法私法化"和"私法公法化"的出现，财产权已不再是一种纯粹的私权利，传统大陆法系关于公法、私法划分的理论基础也产生了根本的动摇。如洛克认为，财产私有权的无限积累是有条件的，因为在许多情况下，无限积累会侵犯自然法，它们不仅威胁无产者的自由和平等，而且威胁他们的实际存在。因此，当无限个人积累威胁到其他人的实际生活时，他主张允许而且实际要求采取针对性的政治行动。在《政府论》下篇"论财产"中，洛克并没有证明无限积累的普遍权利是正当的，其为限制财产权和新财产权学说打开了理论上的缺口。

19 世纪后期，欧洲国家普遍进行的社会立法由于涉及对个人财产权的调整曾遇到较多抵制。在这种背景下，格林提出了一种新的财产权理论，努力为社会立法提供理论支持。格林认为，财产权在欧洲发展历史上的实际结果，是其产生了大量不能拥有财产的人。虽然从法律上看，这些人可以有占有的权利，但实际上他们没有机会为自由的道德生活，为发展、实现或表达善良意志提供手段。为了改变这种状况，国家应该对那些损害其他人财产权及社会共同福利的财产权自由进行限制。[②] 从保护被雇佣者财

---

① 邓振军：《从个人权利到社会权利——格林论财产权》，《浙江学刊》2007 年第 3 期。
② 邓振军：《从个人权利到社会权利——格林论财产权》，《浙江学刊》2007 年第 3 期。

产权出发，他也提倡对劳动合同中的契约自由进行限制。在强调对财产权的适当限制时，格林也力主维护个人自由使用和处置其财产的权利。他说，合理的财产权的无限制运用是"最高善"实现的条件，这种权利应该被赋予个人，不管他实际上如何使用它，只要他没有用一种干扰其他人运用类似权利的方式使用它即可。[①] 20世纪以后，Reich教授在《耶鲁法学杂志》上发表的一篇文章之中，对"新财产权"理论做了进一步的阐述。他认为，财产不仅包括传统的土地、动产、钱物，还包括社会福利、公共职位、经营许可等传统的"政府馈赠"（Government Largess），这些"馈赠"一旦变成个人"权利"，就应受到个人财产权保障条款的保护，不能随意剥夺，必须使其受到"正当程序"和"公正补偿"的严格限制。[②] 根据Reich教授的论述，在现代社会中，政府正源源不断地创造财富，主要包括薪水与福利、职业许可、专营许可、政府合同、补贴、公共资源的使用权、劳务等。这些财产是现代社会重要的财产形态，对其进行分配是通过公法而非私法实现的，因此对个人的生存和发展具有极为重要的作用。[③] 他认为，政府提供的社会保障和社会福利等也应被看作一种"新的财产"，给予充分的法律保障。Reich教授的"新财产权"理论，重点阐述的是政府与权利持有者之间的关系，而非私有财产与其持有者之间的关系，它促使人们去关注政府可以提供哪些利益，如何保护权利持有者的合法利益，这对于从公法角度理解财产权是非常有益的。也就是说，当社会形态发生转变，需要解决的社会问题发生变化时，社会观念也会发生转变。在社会法形成和发展过程中，财产权观念即发生了重要变化，为社会法的产生和发展提供了条件。

（五）福利经济学思想

福利经济学的伦理学基础是功利主义思想。边沁提出，"最大多数人

[①] 邓振军：《从个人权利到社会权利——格林论财产权》，《浙江学刊》2007年第3期。

[②] 参见 Charles A. Reich, "The New Property", *The Yale Law Journal* 73, 1963 – 1964, pp. 733, 737 – 738。

[③] 参见 Charles A. Reich, "The New Property", *The Yale Law Journal* 73, 1963 – 1964, pp. 733, 737 – 738。

的最大幸福是正确与错误的衡量标准"①，这里实际上隐含了一种共同体福利标准，即如果国家干预能够促进最大多数人获得最大幸福，提高社会总体福利水平，那么国家就应该进行干预。他说："共同体的利益是什么？是组成共同体的若干成员的利益总和"，"不理解个人利益，谈论共同体的统一便毫无意义"②；"功利原理是指这样的原理：它按照看来势必增大或减少利益相关者之幸福的倾向，亦即促进或妨碍此种幸福的倾向，来赞成或非难任何一项行动。我说的是无论什么行动，因而不仅是私人的每项行动，而且是政府的每项措施"。③ 尽管边沁提出了某种集体形式的福利观念，其理论有一个基本缺陷是，只强调增加社会财富总量，而不问财富在社会中实际上是怎样分配的。正如英国学者诺曼·巴里所说，边沁思想的模糊之处在于，"它既可以建构比富国论远为自由放任的经济理论，也可以建构允许国家权力扩张的福利理论"。④ 后来，穆勒探讨了国家进行社会财富再分配的可行性。他说，"财富生产的法则和条件具有自然真理的性质，它们是不以人的意志为转移的"，⑤ "财富的分配不是如此，这是一件只和人类制度有关的事情"。⑥ 但是，真正奠定福利经济学基础的是经济学家庇古，他提出的两个著名的理论为国家干预市场经济提供了充分理由：一是消除自由市场外部性理论；二是社会财富再分配理论。庇古认为，市场产生外部性，使得社会净边际产品和私人净边际产品相背离，这是自由市场本身无法克服的，只有借助国家的力量进行干预，才能解决外部性问题。他说："显而易见，我们到目前为止所讨论的私人和社会净产品之间的那种背离，不能像租赁法引起的背离那样，通过修改签约双方之间的契约关系来缓和，因为这种背离产生于向签约者以外的人提供的服务或给他们造成的损害。然而，如果国家愿意，它可以通过'特别鼓励'或'特别限制'某一领域的投资，来消除该领域内这种背离。这种鼓励或限制可以

---

① 周辅成：《西方伦理学名著选辑》（下），商务印书馆，1987，第 211 页。
② 〔英〕边沁：《道德与立法原理导论》，时殷弘译，商务印书馆，2000，第 58 页。
③ 〔英〕边沁：《道德与立法原理导论》，时殷弘译，商务印书馆，2000，第 58 页。
④ 〔英〕诺曼·巴里：《福利·导言》，储建国译，吉林人民出版社，2005，第 1 页。
⑤ 〔英〕穆勒：《政治经济学原理》，赵宋潜等译，商务印书馆，1991，第 226 页。
⑥ 〔英〕穆勒：《政治经济学原理》，赵宋潜等译，商务印书馆，1991，第 227 页。

采取的最明显形式，当然是给予奖励金和征税。"①

19 世纪 40 年代，德国出现的历史学派提出了许多与古典政治经济学相对立的理论观点和政策主张。后来，以施穆勒、布伦坦诺等为代表的新历史学派明确提出国家福利思想，因其主张工人福利和社会改良，后又被称为"讲坛社会主义"。新历史学派的社会改良政策有两个支点：（1）劳资问题是一个伦理道德问题，不需要通过社会革命来解决，只要对工人进行教育，改变其关于心理和伦理道德的观点，便可以解决；（2）国家至上，国家可以直接干预经济生活，负起"文明和福利"的职责。② 与以亚当·斯密为代表的英国古典自由主义思想相对抗，他们提出的关于改善社会福利的政策理念包括：国家的职能不仅在于安定社会秩序和发展军事实力，还在于直接干预和控制经济生活；经济问题与伦理问题密切相关，人类经济生活应满足高尚的、完善的伦理道德方面的欲望；劳工问题是德意志帝国所面临的最严峻的问题，国家应通过立法，实行包括社会保险、孤寡救济、劳资合作以及工厂监督在内的一系列社会措施，自上而下地实行经济和社会改革。③ 新历史学派的这些思想主张，成为德国社会法产生的直接的理论源头。

当然，除了上述思想和理论体系，社会法产生的理论前提还有人道主义、社会平等思想、慈善思想、人权理论、社会连带思想、仁爱思想、社会民主主义、社会安全思想和社会正义理论等。因此，从某种程度上说，社会法是人类自身理性的产物。正如马克斯·韦伯所说，欧洲文明的一切成果都是理性主义的产物，只有在理性的行为和思维方式的支配下，才会产生严格推理证明和实验的实证自然科学，才会产生"可计算"的资本主义市场经济体制，才会产生"可预期"的作为"社会调整器"的法律制度。④

二　实践渊源

社会法不是无中生有，而是适应社会需要出现的，是时代发展进步的

① 〔英〕庇古：《福利经济学》，朱泱等译，商务印书馆，2006，第 20 页。
② 杨礼琼等：《起源与思考：论现代社会保障体系初建立》，《理论探讨》2008 年第 3 期。
③ 李珍：《社会保障理论》，中国劳动和社会保障出版社，2001，第 39 页。
④ 苏国勋：《理性化及其限制——韦伯思想引论》，上海人民出版社，1988，第 91 页。

产物。用弗里德曼的话说："构成法律的是要求，即真正施加的社会力量。"① 尤其是 19 世纪以后，法律社会化和社会法律化成为趋势，立法取向也由自由主义的私法本位和国家主义的公法本位逐渐向公、私法融合的第三法域过渡，由此催生了全新的法律部门——社会法。

1. 前工业革命时期

在人类社会早期，生产力极为低下，人们为了繁衍生息过着共同劳动、相依为命的群体生活，这时没有贫富差距和由此带来的一系列社会问题，成员的生活保障都在氏族或群体内部解决，不存在现代意义上的社会法。正如恩格斯所说："在大多数情况下，历来的习俗就把一切调整好了。不会有贫穷困苦的人，因为共产制的家庭经济和氏族都知道它们对于老年人、病人和战争残废者所负的义务。"② 柏拉图在《理想国》中，描述了一个真正平等的共产主义社会的条件，并将家庭看作不平等的关键所在。他说，个体的动机是家庭的其他成员和他们的至爱亲朋获得他们享受的所有特权，即社会中存在使不平等制度化的内在动力。因此，创立共产主义社会的唯一方法就是把孩子们从其父母身边带走，由国家来抚养和培育他们，从而消除社会特权，增强社会公共保障。③

进入私有制社会以后，这种公共保障逐渐消失。在前资本主义很长的一段时期内，西方社会保障制度主要依靠家庭养老、慈善、济贫和邻里互助、互济等，国家尽管也采取过一些有关措施，但没有形成制度和法律，只是统治者信意为之。如从公元前 560 年起，希腊城邦开始对伤残军人及其遗属发放抚恤金，对贫困者发放补助。公元 6 世纪末，罗马城邦也采取过大规模、有组织的救济措施，将粮食无偿分发给丧失劳动能力的人和阵亡将士的遗属，以缓和社会矛盾和冲突。④ 在中世纪的欧洲，传统社会救

① 〔美〕弗里德曼：《法律制度》，李琼英、林欣译，中国政法大学出版社，1994，第 359 页。
② 《马克思恩格斯选集》第 4 卷，人民出版社，1975，第 92 页。
③ 从世界范围看，社会保障（Social Security）一词作为专门法律术语是在 1935 年 8 月 14 日美国国会批准的《社会保障法》中首次出现的。我国在 20 世纪 50 年代的民政工作文件中也使用过"社会保障"一词，但这一概念真正影响国计民生并进入我国社会生活则是 20 世纪 90 年代以后的事。
④ 林嘉：《社会保障法的理念、实践与创新》，中国人民大学出版社，2002，第 57 页。

助都带有宗教性质并与宗教活动联系在一起，国家不是社会救助和保障的主体。尤其是蛮族入侵后，世俗政权无力管理庞大而又杂乱的社会事务，扶贫济困的责任历史性地落在教会肩上，社会保障主要由宗教团体和私人捐赠基金举办或资助孤儿院、贫民院等，具有浓厚的宗教色彩。正如伯恩斯·拉尔夫所说："如果说从废墟中拯救出什么东西来的话，这很大程度上要归功于有组织的教会所起的稳定作用。"①

以英国为例，政府对待流民的态度经历了较长的变化过程。在初期，对这一类人以惩罚为主，救济为辅，且惩罚极为严酷，流浪者常常被处死，只亨利八世就下令绞死了七万二千人。②但是，单纯的严刑峻法不仅没有减小流浪者的规模，而且激起了越来越多人的反抗，甚至暴动。迫于社会治安的压力等原因，政府对流民和贫困者的救济力度逐渐加大。1531年，亨利八世颁布一个被称为"名副其实的救济法"的法令，规定老人和缺乏能力者可以乞讨，地方当局将根据良心从事济贫活动。1572年，政府进一步规定，在全国征收强制性济贫费，以备救济之需。当然，影响最大、最著名的是 1601 年的"伊丽莎白济贫法"，它在英国前后实施达三百年之久，且影响了许多国家济贫法的制定。③但总体上说，这一时期，政府对市民社会的经济活动奉行"不干预"政策。

2. 工业革命前期

随着生产力的发展，人类从农业社会向工业社会转变，原来主要由家

---

① 〔美〕伯恩斯·拉尔夫：《世界文明史》（上），赵风等译，商务印书馆，1998，第 399 页。

② 《马克思恩格斯选集》第 1 卷，人民出版社，1972，第 62 页。

③ 如澳大利亚社会保障法律制度受英国《济贫法》影响很大。1800 年，新南威尔士州仿照英国《济贫法》建立了第一个女孤儿学校，该学校由英国统治者发起成立，由政府出资对学校进行管理。1813 年，新南威尔士州慈善协会成立，主要向人们提供衣食方面的救济。1862 年，州政府决定将救济对象转向年老体弱者，主要包括穷困体弱者、孤儿和特殊群体，如穷困的老年人、产妇及寡妇等。独立以后，澳大利亚联邦政府于 1908 年颁布了第一个法律性文件《残疾抚恤金和养老金条例》，并于 1909 年在全国范围内推行养老金等一系列制度。1947 年，澳大利亚政府制定了第一部《社会保障法》，不久又陆续推出很多社会保障新措施，到 20 世纪 70 年代，随着经济的繁荣，各种社会福利措施相应地发展到了顶峰。澳大利亚社会保障制度最突出的特点是，为经济上有困难的人提供帮助，他们如果因失业、年老、丧失工作能力、抚养小孩或其他情况无法工作，即可得到一定的收入补助，补助标准每年按消费者价格指数进行调整，以维持实际价值。

庭承担的生活保障职能逐渐被削弱，因仅凭个人和家庭的力量已很难抵御和防范工业革命带来的各种社会风险。尤其是工业化早期，经济自由主义的观点风行一时，贫富分化和各种社会问题越来越明显，要求保障社会弱势群体生活的呼声不断出现。亚当·斯密是自由竞争的积极"鼓吹"者，他说："每一个人，在他不违反正义的法律时，都应听其完全自由，让他采用自己的方法，追求自己的利益，以其劳动及资本和任何其他人或其他阶级相竞争。"① 他认为，个人幸福与公共幸福并不矛盾，因为每个人追求财富的利己活动，都是促进公共幸福的必然趋势，实行充分的经济自由和完全的市场竞争，使人们在追求私利的同时，实现了社会公共利益的最大化，即"他追求自己的利益，往往使他能比在真正出于本意的情况下更有效地促进社会的利益"。② 也就是说，个人按其利己心进行活动，推进社会福利，是自然秩序的要求。③ 以此为思想基础，英国皇家委员会制定了"新济贫法"，认为穷人贫困的原因在于"个人的失败"，与国家和政府没有关系，规定有工作能力的人及其抚养者只有在"贫民习艺所"才能得到救济，其他如老人、病人和儿童等都应服从严格的纪律约束，且所有接受救济者都不具有选举权，并被要求穿上特殊制服，以标明其二等公民地位。

17、18 世纪资产阶级革命至资本主义社会发展时期，天赋人权和社会契约理论的产生，使自由、平等、生命和财产权等观念深入人心，私有财产和个人权利为国家法律所严格保护和彰显，同时，公权力的设立和使用受到严格限制，法律理论中的国家本位主义逐步向个人本位主义过渡。其反映在个人生活和经济领域，就是资本家都只顾自己赚钱，不顾工人死活。随着工业革命的发展，大批农民涌入城市，破产小手工业者和失业者

---

① 〔英〕亚当·斯密：《国民财富的性质和原因的研究》，郭大力等译，商务印书馆，1972，第252 页。

② 〔英〕亚当·斯密：《国民财富的性质和原因的研究》，郭大力等译，商务印书馆，1972，第27 页。

③ 亚当·斯密承认社会救助和社会保障，但认为不是国家的职责。在 1776 年发表的《国家论》中，他明确反对包括《济贫法》在内的公共救助，将济贫看成纯粹民间和私人之事。马尔萨斯支持亚当·斯密的观点，认为《济贫法》鼓励生育，国家济贫是一种公共资源浪费，伤害了人们的自尊心，削弱了亲属抚养观念。

数量不断增多，城市贫困人口规模迅速扩大，社会问题日趋严重。同时，竞争中出现了强者，也出现了弱者和失败者，出现了明显的、日益严重的社会分化（The Social Differentiation）。社会分化是指社会结构系统不断分解成新的社会要素，各种社会关系分割重组最终形成新的结构及功能专门化（The Professionalization）的过程。因为市场经济尽管有形式上的合理性，也有不可避免的内在缺陷，即人人为了获得财富，满足个人的欲望，最终会造成贫富分化和强弱对立的结果。如果任其发展，没有公权力介入对弱势群体进行保护，将会形成"强者越来越强、弱者越来越弱"的马太效应，使社会关系整体失衡并导致严重社会问题。这一时期，很多思想家看到社会弱势群体生活的苦难，纷纷提出救济和保障劳苦大众生活的社会理想，如托马斯·莫尔的"乌托邦"、闵采尔的"天国"构想、康柏内拉的"太阳城"等，都体现了对人类生活的美好向往，也为理解社会和法律变迁提供了重要的分析路径。

3. 工业革命后期

工业化虽然为社会带来了巨量的物质财富，工人的生活却并未因之改善，且有日益恶化的趋势。19世纪末20世纪初，资本主义由自由竞争过渡到垄断阶段，社会矛盾开始激化，形成了严重的社会危机，"一方面，劳资矛盾紧张，社会风险因素增多，社会安全和个人生存受到相当大威胁，过分榨取工人血汗导致劳动资源萎缩与枯竭；另一方面，在权利的分配上，也是产生严重的两极分化，国家和强势群体特权增多，随意干预弱势群体的基本生存，市民社会所确立的'平等'与'自由'理念被强权、特权任意践踏，有时也成为其掠夺的工具"。[1] 以英国为例，"一方面是工业革命的成果落在少数人手里，而社会对这部分财富完全失去支配权；另一方面是受工业革命打击最大的一批人失去生活手段，而社会又完全无力去扶持他们"，"造成相当一部分工人群众赤贫化，丧失了基本生存能力"。[2] 其引发了劳工群体大规模的反抗和斗争运动，反抗资本家压迫和剥削的浪潮风起云涌，并且直指资本主义制度。1832年，社会主义（Socialism）一

---

① 白小平：《社会权初探》，《社科纵横》2004年第4期。

② 钱乘旦：《第一个工业化社会》，四川人民出版社，1988，第97页。

词开始在英国《穷人的保护者》杂志和法国《地球报》中出现；1848 年，马克思和恩格斯发表《共产党宣言》，整个欧洲为之震动。1864 年，马克思在伦敦组织领导"国际工人联合会"，明确提出以"暴力革命"为手段，建立一个新世界的目标。同时，各种社会主义思潮如德国的社会民主党运动、法国的工团社会主义、巴枯宁与蒲鲁东等的无政府主义，纷纷提出改革社会制度的呼声。

由于贫富差距越来越大、弱势群体生活面临绝境、自然和人文环境遭到严重破坏，且人人都可能面临失业、医疗的危机和困难，面临生产和科技的运用因素对正常生存条件所产生的系列影响，这种新的社会关系迫切需要用新的法律来调整。这时候，"如果社会继续片面强调权利的绝对性，政府仍然充当'守夜人'的角色，忽视国家权力在市场经济中的能动作用；那么，不仅社会弱势群体的利益无法予以关注和保障，社会中每个人的生存和发展的基本问题都将难以保障，市场经济亦将陷入泥潭，对其面临的障碍束手无策，最后停滞不前，甚至倒退"。① 也就是说，社会发展的大形势要求加强国家的作用，以协调和缓和社会矛盾，平衡社会不同群体的利益需求。因此，从某种程度上说，社会法的出现是工业革命的不利后果和工人阶级斗争的必然结果。市民法和市场经济一旦运行到一定程度，就必然需要社会法的产生。正如列宁所说："雇佣工人以工资形式取得的那一部分自己创造的财富，非常之少，刚能满足工人的最迫切的生活需要，因此，无产者根本不能从自己的工资中拿出一些钱去储蓄，以便在因伤残、疾病、年老、残废而丧失劳动力时，以及在资本主义生产方式必然造成的失业时使用。因此，在出现上述一切情况时对工人实行的保险，完全是资本主义发展的整个进程所决定的一种改革。"② 在《经济罢工和政治罢工》一文中，列宁明确指出，"如果不提出经济要求，不直接而迅速地改善劳动群众的状况，劳动群众是永远也不会同意去考虑什么全国的共同'进步'的"，"工人的冲击愈猛烈，他们争得生活的改善就愈多。'社会

---

① 李蕊等：《历史视角下的社会法范畴》，《北京科技大学学报》2007 年第 2 期。
② 《列宁全集》第 21 卷，人民出版社，2017，第 154—155 页。

的同情'和生活的改善都是斗争高度发展的结果"。①

4. 社会法产生的形式

社会法产生的基本形式是政治国家与市民社会的相互渗透和密切配合，私法形式上的平等带来的实质不平等问题日渐突出，迫切需要实质正义的补救。因此，人们开始关注个人利益与社会利益的协调，尤其关注社会弱者的利益，劳工法、社会救济法、社会保险法等社会立法不断涌现。随着私法公法化、公法私法化和第三法域的出现，社会法最终应运而生。所谓的私法公法化，其实质就是运用国家权力来调整一些原来属于私法的社会关系，使私法带有公法的性质和色彩。在此过程中，公法手段被不断运用于调整私人之间的交易，国家颁布大量带有强制性的法律法规来规制私人契约，先是劳动法，接着是反垄断法和反不正当竞争法，然后是证券法和消费者权益保障法等，以政府这只强有力的手来保护交易中处于弱势地位的当事人，尽可能实现实质公正。所谓的公法私法化的含义是，国家以私人身份出现在法律关系之中，主要表现是将平等对立、协商较量、等价有偿、恢复补偿等私法手段引入公法关系，使国家成为私法活动中的主体。② 私法公法化和公法私法化的结果是，出现一个新的公私法交叉融合的"第三法域"，使得公法、私法和"第三法域"的三元法律结构最终形成。第三法域的法有很多，包括经济法、环境法、教育法、卫生法、人口与计划生育法、消费者权益保护法等，当然还有社会法。社会法最终形成，主要原因是市场竞争使有限的社会财富流向强者，绝大多数的竞争弱者连生存都难以保障，人们强烈要求政府介入社会保障和公共福利，完善国家的经济职能。因此，社会法是社会发展和进步的产物，也是现代国家政治、经济和社会文明的重要标志之一。

总之，社会法是适应经济发展和社会生活的客观需要而产生的，它是社会共同的、由一定的物质生产方式所决定的利益和需要的表现。世界各国在其发展的各个阶段，根据不同的需要，都或多或少采取了一些社会立

---

① 《列宁全集》第 21 卷，人民出版社，2017，第 325 页。

② 吕世伦等：《根本法、市民法、公民法和社会法——社会与国家关系视野中的法体系初探》，《求是学刊》2005 年第 5 期。

法，以解决面临的社会问题。正如马克思所说，"法的关系正像国家的形式一样，既不能从它们本身来理解，也不能从所谓人类精神的一般发展来理解，相反，它们根源于物质的生活关系"①，"社会不是以法律为基础的，相反地，法律应该以社会为基础"②，"市民社会、经济关系的领域是决定性的因素"。③ 在《论离婚法草案》中，马克思明确指出，"立法者应该把自己看作一个自然科学家。他不是在创造法律，不是在发明法律，而仅仅是在表述法律，他用有意识的实在法把精神关系的内在规律表现出来。如果一个立法者用自己的臆想来代替事情的本质，那么人们就应当责备他极端任性。同样，当私人想违反事物的本质恣意妄为时，立法者也有权利把这种情况看作是极端任性"。④ 也就是说，法律并不是任意妄为的结果，而是由一定的经济基础决定的，制定法律必须尊重和反映经济社会发展的客观规律。从社会法的产生来看，其主要是为了缓和阶级矛盾，解决各类错综复杂的社会问题，正好印证了马克思的观点。

第二节　社会法的界定

什么是社会法？迄今为止并没有权威统一的定义。据考证，这一新型的法律观念首先产生于德国。⑤ 1811 年，德皇威廉一世在一次演说中，首次提及"社会立法"（Social Legislation），随后，这一概念被传入法国、日本和其他国家。作为社会立法的直接成果和现代法学中的特定术语，"社会法"（Social Law）一词是法国和德国学者最早开始使用的，汉字"社会法"的使用则最早出现在日本。在英美国家，其由于历史、文化和法律传

---

① 《马克思恩格斯选集》第 1 卷，人民出版社，1995，第 2 页。
② 《马克思恩格斯全集》第 6 卷，人民出版社，1961，第 4 页。
③ 《马克思恩格斯选集》第 4 卷，人民出版社，2012，第 258 页。
④ 《马克思恩格斯全集》第 1 卷，人民出版社，1995，第 347 页。
⑤ 从法律规定看，世界上很早就有社会立法，如 1349 年英国国王爱德华三世颁布了一项关于弱势群体救济的法令，但当时的法学研究还没有像现在一样有完整的学科分类体系，也没有"社会立法"或"社会法"的概念。参见《简明不列颠百科全书》，中国大百科全书出版社，1986，第 121 页。

统不同，没有直接使用"社会法"的概念，只有"社会立法"的概念，但其表述的法律思想和内涵是相同的，因此，本文将在同一意义上使用这两个特定概念。

一　国外有关论述梳理

（一）德国

在德国，社会法理论和实践相对发达，一般理论认为，"社会法的产生是福利国家推行的政策"，是"保护社会中处于弱者地位的社会主体的结果"。[1] 目前，主流观点是将社会法等同于独立法律部门的"社会安全法"，使其包括社会保护法、社会补偿法、社会促进法与社会扶助法。根据 1990 年德国劳动与社会部颁布的《社会安全概要》（1997 年改称《社会法概要》）的定义，"社会安全是指社会法法典所规范的劳动促进（包括职业训练、职业介绍与失业保险等）、教育促进、健康保险、年金保险、伤害保险、战争被害人补偿、暴力犯罪被害人补偿、房屋津贴、子女津贴、社会扶助以及非属于社会法典的公务员照护、政府雇员照护、服兵役或民役者照护、残障者的复建和重建等"。[2] 根据《德国社会法典》第 3—10 条的规定，社会法包括了培训和劳动援助、社会保险、健康损害的社会赔偿、家庭支出的补贴、对适当住房的补贴、青少年援助、社会救济和残疾人适应社会等方面的法律。至于"其他调整公民之间相互关系的规定，尽管其宗旨也是保护社会弱者，却不包含在社会法中"。[3]

此外，还有一个颇具代表性的观点是，社会法"等于社会保障法"[4]，"一般提到社会保障法的概念时，往往是作为社会法的同义词使用"。[5]不过，有一部分学者持反对意见，而且"社会保障法的概念在德国并没有被

---

① 郑尚元：《社会法的存在与社会法理论探索》，《法律科学》2003 年第 3 期。
② 郭明正：《社会法之概念、范畴与体系》，《政大法学评论》第 58 期，1997 年。
③ 林嘉：《论社会保障法的社会法性质》，《法学家》2002 年第 1 期。
④ 史探径：《我国社会保障法的几个理论问题》，《法学研究》1998 年第 4 期。
⑤ 〔德〕贝尔恩·德、巴龙·冯麦戴尔：《德国社会保障法：定义、内容和界定》，陈蔚如译，载郑功成、沈洁主编《社会保障研究》，中国劳动社会保障出版社，2005，第 87 页。

普遍接受"。① 德汉斯·F. 察哈尔教授说，"社会法可以理解成反映社会政策的法律。'社会政策'主要意味着：保证所有人的生存合乎人的尊严，缩小贫富之间的差距，以及消除或限制经济上的依赖关系"。② 他认为，社会法是"一种社会保障，是为一国的社会政策服务的，如社会救济、困难儿童补助、医疗津贴等有关的法律，都属于社会法的范围"。③ 但察哈尔教授也承认，"这种社会法的概念是含糊的，并没有具体说明它包括哪些法律领域"。④ 尽管如此，德国学界和社会政策界有一个共识是，社会法在原则上"属于公法范畴"⑤，"社会法主要属于公法领域"。⑥

（二）法国

在法国，社会法的含义十分广泛，"凡是有关公共秩序和利益、劳动关系以及经济安全保障的法律，并且不属于传统公法所界定的研究范围的，都可以称为社会法"，而学界所称社会法指"以研究劳动关系为主要内容的劳动法和研究社会安全制度相关法律规范的社会安全法"。⑦ 因此，法国虽然存在社会法理论，却不存在以"社会法"命名的"社会法典"。⑧ 在制定法和实在法中，常常出现"社会保障""社会安全""社会安全权"等语词，但大多没有直接使用"社会法"一词。1956 年，法国颁布《社会安全法典》，社会安全法被认为是"国家或社会运用集体的力量建立的为预防或解决生、老、病、死、伤残、失业、职业灾害等社会风险所造成的危害的社会防护体系"，且与实施以上社会安全制度相关的法律规范被

---

① 〔德〕贝尔恩·德、巴龙·冯麦戴尔：《德国社会保障法：定义、内容和界定》，陈蔚如译，载郑功成、沈洁主编《社会保障研究》，中国劳动社会保障出版社，2005，第 87 页。
② 〔德〕汉斯·F. 察哈尔：《德意志联邦共和国的社会法》，于殷译，《中外法学》1984 年第 1 期。
③ 潘念之主编《法学总论》，知识出版社，1981，第 38 页。
④ 〔德〕汉斯·F. 察哈尔：《德意志联邦共和国的社会法》，于殷译，《中外法学》1984 年第 1 期。
⑤ 〔德〕汉斯·F. 察哈尔：《德意志联邦共和国的社会法》，于殷译，《中外法学》1984 年第 1 期。
⑥ 谢荣堂：《社会法入门》，元照出版公司，2001，第 18 页。
⑦ 史际春等主编《经济法评论》，中国法制出版社，2004，第 411 页。
⑧ 郝凤鸣：《法国社会安全法之概念、体系与范畴》，《政大法学评论》第 58 期，1997 年。

统称为"社会法"。① 我国台湾学者郝凤鸣说，法国社会法之所以"以'社会安全法'称之，其主要原因在于社会法在法文之含义广泛"，而"一般法学研究者所称之社会法，包括以研究劳动关系为主要内容的劳动法，以及研究社会安全制度相关法规范的社会安全法"。② 也有学者认为，法国法上的社会法是指"规范以受薪者或者独立劳动者身份出现的社会成员从事某种职业活动的行为以及由此而产生的法律后果的法律部门"，其体系主要包括两大部分，即劳动法和社会保障法。③

（三）英国

在英国的法律体系中，没有单独的社会法，类似的法律被称为"社会安全法"（Social Security Law or The Law of Social Security），此外，社会法的概念常常被"社会立法"（Social Legislation）代替。④ 查阅《元照英美法词典》，没有"社会法"的用词，只有"社会立法"的概念，它被定义为"是对具有显著社会意义事项立法的统称，例如涉及教育、住房、租金、保健、福利、抚恤金方面的法律"。⑤《牛津法律大辞典》的解释与之基本相同：是对具有普遍社会意义的立法的统称，例如涉及教育、居住、租金的控制、健康福利设施、抚恤金以及其他社会保障方面的立法。⑥ 哈耶克认为，社会立法涵盖了三种含义："首先，这个术语主要是指取消由过去制定的法律所确定的差别待遇或歧视"，"其次，'社会立法'也可以意指政府为某些不幸的少数群体（即那些弱者或那些无法自食其力的人）提供一些对他们来说具有特殊重要性的服务"⑦，"还有第三种'社会的'立法。这种立法的目的乃在于把私人的活动导向特定的目的并有利于特定

---

① 竺效：《社会法的概念考析》，《法律适用》2004 年第 2 期。
② 郝凤鸣：《法国社会安全法之概念、体系与范畴》，《政大法学评论》第 58 期，1997 年。
③ 史际春等主编《经济法评论》，中国法制出版社，2004，第 411 页。
④ 程福财：《社会保障一词的由来》，《社会》2000 年第 11 期。
⑤ 薛波主编《元照英美法词典》，法律出版社，2003，第 1267 页。
⑥〔英〕沃克编《牛津法律大辞典》，北京社会与科技发展研究所组织翻译，光明日报出版社，1988，第 833 页。
⑦〔英〕哈耶克：《法律、立法与自由》第 1 卷，邓正来等译，中国大百科全书出版社，2000，第 220 页。

的群体"①，是受实质社会正义的理想激励而作出的种种努力。1975 年，英国颁布《社会安全法》，其意义与美国的社会立法比较接近，并于 1979 年、1980 年对其进行多次修订。在学术研究和讨论中，英国也使用"社会福利法"（Welfare Law）一词，并将社会政策看成"影响公共福利的国家行为"。② 根据《朗文法律词典》的解释，Welfare Law 一般指有关社会安全法（Social Security Legislation）、工厂安全（Factory Safety）、工人福利（Worker Welfare）、公共健康（Public Health）、住宅（Housing）、消费者保护（Consumer Protection）、雇佣安全（Security of Employment）、生活福利设施保护（Preservation of Living Welfare Amenities）、法律援助（Legal Aid）等法律领域。可以看出，在英国的法律体系中，除了"社会安全法"、"社会立法"和"社会福利法"等，几乎没有与目前国内讨论的"社会法"严格对应的概念。③

（四）美国

在美国，社会法被称为"社会立法"（Social Legislation）、"社会福利法"（Social Welfare Law）或"社会保障法"（Social Security Art）。克拉克在其所著《社会立法》（Social Legislation）一书中说："我们今天所谓社会立法，这一名词第一次被使用与俾斯麦的贡献有关。他在 80 年代曾为防备劳工遭受疾病、灾害、残疾、老年等意外事故而立法，后来有些人限制其意义，是为着处于不利情况下人群的利益而立法。另一些人则夸大其意义，是为着一般社会福利而立法。我们使用这个名词应该包含着两者的意义。"④ 根据克拉克的解释，社会立法作为专门法律用语，是有特定含义的，即它"是制定的法律，以保护及改进社会中某些有特殊需要的人群之利益，或社会的一般福利"。⑤ 因此，绝不能望文生义，将"社会立法"理

① 〔英〕哈耶克：《法律、立法与自由》第 1 卷，邓正来等译，中国大百科全书出版社，2000，第 221 页。
② 〔英〕迈克尔·希尔：《理解社会政策》，刘升华译，商务印书馆，2003，第 13 页。
③ 竺效：《社会法的概念考析》，《法律适用》2004 年第 2 期。
④ 曾繁正：《西方国家法律制度、社会政策与立法》，红旗出版社，1998，第 171 页。
⑤ 陈国钧：《社会政策与社会立法》，三民书局，1984，第 111 页。

解为所有的、与社会有关的立法。美国的法律不像大陆法系国家那样划定很多法律部门，但多数学者在多数场合都认为，社会法是包括劳动法、社会事业法以及社会保险法等社会立法在内的、原理相近的法律群①，主要有四个方面的内容：（1）在收入方面提供支持和补助，包括老年退休、失业补助、贫困救济、病残补助、退伍安置、遗属抚恤等；（2）在支出方面提供支持和补助，包括健康医疗、社会服务、住房、儿童照顾和家庭问题补助等；（3）在教育和培训方面的支持和补助；（4）对遭受某种损失者给予支持和补助，包括劳动保护、食品医药、公共卫生、环境保护、交通安全、妇幼营养等。② 可见，其社会法体系的核心内容在于政府的"支持和补助"，与社会事业、政策体系是对应的，不论叫什么名称，其宗旨和目标都是为特定弱势人群提供帮助、提升社会整体福利。

（五）日本

社会法概念在日本兴起，其起源可以追溯到明治宪法时代，但其真正成为独立的法领域，并获得实定法上的根据，还是二战之后的事。彼时，不论在理论上还是实务上，社会法均有长足的发展，对于基本概念、范畴和体系的讨论也比较多。③ 但到目前为止，对于社会法的概念范畴尚有很多争议，其"作为一个统合性法概念的实用性也受到怀疑"，"不仅社会法各法领域间彼此性质悬隔极大，即连同一法领域间亦时有适用不同法理之事"。④略举几例即可说明。日本学者佐藤孝弘认为，随着资本主义的发展，"在一个国家之内的公民之间的贫富的差距拉开了以后，这些贫富的差距一定的程度上影响社会的稳定局势时，为了改善社会的不公平而国际需要制定的新的法律体系为社会法"。⑤ 片冈景教授认为，社会法"乃是基于资本主义之构造性矛盾的受损阶级的实践要求，透过国家的有限度让步，以确保此等阶

---

① 王为农等：《社会法的基本问题：概念与特征》，《财经问题研究》2002 年第 11 期。
② 朱传一主编《美国社会保障制度》，劳动人事出版社，1986，第 2 页。
③ 郑尚元：《社会法的定位和社会法的未来》，《中国法学》2003 年第 5 期。
④ 蔡茂寅：《社会法之概念、体系与范畴》，《政大法学评论》1997 年第 58 期。
⑤ 〔日〕佐藤孝弘：《社会法法律范畴区分之我见》，《财经界》2007 年第 1 期。

级之生存为价值理念，所成立的法体系"。① 菊池勇夫认为，社会法是"以社会改良主义为理念的社会政策立法"②，包括劳动法、经济法以及社会事业法等。星野英一认为，"以维护社会经济弱者阶层的生存及其福利的增进为目的的诸法律在学术上按体系分类，称为'社会法'"。③ 不仅如此，对于社会法之"社会"是"全体社会"还是"部分社会"，学者之间也有较大分歧。例如，菊池勇夫等持"全体社会说"，沼田稻次郎等则持"部分社会说"。前者认为，社会法领域只有在统合受到社会正义激励的劳动法、社会保障法乃至经济法时方得成立，后者则不把经济法放在社会法领域之列。

由于各派观点不能统一，社会法在日本作为一个"说明概念"尽管有学问上的意义，并且有助于"思考经济"，但其转化成"工具概念"的疑虑一直难以祛除。④ 20 世纪 70 年代以后，日本学者已经放弃了对社会法统一理论体系的构建。⑤ 近年来，随着社会法各个领域之日渐成熟，学者的研究方向转向诸如劳动法、社会保障法等社会法各论的理论精细化与体系之严整化。⑥ 但是，这并不意味着学界对社会法的理解缺乏基本共识。概括说来，各派学说基本上承认社会法具有以下特征：（1）社会法乃是资本主义经济体制所生矛盾之法学层面的反映；（2）社会法之成立不得欠缺身为资本主义受害者的社会集团的由下而上的实践运动；（3）此等矛盾反映在法学层面，并非以不同阶级间之力与力的对抗关系为始终，而是发展为法学上的价值理念之对立。⑦ 也就是说，社会法是基于实质正义，为维护社会弱势群体生存、提升社会福利而实施的法律。基于类似的理解和认识，有学者将日本社会法的内容体系归纳为：劳动安全卫生法、劳动者灾害补偿保险法、劳动基准法、雇佣对策法、职业安定法；国民健康保

① 樊启荣等：《社会法的范畴及体系的展开》，《时代法学》2005 年第 2 期。
② 王为农等：《社会法的基本问题：概念与特征》，《财经问题研究》2002 年第 11 期。
③ 梁慧星主编《民商法论丛》第 8 卷，法律出版社，1997，第 186 页。
④ 蔡茂寅：《社会法之概念、体系与范畴》，《政大法学评论》第 58 期，1997 年。
⑤ 王为农：《日本社会法学理论的形成与发展》，《浙江学刊》2004 年第 1 期。
⑥ 郑尚元：《社会法的定位和社会法的未来》，《中国法学》2003 年第 5 期。
⑦ 毛德龙：《论世界各国社会法理论发展之趋势》，中律网，2008 年 2 月 21 日。

险法、厚生年金保险法、国民年金法、社会福祉事业法、儿童及老人福祉法、身心障碍者对策基本法；医疗法、药事法、食品卫生法、预防接种法、优生保护法、旅馆业法、环境保护法、公营住宅法、住宅建设计划法等。①

二 国内有关论述梳理

作为一门法律学科，社会法的研究在欧美、日本早已"脍炙人口"，有的甚至是"过去式"的议论，② 但在新中国则刚刚开始被关注。③ 尽管如此，"为数不多的法学研究者们也总是从不同的侧面，在不同意义上使用'社会法'这一术语，使得其含义极为模糊、不确定，从而造成了社会法一词的多义性，给人们之间的交流带来了一定的麻烦和困难"。④ 根据学者统计，国内对于社会法有接近40种不同定位⑤，各类定义和解释更是不胜枚举，甚至前后矛盾。总体上说，对于这一概念的界定目前有四种主流观点。

（一）无法定义说

这种观点认为，社会法只是一个法哲学或文化概念，它是社会中的一种法律现象，没有确定的含义，不构成统一的学科名称。我国台湾地区学者陈继胜说："罗列社会法范围内的各法规仍难找出其共同的自主性，学术上无法成为法的理论体系，故社会法此一名词尚无法律学上的实质意义及地位。"⑥ 黄右昌认为，社会法（或社会化法）乃指"所有基于社会政

---

① 张守文：《社会法略论》，《中外法学》1996年第6期。
② 蔡茂寅：《社会法之概念、体系与范畴》，《政大法学评论》第58期，1997年。
③ 在1949年以前，我国老一辈学者对于社会法也曾有一定的研究，如黄右昌、李景禧、吴传颐等都有较为精深的论著存世。之后，由于种种情况，社会法及其分支学科的研究一度中断，直到20世纪90年代以后，有关研究和学科建设才陆续恢复，在此之前，"社会法"一词只是散见于各类辞书和译著之中。参见余少祥《社会法学基础理论研究评述》，《法律文献信息与研究》2010年第2期；另参见史探径《社会法学》，中国劳动社会保障出版社，2007，第12页。
④ 张俊娜：《"社会法"词语使用之探析》，《现代语文》2006年第3期。
⑤ 李昌麒等：《经济法与社会法关系的再认识》，《法学家》2005年第6期。
⑥ 陈继胜：《劳工法体系之基本认识》，《劳工研究季刊》第77期，1983年。

策之立法"，故此很难抽象概括出其同质性和共同特征。一方面，经济法乃"摇动公法私法的界限之一大关键"，另一方面，社会法对待之名词，似为国家法，"其范围不止包括劳动法，甚至连经济法、民法亦属社会法之范畴"。以法律的社会化眼光视之，其不主张公、私法之区别。① 学者樊启荣等认为，社会法仅仅是一种法律观念，它不像传统法学部门如民法、刑法一样，"既为独立之法学领域，亦为统一之实定法名称"，"由于作为社会法所指称的'社会'的确无一个明确而具体的边界，加之作为其哲学和思想基础的'社会国'和'社会权利'并无确定的内涵"，"社会法在内容上随之呈现多样化的风貌，在外延上随着实定法的变动从而产生扩大与缩小的不安定现象"。② 王为农等则将社会法阐释为区别于"国家法"和"地方法规"的法律规范，是由社会团体制定的并且仅适用于其内部的一种行为规范。如张世明明确提出："社会法乃社会自己所制定之法，与国家机关所制定的恰好相对立。"③ 王全兴教授认为，社会法至今并没有统一的名称和确定的含义，"国际社会法在英文与中文中尚未成为明确的用语"。④ 竺效博士认为，"我们无需也不能给社会法拟出一个既科学又统一的定义，只能通过历史的方法、归纳的方法和比较的方法来准确把握社会法的意义，并在今后的学术讨论和法律实践中指明所使用的'社会法'用语的层次"。⑤ 高云鹏等认为，社会法是一个综合多种法领域的上位阶概念，它是生存权及其保障作为各个法领域的连接纽带，"迄今为止作为社会法所指称的'社会'尚无一个明确而具体的边界，社会法也还只是法学上所'构想'之概念"。⑥ 也有学者提出，学术上很难概括出社会法的定义，"寻求恰当社会法概念"的正确方法是"外延列举式的界定"⑦；社会法属于"很典型的专题法的范畴"⑧，"社会法最起码在相当长的时期内，

① 郭明政：《社会法之概念、体系与范畴》，《政大法学评论》第 58 期，1997 年。
② 樊启荣等：《社会法的范畴及体系的展开》，《时代法学》2005 年第 2 期。
③ 张世明：《中国经济法历史渊源原论》，中国民主法制出版社，2002，第 121 页。
④ 王全兴：《经济法基础理论与专题研究》，中国检察出版社，2002，第 715 页。
⑤ 竺效：《社会法意义辨析》，《法商研究》2004 年第 2 期。
⑥ 杨士林等主编《社会法理论探索》，中国人民公安大学出版社，2010，第 21 页。
⑦ 丛晓峰主编《社会法专题研究》，知识产权出版社，2007，第 48 页。
⑧ 丛晓峰主编《社会法专题研究》，知识产权出版社，2007，第 50 页。

不是典型的法学领域"。① 此类观点基本上是将社会法作为某种法学思想或思潮，并非"实定法意义上的界定"。②

（二）不同层次说

这种观点认为，社会法在不同的层面有不同的内涵，并将社会法分为广义、中义、狭义等不同层次，主张从不同的层面、不同角度去理解社会法。其中较有代表性的有竺效的"四分说"、程信和的"三分说"和王为农等的"二分说"。所谓"四分说"，是将国内关于社会法的观点分为四种类型，分别称为泛义、广义、中义和狭义的社会法。竺效认为，我们只需"了解、辨别和掌握可以从哪些不同角度和层面上使用'社会法'这一法学术语即可，无需过多地深究社会法的概念，甚至试图得到一个能被较为普遍地接受的定义"。但他后来又说："目前看来，必须根据实际情况而改变这一主张了。"③ 其最后将社会法定位为劳动与社会保障法。程信和将社会法分为广义、中义和狭义的社会法，认为"比较起来，广义说失之过广，狭义说失之过狭，惟中义说较为合适一些"。但他又说，"中义说亦有不足之处，即它与现代'社会发展'的要求存在一定差距"。④ 可见，无论是"三分说"还是"四分说"，本身并没有强有力的理论支撑，只是对现有观点做了一个分类而已。

相比较而言，持"二分说"的学者更为普遍，而且更具"理论性"。比如，王为农等认为，应从两个方面理解和把握社会法：从广义上讲，它指的是相对于已有的"公法"和"私法"而言的，以社会的公共利益为本位的"第三法域"内的立法及其表现形态；从狭义上讲，则是指以劳动法和社会保障法为核心的独立的法律部门。⑤ 张守文认为，广义的社会法体系是与社会事业、政策体系相对应的，一般包括社会保障法、劳动法、环

① 丛晓峰主编《社会法专题研究》，知识产权出版社，2007，第 51 页。
② 林嘉主编《社会法评论》第 3 卷，中国人民大学出版社，2008，第 149 页。
③ 竺效：《法学体系中存在中义的社会法吗？——"社会法"语词使用之确定化设想》，《法律科学》2005 年第 2 期。
④ 程信和：《关于社会法问题——兼论开展人口法研究》，《南方人口》1996 年第 3 期。
⑤ 王为农等：《社会法的基本问题：概念与特征》，《财经问题研究》2002 年第 11 期。

境法、自然资源法、卫生法、住宅法等部门法；狭义的社会法仅指社会保障法。① 李吉宁认为，广义的社会法，由以实现国民经济正常经营为目的的经济法，以实现社会利益平衡为目的的社会保障法、劳动法，以实现人与自然关系平衡为目的的环境法等组成；狭义的社会法，由社会保险法、社会救助与救济法、社会福利法构成。② 郑尚元认为，至少第三法域中的环境保护法、社会保障法、劳动法、知识产权法、经济法等都属于广义的社会法，而狭义的社会法仅指社会保障法。③ 林嘉教授也认为"社会法有广义和狭义之分"，"狭义的社会法，通常是专指社会保障法"，但她提出将社会法看成一个法域更加合理。④ 鉴于社会法概念在不同的层面有不同的含义，有学者提出，在目前的情况下，试图建立"一种普遍接受的社会法定义"在很大程度上是"一种学术上美好的愿望"，"既然社会法可以在许多不同的层面上加以使用，在学术讨论和法律实践中需要指明当下的论述是从哪个角度、何种定位上使用'社会法'的"。⑤ 这种观点与竺效前期的观点基本一致，在实践中是行不通的。

（三）法域说

这种观点在日本一度流行，⑥ 认为社会法不是一个法律部门，也不能构成独立的学科，它是一个法域，是介于公法与私法之间，具有公、私法融合特征的法律法规的总称。⑦ 我国台湾地区学者陈国钧说，"社会法，乃是一个概括的名词，是指为了解决许多问题而制订的有关各种社会法规的总称"，"事实上，它不是只有一种社会法规，乃是先后分别依照实际需要而制订的各种社会法规，把这些许多有关的社会法规集合在一起，便被广泛地称作社会法或社会立法"。⑧ 韩忠谟则明确将社会法界定为公法、私法

---

① 张守文：《社会法略论》，《中外法学》1996 年第 6 期。
② 李吉宁：《构建当代中国社会法体系的实证分析》，《理论界》2006 年第 1 期。
③ 郑尚元：《社会法语境与法律社会化》，《清华法学》2008 年第 3 期。
④ 林嘉：《论社会保障法的社会法性质》，《法学家》2002 年第 1 期。
⑤ 姜登峰：《社会法概念的基本分析》，《佳木斯大学社会科学学报》2007 年第 4 期。
⑥ 〔日〕佐藤孝弘：《社会法法律范畴区分之我见》，《财经界》2007 年第 1 期。
⑦ 参见竺效《社会法的概念考析》，《法律适用》2004 年第 2 期。
⑧ 陈国钧：《社会政策与社会立法》，三民书局，1984，第 112 页。

之外的第三法域，认为社会法"主要指团体性质之社会法"。① 法治斌也持同样的观点，认为社会法是公、私法之外的第三法域或团体法，"举凡合作社法、农会法、工会法、团体契约法、土地法、出版法、专利法、著作权法等皆属之"。② 史尚宽认为，在经济之自由竞争阶段，经济与政治完全分离，规制经济关系的私法与规制政治关系的公法是明显对立的。后来，有了经济统制，渐有公、私法混合之法域，而出现中间之法域，即为社会法，包括经济法和劳动法。③

在中国，较早系统论证社会法"法域"的是董保华的《社会法原论》，该书提出"公法－社会法－私法"三元法律结构，认为社会法就是第三法域，第三法域就是社会法。④ 之前，也有学者将社会法称为一个"法域"，但没有提供详细论证。如孙笑侠认为，由于传统两大结构要素存在不适应现代社会的情况，法律体系发生了重大变革，这就是在现代市场经济社会里出现的第三种法律体系结构要素——社会法。⑤ 史探径认为，社会法"是资本主义国家在市场经济发展中，为实现国家干预经济的目的，在修正私法绝对自治等旧法学理论的基础上提出的，它不属于私法或公法，而是公、私法融合交错的一个新的法律领域。它不是一个法律部门"。⑥ 王人博教授在钟明钊主编的《社会保障法律制度研究》一书中说："这些规范，从一定意义上说，是政治国家实现其社会管理职能的重要手段。它们的出现导致在传统公法和私法之外又产生了一个新的法域。由于它们都是以社会公共利益的维护作为其基本的价值追求，因而，被人们称为社会法。"⑦《社会法原论》出版后，持"法域说"观点的学者有所

---

① 郭明政：《社会法之概念、体系与范畴》，《政大法学评论》第 58 期，1997 年。
② 郭明政：《社会法之概念、体系与范畴》，《政大法学评论》第 58 期，1997 年。
③ 史尚宽：《民法总论》，中国政法大学出版社，2000，第 57 页。
④ 董保华：《社会法原论》，中国政法大学出版社，2001，第 21 页。另参见蓝山《可持续发展立法两大支柱：经济法与社会化》，《河北法学》1999 年第 4 期；张翀《社会法与市民社会》，《安徽师范大学学报》2006 年第 3 期；赵兼《作为第三法域的社会法新论》，硕士学位论文，湘潭大学，2011。
⑤ 孙笑侠：《宽容的干预和中立的法律》，《法学》1993 年第 7 期。
⑥ 史探径：《我国社会保障法的几个理论问题》，《法学研究》1998 年第 4 期。
⑦ 钟明钊主编《社会保障法律制度研究》，法律出版社，2000，第 21 页。

增加。① 赵红梅在《私法与社会法》中明确提出："本书所进行的研究，是将社会法界定为独立于公法与私法外的第三法域，而不是涵盖劳动法、社会保障法、弱势群体保护法法律制度的法律部门。"② 在另一篇文章中，她再次断言"第三法域之社会法必将与私法分离"。③ 王广彬认为，社会法"以社会主义为指导思想"④，"正是因为已有的私法和公法不能完全满足社会主义的要求，因而要求产生一系列新的法律部门，如劳动法、社会保障法等法律部门。这些新的法律部门构成了一个新的法域，大家名之为社会法"。⑤ 陈根发认为，社会法是指"为了实现社会政策而制定的诸如劳动法、消费者保护法和住宅法等所构成的、可以与公法和私法排列到一起的第三大法律体系"。⑥ 总体来说，这一观点认为，所有第三法域的法都是社会法，包括劳动法、经济法、环境保护法等。

（四）部门法说

这种观点认为，社会法不是一个法哲学或文化概念，也不是一个法域，而是具有特定内涵的完整的法律部门，以此为研究对象的学科即为社会法学。但这个"特定内涵"究竟是什么，学者们众说纷纭，莫衷一是。

从民国时期的研究看，其基本上是在实在法层面诠释法律社会化和社会法。吴传颐先生认为，"通常认为社会法不过是保护经济弱者福祉的法，并不足以理解社会法发达的真相"，"社会法思想有四种意味：第一，剥去平等化、抽象化的人格者概念的表皮，从每个人社会地位之差别性——权势者或者无力者，而予以适当估量"，"第二，基于个别的社会权势者和无力者地位的不同，进一步考虑怎样保护后者抑制前者"，"第三，社会法的

---

① 另参见吕世伦等《根本法、市民法、公民法和社会法》，《求是学刊》2005 年第 5 期；张鹏菲《社会法性质的法理学浅析》，《法制与社会》2007 年第 12 期；张翀《社会法与市民社会——第三法域探微》，《安徽师范大学学报》2006 年第 3 期；朱晓喆《社会法中的人》，《法学》2002 年第 8 期。
② 赵红梅：《私法与社会法》，中国政法大学出版社，2009，第 49 页。
③ 赵红梅：《第三法域社会法理论之再勃兴》，《中外法学》2009 年第 3 期。
④ 林嘉主编《社会法评论》第 3 卷，中国人民大学出版社，2008，第 134 页。
⑤ 林嘉主编《社会法评论》第 3 卷，中国人民大学出版社，2008，第 137 页。
⑥ 陈根发：《日本"法体系"划分中的若干问题》，中国论文下载中心，2006 年 11 月 13 日。

思维，设想每个人为社会成员之一，好像螺丝钉之为机械的构成分子一样。所以纵然是私的关系，也得作为社会关系之一来把握"，"第四，社会法的形式和现实，不能如现存制定法的形式和现实，发生南辕北辙的现象。必须在新的平面或立体上开始调和和适应工作"。[①] 在我国台湾地区，至今仍有一批学者继承了民国时候的传统，将社会法作为"部门法"定位研究。如郝凤鸣认为，社会法是关于社会保障制度之法律规范体系，它"既非公法与私法以外所有第三法域，也不包含全部之劳动法，仅限于与劳工福利、社会福利、社会保障或社会安全制度相关之法律规范"。[②] 王泽鉴认为，社会法是以社会安全立法为主轴展开的，大凡社会保险法、社会救助法、社会福利法、职业训练法、就业服务法、农民健康保险法等均属于社会法研究的范畴。[③] 郭明政认为社会法是社会安全法。他举例说，德国也有学者将社会法界定为"公法与私法之间的第三法域"，但一直未能引起广泛响应。[④]

在中国，较早提出社会法"部门法"定位的是中国社会科学院法学研究所。1993 年 8 月，该所课题组在完成的研究报告《建立社会主义市场经济法律体系的理论思考和对策建议》中提出，我国的社会主义市场经济法律体系框架主要由民商法、经济法和社会法三个板块构成，并提出社会法包括劳动法和社会保障法的构想。[⑤] 不久，时任所长的王家福教授在全国人大常委会所做的"法制讲座"中进一步提出，社会法作为法律部门，主要包含三类法律：第一类是劳动法、劳动就业法等；第二类是社会保险法，如养老保险法、医疗保险法、失业保险法等；第三类是社会救济法。[⑥] 1996 年，王家福等在《光明日报》撰文，提出了"社会法的主旨是保护劳动者权益，提供社会保障，对社会弱者予以救济"的思想。[⑦] 此后，全

①　吴传颐：《社会法和社会法学》，《中华法学杂志》1948 年第 1 期。
②　张俊娜：《"社会法"词语使用之探析》，《语言应用研究》2006 年第 3 期。
③　郭明政：《社会法之概念、体系与范畴》，《政大法学评论》第 58 期，1997 年。
④　郭明政：《社会法之概念、体系与范畴》，《政大法学评论》第 58 期，1997 年。
⑤　中国社会科学院法学所课题组：《建立社会主义市场经济法律体系的理论思考和对策建议》，《法学研究》1993 年第 6 期。
⑥　肖扬主编《社会主义市场经济法制建设讲座》，中国方正出版社，1995，第 18 页。
⑦　王家福等：《论依法治国》，《光明日报》1996 年 9 月 28 日。

国人大常委会几乎全盘采纳了这些建议，将社会法定位为与民商法、行政法、经济法、刑法等并列的"七个法律部门"之一。根据法律委员会的解释，社会法是"规范劳动关系、社会保障、社会福利和特殊群体权益保障方面的法律关系的总和"。① 最高人民法院在其编制的《中华人民共和国法库》中也将社会法定位为独立的部门法，认为社会法是社会保障制度的基本法律规范，包括对劳动者、失业者、丧失劳动能力和其他需要社会扶助的社会成员权益的保障制度。在更早的时候，中国人编著的《法学大辞典》也是这样定位的，认为社会法"主要是指关于劳动和社会福利方面的法律"。②

目前，国内有相当数量的学者持部门法说。如张守文认为，社会法在法律体系中应当是一个独立的法律部门，各国的社会立法都是以其社会保障政策和社会保障制度为核心的，这一共同之处使得社会法在狭义上常常被理解为社会保障法。③ 覃有土等认为，社会法是"为了解决许多社会问题而制定的有关各种社会法规的总称，用以保护某些特别需要扶助人群的经济生活安全，或是用以普遍促进社会大众的福利"。④ 叶静漪等认为，社会法是"以社会整体利益为取向、促进和谐社会发展为宗旨，调整社会保障（社会保险、社会救助、社会福利、社会优抚等）关系和劳资关系，着眼于保障和促进公民生存和发展权利、条件与能力的法律规范的总称。从我国目前的制度实践来看，可以认为主要包括了社会保障法和劳动法"。⑤郑尚元认为，社会法属于第三法域而不是第三法域的代名词，它是一个法律门类，而不是法律理念⑥；社会法是同一或同类属性的法律，是"具有独特调整对象的现代法律"。⑦ 宋小卫认为，社会法"是调整有关劳动关系、社会保障关系以及弱势群体保护和某些社会自治团体行为的法律规范的总和，它是国家从社会整体利益出发，为弥补市场经济的缺陷，保护劳

---

① 杨景宇：《我国的立法体制、立法体系和立法原则》，人民网，2004年3月2日。
② 曾庆敏主编《法学大辞典》，上海辞书出版社，1988，第797页。
③ 张守文：《社会法论略》，《中外法学》1996年第6期。
④ 覃有土等：《社会保障法》，法律出版社，1997，第75页。
⑤ 陈甦主编《民生保障与社会法建设》，社会科学文献出版社，2009，第14页。
⑥ 郑尚元：《社会法是法律部门，不是法律理念》，《法学》2004年第5期。
⑦ 郑尚元：《社会法的定位和社会法的未来》，《中国法学》2003年第5期。

动者和儿童、老年人、残疾人和失业者等弱势群体正当权益的需要，增进社会稳定与均衡发展而产生的一种立法"。① 汤黎虹在其专著《社会法通论》中，认为社会法是"架构"社会管理体制、规范狭义社会行为、调整狭义社会关系的独立的法律部门。

需要说明的是，尽管国内学界对社会法的认识存在较大差异，但这并不意味着学者们对所有的问题都没有形成共识。目前来说，关于"社会法是调整劳动关系与社会福利关系的法律""社会保障和社会安全的法律属于社会法"等观点还是被普遍接受的。也就是说，最"狭义的"社会法得到了学者们的一致认同。从中国社会法学研究会历届年会的内容来看，其基本上围绕劳动法和社会保障法展开讨论，只有 2011 年和 2012 年的年会分别增加了"教育法"、"卫生法"和"慈善法"的子议题。应该说这是一个非常了不起的进步，拓宽了学者们的研究视域。从年会的主流观点看，其基本上也是一种部门法定位，认为社会法是为了解决某些特定的社会问题，是为社会的现实需要服务的，而且持这种观点的学者越来越多。笔者早年也曾信奉"法域"说，并且陆续写过一些文章对其基础理论问题进行探讨，但近年来越来越倾向于部门法定位，并最终确立了这一基本主张。

三 社会法定义与解析

（一）社会法如何定义

由上述可见，社会法在世界范围内并没有权威统一定义，甚至是统一的名称。因为不同的国家对这一概念有不同的理解，同一国家也有不同的解释抑或不同的称谓。在我国，学者对社会法语词之使用，则"很明显不如民商法、行政法、刑法等固定成熟的术语那么明确"②，这是一个很大的、不能不解决的问题。

第一，社会立法是世界潮流，学术研究方兴未艾，作为学术研究的对

---

① 宋小卫：《保障社会弱势群体共享大众传播资源》，中律网，2008 年 3 月 24 日。
② 王为农等：《社会法的基本问题：概念与特征》，《财经问题研究》2002 年第 11 期。

象，我们必须对这一概念进行界定，厘清其内涵，这是我们一代学人的使命和责任。博登海默说："概念乃是解决法律问题所必须的和必不可少的工具。没有限定严格的专门概念，我们便不能清楚地和理性地思考法律问题。"① 迪尔凯姆说："社会学家的第一步工作应该是界说他所要研究的事物，以使自己和他人知道他在研究什么。这是一切论证和检验所最不可缺少的首要条件。"② 本书认为，对社会法究竟是什么应当有清楚的认识，社会法概念并不是不可捉摸的"自在之物"，其内涵和外延可以界定且必须界定。

第二，学问的东西（特别是法学概念）切忌模糊不清，模棱两可，必须有清晰、准确的定义。因此，本书反对将社会法分为广义（包含泛义）、中义和狭义的社会法，主张在确定的意义上使用这一概念，就像谈到民法、刑法、行政法等概念时一样，人们很清楚每一个学科在研究和讨论什么。正如有学者所说："如果对社会法没有一个基本的共识，各个学者在使用时就容易形成自话自语，不利于学科的交流与对话和社会法自身理论的发展。此外从效率的角度分析，如果我们每一次在使用社会法时都必须先说明是在哪一层面使用，未免太过烦琐和成本太高。"③ 因此，将社会法分类定义亦不可行。

第三，单纯从研究的角度看，"法域说"有一定道理，但其缺陷是显而易见的，其理论也是不周延的。"第三法域"确实存在，将社会法归结为"第三法域"也没有错，但是将社会法等同于"第三法域"则是他们的错。很显然，如果社会法是与"公法"和"私法"同位阶的概念，它怎么可能成为一个学科，又怎么可能对之进行规范研究和制度研究呢？这个问题我们在第三节还要深入地分析和论证，兹不多及。

第四，对社会法的概念不能望文生义，认为所有与社会有关或与社会问题相关的法律都是社会法，比如民法、刑法、行政法等都与社会有关，显然这些都不是社会法——社会法有特定的内涵、独立的研究对象和法律特征。当然，和其他学科一样，社会法的内容也不是一成不变的。随着社

---

① 〔美〕博登海默：《法理学》，邓正来译，中国政法大学出版社，1999，第 486 页。
② 〔法〕迪尔凯姆：《社会学方法的准则》，狄玉明译，商务印书馆，2003，第 54 页。
③ 李昌麒等：《经济法与社会法关系的再认识》，《法学家》2005 年第 6 期。

会生活、历史文化的变迁，社会法的内涵和外延都将发生一定的变化。恩格斯说，"'法的发展'的进程大部分只在于首先设法消除那些由于将经济关系直接翻译成法律原则而产生的矛盾，建立和谐的法的体系，然后是经济进一步发展的影响和强制力又一再突破这个体系，并使它陷入新的矛盾"。① 由于社会法的进程也是不断发展的矛盾运动，而且它"还在形成中"②，我们讨论社会法的界定等问题，只是为了给性质、宗旨、目的和研究对象同类的法律一个统一的名称，使研究更加科学和方便。实际上，任何所谓的概念定义都不是终极真理，都是相对于一定的历史时期而言的。

基于上述考虑，我们可以对社会法下一个基本定义，即社会法是由国家制定和颁布的旨在保护社会弱者的生活安全，提供社会福利，促进民生福祉，具有国家和社会帮助或给付性质的法律法规的概称。

（二）定义解析

这个定义有点类似于一些学者所谓的"狭义的"社会法，但笔者反对这样的认识和定位。因为根本就没有"广义的"（包括泛义）和"中义的"社会法，它们是学者对现有研究进行归纳和总结时提出的概念，并非现实生活和法律体系中的客观实在。把握社会法基本定义有三个关键词——弱者的生活安全、提供社会福利、国家和社会帮助，前两者体现了社会法的基本理念，是社会法的内在精神直至最高本体，第三者是社会法的基本前提，是法律实施的必然要求。简言之，即"两个理念、一个前提"。

1. 弱者的生活安全

（1）社会法上的社会弱者。所谓的社会弱者，就是人们平时所称的弱势群体。弱势群体有绝对性，也有相对性。因为"强"和"弱"本身是相对的，比如，相对于铁路运营和管理部门，乘客是弱势群体；相对于房地产开发商和物业管理公司，住户是弱势群体。③ 社会法上的弱势群体既包括绝对弱势群体，也包括相对弱势群体，但不是所有的相对弱势群体，如

---

① 《马克思恩格斯选集》第 4 卷，人民出版社，2012，第 611 页。
② 吴传颐：《社会法和社会法学》，《中华法学杂志》1948 年第 1 期。
③ 余少祥：《弱者的权利》，社会科学文献出版社，2008，第 15 页。

前述"乘客"和"住户"就不是社会法的研究对象。所谓的绝对弱势群体，"是由于自身能力、自然或社会因素影响，其生存状态、生活质量和生存环境低于所在社会一般民众，或由于制度、法律、政策等排斥，其基本权利得不到所在社会体制保障，被边缘化、容易受到伤害的社会成员的概称"，主要包括"经济贫困"、"权利贫困"和"能力贫困"群体。① 绝对弱势群体有其通常的衡量标准，在一定的社会条件下可以用具体明确的标准进行判定。比如，通过考查最低生活保障标准，可以确定"经济贫困群体"；通过考查法律规定的平等权利的实现程度，可以确定"权利贫困群体"；通过现代医学标准，可以确定"能力贫困群体"。相比之下，社会法上的相对弱势群体则较难界定——它主要是指在社会生活中处于相对不利地位的一类人群。比如，相对于资方，劳动者是弱势群体；相对于社会大众，遭遇生活不幸者是弱势群体；相对于健康人士，病残者是弱势群体。这些都是有特定意义的、生活中的脆弱人群，也是社会法保护和研究的对象。

（2）社会法起源于弱者保护。在社会生活中，有天生的强势群体和弱势群体之分，而且市场经济会自发地导致强者愈强、弱者愈弱。此时，如果没有公权力介入来保护弱者的利益，将使社会关系的失衡状态加剧并最终导致严重的社会问题。② 社会法正是基于保护弱者的理念产生的。正如亚当·斯密所说，那种集体行动所产生的种种好处并没有落到穷人和普通大众的手中，而是在攫取普通居民利益的情况下，使集体行动产生的好处为既得利益集团所占有。③ 尤其是在现代社会，各种财产制度和利益协调方式，在理论上都是以当事人之间地位的平等为前提的，而在实际契约关系中，经济上的强者常常利用其经济上的优势欺压弱者，形成事实上的不平等契约关系。同时，随处可见的格式合同，使处于弱势一方的当事人只能作出完全接受或完全拒绝的选择，很难作出真正符合本意的意思表示，如果任由契约双方当事人确定相互之间的权利和义务，必定会造成实质上

---

① 余少祥：《法律语境中弱势群体概念构建分析》，《中国法学》2009 年第 3 期。
② 史探径：《社会法论》，中国劳动社会保障出版社，2007，第 23 页。
③ 贾品荣：《改革第一难题：破除既得利益集团》，《中国经济时报》2007 年 6 月 28 日。

的不公正，这时就需要利用社会法对契约关系中的弱势一方予以保护。[①]
因此，从本质上说，社会法是立足于现实中强弱分化的人的真实状况，用
具体的"不平等的人"和"团体化的人"重塑现代社会中的法律人格，用
倾斜保护和特别保护的方式明确处于相对弱势一方主体的权利，严格相对
强势一方主体的义务和责任，实现对社会弱者和民生的关怀。事实上，社
会法这种"具体的人格"正是由社会弱者的身份造成的[②]，它"从维护社
会均衡出发，以保护弱者为其精髓"[③]，其宗旨乃是"弱者救助、反歧视与
倾斜保护"。[④] 在我国，尤其是当前贫富分化等社会问题越来越严重的情况
下，通过完善社会立法，保障公民的社会权，使人们实现真正的解放——
社会解放，对构建和谐社会具有重大而深远的理论和现实意义。

（3）社会法保护的内容主要是生活安全。社会法产生的目的是"基于
对社会中弱者的基本生活和基本权利保障"[⑤]，主要是解决"社会弱者的生
存和发展问题"[⑥]，其保护的内容主要是生活安全，而不是人身安全和财产
安全等。因此，社会法关注的焦点在社会分配领域，其基本立场是："在
承认每个自然人的能力禀赋与资源占有存在诸多差异的前提下，追求结果
与实质意义的平等与公平"[⑦]，是一种"利益分配的平均正义立场"。[⑧] 社
会法的这一独特性质决定了并非所有的保护社会弱者的法律都是社会法，
也不是具有对社会弱者特别保护条款的法律就是社会法，只有保护社会弱
者"生活安全"的法律才是社会法。比如，我国《合同法》规定，格式合
同中应对不利于弱者的免责条款进行严格限制，当合同解释存在两种以上
可能时，应选择有利于弱者的解释；我国《民事诉讼法》规定，对追索赡
养费、抚养费、抚育费、抚恤金、医疗费用的当事人的财产，可以裁定

---

① 何自荣：《社会法基本问题探究》，《昆明理工大学学报》2009 年第 8 期。
② 丛晓峰主编《社会法专题研究》，知识产权出版社，2007，第 49 页。
③ 郑少华：《经济法的本质：一种社会法观的解说》，《法学》1999 年第 2 期。
④ 郑尚元：《社会法的存在与社会法理论探索》，《法律科学》2003 年第 3 期。
⑤ 郑尚元：《社会法的存在与社会法理论探索》，《法律科学》2003 年第 3 期。
⑥ 林嘉主编《社会法评论》第 3 卷，中国人民大学出版社，2008，第 141 页。
⑦ 余少祥：《关注社会法，促进社会和谐》，《中国社会科学院院报》2006 年 8 月 31 日。
⑧ 司春燕：《浅析消费法律关系的社会法属性》，《桂海论丛》2007 年第 2 期。

"先予执行"；显然，《合同法》和《民事诉讼法》都不是社会法。① 又如，我国宪法、刑法、婚姻法等都涉及妇女权益保护问题，但这些法律都不是社会法，因为其规制的对象是所有社会成员，并非针对妇女这一特定的处于相对弱势地位的群体，而且其立法的内容不是"生活安全"。② 概言之，社会法保护的是社会弱者的"基本生活权益和生存权益"③，这是一种要求确保其"生存或生活上必要诸条件的权利"④，其深刻的法理基础乃是作为第三代人权核心内容的生存权。⑤ 现代社会，生存权被揭示为"在人的所有欲望中，生存的欲望具有优先地位"。⑥ 早期社会法正是以实现社会成员的生存权为最终目标的，它"依靠人与人之间积极的相爱相让，而不是消极的相约相制，来推行人道，实现大同"。⑦

2. 提供社会福利

（1）社会法上的社会福利。社会福利是指国家依法为所有公民普遍提供旨在保证一定生活水平和尽可能提高生活质量的资金和服务的社会保障制度。西方国家把"凡是为改善和提高全体社会成员物质、精神生活而采取的措施、提供的设施和服务等都称为社会福利"。⑧ 而福利经济学中所使用的福利概念"在本质上是极其宽泛的"，它"事实上包括对个人有用的一切东西——个人能够消费的物品与服务，社会环境的满足感，个人的自

---

① 有学者提出，"形式平等、实质不平等的消费法律关系应当由社会法调整"，故此，消费者权益保护法是社会法。这一观点的错误性是不言而喻的：其一方面泛化了社会弱者的概念，另一方面该法是关于交易安全而非生活安全的立法。参见司春燕《浅析消费法律关系的社会法属性》，《桂海论丛》2007 年第 2 期。

② 有学者认为，经济法"侧重于保护和扶持经济性弱者"，因此是社会法的一部分。这种观点将所有保护社会弱者的法律都归结为社会法，是因为偏离了"生活安全"，这也是其最终滑向"法域"泥潭的根本原因。参见郑少华《经济法的本质：一种社会法观的解说》，《法学》1999 年第 2 期。

③ 林嘉主编《社会法评论》第 3 卷，中国人民大学出版社，2008，第 163 页。

④ 许庆雄：《社会权论》，众文图书股份有限公司，1991，第 6 页。

⑤ 在国际上，最早将生存权作为"法的权利"进行表述的是奥地利法学家安东·门格尔。1886 年，他在《全部劳动权史论》中提出，劳动权、劳动收益权、生存权是新一代人权——经济基本权产生的基础。参见胡敏洁《福利权研究》，法律出版社，2007，第 7 页。

⑥ 〔英〕马歇尔：《公民权与社会阶级》，刘继同译，《国外社会科学》2003 年第 1 期。

⑦ 夏勇：《中国民权哲学》，三联书店，2004，第 152 页。

⑧ 夏正林：《社会权规范研究》，山东人民出版社，2007，第 99 页。

我实现，对他人的同情心，等等"。① 社会法上的社会福利主要指社会服务
事业及设施，一般来说其制度有四个特点：第一，社会福利是社会矛盾的
调节器；第二，每一项社会福利计划的出台都带有明显的功利主义目的，
并且以缓和某些突出的社会矛盾为终极目标；第三，社会福利为所有公民
提供，利益投向呈一维性，即不要求被服务对象缴纳费用，只要他属于立
法和政策划定的范围之内，就能按规定得到应该享受的津贴服务；第四，
社会福利较社会保险而言是较高层次的社会服务，是在国家财力允许的范
围内、在既定的生活水平的基础上，尽力提高被服务对象的生活质量。社
会法上的社会福利既可以由国家提供，也可以由私人和社会组织提供，如
企业年金、企业福利和公益捐赠等，都是社会福利。因此，社会福利不同
于公共福利，后者一般由国家和政府提供。社会福利也不同于"共同福
利"，② 后者享有的主体是全体社会成员，而前者享有的主体既包括全体社
会成员，也包括部分社会成员。如老年津贴只有符合条件的老年人才能享
有，它是社会福利但不是共同福利。而且，"福利"也不同于"福祉"，福
祉包括福利又不限于福利。福利一般指物质意义的东西，福祉则含有更高
层次的东西，既包括物质生活，也包括精神和文化生活等。

（2）提供社会福利是社会法发展的新阶段。随着社会的发展，社会
法不再仅仅满足于对社会弱者的生存权保障，对人的发展权和人的尊严
的维护也越来越突出，如教育、医疗、住房保障显然超过了一般生存权
的保障范围。由此，社会法的发展进入了一个新的历史阶段——为社会
成员提供社会福利。特别是 20 世纪，"一些新的社会、经济需求不仅仅
依靠社会经济系统来满足，而且使用法律术语来设计和表达"③，这时
"发展、自决、少数人受保护，乃至达到相当的生活标准、免于饥饿、
体质和心理健康、带薪休假、就业等一切可以被看做与人的尊严有关的
利益，几乎都被宣布为权利"。④ 其随着人权概念的扩展，"尤其是经济、

① 〔美〕路易斯·卡普洛等：《公平与福利》，冯玉军等译，法律出版社，2007，第 18—19 页。
② 林嘉主编《社会法评论》第 2 卷，中国人民大学出版社，2007，第 16 页。
③ 夏勇：《中国民权哲学》，三联书店，2004，第 169 页。
④ 夏勇：《中国民权哲学》，三联书店，2004，第 171 页。

社会、文化权利概念的兴起，越来越引人注目"，"为相关学说的建立和改造提供了新的分析框架"。① 在经济领域，人们认为，经济问题与伦理问题密切相关，人类经济生活应满足高尚的、完善的伦理道德方面的欲望，国家应通过立法，实行经济和社会改革，推进社会福利，维护国民生活安全和国家稳定。这时，政府的功能已"不止于保障国民的权利和强制其实行义务，更重要在积极地支援那些处于经济劣势状况的弱者，进而促进社会一般人的福利，以改善社会全体的生活"。② 这一新的发展使社会法上的社会由"部分社会"逐渐转变为"全体社会"，社会法的关注对象也由特定的"社会弱势群体"扩大到"全体社会成员"。这种由国家推动的"社会保护扩展到保障每个人的社会权利"的趋势，是"福利国家发展的典型特色"③，也是"政治解放和社会和谐得以增进的标志"。④我国台湾地区学者陈国钧在阐释社会法的含义时，将其内容分为广义和狭义两种，认为狭义的社会法"指以保护处于经济劣势下的一群人生活安全所制定的社会安全立法"，广义的社会法则"着眼于增进社会福利"，"凡以改善大众生活状况，促进社会一般福利，而制定的有关法律皆属之"。⑤日本学者加古佑二郎将社会法上的社会仅仅定位为"部分社会"，认为社会法"实际上是保护由处于社会的从属地位的劳动者、经济上的弱势者所组成的社会集团的利益，而并非所有的社会集团的利益之法律规范"⑥，否认其社会福利内涵，是错误的。

（3）提供社会福利是社会法成熟的重要标志。如果说社会法保护社会弱者生活安全的理念包含了对特殊群体的关照，其社会福利理念则"包含着对所有个人平等关怀的基本内涵"⑦，是社会法成熟的重要标志和体现。这两大理念如车之两轮，鸟之两翼，构成了社会法最基本的内核和最高本

---

① 夏勇：《中国民权哲学》，三联书店，2004，第321页。
② 曾繁正：《西方国家法律制度、社会政策与立法》，红旗出版社，1998，第168页。
③ 〔德〕考夫曼：《社会福利国家面临的挑战》，王学东译，商务印书馆，2004，第23页。
④ 夏勇：《中国民权哲学》，三联书店，2004，第176页。
⑤ 陈国钧：《社会政策与社会立法》，三民书局，1984，第116页。
⑥ 王为农：《日本的社会法学理论：形成和发展》，《浙江学刊》2004年第1期。
⑦ 〔美〕路易斯·卡普洛等：《公平与福利》，冯玉军等译，法律出版社，2007，第27页。

体（需要说明的是，社会福利理念的立足点是"社会整体福祉"而不是"社会总体福祉"，后者通常是指"福利总量"，前者则意味着每个人都享有）。这个界定和国外通行的关于"社会立法"内涵的阐释是一致的，即"凡是依据社会政策制定，用以保护某些特殊需要扶助人群的生活安全或用以促进社会大众福利的立法，便是社会立法"。[①] 前述星野英一[②]、克拉克[③]和陈国钧[④]等都是从维护"社会弱者生存"及提供"社会福利"两个角度界定社会法基本内涵的。现代社会，"福利一词有特定的含义，它通常用于表示经济和文化较为发达的条件下社会成员近乎'不劳而获'的需求"，其"需求的整体内容是社会成员的物质享受、精神享受的完善与发展"。[⑤] 从历史上看，社会法的内涵从保护弱者发展为提供和促进社会福利，是福利权发展的必然结果[⑥]，它意味着福利需求是"可要求的或可主张的"[⑦]，而且是"要求公权者积极作为的权利"。[⑧] 根据美国学者安德森·内森的表述，福利被认为"不仅仅是国家对人民承诺的义务之一，而且是国家的主要义务"。[⑨] 社会法将福利权上升为法律权利，强调个人独立于市场之外，依据资格而非能力获取国家提供的福利[⑩]，因此，该义务在很大程度上是"非对应性义务"[⑪]，即不以社会成员的贡献为代价，只要他具有相应的资格即能享有相应的福利。正是在这个意义上，"'福利国家'

---

① 曾繁正：《西方国家法律制度、社会政策与立法》，红旗出版社，1998，第168页。
② 梁慧星主编《民商法论丛》第8卷，法律出版社，1997，第186页。
③ 陈国钧：《社会政策与社会立法》，三民书局，1984，第111页。
④ 陈国钧：《社会政策与社会立法》，三民书局，1984，第112页。
⑤ 夏勇主编《走向权利的时代》，中国政法大学出版社，2000，第622页。
⑥ 福利权在外延上与公共福利制度（主要是社会保障制度）相关联，涉及医疗保险、失业保险、最低社会保障制度、社会福利、养老保险、各种津（补）贴、社会救助等，包括享受免费医疗、义务教育及其他相关公共福利的权利。参见胡敏洁《福利权研究》，法律出版社，2007，第7页。
⑦ 夏勇主编《走向权利的时代》，中国政法大学出版社，2000，第628页。
⑧ 夏勇主编《走向权利的时代》，中国政法大学出版社，2000，第631页。
⑨ 夏勇主编《公法》第1卷，法律出版社，1999，第74页。
⑩ 〔丹麦〕埃斯平-安德森：《福利资本主义的三个世界》，郑秉文译，法律出版社，2003，第22页。
⑪ 夏勇：《中国民权哲学》，三联书店，2004，第76页。

的术语几乎与'社会法治国'术语同时被使用着"。① 我国台湾地区学者许育典将"社会法治国"称为"社会国",认为其基本内涵包括社会形成、社会安全和社会正义等。社会形成意味着,现代社会,国家更少采用命令控制方式,更多使用租税、补助或者提供基本措施的手段,来照顾人民生活;社会安全意味着国家必须保障人民享有一个合乎人性尊严的生存条件,以减轻或者避免人民面临的经济困境;社会正义意味着国家必须努力调和因权力分配、贫穷、教育程度等差异所产生的对立与矛盾,并竭力谋求社会平等的建立。② 这是社会法的基本内涵,也是社会法发展到向全社会提供"社会福利"的体现和反映。

3. 国家和社会帮助

(1) 国家和社会帮助是社会法最显著的特征。也就是说,国家和社会是法律上直接的义务主体和当事人③,而不仅仅是居中调节者和最终裁决者,这是社会法与其他部门法最主要的区别。现代社会,由于市场经济不可避免造成贫富悬殊,人们逐渐认识到,"政府应该承担保护公民免受工业社会生活之诸多不幸的任务,并通过积极的政策来满足新的经济、社会需求"④,即国家和社会通过积极作为,给予公民一定的生活救济或福利帮助,以避免实质不平等与形式不平等的矛盾扩大化。这就突破了过去公权力不介入私人领域的理念,使国家的职能出现了重大变化,即由"消极国家"向"积极国家"转变,由"守夜人"式的国家向"福利国家"转变,因为"纠正社会和经济的弊病乃是政府的职责,这种看法反映了人们的情感"。⑤ 正如丹宁勋爵所描述的,"在过去,政府只关注治安、国防和外交,把工业留给了实业家和商人,把福利事业留给了慈善机构",但20世纪以

---

① 胡敏洁:《福利权研究》,法律出版社,2007,第55页。

② 许育典:《社会国》,《月旦法学杂志》第12期,2003年。

③ 目前,所有的社会法都确立了国家的责任和义务,如促进就业法、社会保险法、社会救助与社会福利法等都明确了国家的责任和义务,但并非所有的社会法都规定了社会义务,如社会保险法要求每个人都要缴纳社会保险费,这是个人的社会责任,也是社会义务,但慈善法中的社会捐赠就既不是社会义务,也不是法律责任,而仅仅是一种道德责任。这是国家和社会作为社会法义务主体的最主要区别。——作者注

④ 夏勇:《中国民权哲学》,三联书店,2004,第169—170页。

⑤ 姜明安主编《行政法与行政诉讼法》,北京大学出版社,1999,第4页。

来，"政府要关注生活的各个方面，我们有'福利国家'和'计划国家'之称"。① 我国台湾地区学者陈新民说，在福利国家（亦称"社会法治国"），"却不似自由主义法治国专注于个人财产，而是以'个人劳动'为着眼的社会"②，政府与个人或社会产生了一种"服务性"的法律关系，来保障社会的福祉，是"反映社会所有参与者利益的一种妥协性质的产物"。③ 新自由主义者哈耶克也毫不掩饰地承认，在"一个极为广泛的非强制性活动的领域"，政府承担着"对贫困者、时运不济者和残疾者进行救济""确立最低限度的维系生计的标准""推行社会保障和教育"等责任和义务。④ 夏勇教授在《走向权利的时代》中将社会成员的需求归结为"温饱、安宁、公正、自由、福利"⑤，应该说这些在社会法中都有体现和反映，只不过社会法上的安宁主要是指"生活的安宁"，自由主要是指"免于匮乏的自由"。社会法上的"积极国家"是社会权的必然要求，它是"对国家请求为一定行为的权利，从而区别于以排除国家介入为目的的自由权"⑥，其核心思想是：强调运用国家权力对经济生活进行适度干预和调节，对私有财产权予以适当限制，倡导社会保险、社会救济、劳工保护和劳资合作等社会权利，以解决自由市场经济发展中出现的严重分配不公等社会问题。

（2）国家和社会帮助的内容。社会法上国家和社会帮助的内容主要包括两个方面，一是物质帮助，二是权利帮助。其中，前者为最核心内容。

由前述可知，在市场条件下，社会成员拥有的资源数量、能力素质等的差别，导致了他们的竞争机会不均等，形成了客观上的收入分配不公和强弱悬殊。于是，处于强势地位的主体就会充分利用其有利地位攫取自己的利益，将弱势一方主体置于更加不利的境地，甚至威胁到他们的基本生

① 〔英〕丹宁勋爵：《法律的训诫》，代中译，法律出版社，1999，第61页。
② 陈新民：《公法学札记》，中国政法大学出版社，2001，第93页。
③ 陈新民：《公法学札记》，中国政法大学出版社，2001，第95页。
④ 〔英〕哈耶克：《法律、立法与自由》（第2、3卷），邓正来等译，中国大百科全书出版社，2000，第332—333页。
⑤ 夏勇主编《走向权利的时代》，中国政法大学出版社，2000，第620—622页。
⑥ 〔日〕芦部信喜：《宪法》，林来梵等译，北京大学出版社，2006，第242页。

存，造成整个社会经济生活的不稳定。这时，"法律就要对各种利益的重要性作出估量和平衡，并为协调利益冲突提供标准使利益得到协调和整合"。① 为了弥补市场机制这种与生俱来的内在缺陷，需要通过市场之外的诸如国家的、社会的力量予以矫正，以克服市场竞争和私法自治产生的种种弊端，即对社会弱者给予一定的物质帮助，并以社会福利的方式维护全体社会成员的生活安全。从客观上说，社会法的产生涉及诸多因素，在国家和社会的物质帮助方面，它至少与以下因素有关：一方面，市场优胜劣汰，必然产生弱势群体，需要有完善的规则进行调整；另一方面，当面临自然灾害时，需要更为稳定和系统化的社会规则来构建安全网络。不仅如此，"社会法的产生还与道德、可持续发展、社会政策目标等诸多因素有关"。② 正是在这个意义上，有学者将社会法理解为"调整在国家保障自然人基本生活权利过程中发生的具有国家给付性的社会关系的法"。③ 汤黎虹教授认为，社会法"是应当履行社会帮扶义务（责任）的主体依法帮扶享有被帮扶权利的主体的'帮扶'之法"，也是从国家和社会帮助的角度对社会法进行界定的。他将社会法的调整对象理解为"扶助弱势群体、增进社会公益和维护社会安定三个方面的关系"，并做了一系列解释。④ 其实，在对这"三个关系"的定位中，只有第一个定位是准确的，第二个定位则过于宽泛。社会公共利益包含很多内容，社会福利只是其中的一部分⑤，对此，我们不能以偏概全，更不能"以全概偏"。其第三个关系定位的错误是不言而喻的，"社会安定"是法律的社会功能而不是法律调整的对象。退一步说，即便"社会安定"是一种社会关系，也不能说"调整""社会安定关系"的法律就是社会法，因为刑法、民法、行政法等几乎所有的部门法都有维护社会安定的功能，我们不能说这些法律都是社会法。按照我国台湾地区学者陈国钧的理解，社会法就是一种以国家和社会帮助或给付

① 何自荣：《社会法基本问题探究》，《昆明理工大学学报》（社会科学版）2009 年第 8 期。
② 杨旭：《经济法与社会法关系考察》，《河北法学》2004 年第 9 期。
③ 扈春海：《社会法的界定论》，载林嘉主编《社会法评论》第 3 卷，中国人民大学出版社，2008，第 158 页。另参见郑尚元《社会法的定位和未来》，《中国法学》2003 年第 5 期。
④ 汤黎虹：《社会法特征之我见》，《法治研究》2009 年第 11 期。
⑤ 余少祥：《论公共利益的行政法律保护》，《环球法律评论》2008 年第 3 期。

为内容的法律，其特征是"用以保护某些特别要扶助人群的经济生活安全，或是用以普遍促进社会大众的福利"。①

社会法中国家和社会帮助的另一项重要内容是权利帮助。从广义上说，权利帮助包括物质救济。为了使"国家和社会帮助"的内容更加清晰，本书对这两个问题分别加以论述。前述可知，社会法的基本理念之一是扶助弱势群体，对私权进行适当限制。所谓"势"，根据《辞海》的解释是指权力。《书·君陈》曰："无依势作威"，也就是我们所说的"权势"，包括政治势力和社会势力等。"弱势"在一定意义上就是"弱权"，即不能依靠自身或家庭的力量维持起码的生活水平，或者维护自身的正当权益。② 由于缺乏"权势"和基本的社会支持系统与个体支持体系等，弱势群体很容易受到社会伤害。黑格尔认为，市民社会是个人追逐私利的领域，是一切人反对一切人的战场。他说："在市民社会中，每个人都以自身为目的，其他一切在他看来都是虚无。但是，如果他不同其他人发生关系，他就不能达到他的全部目的。因此，其他人便成为特殊的人达到目的的手段"③；"市民社会的市民，就是私人，他们都把本身利益作为自己的目的"。④ 黑格尔所谓的"市民"，实际上就是亚当·斯密所说的"经济人"和边沁所谓的"功利主义者"，自身利益最大化乃是他们一切行动的目标。他所谓的"市民社会"也就是私法中的社会，这是一个"个人主义"的社会，强调个人权利的优先性，宣扬个人优先于国家和社会。由于个人的逐利性与公共利益之间会出现不可避免的矛盾，国家权力不得不进入私人领域，对某些私权进行适当限制，使"每个人的基本权利，因维护尊严和自由之需，都得到最低限度的保障"。⑤ 比如，制定完善的社会保障制度是国家的主要义务之一，"构成了基本权利的内容"。⑥ 吴传颐在阐述社会法的本质时，认为其中一个重要方面是"对私权附以社会的义

① 陈国钧：《社会政策与社会立法》，三民书局，1984，第 112 页。
② 余少祥：《法律语境中弱势群体概念构建分析》，《中国法学》2009 年第 3 期。
③ 〔德〕黑格尔：《法哲学原理》，范扬译，商务印书馆，1961，第 197 页。
④ 〔德〕黑格尔：《法哲学原理》，范扬译，商务印书馆，1961，第 201 页。
⑤ 夏勇：《中国民权哲学》，三联书店，2004，第 13 页。
⑥ 〔日〕芦部信喜：《宪法》，李鸿喜译，元照出版公司，1995，第 103 页。

务"。他说："这点意义上,社会法和中世纪的封建法颇相近似,都以义务为权利实质的基础,权利的授予只是使权利人负终局义务的手段。"①实际上,这也体现了社会法与传统私法有很大的不同。在传统私法领域中,权利和义务是对等的,在社会法中二者则不必然对等,如最低生活保障、社会救助、社会福利等权利的享有者并不以承担相应的义务为前提,其义务主体固化为国家和社会,与权利人没有关系。社会法正是通过不附随义务的手段实现对社会成员的"权利帮助"的,这是社会法不同于公法和私法的重要特征之一。也是在这个意义上,我们可以说社会法蕴含了"人权的内在精神",即"人道精神、法治精神和大同精神"②,它通过固化权利义务关系,致力于缩小贫富差距,维护社会成员的生活安全,实现社会和谐。

(三) 需要区别的两个概念

有学者认为,社会法学与"社会学法学"(Sociological Jurisprudence)是同一概念,它"与法律社会学(亦称法社会学 Sociology of Law)是两个基本一致、略有区别的概念","前者是从学派即从研究方法和理论重心上说的;后者是从学科意义即从法学与社会学跨学科的意义上说的"。③ 这个认识是十分错误的,必须予以澄清。其一,社会法学与社会学法学不是同一概念。"社会法学"是以社会法为研究对象形成的学科,主要研究社会法的起源发展、理论基础、性质定位、价值原则、法律机制、功能结构、内容体系等,也包括对一些分支学科如劳动法、社会保障法和慈善法等的研究。在学术定位上,社会法学是法学的分支学科。"社会学法学"则将法律置于社会背景之中,以社会学的方法研究法律现象与其他社会现象的相互关系,是社会学和法学之间的一门边缘学科。社会学

---

① 吴传颐:《社会法和社会法学》,《中华法学杂志》1948 年第 1 期。
② 夏勇:《中国民权哲学》,三联书店,2004,第 150 页。
③ 董保华:《社会法原论》,中国政法大学出版社,2001,第 36 页;史探径:《社会法学》,中国劳动社会保障出版社,2007,第 15 页;李宁等:《社会法的本土化建构》,学林出版社,2008,第 8 页。

法学是社会学的分支之一，是"作为社会学的法律科学"①，其研究有助于人们从社会整体观念出发，认识法律的社会基础和社会作用，从而更好地利用法律的控制作用解决社会问题。其二，社会法学与法律社会学不是"基本一致"的概念，社会学法学与法律社会学才是基本一致的或同一概念。作为专业术语，"法律社会学"一词最早于 19 世纪末出现在昂齐洛迪的《法律哲学与社会学》一书中，其主张以社会学的方法研究法律的实行、功能和效果等，与社会学法学的观点基本一致。有些西方国家将社会学法学称为"法律社会学"（Sociology of Law）（或译为"法社会学"）、"法律与社会"（Law and Society）或"法学与社会科学"（Law and Social Science），尽管名称不一，但含义基本一致。目前西方"炙手可热"的经济分析法学、批判法学、女权主义法学等学说，大多被认为社会学法学的当代变种。

社会学法学与社会法学在内涵和外延上有很大的不同。首先，学科的目标不同。社会法学研究既有理论研究，又有规范研究和制度设计，其目标是通过相关立法，保护社会弱者乃至全体社会成员的生活安全，促进社会和谐。社会学法学视法律为一种社会现象，强调法律和社会之间的关系，强调社会利益对法律和社会发展的重要性，它"把法律经验看作可变的和场合性的"②，其目标是"使法律机构能够'更完全、更理智地考虑那些法律必须从他们出发并且将被运用于它们的社会事实'"。③ 如埃利希认为，"法之所以始终处于变动不居的状态，是因为人类不断地向法提出新的任务"④，因此"法学的永久的重大任务就是要解决生活变动的要求和既定法律的字面意义之间的矛盾"。⑤ 这与社会法学的规范研究完全不同。其次，二者研究的对象不同。社会法学研究的对象是具体的法律规则、法律

① 〔奥〕埃利希：《法社会学原理》，舒国滢译，中国大百科全书出版社，2009，第 26 页。
② 〔美〕诺内特等：《转变中的法律与社会》，张志铭译，中国政法大学出版社，2004，第 10 页。
③ 〔美〕诺内特等：《转变中的法律与社会》，张志铭译，中国政法大学出版社，2004，第 82 页。
④ 〔奥〕埃利希：《法社会学原理》，舒国滢译，中国大百科全书出版社，2009，第 440 页。
⑤ 〔奥〕埃利希：《法社会学原理》，舒国滢译，中国大百科全书出版社，2009，第 442 页。

制度、法律体系及其背后的法理，包括社会法的基本特征和法律原则等。与社会法学对应的概念是民法学、刑法学、行政法学、诉讼法学等。社会学法学的研究对象是社会现象、社会事实及其对法律的影响。因此，社会学法学并不研究具体的法律制度和法律规定，它在很大程度上是一个法理学派或法学思潮，与其对应的概念是自然法学、分析实证法学、历史法学等。作为当代西方最主要的法学流派之一，社会学法学支派繁多，如自由法学派、利益法学派、现实主义法学派、社会连带主义法学派、社会心理法学派等等。由于派系纷繁，社会学法学目前尚无确切的定义。再次，学科的结构不同。社会法学可以分为总论和分论两个部分，总论主要研究社会法的基础理论，即"义理、考据和辞章"，分论主要研究具体的法律制度及其内容体系，如究竟哪些法律是社会法等。社会学法学的结构则无章可循，因为法律与社会的关系是一个大框架，究竟构建一个什么样的框架，完全取决于研究者的学术兴趣和注意中心。如诺内特等把法律分为"压制型法"[①]、"自治型法"[②] 和"回应型法"[③]，提出要"在更经验的意义上研究法律"，认为社会学法学应"更多地回应社会需要"[④]，因它和现实主义法学的真正计划"在于回应型法，而非社会学"。[⑤] 但这些都只是一家之说，社会学法学至今没有形成权威的学科结构，甚至是真正意义上的学科。最后，研究的内容不同。社会法学研究的内容本章已有详述，社会学法学研究的内容则完全不同。后者主要研究法在社会生活中的实际效能，法律与社会之间、法律现象与其他社会现象之间、法律与人之间的相互联系和相互作用等。如埃利希认为，"法条由于法律制度的变迁而丧失

[①] 〔美〕诺内特等：《转变中的法律与社会》，张志铭译，中国政法大学出版社，2004，第31页。

[②] 〔美〕诺内特等：《转变中的法律与社会》，张志铭译，中国政法大学出版社，2004，第59页。

[③] 〔美〕诺内特等：《转变中的法律与社会》，张志铭译，中国政法大学出版社，2004，第81页。

[④] 〔美〕诺内特等：《转变中的法律与社会》，张志铭译，中国政法大学出版社，2004，第81页。

[⑤] 〔美〕诺内特等：《转变中的法律与社会》，张志铭译，中国政法大学出版社，2004，第115页。

功能"①，因而"任何法律发展都建立在社会发展之上"。② 这与社会法学研究注重解决社会问题的思路有很大的不同。可见，社会法学和社会学法学虽然只有一字之差，但二者不在一个层面上，甚至可以说是"风马牛不相及"的概念。

---

① 〔奥〕埃利希：《法社会学原理》，舒国滢译，中国大百科全书出版社，2009，第 433 页。
② 〔奥〕埃利希：《法社会学原理》，舒国滢译，中国大百科全书出版社，2009，第 436 页。

| 第二章 |

社会法的理论基础

从社会法的起源和发展可以看出，其最初的法益目标是维护弱者的生活安全，是生存权发展的必然结果，比如最早的社会救助法和社会保险法都是以保护弱者的生存为己任的。大致来说，从工业革命到 20 世纪 50 年代，西方社会法理论普遍强调生存性或救济性公平。20 世纪 60 年代以后，西方国家普遍解决了贫困问题，社会法研究所注重的公平开始逐渐由原来的生存性公平转向发展性公平，从原来的救济性公平转变为体面性公平。那么，社会法是在什么样的理论基础上建立和发展的呢？

第一节　政治学理论

一　政府责任论

现代政治学认为，政府在保护公民的经济、社会和文化权利时，不仅负有尊重个人选择自由之类的消极义务，而且负有直接供给及采取适当措施，提供享有权利机会的积极义务，通过协调各种利益关系保障社会弱者的基本生活水平。正是这种思想理论，为社会法的建立和发展提供了契机。

1. 维护社会安全

恩格斯说，政治统治到处都是以执行某种社会职能为基础的，而且政治统治只有在执行了这种基本社会职能后才能持续下去。实际上，国家和政府存在的价值和目的就在于保障人的安全，使人的生活变得更好，这也是行政的内在含义。

从政府的职责看，国民收入再分配是现代政治和公共政策的重要环节，也是关系到政治稳定和冲突的主要条件之一。虽然一个社会中利益和价值的实际分配不仅是政治体系的产物，也是经济和社会体系的产物，但政治体系是一个尤为重要的因素，因为它是在社会中实现集体目标的、综合性最强的工具，而且还可能运用强制手段。[1] 正如赖克所说："国家的经济作用不是为挂该国国旗的公司增加盈利率，不是为它的公民扩大在全世界拥有的财富，而是通过提高公民为世界经济所做贡献的价值来提高他们的生活水平。"[2] 即只有通过社会立法，提供基本的社会公正和公平，逐步提高全体民众尤其是社会弱者的生活水平，人与人之间才能相处融洽，人们的积极性、主动性和创造性才能得到充分发挥，社会才能健康稳定发展。

从维护社会安全的角度看，政府必须重视和保护弱者的权利。如果一个社会的大部分成员被弱势化，且这种趋势得不到根本改变，则政府的合法性就会受到质疑。对合法性的质疑就是对道德正当性的怀疑，因为"合法性含有若干道德意味，满足了合法性，似乎意味着满足了在道德上很重要的价值"[3]，而"在社会政治领域，民之所本者，乃是民权"，"唯有享有权利，才能拥有尊严并有力量"。[4] 在实践中，无视或漠视弱者利益的最大表现无疑是官僚主义。毛泽东在《关于正确处理人民内部矛盾的问题》中说，社会主义社会也存在"少数人闹事"的现象，并且发生这种现象的直接原因是"有一些物质上的要求没有得到满足"，"但是发生闹事的更重要的因素，还是领导上的官僚主义"。[5] 因此，有学者提出，政府作为公共权力机构的代表，必须"承担起对弱势群体应有的责任，不是歧视与排斥，也不是出于怜悯，而是把它视为一种责任，并成为制订和执行社会政策的价值基础"[6]；"社会中的强势群体和弱势群体之分是客观存在

① 〔美〕阿尔蒙德等：《比较政治学》，曹沛霖等译，上海译文出版社，1987，第 378 页。

② 〔美〕赖克：《国家的作用》，东方编译所译，上海译文出版社，1994，第 304 页。

③ 〔德〕哈贝马斯：《合法性危机》，刘北成等译，上海人民出版社，2000，第 119 页。

④ 夏勇：《中国民权哲学》，三联书店，2004，第 51 页。

⑤ 《毛泽东文集》第 7 卷，人民出版社，1999，第 236 页。

⑥ 王思斌：《改革中弱势群体的政策支持》，《北京大学学报》2003 年第 6 期。

的，社会没有理由抛弃弱势群体，从政府的责任来看，政府在社会保障尤其是在对社会弱者的保护上，应当根据社会经济发展状况承担更大的责任"。① 一句话，保护民众的生活安全是现代政府的基本责任，也是社会立法的真谛。

2. 社会立法与社会安全

政府保护民众生活安全的重要途径之一是调整和平衡利益关系。根据马克思主义基本原理，人的利益关系是社会关系中最本质的关系，所有的社会矛盾和社会冲突的根源都存在于人们的利益关系之中。因此，作为社会公共权力主体的政府，最重要的职责就是通过社会立法，协调不同的利益关系，将人们的利益分化和利益差别限制在一个合理的范围之内，使社会成员能够各得其所，和睦相处。在国家和政府维护社会安全的所有权威性手段中，立法显然具有十分重要的地位。哈耶克说，"立法，即审慎地制定法律，已被恰如其分地描述为人类所有发明中隐含着最严峻后果的发明之一。其影响甚至比火的发现和弹药的发明还要深远"，"立法被人们操纵成一种威力巨大的工具——它是人类为了实现某种善所需要的工具，并赋予了人类以一种支配自己命运的新的力量观或权力观"。② 因此，以社会法调整社会利益关系，保障民众的基本生活权利，已成为世界各国立法的主要趋势之一。

二 平等理论

社会法是实质平等理论的必然要求。实质平等不是机会均等，也不是平均主义，它是要让社会发展成果惠及广大人民群众，而不是惠及少数人或者利益集团。正如彼得·斯坦、约翰·香德所说："一切社会成员都有权得到与他人相同的对待，而且，没有什么可以自圆其说的理论能使区分不同的人，使他们得到不同的物质利益及其他好处成为正当的事情。"③

---

① 杨雅华：《社会保障法的公平价值及其实现》，《福建论坛》2005 年第 9 期。
② 〔英〕哈耶克：《法律、立法与自由》，邓正来等译，中国大百科全书出版社，2000，第 113 页。
③ 〔英〕彼得·斯坦、约翰·香德等：《西方社会的法律价值》，王献平译，中国人民公安大学出版社，1990，第 95 页。

1. 平等权与社会法

现代社会中，作为公民的社会成员都有平等的基本权利，即人人享有同等的生存和发展机会的权利，它要求社会的经济利益、政治利益和其他利益在全体社会成员之间进行合理而平等的分配，并且重视对弱者提供基本社会保障和人道主义关怀，不断实现社会利益的均衡和协调。[①] 基于这种平等的基本权利，国家不应该以任何理由人为地设置障碍，排斥社会弱势成员向较高社会阶层流动，或人为地保护较高社会阶层成员不向较低社会阶层流动。对于任何一个社会成员，只要他具备了某种能力，就应当有机会按照自己的意愿得到相应的社会地位，如果国家政策或法律制度对此进行任何限制，就是侵犯平等权，违反了法律的平等原则。[②] 社会法的重要作用和基本价值目标就是保障社会实质平等，促进实质公平，在此基础上实现人类共同进步、共同发展、共同繁荣。因此，社会不平等和贫富分化不仅对贫者、弱者极不公平，对富者和强者极为不利，对整个社会的持续、稳定、健康发展也极为有害，如果忽视社会立法，无视对弱势群体权益的保护，放任两极分化不断扩大，必将使整个社会陷入不公正、不平等的境地。[③] 因此，要真正实现权利平等，必须通过社会立法，消灭等级和等级固化结构，使全体社会成员共享发展成果，这是现代文明的标志，也是现代化进

---

① 杨文革：《社会公平：构建和谐社会的核心价值理念》，《理论观察》2005 年第 6 期。

② 在美国最高法院的判决中，有一个关于立法侵犯平等权、违反平等原则的著名案例。1975 年 5 月，美国得克萨斯州立法院修订教育法，停止向地方校区发放原本用于教育，未经"合法许可"而进入美国的儿童的政府基金。不久，该州史密斯县一个墨西哥裔学龄儿童班级的代理人将泰勒独立校区理事会和得克萨斯州政府告上法庭，理由是该法令排斥原告儿童。在查明一个班级全部由非法居留于该学区的墨西哥裔学龄儿童组成之后，地区法院初步裁定，禁止被告拒绝为原告班级内的成员提供免费教育。被告辩称，这些"非法居留"的儿童不是该州的"在其治权之下的人"，因此不享有受该州法律平等保护的权利，并以此提起上诉。巡回审理的上级法院认为，没有任何证据表明"非法入境者给国家经济加重了任何显著的负担"，相反，有证据显示，非法移民在向地方经济贡献着他们的劳动，向国库缴纳了同比的税金，"却不能充分享有公共福利"，违反了宪法规定的平等原则，且"用教育收费的办法来堵住非法移民的浪潮，这是一个荒唐可笑并且不会有成效的企图"。因此，上诉法院维持了地区法院的禁令。最高法院在审理该案的时候认为，该州法令违反了宪法第 14 修正案的平等保护条款，并作出了维持原判的决定，可见，平等权是作为基本权利被从严保护的。参见 Timmons, William, *Public Ethics and Issues*, Belmont: Wadsworth Publishing Co., 1990。

③ 郑素一等：《论社会弱势群体的法律保护》，《行政与法》2006 年第 7 期。

程的客观要求，是一切国家立法和政策制定的前提和基础。

2. 激进平等主义及其影响

激进平等主义的理想目标是消灭阶级和阶级差别，实现全社会人人平等，其理论创始人是马克思和恩格斯。在《费尔巴哈》一文中，马克思和恩格斯提出，等级的差别特别显著地表现在资产阶级与无产阶级的对立中①，因此，要解除无产阶级和社会弱势群体的苦难，必须推翻资产阶级的统治，在全世界实现共产主义。在批判拉萨尔的平等观念时，马克思进一步阐发了自己的平等思想。拉萨尔提出，在共产主义第一阶段即社会主义阶段，"公平的分配"就是"每人有获得同等劳动产品的平等权利"。② 马克思认为，这种平等思想仍然是"资产阶级法权"，因为它同任何权利一样，是以不平等为前提的。他说，"任何权利都是把同一标准应用在不同的人身上，应用在事实上各不相同、各不同等的人身上，因而'平等权利'就是不平等，就是不公平"③，在现实中，各个人是不同等的，有的强些，有的弱些，知识水平和子女数量都不相同，"在同等的劳动下，从而，由社会消费品中分得同等份额的条件下，某一个人事实上所得到的比另一个人多些，也就比另一个人富些，如此等等。要避免这一切，权利就不应当是平等的，而应当是不平等的"。④ 由此可见，马克思所谓的平等不是一种起点的平等或公平，而是实质的平等和结果的平等，即应该用权利的不平等矫正和弥补实质意义的不平等或起点的不平等，才能实现真正的"人人平等"，这是共产主义第一阶段实现平等的基本原则。按照马克思的平等理想，在实现社会主义和共产主义以后，社会中没有阶级的对立，也就不会有所谓的弱势群体了。

激进平等主义思想有力地推动了社会法的产生和发展，其继承和捍卫者中，最有影响力的是加拿大人尼尔森，他将平等作为思想理论的基本目标和最终归宿。他说："每一个人，只要没有遗传操纵之类的东西、没有

---

① 《马克思恩格斯选集》第1卷，人民出版社，1972，第84页。
② 《列宁选集》第3卷，人民出版社，1972，第250页。
③ 《列宁选集》第3卷，人民出版社，1972，第250页。
④ 《列宁选集》第3卷，人民出版社，1972，第251页。

任何形式的家庭的扶助以及没有我们的基本自由的削弱，都应该尽可能地拥有平等的生活前景。在可能的地方，每个人的整个一生都应该平等地获得均等的资源，尽管这要根据人们的不同需求而定"①；"如果我们是平等主义者，取消阶级区分就是我们应该争取达到的目标……除此之外，我们还应该致力于一个无地位差别的社会……只有在这种无阶级、无地位差别的社会中，平等的最终理想才能实现"。② 由此，尼尔森提出了他的激进平等主义的两个著名原则：（1）每个人都应该在基本自由和机会的最广泛的整个体制中拥有平等的权利，并且还要兼顾对所有人的相同对待；（2）为了形成共同的社会价值，为了确保在维持社会的生产力所需要的资金之外还有余留的资金，从而使不同的不可操作的需求和偏好的存在成为可能，并且个人的这些正当资格被予以适当的重视，当我们所遵守的社会规则包括以上的内容之后，只有对收入和财富做这样的划分，才能使每个人都有权利享有自己平等的一份。③ 由此可见，尼尔森的激进平等主义既包括权利平等，也包括经济平等，其认为这样才能避免阶级剥削和阶级压迫带来的种种罪恶。正如威尔·洛文所说："社会不平等像经济上的不公正一样，使人心怀怨恨。没有经历过漫长封建时代国家的公民，很难想象封建时代的历史遗产将会多么持久地决定社会各阶层的态度。"④

三　权利与人权理论

社会法和弱者保护是权利和人权理论的必然诉求。现代社会中，保障每个公民拥有可以维持最低限度生活所必需的财产，是一个公民最基本的权利，也是基本人权。

1. 社会权利与社会法

何谓权利？夏勇教授在《权利哲学的基本问题》中，将权利定义为"道德、法律或习俗所认定为正当的利益、主张、资格、力量或自由"。⑤

---

① 〔美〕斯特巴：《实践中的道德》，李曦等译，北京大学出版社，2006，第 43 页。
② 〔美〕斯特巴：《实践中的道德》，李曦等译，北京大学出版社，2006，第 44 页。
③ 〔美〕斯特巴：《实践中的道德》，李曦等译，北京大学出版社，2006，第 49 页。
④ 〔美〕李普塞特：《一致与冲突》，张华清等译，上海人民出版社，1995，第 218 页。
⑤ 夏勇：《中国民权哲学》，三联书店，2004，第 312 页。

他说："一项权利之成立，先要有对作为权利内容的资格、利益、力量或主张所作出的肯定评价，即确信它们是'应有的'、'应得的'，于是才有要求别人承担和履行相应义务的理由。"① 因此，对于我们每一个普通人来讲，权利的价值就在于，把维护自己的尊严和利益的要求转换成一种制度化的力量，使相关者承担相应的义务，使履行义务成为一种以国家强制力为后盾的体制内的要求。② 正如米尔恩所说："不论采取何种形式，享有权利乃是成为一个社会成员的必备要素……将人仅仅作为手段否定了属于他的一切东西，也就否定了他享有任何权利。如果他不仅仅被视为手段而是被作为一个其自身具有内在价值的个人来看，他就必须享有权利。"③ 从本质上说，权利是一种重要的利益调整机制，它既确认、界定、分配各种利益，又对冲突的利益关系进行调节，使社会各阶层或群体的利益平衡发展，从而保障整个社会健康、稳定、有序发展。因此，对权利的占有状况往往决定了人在社会中的经济地位、政治地位和发展机会等重要参数，其本身也成为最重要的制度性社会资源。

社会权利为社会法产生和弱者保护提供了正当性基础。现代权利理论认为，人并非国家或社会的手段或客体，相反，先于国家而存在的个人，才是国家存在的目的与根据，个人的自主性高于国家价值，每个人都保留不受国家权力支配的独立生活领域。④ 由此，每个人都被视为有权拥有个人的自治领域，特别是在宗教信仰和财产权方面，有权在精神和物质方面获得基本的自我实现和自我满足⑤，这就是社会权利。从实践中看，很多权利已外化为社会权利，成为保护弱势群体的利器。社会法作为一种制度化的分配机制，它将弱势群体的正当要求法律化，其可以使他们获得一种法律上的正义保障力量，实际上是以制度和法律的方式保障或弥补其社会

---

① 夏勇：《走向权利的时代》，中国政法大学出版社，2000，第 2 页。
② 夏勇：《朝夕问道——政治法律学札》，三联书店，2004，第 180 页。
③ 〔英〕米尔恩：《人的权利与人的多样性》，夏勇等译，中国大百科全书出版社，1995，第 154 页。
④ 曲相霏：《论人的尊严权》，载徐显明主编《人权研究》第 3 卷，山东人民出版社，2003，第 163 页。
⑤ 〔美〕卡尔·弗里德里希：《超验正义》，周勇等译，三联书店，1997，第 91 页。

权利的不足。沃克说，法律权利的存在，是以各种观念为基础的，基础之一是道德，基础之二是利益。① 目前，有关社会权利的疆域已大大拓展，罗斯福在《四大自由》的公告中所提出的、战后为多部宪法及联合国《世界人权宣言》所确认的新的自由，主要是指一些具有经济和社会性质的权利，如社会安全的权利、工作的权利、休息和休假的权利、受教育的权利、达到合理生活水准的权利等，其特点是包含了社会的尤其是政府对社会弱势群体的责任。② 因为这些权利赋予弱势群体免于恐惧和匮乏的自由，也就是说，社会权利将弱势群体从阻碍其作为人全面发展的限制和约束中解脱出来。正如弗里德里希所说，尽管这些自由与更古老的自由有显著的不同，但为了所有的人都称为人，要求这些自由是完全正当的。③ 另外，争取普选权的斗争也取得了重大进展，"因为穷人比富人多，如果他们拥有必要的政治权利，他们就会保证进行激进的收入和机会再分配"。④

2. 社会法上的基本权利

人权乃是基本权利。夏勇教授在《乡民公法权利的生成》一文中，将社会成员的基本需求和权利归结为五类，温饱、安宁、公正、自由和福利⑤，并将拥有财富的程度作为衡量权利主体发展水平的一个重要指标。⑥他说，鉴于这种基本权利的指引，"每个个人应该被以尊严相待，这种尊严就是，他们应该被看作其自身的目的，而非之于目的的手段"⑦，即上述基本权利关涉生命和人格尊严，是人们生存、发展以及参与社会活动的基础，必须予以严格保护。有学者提出，社会弱势群体具有基于人权过体面生活、被平等对待的权利，人权理念是保护社会弱势群体的价值基础，现代社会的法律实践就以人权理论为价值指导，通过法律权利将人权的应然

---

① 〔英〕沃克编《牛津法律大词典》，北京社会与科技发展研究所组织翻译，光明日报出版社，1989，第 775 页。
② 〔美〕卡尔·弗里德里希：《超验正义》，周勇等译，三联书店，1997，第 94 页。
③ 〔美〕卡尔·弗里德里希：《超验正义》，周勇等译，三联书店，1997，第 95 页。
④ 〔美〕李普塞特：《一致与冲突》，张华清等译，上海人民出版社，1995，第 227 页。
⑤ 夏勇：《走向权利的时代》，中国政法大学出版社，2000，第 637 页。
⑥ 夏勇：《走向权利的时代》，中国政法大学出版社，2000，第 639 页。
⑦ 夏勇：《中国民权哲学》，三联书店，2004，第 351 页。

性理想落实为法律上实然的存在。① 人权的普遍性原则要求，基本权利"应当同等地并且在同等程度上适用于一切人类社会的一切人"②，即对"一切社会的一切人"及其基本需求应予以普遍的尊重和保障。实现这样的目标，需要一套正义的规则来指导社会适当地分配利益和负担，并通过相应的制度途径最大限度地缩小弱势群体和社会大众之间的差距，这就是社会法。正如赖克所说，"世界上最穷困的人，连最低的生活必需品都没有，也常常忍受脏乱和不安全的环境；而富人们拥有太多的有形的玩物，也享受着某些令人愉快和最安全的环境"。③ 这种状况已不符合人权的基本要求。

四 和谐社会理论

和谐社会是具有中国特色的社会理论，其主要特征是社会稳定有序，社会矛盾和社会差别被控制在一定的范围之内，社会弱者的权利和生活得到应有保障，社会经济在人与人的和谐、人与自然的和谐中持续、稳定、健康发展。

1. 和谐社会与社会法

和谐社会理论来源于社会主义核心价值观。根据邓小平的阐述，社会主义的本质为：解放生产力，发展生产力，消灭剥削，消除两极分化，最终达到共同富裕。因此，消除贫困和社会贫富不均、实现共同富裕是社会主义的本质特征之一。1992 年邓小平视察南方时说，对于社会贫富差距，什么时候突出地提出和解决这个问题，在什么基础上提出和解决这个问题，要研究。可以设想，在 20 世纪末达到小康水平的时候，就要突出地提出和解决这个问题。本文认为，邓小平提出解决社会贫富差距，在一定意义上就是保护社会弱者和实现社会公平问题。和谐社会是有责任的社会，也是一个体现公平的社会，公平是和谐社会最深刻的伦理基础，没有社会公平，就不可能有真正的和谐社会。根据社会法的理念，社会公平主要是

---

① 郑素一等：《论社会弱势群体的法律保护》，《行政与法》2006 年第 7 期。
② 董云虎等：《世界人权约法总览》，四川人民出版社，1990，第 75 页。
③ 〔美〕赖克：《国家的作用》，东方编译所译，上海译文出版社，1994，第 250 页。

分配公平，即在尊重绝大多数人利益的基础上能够保护困难群众和社会弱者的利益，它承认差距的存在，但这种差距应保持在合理、适度范围内。[①]因此，在一定程度上，社会法上的公平，就是社会的政治利益、经济利益和其他利益在全体社会成员之间合理而平等的分配，它意味着权利的平等、分配的合理、机会的均等和司法公正。如果一个社会的弱势群体规模庞大，基本生活得不到法律保障，基本权益得不到法律维护，就会对社会发展与稳定构成威胁，也违背了社会主义的本质和社会主义核心价值观。

和谐社会是社会主义文化和价值观的基本体现，也是一个国家软实力的核心之一，在任何情况下，没有社会和谐和对弱者的基本保障，社会的凝聚力就会大大削弱。社会贫富悬殊永远是社会不稳定的根源，甚至会引发严重动乱。唯其如此，在资本主义国家中，社会立法和社会和谐问题也是受到高度重视的。如彼得·布劳认为，社会结构功能有利于实现社会和谐稳定，社会流动性可以缓和经济利益冲突的激烈程度，而在一个分层结构固化的"静止的社会中"，"富人增加其财富和权力的能力必然意味着穷人更加穷困和更加无权；结果，阶级冲突往往十分尖锐"。[②]马克斯·韦伯的三维阶级分析理论也是一种调和论或者说社会和谐理论，其极大地推动了社会法的发展。它与马克思主义的最大不同在于：首先，他认为市场对于阶级是很重要的；其次，他努力做到彻底不需要那种客观的礼俗社会价值理论，如生产过程中的所有权，不管是怎样的不平等，也没有必要被描述成剥削；最后，他始终坚持生产资源配置过程中基于市场的权力冲突，收入分配方式以及造成的对主要生活机会（比如教育）的接近。[③]由此，韦伯的阶级分析论被广泛视为一种"客观化"和"中立化"的定位，目的是淡化和掩盖阶级斗争，并试图为现代社会，特别是资本主义"和谐社会"作出合理解释。

2. 社会矛盾与社会法

和谐社会的对立面是社会不和谐，其突出特征是社会分化为阶级，下

---

① 毛立言等：《公平是和谐社会的重要特征》，《人民日报》2005 年 8 月 5 日。

② 〔美〕布劳：《社会生活中的交换与权力》，孙非等译，华夏出版社，1988，第 189 页。

③ 〔英〕戴维·李等：《关于阶级的冲突》，姜辉译，重庆出版社，2005，第 47 页。

层阶级和社会弱者的生活得不到应有保障，社会场域中充满了阶级矛盾和阶级斗争，甚至引发暴力革命，这也是社会法产生的重要原因。马克思在分析资本主义社会两极分化问题时说："社会分裂为人数不多的过分富有的阶级和人数众多的无产的雇佣工人阶级，这就使得这个社会被自己的富有所窒息，而同时它的极大多数成员却几乎得不到或完全得不到保障去免除极度的贫困。"① 所谓的无产阶级，根据恩格斯的定义，就是"专靠出卖自己的劳动而不是靠某一种资本的利润来获得生活资料的社会阶级"②；所谓的阶级斗争，根据列宁的阐述，是"一部分人反对另一部分人的斗争，无权的、被压迫的和劳动的群众反对特权的压迫者和寄生虫的斗争，雇佣工人或无产者反对私有主或资产阶级的斗争"。③ 按照马克思主义经典作家的论述，只要阶级存在，只要下层阶级和社会弱势群体的生活得不到应有保障，就会有阶级矛盾和阶级斗争；只要阶级矛盾和阶级斗争依然存在，社会就不可能和谐。

美国学者罗斯在《社会控制》中提出了一种解决阶级冲突和阶级斗争问题的方法，并将过去的"阶级控制"定义为"寄生阶级为其自身的利益而产生的力量"④，目的是通过社会干预，提高底层阶级和社会弱者的福利，防止阶级矛盾激化。他说，"为了不致把社会控制误认为阶级控制，有必要分清寄生社会和真正的竞争社会。就经济上的冲突和物质条件的差异来说，竞争社会在很多方面与由剥削者和被剥削者组成的社会相同，然而又存在很大的差别"，"在真正的竞争社会里，无可救药的贫穷、可怜的人们在很大程度上是积淀在社会底层的软弱无力的人，因为他们或者其父母经受不住竞争制度的考验"，"另一方面，在寄生现象所依附的社会里，穷人之所以穷是因为他们被迫处于困苦之中，而不是因为他们不如掠夺阶级有能力、有干劲"。⑤ 根据罗斯的论述，一个社会保持差别和冲突是必要的，但如何将差别和冲突控制在适度的范围之内，这就是"社会控制的界

---

① 《马克思恩格斯选集》第 1 卷，人民出版社，1972，第 348 页。
② 《马克思恩格斯选集》第 1 卷，人民出版社，1972，第 210 页。
③ 《列宁选集》第 1 卷，人民出版社，1972，第 443 页。
④ 〔美〕罗斯：《社会控制》，秦志勇等译，华夏出版社，1989，第 289 页。
⑤ 〔美〕罗斯：《社会控制》，秦志勇等译，华夏出版社，1989，第 301 页。

限"问题，即社会控制应有助于人类福利，并且是促成这种福利的一种手段。① 由此，他提出一些社会干预的基本准则，如"社会干预的每一增加给作为社会成员的人带来的利益应大于它作为个人的人引起的不便"②，"社会干预不应轻易激起反对自身的渴望自由的感情"③，并且，社会还必须对其他一些感情给予考虑，如"同情心""对正义行为的情感""反对非正义行为的感情"等，即"社会干预应当尊重维持自然秩序的感情"④等。实际上，罗斯的这一理论是西方 19 世纪改良主义和 20 世纪前期福利国家理论的翻版，也是实现"和谐的"资本主义社会的一种尝试和努力，对社会法的产生和发展起到了极大的推动作用。

那么，在现代资本主义国家，是否真正实现了社会和谐呢？克拉克和李普塞特说"是"，因为经济的增长能瓦解等级制阶级分层，虽然马克思的阶级分析理论有时适用于资本主义的早期历史阶段，但"在现代社会中已是越来越过时的概念"。⑤ 对此，霍特和布鲁克斯批评说，当代阶级结构中始终存在的上层阶级的财富和权力、弱势群体不断加深的贫穷和退步，都表明关于"阶级正在死亡"的结论是不成熟的。⑥ 罗伯特·霍尔顿认为，尽管 19 世纪以来的强阶级用法已逐渐式微，"阶级仍然被看作是社会不平等的一个重要方面，与群体形成、冲突、剥削和变革相联系"，特别是对现代社会结构的分析，以及市场、家庭、集团利益和国家之间关系的分析，是不能完全舍去"阶级分析"的。⑦ 因此，在阶级理论中，最为基本的、"正式的"规则，仍然是并继续是关于社会不平等、剥削、冲突和社会经济关系变化之原因的结构性定位。⑧ 马尔科姆·沃特斯提出，阶级在当代美国中并没有消失，公共和私有领域的等级，趋向于横向地融入三个集团：（1）官僚的－政治的－管理的精英，包括那些在组织中掌握着与其

---

① 〔美〕罗斯：《社会控制》，秦志勇等译，华夏出版社，1989，第 317 页。
② 〔美〕罗斯：《社会控制》，秦志勇等译，华夏出版社，1989，第 318 页。
③ 〔美〕罗斯：《社会控制》，秦志勇等译，华夏出版社，1989，第 319 页。
④ 〔美〕罗斯：《社会控制》，秦志勇等译，华夏出版社，1989，第 320 页。
⑤ 〔英〕戴维·李等：《关于阶级的冲突》，姜辉译，重庆出版社，2005，第 52 页。
⑥ 〔英〕戴维·李等：《关于阶级的冲突》，姜辉译，重庆出版社，2005，第 68 页。
⑦ 〔英〕戴维·李等：《关于阶级的冲突》，姜辉译，重庆出版社，2005，第 35 页。
⑧ 〔英〕戴维·李等：《关于阶级的冲突》，姜辉译，重庆出版社，2005，第 36 页。

数量不成比例之份额权力的人，他们控制着社会；（2）公共和私人领域中被一体化的中间群体，他们获得的报酬和接受的剥削大体平衡；（3）边缘化的、受剥削的、少数民族聚居区的"被排斥的群体"，他们在很大程度上处于政治权力和支持体制之外。① 可见，只要被边缘化的、受剥削的底层阶级和社会弱者的利益得不到基本保障，阶级斗争就继续存在，社会就不可能真正实现和谐，社会法就会呈逆势生长。

第二节 经济学理论

一 福利经济学理论

福利经济学在理论上和对实践的诉求上，体现了对社会弱者的强烈关怀，它提出的"转移支付"和劫富济贫的"累进税制"在各国社会立法中被广泛运用，成为现代国家社会法产生和发展的重要理论依据和智识资源。

1. 福利经济学的伦理本质

福利经济学于 20 世纪初最早在英国出现，以英国经济学家庇古出版的《福利经济学》一书为标志，其理论实质是通过转移支付，把收入从相对富裕的人转移给相对贫困的人，以提高穷人和社会弱势群体的实际收入绝对额，并增加社会经济整体福利。在福利经济学理论中，创始人庇古提出一条"边际效用递减律"，认为个人拥有的收入越多，他的收入效用就越小。在此基础上，他进一步提出"国民收入分配越平均，则福利越大"的著名观点，公开倡导实行强制性转移支付，以增加社会福利总量。庇古的这一理论一出台即遭到经济学家罗宾斯等人的批判。后者认为，经济学和伦理学的结合在逻辑上是不可能的，经济学不应该涉及伦理或价值判断问题，且经济学中具有规范性质的结论都来自对基数效用的使用，其效用可衡量性和个人间效用可比性不能成立，福利经济学的主张和要求没有科学依据。此后，以希斯克和西托夫斯基为首的经济学家以帕累托理论为基础继续对福利标准和补偿原则进行研究。他们提出：福利经济学仍然是有用

① 〔英〕戴维·李等：《关于阶级的冲突》，姜辉译，重庆出版社，2005，第 99 页。

的，个人是本人福利的最好判断者；社会福利取决于组成社会的所有个人的福利，如果至少有一个人的境况好起来，而没有一个人的境况坏下去，那么整个社会的境况就算好起来了。由于希斯克等人的福利经济学理论与庇古的学说有明显区别，后人将其称为新福利经济学，而将庇古的学说称为旧福利经济学。但两者有一个共同点就是，通过转移支付提高穷人和社会不利群体的福利，提高全社会的幸福总量，这既是福利经济学的伦理本质，也是社会立法的本质。

从理论渊源看，福利经济学来源于边沁的功利主义伦理学。边沁认为，只有那些使社会中个人效用之和最大化的准则才是道德的，一个行为之所以被判定具有正当性，就在于它能带来相比较而言的最大幸福或快乐，功利主义的价值标准是"所有人的最大效用或福利"。根据功利主义理论，评价社会公正的标准是社会中个人福利总和的大小，即在一个体现社会公正的社会中，其效用总和为最大，而在一个不公正的社会中，其效用总和明显低于应该达到的水平。功利主义者认为，幸福总量是可以计算的，伦理就是对幸福总量的计算，人生的目的都是使自己获得最大幸福，增加幸福总量。由于每个人都为最大限度实现自身功利，人们在实现这种幸福或快乐的过程中，通过冲突和抵消，最终可以达到一种社会平衡，从而构成最大社会福利，进而最有利于公共利益。[1] 由此，庇古得出的一个著名的结论是，提高穷人所获得的实际收入的绝对份额，一般来说将增加经济福利。[2] 换句话说，一个人的收入越多，他的收入效用就越小，他用作消费的收入在全部收入中的比重就越小，相对来说得到的福利就少。庇古关于转移支付及改善社会福利的理论，对后来国家干预经济、建立社会保障法律制度产生了十分重要的影响。

2. 社会法上的转移支付

庇古认为，福利是由效用构成的，经济福利在很大程度上受国民收入的数量和国民收入在社会成员间分配的方式的影响，如同样一英镑收入对

---

① 〔英〕边沁：《道德与立法原理导论》，时殷弘译，商务印书馆，2005，第21页。

② 〔英〕庇古：《福利经济学》，朱泱等译，商务印书馆，2006，第123页。

富裕者来说，其享受的福利程度就不如一个贫困者来的大。① 由此，他倡导由国家征收累进税，通过社会立法，实现强制性转移支付。后来，庇古又将富人对穷人的转移支付分为自愿和强制两种，认为如果前者不能满足整个社会的需求，则有必要由政府出面实行强制转移支付，用以兴办济贫等社会福利事业，如失业救济金、养老金、医疗补助金和助学金等。实际上，庇古的老师、著名经济学家马歇尔提出的"消费者剩余"概念也被认为是福利经济学的分析工具，并被认为是庇古强制性转移支付理论的重要来源。马歇尔提出，政府对收益递减的商品征税，得到的税额将大于失去的消费者剩余，用其中部分税额补贴收益递增的商品，得到的消费者剩余将大于所支付的补贴。以美国经济学家维布仑和康芒斯为代表的旧制度学派认为，经济上的自由放任直接导致市场的混乱和无序状态，依靠国家力量来调节和仲裁劳资矛盾是社会发展的必然选择。社会福利函数理论提出，"社会福利函数是社会所有个人的效用水平的函数"，意即所有个人的地位是平等的，每个人在构成社会福利函数中所起的作用相同，每个人被赋予的权数也相同。在这样的背景下，出现了社会保险立法，直接促使了累进税和福利经济学的产生。

但是，如何证明累进税制本身是正义的呢？正如哈耶克所说，我们必须证明劫掠富人的累进税制符合正义观念，是真正的法律，而不仅仅是"人为设计、非行动的法律"，只有这样，富人和穷人才能和平相处，形成自发自生的社会秩序。在哈耶克看来，所谓"福利经济"的目标是根本错误的，这不仅因为人们满足不同的人的需求而向这些人提供的服务根本就是无从计算的，也因为这种"福利经济"赖以为凭的最大程度地满足需求这个基本理念只适合于那种严格意义上的、实现某种单一目的序列的经济，但是决不适合于那种并不具有共同具体目的的自生自发的偶合秩序。② 他说："通过发展一种有助于真正竞争意义上的保障机制的制度，人们原本是有可能提供绝大多数社会保障服务的。而且在一个自由主义的框架中，人们甚至可能通过社会立法，建立一种使所有人都可以享有某种最低

---

① 〔英〕庇古：《福利经济学》，朱泱等译，商务印书馆，2006，第89页。
② 〔英〕哈耶克：《哈耶克论文集》，邓正来编译，首都经济贸易大学出版社，2001，第142页。

收入的制度。但是，力图把整个社会保障领域都变成一种政府垄断的服务的决定，以及力图把那个为了社会保障而建立起来的机构变成一个实施收入再分配的庞大机器的决定，却不仅导致了政府所控制的经济部门的不断扩大，而且还导致了自由主义原则依旧盛行的经济领域的持续萎缩。"① 可以看出，哈耶克并不反对社会立法和最低收入制度，他反对的仅仅是不能"有助于真正竞争意义上的"保障机制和政府的过度干预。

二 社会市场经济理论

社会市场经济理论认为，经济的增长并不能自动消灭贫困，如果不通过立法，实施相关的社会保障措施，则不仅不能消灭贫困问题，而且可能使贫困人口和社会弱势群体数量进一步增加，贫富分化加剧。因此，只有通过社会立法，建立社会保障法制来创造更大的平等，才能缓解或解决社会贫困与贫富差距等问题。

1. 市场经济及其缺陷

阿瑟·奥肯在《平等与效率》一书的序言中说："有一些经济政策，设计它们是为了减少那些既削弱对生产的刺激又损害经济效率的不平等的范围和数量。在这条岔路口上，社会面临着选择：或是以效率为代价的稍多一点的平等，或是以平等为代价的稍多一点的效率。照经济学家的习惯用语来说，也就是出现了平等与效率的抉择。"② 这里所说的实际上是社会立法和经济政策的价值取向问题。何为价值？马克思说，"'价值'这个普遍的概念是从人们对待满足他们需要的外界物的关系中产生的"③，"它是人们所利用的并表现了对人的需要的关系的物的属性"。④ 市场经济是高效率和高风险并存的经济，虽然对合理配置资源，促进经济增长有巨大的推动作用，但不可避免会产生一些副作用，甚至会引发严重的社会问题，如贫富分化、企业破产、劳动者失业等问题。正如詹姆斯·米德所说："所

---

① 〔英〕哈耶克：《哈耶克论文集》，邓正来编译，首都经济贸易大学出版社，2001，第90页。
② 〔美〕阿瑟·奥肯：《平等与效率》，王奔洲等译，华夏出版社，1987，第1页。
③ 《马克思恩格斯全集》第19卷，人民出版社，1963，第406页。
④ 《马克思恩格斯全集》第35卷，人民出版社，2013，第138页。

谓有效，也就是说，让资源的作用达到这样一种状态：任何一人要使自己的处境更佳，必须以使其他人的处境更差为前提。"① 因此，体现效率的、纯粹的市场经济不可能实现真正的社会公平。社会公平体现在经济利益方面，主要是社会成员之间没有过分悬殊的贫富差别，社会法通过将社会财富和资源作适当再分配，可以满足社会上居于弱势地位的人群的需求，以保证基本的社会公平。基于对残酷竞争的市场经济天然缺陷的深刻认识，马克思在《哲学的贫困》中，批判了宿命论的经济学家对"资产阶级生产的否定方面"采取"漠不关心"的态度，"正如资产者在实践中对他们赖以取得财富的无产者的疾苦漠不关心一样"。② 他也批判了浪漫派的经济学家使得"贫困象财富那样大量产生"③，从而成为西方国家社会立法的理论先导。

2. 社会市场经济的理论实质

社会市场经济最早在二战以后的德国出现，其理论实质是增强国家对社会分配的干预，通过社会立法，实现全民普遍保障，以消除自由市场造成的过度贫富不均，保护竞争失败者和社会弱者的基本利益。按照张泽荣的解释，社会市场经济"是按市场经济规律行事，但辅之以社会保障的经济制度，它的意义是将市场自由的原则同社会公平结合在一起"，"它不是自由放任式的市场经济，而是有意识地从社会政策角度加以控制的市场经济"。④ 从运行方式看，社会市场经济包含两个密不可分的领域：一是有经济效率的市场；二是提供社会保障、社会公正和社会进步的福利政策。因此，社会市场经济是"市场效率和活力与社会保障的结合"，是"市场机制与社会调节机制有机结合所形成的一种新的经济运行机制"，是"国家机制、社会机制和市场机制的统一"。⑤ 社会市场经济的目标在于：从现实经济活动中个人的能力及财产的不平等和差别出发，通过社会立法，实现经济公平，对不同的人给以不同的对待，最后达到结果的相对公平，以保护竞争中的不利者和社会弱者的利益。

---

① 〔美〕米德：《效率、公平与产权》，施仁译，北京经济学院出版社，1988，第 2 页。
② 《马克思恩格斯全集》第 4 卷，人民出版社，1958，第 156 页。
③ 《马克思恩格斯全集》第 4 卷，人民出版社，1958，第 156 页。
④ 张泽荣：《德国社会市场经济理论与实践考察》，成都科技大学出版社，1992，第 21 页。
⑤ 张泽荣：《德国社会市场经济理论与实践考察》，成都科技大学出版社，1992，第 22 页。

社会市场经济理论推动了社会立法的进一步发展。如凯恩斯反对纯粹竞争的市场经济，认为主张自由放任的经济学家"像其他科学家一样，之所以选择它们作为出发点，并展示给初学者的假设前提，是由于这一假设是最为简单明了的，而不是因为它最接近事实"。① 他说："由于受这一学科传统偏见的影响，经济学家们总是以假设的一种理想状态的存在而开始立论，在这种状态中，个人以试错、探索的方式独立行动，实现生产资源的理想配置。在这种试错、探索中，通过竞争，向着正确方向前进的个人将击败误入歧途的那些人。这意味着，对那些把资金和劳动力投入错误方向上的人，不应该给予丝毫的怜悯和保护。这种方式，通过无情的生存竞争，淘汰那些低效率者而选择效率高的"，"这种方式并不计较斗争的代价，而只看到被假设为永恒不变的最终结果所带来的好处。生活的目标成为不断噬取树叶，直到可能够得着的最高枝干，而实现这一目标的最可能的方式，是让脖子最长的长颈鹿活下来而饿死那些脖子较短的"②，"如果我们能对长颈鹿的福利心中有数的话，我们就决不会忽略那些被饿死的短脖子长颈鹿所遭受的痛苦"。③

第三节　社会学理论

一　社会连带学说

社会连带学说也是社会法建立的理论渊源之一，是与社会达尔文主义相对立的一种社会理论。后者将"自然选择""适者生存"的法则应用于人类社会，认为贫穷是缺乏能力和美德的结果，是个人懒惰或无能造成的，因此不应归责于社会，政府没有责任帮助穷人减轻其苦难。这种思想与自由主义的自由放任理论相结合，在19世纪末的欧洲和北美盛极一时。与此相对，社会连带理论认为，人从其出生开始就处在社会之中，人的存

---

① 〔美〕凯恩斯：《预言与劝说》，赵波等译，江苏人民出版社，1997，第308页。
② 〔美〕凯恩斯：《预言与劝说》，赵波等译，江苏人民出版社，1997，第308页。
③ 〔美〕凯恩斯：《预言与劝说》，赵波等译，江苏人民出版社，1997，第310页。

在有赖于各种社会关系，其生存和发展离不开社会其他成员的援助，为了实现社会公平，维持和谐稳定的社会秩序，有必要加强富人对穷人和社会弱势群体的责任。因此，关心穷人和社会弱势群体不只是政府的责任，也是全社会的责任，只有从根本上关心弱势群体的利益，才能形成良好的社会氛围，促进社会不断进步，使社会更加公正。社会连带学说的理论基础是：社会绝不是独立于人的活动的超验的实体，而恰恰是人的共同活动的历史形式，任何社会只要作为人的相互关系而存在，个人就是它的内容。由此，应通过社会立法，对那些一时或长期无能力或因其他原因陷入困境的社会弱势群体提供帮助是社会的共同责任。正是在这个意义上，彼得·布劳说："群体或社区对下述个人的不赞同形成了社会压力，使他们放弃这一类行动：有些个人不公平地对待其他人，这些人在交换关系中对其他那些人占有竞争优势，或者，另一些个人压迫性地对其他人使用他们的权力。"①

彼得·布劳是结构主义社会学家，却不是社会连带论者。社会连带论的人性基础和深刻原理在美国学者库利和罗斯的著作中得到了完整而清晰的论述。库利认为，社会和个人的关系是一种有机的关系，一方面，个人与人类整体是不可分割的，是其中的活生生的一分子；另一方面，社会整体也在某种程度上依赖每一个人，因为每一个人都给整体生活贡献了不可替代的一部分。② 他说，自我和他人并非作为相互排斥的社会现象存在，而含有他们相互排斥的意思的术语，如相互对立的"自我主义"和"利他主义"，若不是错误的，也易于陷入意义模糊，因为"我"的观念是在交流和联系中发展起来的，我们若不想到他人，就不可能想到"我"。③ 因此，如果我想到一个人受到不公正的待遇，我希望用正义来取代不公正，这不是什么"利他主义"，而是出于简单的人类情感——他的生命就是我的生命，非常真实，非常亲切，他的形象唤起的一种情感，超越了我和他的界限。④ 罗斯在《社会控制》一书中考察了正义感的起源，认为"自

---

① 〔美〕布劳：《社会生活中的交换与权力》，孙非等译，华夏出版社，1988，第183页。
② 〔美〕库利：《人类本性与社会秩序》，包凡一等译，华夏出版社，1989，第22页。
③ 〔美〕库利：《人类本性与社会秩序》，包凡一等译，华夏出版社，1989，第81页。
④ 〔美〕库利：《人类本性与社会秩序》，包凡一等译，华夏出版社，1989，第94页。

我"和"他我"仅是具有不同含义的同一个观念，对自己和他人单一的自我观念的使用，使人倾向于公正待人，而任何与这种思想方式相矛盾的东西都会损害正义感。他说："我使用个性这同一个概念，有时考虑自我，有时考虑他我。因此，我必定会把我自己感受到的相同的愿望和兴趣加于他人身上。我所想要和要求得到的，必须根据完全相同的思想允许他人想要和要求得到"①，"无论何时我的利益牵涉到了他人的利益，我就被触动对自我的要求和他人的要求以同等看待"。② 正因此，社会极力使正义感摆脱它自身的狭窄小径，把它排除政治生活并使之完全大众化，对于心灵的呼喊"哪怕天崩地陷也要公正对待"，它的回答是"人民幸福是最高准则"。③ 可见，源于人性的社会连带论为社会法提供了坚实的理论基础。

二　社会排斥与相对剥夺感理论

实行社会立法，保护社会弱者最基本的权利，是"社会排斥"和"相对剥夺"理论的必然要求，也是维护社会稳定的需要。如果一个社会中弱者的基本生活得不到必要保障，国家和社会就不可能稳定，社会利益和公共利益也不可能得到实际保障。

1. 社会排斥理论

社会学认为，适度的社会分化和贫富差距是正常社会现象，对于刺激社会成员的劳动积极性和促进生产力发展有一定的正面作用，也可以为社会大众所接受。但是，由社会排斥和制度不公形成的贫富差距，则不可避免地使富裕阶层取得财富手段的合法性受到质疑，并引发对政府和法律的信任危机。④ "社会排斥"（Social Exclusion）意指社会主导群体在社会意识、制度和政策法规等不同层面对弱势群体的有意排斥，由于"主导群体已经掌握了社会权力，不愿意别人分享之"⑤，社会排斥便产生了。根据英国政府"社会排斥办公室"（Social Exclusion Unit）的定义，它指的是某些

---

① 〔美〕罗斯：《社会控制》，秦志勇等译，华夏出版社，1989，第18页。
② 〔美〕罗斯：《社会控制》，秦志勇等译，华夏出版社，1989，第18页。
③ 〔美〕罗斯：《社会控制》，秦志勇等译，华夏出版社，1989，第25页。
④ 〔美〕布劳：《社会生活中的交换与权力》，孙非等译，华夏出版社，1988，第185页。
⑤ 〔美〕戴维：《社会学》，李强等译，中国人民大学出版社，1999，第197页。

人或地区遇到诸如失业、技能缺乏、收入低下、住房困难、罪案高发环境、丧失健康以及家庭破裂等交织在一起的综合性问题时所发生的现象。韦斯特加德在分析社会排斥问题时说：有很多事实证据表明，绝大多数失业的人希望获得一份有报酬的工作，但是无法找到；单亲家庭在各阶级结构中发展扩散，因而对家庭经济条件的影响是不同的；违法和犯罪的形成有多方面的原因，并不是和阶级对称的，它们产生于恶劣的物质条件，而不是造成这些条件；当贫穷的人依赖公共福利供给时，并不是自己的选择，而是环境力量所迫。[1] 他由此得出的结论是，这种"道德卑劣"版本的下层阶级论坛，"复活了那种关于体面社会之下的'危险阶级'的陈旧观点，显然根本漠视造成贫困的主导性结构原因"。[2] 有学者提出，强化对社会弱势群体的关心和服务，实施社会伦理关怀，是消除社会排斥的思想道德基础，因为一个社会在协调社会关系、维护社会秩序的同时，必然会产生某种排斥与不公，而道德关怀会以情感的方式来维护这种基本关系和秩序。当社会成员由于社会排斥等，不能享有正常的权利而处于一种不平等地位时，给他们以道德关怀和精神依靠是体现以人为本、稳定社会的需要。[3] 相反，如果社会弱者的弱势状态长期得不到改善，在挫折和社会排斥的长期挤压下，可能诱发他们对社会资源进行再分配的强烈愿望，在这种愿望难以实现时，他们就可能采取非法手段来达到目的。[4]

2. 相对剥夺感理论

"相对剥夺感"是一种心理反应，即个体认为自己失败是受到他人剥夺的结果，它直接决定了个体在受挫后的心理状态和行为反应。社会学认为，利益被相对剥夺的群体往往对剥夺他们利益的群体怀有敌视或仇恨心理，当他们将自己的不如意境遇归结为获益群体的剥夺时，社会中就潜伏着冲突的危险，甚至他们的敌视和仇恨指向也可能扩张。彼得·布劳在研究"相对剥夺感"问题时说："人们从他们所挣的金钱数额中获得满足，

---

① 〔英〕戴维·李等：《关于阶级的冲突》，姜辉译，重庆出版社，2005，第189页。
② 〔英〕戴维·李等：《关于阶级的冲突》，姜辉译，重庆出版社，2005，第190页。
③ 郑勇：《反社会排斥：支持弱势群体的政策选择》，《南京政治学院学报》2005年第5期。
④ 倪先敏：《关注弱势群体，构建和谐社会》，《改革与战略》2005年第1期。

但他们也从比他们的伙伴挣得更多这个事实中获得满足，如果他们所挣的钱少得多，不管他们的绝对收入有多高，他们都会感到被剥夺。"[1] 他认为，一个群体与其他群体的隔断增加了它受剥削的机会和积极反抗剥削的机会，如果这些群体为获得利益曾经剥削过其他群体，或者如果他们的高级地位依靠社会中那些能给其他群体带来困苦和剥夺的条件，那么，其他的群体将因它们没有过失而遭受灾难去责备这些群体，因为权力不能逃脱对于它扎根于其中的社会条件的责任。[2] 他说，相对剥夺感和对权力的"集体不赞同"将引起反抗，"如果人们感到，掌握权力的人所提的要求不公正，他们的贡献没有得到充分报酬，那么，这些人就都会有一种受剥削的经验，他们便有可能互相传递自己的愤怒、挫折及侵犯的感情"。[3] 这种反抗有时候是十分猛烈的，当人们受到严重伤害或严厉剥夺、巨大剥削或剧烈压迫时，对于他们所受到的痛苦加以报复有可能成为目的本身，为了报复，他们愿意牺牲其他利益，"不仅敌视孕育敌视，而且挫折和剥夺也如此，这些新产生的敌视是针对那些导致这种痛苦的人或痛苦的原因被归诸的人"。[4] 大多数学者认为，社会弱者往往具有强烈的"相对剥夺感"，在紧张和贫困生活压力下，他们看到的是丧失公平感的不良社会现象，感受到的是利益损失与机会损失的危机感，因此，如果不进行社会立法，重视其生活保障，"当他们将自己的不如意境遇归结为获益群体的剥夺时，就容易产生各种攻击性心理、报复性心理以及其他反社会心理，社会就潜伏着冲突的威胁，极易成为社会动荡的'火药桶'"。[5]

三 社会结构与社会革命理论

结构主义也为社会法的产生和发展奠定了坚实的理论基础。这一理论认为，不公正和不合理的社会结构将导致社会反抗，当反抗仅限于少数社会弱势群体时，它为"亚群体"的产生提供了潜在的可能，而"当反抗在

---

① 〔美〕布劳：《社会生活中的交换与权力》，孙非等译，华夏出版社，1988，第 26 页。
② 〔美〕布劳：《社会生活中的交换与权力》，孙非等译，华夏出版社，1988，第 262 页。
③ 〔美〕布劳：《社会生活中的交换与权力》，孙非等译，华夏出版社，1988，第 26 页。
④ 〔美〕布劳：《社会生活中的交换与权力》，孙非等译，华夏出版社，1988，第 261 页。
⑤ 倪先敏：《关注弱势群体，构建和谐社会》，《改革与战略》2005 年第 1 期。

社会的实质部分普遍流行时，它不仅为改造规范，而且为改造社会结构的革命提供了可能性"。①

1. 社会结构与社会冲突

结构主义的基本思想是，社会是一个结构的有机整体，社会贫富差距是结构系统的必需，它有效地保证了社会结构的动态平衡。但结构主义并不回避社会矛盾和社会冲突。吉登斯认为，"矛盾"（Contradiction）这一概念对于社会理论是不可或缺的。他将矛盾使用在两种含义上："生存性矛盾"（Existential Contradiction）和"结构性矛盾"（Structural Contradiction）。所谓的生存性矛盾，指的是在"与自然界或者说物质世界的关系方面人的生存的一项基本属性"，而结构性矛盾指的是"人类社会的构成性特征"，即"各种结构性原则的运作既彼此依赖，又相互抵触"。② 根据吉登斯的理论，结构性矛盾产生后，削弱了生存性矛盾，但并未完全将后者消解。他说："阶级分化社会的显著特征之一，是在它的'经济'与'政体'之间没有明显区别，国家也几乎不可能声称自己应该代表整个社会。"③ 由此，他将"矛盾"（Contradiction）和"冲突"（Conflict）区分开来，认为矛盾是个结构性概念，而冲突不是，所谓的冲突"是指行动者或群体间实际发生的斗争，而不考虑这种斗争具体发生的方式及其动员的根源"。④ 那么，冲突和矛盾何以常常重叠在一起呢？这是因为矛盾体现了各个社会系统的结构性构成中主要的"断裂带"（Fault Lines），往往牵涉不同集团或者说群体之间的利益分割。在吉登斯看来，矛盾体现了多种不同的生活方式和生活机会的分配，这些生活机会原本是就可能世界而言的，但现实世界揭示了这些可能世界自有其必然性。他在分析阶级矛盾和阶级冲突产生的条件时说，结构性矛盾的兴起，"激化"了社会变迁的过程，但只在现代资本主义的发展之下，这种过程才变得"白热化"。⑤ 他认为，社会研究的目标之一，就是精确地揭示各种社会群体内部及它们彼此之间

① 〔美〕默顿：《社会理论和社会结构》，唐少杰等译，译林出版社，2006，第340页。
② 〔英〕吉登斯：《社会的构成》，李康等译，三联书店，1998，第299页。
③ 〔英〕吉登斯：《社会的构成》，李康等译，三联书店，1998，第302页。
④ 〔英〕吉登斯：《社会的构成》，李康等译，三联书店，1998，第305页。
⑤ 〔英〕吉登斯：《社会的构成》，李康等译，三联书店，1998，第306页。

分别具有的整合层次①，资本主义是一个阶级社会，"私人占有"和"社会化生产"之间的矛盾和阶级分化紧密地咬合在一起，而阶级分化反过来又体现了阶级之间的敌对利益。②

　　默顿则更注重对反结构原因的研究，并提出结构理论的主要目标为"发现某些社会结构是怎样对社会中的某些人产生明确的压力，使其产生非遵从行为而不是遵从行为"。他描述了联结失范和越轨行为的社会过程，认为一些个体由于他们在群体中客观不利的地位和与众不同的人格形象，比其他人更容易受由文化目标和实现它的有效办法的背离所引起的压力的影响，尽管有些对规范标准的背离实现了个体自己的目标，但这些实现目标的越轨途径存在于社会体系之中。因此，越轨行为不仅影响最初卷入的个体，在某种程度上，它同样影响那些在系统中与他们内在相连的其他个体。③ 他说："如果我们能找到特别容易屈服于此种压力的群体，我们就会在这些群体中发现比率相当高的越轨行为。这倒不是因为组成这些群体的人是由独特的生物倾向所构成的，而是因为他们对自己所处的社会情境作出正常的反应。"④ 即当贫穷和与之相联系的在竞争所有社会成员都可竞争的文化价值中的相应劣势，同对把金钱成功作为主要目标的文化强调联系起来时，犯罪率高就是正常的后果了。⑤ 社会学的先驱者韦伯运用"社会屏蔽"（Social Closure）概念，阐明了社会强势群体寻求增加和控制自己的社会报酬的那些复杂过程，是通过将接近稀缺资源和机会的能力限制在有资格的小群体内实现的，揭示了垄断是如何在控制和管理稀缺资源过程中形成的，不论这些资源是精神的还是物质的。韦伯认为，资源的垄断和控制是另一部分社会成员贫困的重要原因之一。正如齐美尔所说："贫困提供着一种独特的社会学状况，为数众多的个人，由于一种纯粹个人的命运，在整体之内占有一种十分特殊的有机环节的地位；然而，这种地位并非由那种固有的命运和状况所决定，而是由其他——各种个人、各种联

① 〔英〕吉登斯：《社会的构成》，李康等译，三联书店，1998，第323页。
② 〔英〕吉登斯：《社会的构成》，李康等译，三联书店，1998，第452页。
③ 〔美〕默顿：《社会理论和社会结构》，唐少杰等译，译林出版社，2006，第325页。
④ 〔美〕默顿：《社会理论和社会结构》，唐少杰等译，译林出版社，2006，第261页。
⑤ 〔美〕默顿：《社会理论和社会结构》，唐少杰等译，译林出版社，2006，第282页。

合、整体——正好试图纠正这种状况。因此，不是个人的匮乏造就着穷人，而是由于匮乏而受到救济者——根据社会学的概念——才是穷人。"①因此，如果一种社会结构被认为是不合理、不公正的，那么处于弱势地位的底层阶级的成员就更可能把自己的境遇与其他人做比较，继而形成自我评价，使社会隐藏着矛盾和冲突的潜在危机。

2. 社会革命与"水桶效应"

社会革命是社会变迁的基本形式之一，是指社会结构和组织形式方面的爆发式的、质的形态的飞跃。彼得·布劳认为，严重的社会剥削和压迫可能把弱者推到孤立无援的地步，并成为反抗运动和社会革命的源泉，因此，"温和地被使用并作为屈服之报答而贡献出富裕利益的权力诱导出使它的指挥的权威合法化的社会赞同"。② 李普塞特在分析社会反抗和社会革命形成的条件时说，国家越穷、下层阶级的绝对生活标准越低，对上层阶级产生的视其为应该排斥的天生卑贱的种姓的压力也就越大，在这种情况下，上层会将下层的政治权利尤其是分享政权的权利视为荒谬的和不道德的，他们的傲慢自大的政治行为会加剧下层阶级的极端反应。③ 詹姆斯·P. 斯特巴认为，富人对穷人的帮助具有道德和法律上的正当性，当富人和穷人之间的冲突被看作自由的冲突时，要么我们说富人应该拥有不受干涉地使用他们盈余的物品和资源满足奢侈目的的自由，要么我们说穷人应该拥有不受干涉地从富人那里取得满足他们生活基本需要的东西的自由。他由此提出解决贫富冲突的两个基本原则④：一是"应当"蕴含"能够"原则。这一原则的含义是，穷人"应当"而且"能够"具有不受干涉地从富人盈余的资源中取走满足他们生活基本需要的东西的自由，即命令或要求富人牺牲满足某些奢侈需要的自由，使得穷人得以拥有满足他们基本需要的自由并不是不合理的。二是冲突决定原则。这一原则的含义是，在道德上要求人们去做的事情要么是命令他们这样做是合理的，要么是在极端的

---

① 〔德〕齐美尔：《社会是如何可能的》，林荣远编译，广西师范大学出版社，2002，第413页。
② 〔美〕布劳：《社会生活中的交换与权力》，孙非等译，华夏出版社，1988，第289页。
③ 〔美〕李普塞特：《一致与冲突》，张华清等译，上海人民出版社，1995，第369页。
④ 〔美〕斯特巴：《实践中的道德》，李曦等译，北京大学出版社，2006，第80页。

利益冲突情形下，要求他们这样做是合理的。他说，命令穷人牺牲满足他们基本需要的自由，使得富人能够拥有满足他们奢侈需要的自由难道不是显然不合理的吗？命令穷人不采取行动而等着饿死难道不是显然不合理的吗？因此，"如果对于这种冲突没有合理的要求贫富双方都接受的解决办法"，或者"如果其中一个要求应该被判断为合理"，它指的必然就是"要求富人牺牲满足某些奢侈需要的自由，以使穷人能够拥有满足他们基本需要的自由"。①

实际上，斯特巴的论述在一定程度上解决了社会革命的正当性问题，但真正对社会革命进行深入阐述并将其引入社会实践的是马克思主义经典作家。马克思和恩格斯有一句名言：无产阶级是资产阶级的掘墓人。所谓的无产阶级，也就是真正的社会弱势群体，他们一无所有，且承担了大部分社会苦难，忍受着资产阶级的残酷剥削和压迫，因此是最革命的阶级。这就是我们今天所说的"水桶效应"，即水流的外溢取决于水桶上最短的一块木板，社会革命和社会风险将首先在承受力弱的阶层爆发。马克思说，彻底打碎旧世界的，必然是现代无产阶级，在没有阶级和阶级对抗的情况下，社会进化将不再是政治革命。他揭示了资本原始积累的秘密，提出"在真正的历史上，征服、奴役、劫掠、杀戮，总之，暴力起着巨大的作用"②，认为现代无产阶级应以暴力为革命手段，推翻资产阶级国家政权，才能彻底改变自己的命运。他引用乔治·桑的话说："不是战斗，就是死亡；不是血战，就是毁灭。问题的提法必然如此。"③应该说，社会革命理论是社会法的催化剂，社会法在一定程度上是社会改良主义的产物，是为了避免社会革命在法律上的一场深刻的革命。

列宁是社会革命理论和实践的集大成者。1903年，他在《给农村贫民》一文中提出，"要消灭人民贫穷的唯一方法，就是自下而上地改变全国的现存制度，建立社会主义制度，就是：剥夺大地主的地产、厂主的工

---

① 〔美〕斯特巴：《实践中的道德》，李曦等译，北京大学出版社，2006，第80页。
② 《马克思恩格斯选集》第2卷，人民出版社，2012，第291页。
③ 《马克思恩格斯选集》第1卷，人民出版社，2012，第275页。

厂、银行家的货币资本，消灭他们的私有财产并把它转交给全国劳动人民"。① 他说，"只要几千个富人占着这样大量的地，千百万人民就一定要受穷挨饿，并且永远会受穷挨饿"②，"我们要不受一切盘剥和一切贫穷，就只有打败整个资产阶级（富农也包括在内）"。③ 他分析了资本主义社会中无产阶级革命的根源，认为"是资本在压迫他们，他们必须进行反对资产阶级的斗争"。④ 列宁继承了马克思和恩格斯关于暴力革命的思想，提出"革命无疑是天下最权威的东西。革命就是一部分人用枪杆、刺刀、大炮，即用非常权威的手段强迫另一部分人接受自己的意志"，⑤ "为了使人类从雇佣奴隶制下面解放出来，我们必须镇压这些人，必须用强力粉碎他们的反抗，——显然，凡是实行镇压和使用暴力的地方，也就没有自由，没有民主"。⑥ 在《列夫·托尔斯泰是俄国革命的镜子》一文中，他认为托尔斯泰，"一方面，无情地批判了资本主义的剥削，揭露了政府的暴虐以及法庭和国家管理机关的滑稽剧，暴露了财富的增加和文明的成就同工人群众的穷困、野蛮和痛苦的加剧之间极其深刻的矛盾；另一方面，狂信地鼓吹'不用暴力抵抗邪恶'"⑦ 是错误的。总之，列宁不仅论述了无产阶级革命的正当性，而且认为革命是历史前进的动力和"火车头"，而暴力革命又是无产阶级取得胜利的唯一途径和方法。

第四节　伦理学理论

一　同情论

同情论产生于西方社会工业化早期，为社会法产生和发展奠定了伦理基础。17 世纪以后，随着自由资本主义的发展，社会贫富分化进一步加

---

① 《列宁选集》第 1 卷，人民出版社，1972，第 400 页。
② 《列宁选集》第 1 卷，人民出版社，1972，第 403 页。
③ 《列宁选集》第 1 卷，人民出版社，1972，第 430 页。
④ 《列宁选集》第 1 卷，人民出版社，1972，第 78 页。
⑤ 《列宁选集》第 3 卷，人民出版社，1972，第 224 页。
⑥ 《列宁选集》第 3 卷，人民出版社，1972，第 247 页。
⑦ 《列宁选集》第 2 卷，人民出版社，1972，第 370 页。

剧，大量失地农民和城市贫民流落街头，成为赤贫的无产者和真正的社会弱者，他们的苦难和不幸引发了社会的广泛同情。亚当·斯密在《道德情操论》中，系统地考察了"经济人"与"道德人"的内在关系，提出人的经济本性是自利的，但人们具有一种"同情心""利他心"，人们会在具体经验的基础上形成道德的一般规则，这些规则为社会救济、困难救助提供了判断的依据和标准。亚当·斯密肯定了人的同情心和利他精神对一个健全社会的重要性，但他没有涉及社会同情的法律机制，只是努力通过个人同情来调节利益之分配，这是其同情理论最大的不足。事实上，从亚当·斯密的《道德情操论》到马克思的《资本论》再到萨缪尔森的《经济学》，许多经济学和社会学名著都论述了一条颠扑不破的真理：经济问题与伦理问题不能截然分开。

库利认为，同情是不可缺少的社会力量，一个人只有理解别人，才能进入周围的生活，才能有意义地生活，"他越少同情就越像一头动物，并且越少真正地接触人类生活"。① 他对怜悯和利他主义做了区分，并将同情心理解为扶助社会弱者最原始的动力。他说："一个胸怀广阔，能体察全民族生活的人会觉得每个阶级的人的动机就是他自己的动机，会像吃饭一样自然地去尽力为他们服务。认为善良是超脱普通人性的东西是荒唐的，善良只是普通的人性更丰富的表现。另外，人性中所有的恶，非正义的一面，是因为缺乏同情。"② 罗斯则从社会控制的角度讨论社会同情问题，并将同情心上升到"社会控制手段"的高度。他说，"同情心如同能促进捐款一样对社会具有宝贵的作用"，因为它的适时帮助，"个体生活的剧烈变化得以缓和，灾祸的打击得以防止，灾难的痛苦得以减轻，命运更加苛刻的不平等得以降低以及对于弱者如妇女、寡妇、儿童和老人，个人主义竞争的严酷无情得以减弱"。③ 不仅如此，罗斯还提出，人类具有友善的本能，它促进人类和睦。他批评现代商业和工业城市，连同它的和睦的缺乏，它的冷漠，它的富有和贫穷的凄凉对照，它的犯罪、欺诈、剥削和寄

① 〔美〕库利：《人类本性与社会秩序》，包凡一等译，华夏出版社，1989，第90页。
② 〔美〕库利：《人类本性与社会秩序》，包凡一等译，华夏出版社，1989，第91页。
③ 〔美〕罗斯：《社会控制》，秦志勇等译，华夏出版社，1989，第7页。

生现象，认为这种奇怪的混合体恰恰是经济人，而不是友善人的创造物。①
因此，同情心和友善是社会弱者保障的基础，如果社会建立在同情与友善
之上，我们周围所见的命运的巨大不平等就不可能。但罗斯认为，同情
心、友善等产生的只是一种纯粹的自然秩序，这样一种秩序是远不完善
的，且同情心在社会控制方面有显著的弱点，即它通常不能保护那些不认
识或不关心的人，故此，社会控制仍然非常必要。

同情论的价值基础是人本主义。人本主义就是以人为价值内核和价值
本原，充分尊重和保障人的人格、价值与尊严，不断满足人的多方面需
求，即人的本身应成为法律制度的起点和归宿。为此，必须建立合理的以
人本价值为向导的社会法机制，这个机制包括对同情他人、人道主义的道
德评价机制等，只有这样才能把同情他人和保护社会弱者的精神贯穿在社
会生活的每一个角落。夏勇教授认为，权利为每一个人所平等拥有，权利
本于人性，"民之所以要以权利为本，乃是因为自己的本性"，"这个本性，
就是每个人之作为人的尊严、自由和相应的人格平等要求"。② 因此，人之
作为人的要求和尊严是天生的，"不要忘记，我们的同胞也是人，是正常
的人，是有尊严和价值的人"③，同时，"也只有每个人都能够维护好自己
作为人的最基本的尊严和自由，成为合格的、负责的道德主体，国家和社
会才会健康发展、和谐安宁"。④ 根据夏勇教授的阐释，权利的发展对作
为权利主体的人的重要意义在于，它意味着权利主体资格的提升、利益
的安全、能力的增长或主张的强化，并因此意味着人的地位的提高、人
格尊严的强化和个人自由的增进⑤；不仅如此，其更实质的意义在于，它
意味着支持那些资格、利益、力量或主张并因此使它们成为权利的道德、
法律和社会体制的进步，并因此意味着权利的社会配置方式的改善，意味
着社会正义的增进。⑥ 由此，同情论与基本权利和社会法在弱者保护上就

---

① 〔美〕罗斯：《社会控制》，秦志勇等译，华夏出版社，1989，第15页。
② 夏勇：《中国民权哲学》，三联书店，2004，第52页。
③ 夏勇：《中国民权哲学》，三联书店，2004，第49页。
④ 夏勇：《中国民权哲学》，三联书店，2004，第324页。
⑤ 夏勇：《走向权利的时代》，中国政法大学出版社，2000，第9页。
⑥ 夏勇：《走向权利的时代》，中国政法大学出版社，2000，第10页。

结合起来了。

二　正义理论

社会法和弱者保护是正义理论的逻辑结果和必然要求。根据罗尔斯的阐述，对所有的社会善——自由和机会，收入和财富，以及自尊的基础——必须平等地加以分配，除非对某些或所有这些善的不平等分配是为了"最少受惠者"的利益。

1. 罗尔斯的正义论

罗尔斯说，"正义是社会制度的首要价值，正像真理是思想体系的首要价值一样。一种理论无论多么精致和简洁，只要它不真实，就必须加以拒绝和修正；同样，法律和制度，不管他们如何有效和有条理，只要它们不正义，就必须加以改造和废除"，"作为人类活动的首要价值，真理和正义是决不妥协的"。[①] 他认为，每个人都拥有一种基于正义的不可侵犯性，这种不可侵犯性即使以社会整体利益为名也不能逾越。因此，正义否认为了一些人分享更大利益而剥夺另一些人的自由是正当的，不承认许多人享受的较大利益能绰绰有余地补偿强加于少数人的牺牲；在一个正义的社会里，平等的公民自由是确定不移的，由正义所保障的权利绝不受制于政治的交易或社会利益的权衡。[②]

罗尔斯的正义论为社会法的发展提供了思想理论武器。其核心内涵体现在他对正义的两个著名原则的论述上，"第一个原则：每个人都有平等的权利去拥有可以与别人的类似自由权并存的最广泛的基本自由权。第二个原则：对社会和经济不平等的安排应能使这种不平等不但可以合理地指望符合每个人的利益，而且与向所有人开放的地位和职务联系在一起"。[③]

---

① 〔美〕罗尔斯：《正义论》，谢延光译，上海译文出版社，1991，第 231 页。

② 〔美〕罗尔斯：《正义论》，何怀宏等译，中国社会科学出版社，1988，第 1 页。如美国学者斯特巴对正义和慈善作了区分，认为正义作为职责或义务是我们应该做的事情，如果我们想要选择道德上具有最好可能性的行为，慈善才是我们应该做的事情。因此，对慈善的要求在义务之上。此外，未能履行正义的要求是值得谴责的，它侵犯到了某些人的权利，也是可以合法地加以惩罚的。参见〔美〕斯特巴《实践中的道德》，李曦等译，北京大学出版社，2006，第 20 页

③ 〔美〕罗尔斯：《正义论》，何怀宏等译，中国社会科学出版社，1988，第 66 页。

概言之，第一个原则为"平等原则"，即公民的基本自由权完全平等，每个人的基本权利都应该得到平等保障；第二个原则是"差别原则"，即允许人们在经济和社会福利方面存在差别，而这种差别应符合每个人的利益，尤其是要符合地位最不利的、境况最差的人的最大利益。但罗尔斯的这两个原则不是并重等值的，在终极的意义上，"第一个原则优先于第二个原则"①，这就意味着承认自由权相对于社会和经济利益的绝对重要性。他说："首要的分配问题，是对基本的权利与义务进行分配，并对社会和经济不平等以及基于这些不平等的合法期望进行调整。"② 但是，国家对经济和社会利益进行调整不是任意的，而是有目的的，即"实现现代国家社会正义的这个体制复合体中，境况较好的人的利益改善了受惠最少者的条件"，"如果不能做到这一点，那就对利益进行调整，使之做到这一点，例如，把最小的社会差别固定在适当的水平上"。③ 因此，"唯一使我们关心的指数问题，也就是与地位最不利的集团有关的问题"，"指数问题基本上变成了给地位最不利的人、权力最少的人和收入最低的人增加基本改善的问题"。④ 可见，差别原则在本质上是一种分配正义，即通过再分配，将社会上处境较好者的一部分利益通过合法的途径转让给处境不利者，对这部分人的利益进行适当补偿，这样才能在一定意义上体现社会的公正和平等。这种正义观在很大程度上为社会法的发展扫清了理论障碍，并注入了新活力。

按照罗尔斯的正义理论，虽然财富与收入的分配可以不平等，但必须对所有人有利，尤其是对地位不利的人有利，这样社会才能保持良性运转。他关于正义的两个基本原则的核心是，把社会基本价值看作一种基本善，并要求平等地分配这些基本善，即设计一种正义的社会制度就是要最大限度地体现平等。罗尔斯提出应"照顾最少受惠者的最大利益"，意即在社会分配中，对处于社会最底层的弱势群体给予适当倾斜，以使社会分

① 〔美〕罗尔斯：《正义论》，谢延光译，上海译文出版社，1991，第67页。
② 〔美〕罗尔斯：《正义论》，谢延光译，上海译文出版社，1991，第93页。
③ 〔美〕罗尔斯：《正义论》，谢延光译，上海译文出版社，1991，第97页。
④ 〔美〕罗尔斯：《正义论》，谢延光译，上海译文出版社，1991，第104页。

配更公正。他所谓的差别原则主要适用于经济和社会福利方面，是一种关心不幸、照顾弱者、帮助穷人的原则。按照差别原则，必须扩大国家权力，加强国家干预和社会立法，这是保障人们自由平等、实现社会正义的必要条件。一句话，在进行财富分配时，如果不得不产生某种不平等的话，这种不平等应该有利于"最少受惠者"，国家在利益分配上应该向处于不利地位的人们倾斜，这正是罗尔斯正义理论的精髓，也是社会法基本理念之所在。

2. 自由主义的正义观

与罗尔斯的正义论相对照，哈耶克认为，市民社会中首要的价值乃个人自由，"亦即用法律保护个人并使其免受任何'专断强制'（Arbitrary Coercion）那种意义上的个人自由"①，自由主义只关注"交换正义"（Commutative Justice），而不关注所谓的"分配正义"（Distributive Justice）或者现在更为盛行的"社会正义"（Social Justice）。根据哈耶克的阐述，自由主义正义观在下述两个重要方面与人们现在广泛持有的那种正义观念相区别：第一，自由主义的正义观所依凭的乃是这样一种信念，即人们有可能发现独立于特定利益而存在的客观的正当行为规则；第二，这种正义观只关注人之行为的正义问题或者调整人之行为规则的正义问题，而不关注这种行为对不同个人或不同群体的地位所造成的特定影响的问题。② 由此，坚定的自由主义者必须拒斥分配正义这种理想，因为根本就不存在为人们所公认的或能够被人们发现的有关分配正义的普遍原则，即使人们能够普遍认同这样的分配正义原则，这些所谓的分配正义原则在一个生产力取决于个人自由地运用自己的知识和能力去追求自己目的的社会中也是不可能付诸实施的。③ 但是哈耶克并不反对社会立法。他认为，通过国家向那些无力维系生计的人提供某些服务的方式，自由主义者至少还努力铲除了部分社会性障碍或藩篱，因这些社会性的障碍或藩篱会把个人束缚在他们出生时

---

① 〔英〕哈耶克：《哈耶克论文集》，邓正来编译，首都经济贸易大学出版社，2001，第51页。
② 〔英〕哈耶克：《哈耶克论文集》，邓正来编译，首都经济贸易大学出版社，2001，第81页。
③ 〔英〕哈耶克：《哈耶克论文集》，邓正来编译，首都经济贸易大学出版社，2001，第83页。

便处在的那个阶层之中而无法进入社会成员上下流动的过程。①

自治论自由主义者反对社会法的基本思想和理念。他们认为，拥有充足的物品和资源以满足基本的营养需要对于人们来说是一件好事，但他们否认政府有义务满足这些需要。他们认为，诸如为贫困者提供福利这类好的事情是慈善的要求，而并非正义的要求，因此，未能提供这些供给既不值得谴责，也不应受到惩罚。在自治论自由主义者看来，政府的作用应该被限定为对强制力量的报复性使用，以反对那些已经动用强制力量的人们，它不应当进入任何其他领域，比如宗教、社会组织和经济领域。如约翰·霍斯珀斯将法律分为三种类型，保护个人不受自己伤害的法律、保护个人不受他人侵犯的法律和要求人们互相帮助的法律（比如福利法）。他说，自治论自由主义者完全拒斥第三种类型的法律，因为法律不应强迫人们帮助他人，"当然也不应强迫人们把自己一周的薪水拿出一部分给别人"，政府在人道主义的伪装下劫富济贫，"减弱了人们努力工作的动力，也侵犯了个人的权利，并降低了几乎每个人的生活水平"。② 因此，对于有关经济事务，比如帮助穷人、提供社会保险、规定最低工资、控制垄断、保证工作等，对于"这些以及所有类似的问题，自治论自由主义毫不含糊地说不"。③ 由此可见，这种思想从反面为社会法提供了理论借鉴。

三 公正理论

社会法是实质公正理论的必然要求。根据罗尔斯的定义，公正是一种"在平衡中考虑的道德判断"，其本质含义是"均衡与合理"，即"在处理人与人之间各种关系时，遵循不偏不倚的原则，给有关的每个社会成员以均衡的条件、平等的机会、适当的利益，从而实现权利与义务的最佳统一"。④ 所谓的社会公正，是指将利益和负担在一切社会成员之间适当安排和合理分配。哈特认为，公正是社会的基本价值观念和准则，是人类群体

---

① 〔英〕哈耶克：《哈耶克论文集》，邓正来编译，首都经济贸易大学出版社，2001，第86页。
② 〔美〕斯特巴：《实践中的道德》，李曦等译，北京大学出版社，2006，第41页。
③ 〔美〕斯特巴：《实践中的道德》，李曦等译，北京大学出版社，2006，第42页。
④ 〔美〕罗尔斯：《正义论》，何怀宏等译，中国社会科学出版社，1988，第125页。

生活的自然需要，是构成一个良好秩序的人类联合体的基础。按照马克思主义的理解，公正涉及政治、经济、法律、道德等领域，并辐射人类生活的各个方面，是特定的历史与社会经济结构所派生的意识形态的重要组成部分，体现公正的制度符合人性的需要，有利于生产力的发展。因此，为遵从制度规范而偶尔作出的——并不像弗洛伊德所认为总要作出的——牺牲，必须由社会化的报酬来补偿，即通过竞争而导致的地位分配必须这样来组织，以便向分配秩序里的每一位置进行使人牢记职位义务的正面鼓励，否则就会出现反常行为。[①] 有学者将现代政治学关于公正的理念分为四个层次，即基本权利的均等分配；与个人能力相关的基本物品和发展机会的均等分配；其他物品按贡献进行分配；国家依据促进社会整体利益和谐的要求对一次分配后的利益格局进行社会调剂。[②] 可见，公正最深刻本质的内涵是对人的价值尊严与基本生活的确认和保障，这也是社会法最本质的追求（我们将在后面进行详尽论述）。特别是对社会主义的中国来说，社会公正显得尤为重要，社会主义作为一种价值观，是一种比资本主义更加注重社会公平的思想，其核心价值就是保护弱势群体。

---

① 〔美〕默顿：《社会理论和社会结构》，唐少杰等译，译林出版社，2006，第 264 页。

② 杨文革：《社会公平：构建和谐社会的核心价值理念》，《理论观察》2005 年第 6 期。

| 第三章 |

社会法的性质定位

第一节　社会法的性质

法律的性质是一类法律区别于另一类法律的关键，它决定于法律调整的特殊社会关系，是法律分类的重要依据。有学者认为，除了法律调整的社会关系的特殊性外，"法律理念、法律保护的对象、调整的方法等"也是"不同属性法律界别的标准"。① 社会法究竟是一类什么性质的法律？它与传统部门法有哪些不同？

一　应对私法的不足

1. 私法的性质及其不足

（1）私法的性质。私法是市民社会的法律。黑格尔认为，市民社会是各个成员作为独立的单个人的联合，即在形式普遍中的联合，这种联合通过成员的需要，通过保障人身和财产的法律制度，通过维护他们的特殊利益和公共利益的外部秩序建立起来。② 市民社会有一个最基本的特征，即市民社会的个体是一个以满足自己欲望为目的的自利主义者，他不在乎别人的欲望是否得到满足。用中国《礼记》的话说，是"大道既隐，天下为家，各亲其亲，各子其子，货力为己"③，也就是黄宗羲所说的"人各自私

---

① 姜登峰：《社会法概念的基本分析》，《佳木斯大学社会科学学报》2007 年第 4 期。

② 〔德〕黑格尔：《法哲学原理》，范阳、张企泰译，商务印书馆，1979，第 174 页。

③ 《礼记·礼运篇》。

也，人各自利也"。① 西方传统理论认为，市民社会通过自由市场即能最好地确定其需求，如果企业依其能力对市场需求予以回应并获得利润，这种对于利润的坚定执着的追求会给社会带来所需要的一切，并且会最大限度地实现社会利益。如亚当·斯密的"自动公益说"就是一个典型代表。市场具有天然的逐利本性，它追求的目标是效率，"私法本质上只是确认单个人之间的现存的、在一定情况下是正常的经济关系"。② 在私法中，每个人都是平等自由的，每个人都是富有理性的，自有意识，自知利害，自会判断，可以通过自由契约、自由竞争、优胜劣汰，各得其所。③ 因此，在典型的市民社会中，垄断和财富集中是以所有权和契约为媒介而自由形成的，这并不受民法的谴责。④ 正如川岛武宜所说："资本主义经济的美德不是'挫强助弱'的町奴式仁义，而是使交换能以等价交换形式来进行的社会秩序的形成和维护。"⑤ 应该说，私法和市场体制是人类迄今为止对社会生产力解放最为充分的制度安排，但也逐步形成了优胜劣汰、重利轻义、唯利是图等价值观念，导致很多社会问题。

（2）私法调整的不足。私法和自由竞争在带来经济、社会繁荣的同时，必然导致人与人之间的差距越来越大，实质不平等日益明显。其结果可能是一部分社会成员的收入低于最低生活水平，甚至一些没有财产的年老、残疾和失业的社会成员因无法取得收入而不能生存。事实上，只要存在市场机制运作，就会产生因竞争分化而形成的弱势群体，因为"市场竞争产生歧视（在）一定程度上是不可避免的，市场自身不能阻却歧视"⑥，"弱者的产生就是竞争的副产品，任何社会无法回避后竞争时代的弱者"。⑦但是，私法不能消除贫困、失业、贫富分化、收入分配不公等现象，也无法化解弱势群体贫困化所引起的不断激化的社会矛盾。正如法国学者迪韦

① 《明夷待访录·原君》。
② 《马克思恩格斯选集》第 4 卷，人民出版社，2012，第 259 页。
③ 邱本：《自由竞争与秩序调控》，中国政法大学出版社，2001，第 136 页。
④ 曹士兵：《反垄断法研究——从制度到一般理论》，法律出版社，1996，第 9 页。
⑤ 〔日〕川岛武宜：《现代化与法》，王志安等译，中国政法大学出版社，1994，第 38 页。
⑥ 李宁：《社会法的本土化建构》，学林出版社，2008，第 40 页。
⑦ 董保华：《论经济法的国家观》，《法律科学》2003 年第 2 期。

尔热所说，若法律或者"非法律"得到公认的价值标准确认两方是平等的，但事实上一方的影响力要大于另一方，那么法律就存在脱节。① 正是基于对私法功能不足的反思，形成了所谓的"法律社会化"运动，促进了社会法的产生和发展。② 也就是说，社会法是为应对私法和市场经济的缺陷和不足而产生的。不仅如此，在竞争中形成的大企业排挤市场中的中小企业，漠视消费者权益和造成环境污染等，使越来越多的社会主体的生存境况日益恶化，经济法和环境保护法也随之产生。以经济法为例，自由资本主义发展到垄断阶段以后，形成了垄断者和非垄断者，市场主体地位不平等，权利义务不相当，意思难自治，竞争不自由，垄断所导致的实际收入低于潜在收入是实实在在的损失。过度的自由竞争导致了经济严重失衡和社会不同利益间的极大差距，使人们逐渐认识到保持经济协调发展和平衡不同主体间利益的必要性。正如拉德布鲁赫所说："经济法产生于国家不再由纯粹私法保护自由竞争，而寻求通过法律规范以其社会学的运动法则控制自由竞争的时候——而这种法律规范本身就是可能在社会学运动中有效干预的社会学事实。"③

2. 社会法的矫正和弥补

（1）社会法对私法矫正和弥补的手段。在"前社会法时代"，由于市场机制和私法自治原则失灵，各种社会问题和社会危机不断出现，社会弱者与强者之间、穷人与富人之间出现了严重的矛盾和对立。在经济生活中，"个人自由主义极端化的弊害，亦跟着资本主义的发展而日益显著；从社会的公共利益上着想，对这种个人自由主义，实有加以适当的限制之必要"。④ 市场由于本身有内在缺陷，对很多问题无能为力，不能自发地实现社会公正，必须由外部力量介入才能解决，而国家的干预无疑是这种外部力量的最佳代表。为了缓和各种社会矛盾，西方国家政府开始转变过去的消极的、单纯的"守夜人"角色，转而积极地、主动地干预社会事务，

---

① 〔法〕莫里斯·迪韦尔热：《政治社会学——政治学要素》，杨祖功译，华夏出版社，1997，第112页。
② 郑尚元：《社会法语境与法律社会化》，《清华法学》2008年第3期。
③ 〔德〕拉德布鲁赫：《法学导论》，米健译，中国大百科全书出版社，1997，第77页。
④ 〔日〕美浓部达吉：《公法与私法》，黄冯明译，中国政法大学出版社，2003，第234页。

即不"让市场裁决生存和死亡"。① 由此催生了"国家干预与私法自治相结合"的法律调整模式，这就是包括社会法在内的"第三法域"的诞生。因此，社会法是介于国家和市民社会之间的法律，是基于市场机制和私法的不足而出现的，由国家运用公权力，对以民商法为主体的私法进行必要的修正，以谋求个人利益与社会整体利益的协调。国家运用公权力对市场失灵和市场的内在缺陷进行矫正包括过程和结果两个方面，对结果的矫正形成的法律法规是社会法，对过程的矫正形成的法律法规有经济法、环境保护法和消费者权益保护法等，其特征都是"国家权力"的干预。当然，国家权力对社会和私人领域进行干预也是有限度的，即应以市场为基础，是出于对市场失灵和不足的矫正和弥补，对于市场能够有效解决的部分，国家公权力也就没有干预的必要了。

（2）社会法对私法弥补和矫正的主要内容。私法强调的是形式公平，它只注重竞争起点和过程的公平，而不问结果如何；社会法强调实质公平，是对竞争结果的不公正进行矫正和弥补。因此，在一定意义上，私法是解决市场体制中常态问题的法律，社会法是解决市场体制中特例问题的法律。日本学者沼田稻次郎认为，社会法是对传统民法基本原理的修正，民法基本理念激发了资本主义的结构矛盾，对市民社会现实存在的弱势群体的生存权构成了严重威胁，社会法便是基于社会实质正义，为维护弱者的生存权而建立的法律制度。② 也就是说，社会法以修正民法原理的法形态出现，以市民社会的"落伍者"为保障对象，借由国家介入，缓和或解决"生活个人"原则下所产生的贫困问题。③ 正如我国《礼记》所描述的"人不独亲其亲，不独子其子，使老有所终，壮有所用，幼有所长，鳏、寡、孤、独、废疾者皆有所养"。④ 鉴于社会法主要解决特定的社会问题，通常需要采取特别措施，由此对私法的发展产生了重大影响。美国学者凯斯·R. 孙斯坦说："一个致力于反歧视原则的法律制度可能在有的情况下

---

① 〔美〕肯尼斯·阿罗：《社会选择与个人选择》，陈志武等译，四川人民出版社，1987，第161页。
② 樊启荣等：《社会法的范畴及体系的展开》，《时代法学》2005年第2期。
③ 樊启荣等：《社会法的范畴及体系的展开》，《时代法学》2005年第2期。
④ 《礼记·礼运篇》。

重构市场安排,以便将处于劣势地位的群体成员放到平等的平面上——不是允许他们'像'处于劣势地位的群体成员,而是通过改变标准本身……"① 社会法对私法的修正体现在很多方面,以民法和社会保障法的区别为例。首先,民法是一种私人本位法,它立足于私人,关注私人、服务私人,先己后人,利己利人;社会保障法以社会为本位,立足社会,关注每一个社会成员的利益,以全社会之力保障其基本生活水准。② 其次,民法是市场社会的法则,以自由竞争、优胜劣汰为原则,在很大程度上,它是"能人法、强者法",对于弱者不能提供足够的救助或保障;社会保障法是对市场竞争的负面后果或有可能带来负面后果的某些过程的矫正或防范,它以弱者为保护对象,维护的是弱者的利益。③ 因此,二者虽然在法律性质上不同,在功能上却是互补的。

二 调整社会实质不平等

1. 私法调整的社会关系

(1)私法调整的是形式平等的社会关系。私法是市民社会的法律,它以市民社会为基础,"以平等、自治为原则,其目的在于保障实现私人的利益"。④ 由于法律主体千差万别,私法舍弃了无数市民的个体特征,"从中抽象出一个统一的、适合全体市民社会的人的模型,即他们是智力健全的人,是自身利益最大化的追求者,从而充分尊重他们的抉择,为之提供一个自由、公平竞争的舞台与规则"。⑤ 也就是说,私法上的人是抽象的人,是由"理性人""经济人"转换而成的抽象人格,是一种虚构。⑥ 在那里,人被设计为一副"在理性、意思方面强而智的人像"⑦,用韦伯的表

① 〔美〕凯斯·R. 孙斯坦:《自由市场与社会正义》,金朝武译,中国政法大学出版社,2002,第 201 页。
② 杨勇:《和谐社会与社会保障法之理念的思索》,《中国培训》2007 年第 2 期。
③ 杨勇:《和谐社会与社会保障法之理念的思索》,《中国培训》2007 年第 2 期。
④ 江平等:《民法的本质特征是私法》,《中国法学》1998 年第 6 期。
⑤ 江平等:《民法的本质特征是私法》,《中国法学》1998 年第 6 期。
⑥ 〔美〕威廉·巴雷特:《非理性的人》,杨照明等译,商务印书馆,1999,第 265 页。
⑦ 〔日〕星野英一:《私法中的人》,王闯译,载梁慧星主编《为权利而奋斗》,中国法制出版社,2000,第 332 页。

述就是，"以严密计算为基础的合理化，小心而有远见地追求经济成功"。①
因此，私法中的人是高度抽象之人，是"没有任何差别、没有任何特殊
性、完全中立的、没有任何偏见的抽象的个人"②，其都是有理性的、平等
的。私法强调意思自治，其前提就是每个人同样地成为自由决断自己行为
的主体。抽象人格是近代私法塑造的人的形象，是被抽空了一切具体实在
的、同质的、标准的主体，也是各项私法制度的逻辑前提。艾伦·沃森
说，"在法律面前，一个法律上的人格（Personality）与另外一个人格不应
有区别，他们的地位一律平等"，"其结果必然是，每个人都应当独立自
主。智力与经济来源的不平等，尽管为人所注意，但从法律角度看，却无
关紧要"。③ 私法的基本原则，除了"意思自治""平等自愿"，还有"等
价有偿""诚实信用""秩序和道德"等原则，其中"平等自愿"是其核
心和精髓，即只有人人平等才能保证每个人都能享受自由的权利，正是这
种高度抽象化平等，掩盖了人与人之间事实上的不平等。

（2）私法如何掩盖了实质的不平等？在市民社会中，人与人之间的平
等自由只是一种形式，主体实际地位不平等，占有资源不同，使得实质的
不平等取代了形式上的平等，即私法调整的对象表面上是平等的，实质上
存在既得利益、发展机会等方面的不平等，不平等被掩盖在"形式平等"
和"表面平等"之下，契约自由背后掩盖的是压迫和欺诈。美国《独立宣
言》宣称"人人生而平等"，主要指人格尊严平等。在现实中，人们在享
有财富、受教育机会等方面，往往是生而不平等的。比如，英国王子或公
主一生下来就可以衣食无忧，并且可以继承王位，一个乞丐的儿子能做到
吗？因此，人通常从出生起就带上了不平等的烙印，不平等才是人类社会
永远无法回避的事实。根据信息经济学理论，正是基于人的有限理性和事
物的属性或状态的复杂性与多样性，人们才有必要设计出各种社会规范
（包括法律）来尽可能减轻不确定性的负面影响，并降低对风险的成本支

① 〔德〕韦伯：《新教伦理与资本主义精神》，彭强译，陕西师范大学出版社，2002，第50页。
② 俞可平：《社群主义》，中国社会科学出版社，2008，第25页。
③ 〔美〕艾伦·沃森：《民法法系的演变及形成》，李静冰等译，中国政法大学出版社，1997，第30页。

付。信息经济学打破了自由市场在完全信息情况下的假设，发现了信息不对称的严重性。比如，垄断企业与中小企业除了经济实力对比悬殊外，还处于信息不对称状态，使后者处于明显的弱势地位。从私法上看，劳方和资方、消费者和生产者的地位是平等的，由于经济实力不同和信息严重不对称，劳动者和消费者事实上处于弱势地位。医患双方的关系表面上看也是平等的，事实上并不平等，因为医疗行业具有极强的专业性，这使得普通患者很难与医方站在同一个平台上"平等对话"。比如，在诊疗过程中，即使医务人员做了详细说明，患者也很难真正了解该医疗行为的优劣、后果、价值等，所谓"意思自治"也就失去任何意义。

私法上所谓的男女"同一平等"也是一种表面现象，它掩盖了男女在实际生活中的不平等：首先，男女在生理上的差异和分工，使得分娩和哺育孩子的角色要由女性来承担，这是中性化的私法无法关怀的，由此形成实际生活中的男女不平等；其次，历史和现实造成了妇女在文化、经济、政治资源占有上的不利处境，从而"限制了平等权的作用和效果"。① 在劳动力市场上，买卖双方的立场通常也不具有互换性，基于劳动力商品的特殊性质，卖方通常居于不利地位，在不对等的劣势情况下出卖劳动力。因此，商品交换所具有的互酬性随同消失②，即民法上所谓的等价授受的理论发生了偏差。当劳动力不具有商品价值（如年老、年幼、残疾）或劳动力商品未能销售（如失业）时，显然不能再适用商品等价交换理论，互酬性理论亦不存在。马克思在谈到劳动力买卖的实际不平等性时说，在流通领域里，劳动力的买者和卖者是"作为自由的、在法律上平等的人缔结契约的"，但是一离开劳动力市场，"原来的货币所有者成了资本家，昂首前行；劳动力所有者成了他的工人，尾随于后。一个笑容满面，雄心勃勃；一个战战兢兢，畏缩不前，象在市场上出卖了自己的皮一样，只有一个前途——让人家来鞣"③，因此"在雇佣劳动制度的基础上要求平等的或仅仅

---

① 徐显明主编《人权研究》，山东人民出版社，2001，第 504 页。
② 梁慧星主编《民商法论丛》第 7 卷，法律出版社，1997，第 141 页。
③ 《马克思恩格斯全集》第 23 卷，人民出版社，1972，第 199、200 页。

是公平的报酬，就犹如在奴隶制的基础上要求自由一样"。① 皮埃尔·勒鲁将劳动力卖方和买方的关系表述为"一群被捆绑的人和被解除了武装的人在一块圈地里听任一群用优良武器装备的人肆意宰割"②，也是同一道理。这种实质不公平，随着社会发展，必然带来一系列社会利益冲突，甚至导致严重的社会危机。

2. 社会法调整的社会关系

（1）社会法的主体是具体的人而不是抽象的人。由于私法的不足，很多法学家对始于抽象人特性的权利观念提出质疑，主张用一种旨在协调和保障各种利益的实现观念去代替这种形而上学的权利理论。正如里佩尔所说："我们必须给法律上的抽象人以及为进行论证而架空了的人穿上西服和工作服，看清他们所从事的职业究竟是什么。"③ 因此，社会法突破了私法对人理性化、抽象化的形象设计，立足于现实中强弱分化的人的真实状况，用"具体人""团体化"的人重塑现代社会中的法律人格，即"社会法在概念上，已步入清算以前私法烦琐的技术，抽象的公式的阶段，坚实地立足于社会现实或经济政策之上"。④ 目前，各国的社会立法都体现了这种趋势。日本学者丹宗昭信说，社会法就是用具体的人如劳动者、中小企业者、消费者等代替私法上抽象的人。⑤ 桥本文雄将社会法的主体界定为"社会人"，并把"社会人"限定为像那些被定型化了的商人、劳动者、企业一样的"被定型化了的社会集团"。⑥ 也就是说，在社会法的视野中，"所有的人都是集体之人，都是一群人，而不是一个人"⑦，是"从抽象人到具体人、从个体化的人到团体化的人"。⑧ 德国学者拉托普洛夫一直强调，要从法的主体变迁的角度来认识和把握社会法。他认为，社会法是立

① 《马克思恩格斯选集》第 2 卷，人民出版社，1995，第 76 页。
② 〔法〕皮埃尔·勒鲁：《论平等》，王允道译，商务印书馆，1988，第 27 页。
③ 〔日〕星野英一：《私法中的人》，王闯译，载梁慧星主编《民商法论丛》第 8 卷，法律出版社，1997，第 187 页。
④ 吴传颐：《社会法和社会法学》，《中华法学杂志》1948 年第 1 期。
⑤ 〔日〕丹宗昭信编《现代经济法入门》，谢次昌译，群众出版社，1985，第 48 页。
⑥ 王为农：《日本的社会法学理论：形成与发展》，《浙江学刊》2004 年第 1 期。
⑦ 赵红梅：《私法与社会法》，中国政法大学出版社，2009，第 83 页。
⑧ 朱晓喆：《社会法中的人》，《法学》2002 年第 8 期。

足于"具体的社会化的人"形成的法,其主体的特殊性即在被平等化了的人格概念背后,考量基于各自社会地位的个性,也就是社会权势者和无力者的地位。因此,社会法的最主要功能是保护社会的无力者,制衡社会的权势者。① 拉德布鲁赫认为,如果仅仅把社会法理解为保护弱者及提高社会福利的话,便无法真正理解社会法的发展过程。社会法的发展,是基于某种法律思想结构的变化,基于对人的概念的新的认识。他说:"它不再把人理解为单个的人,而是理解为社会的人、组织中的人,因而人也不再是只顾自己利益的唯我主义者,而是具有责任心和荣辱感的集体人"②,因此是适度的"具体的、社会化的人"。③ 可见,关于法律主体和人的基本属性,"私法与社会法形成显著对立"。④ 事实上,从抽象的人到具体的人,是法律人格变迁的必然结果,因为"一个和谐的社会,应该是分与合、个体与群体、局部与整体的融合"⑤,"用和谐观念来看人权,就不能再从抽象个人的绝对权利出发来构设权利义务关系,而是要把人权放在具体的社会关系中来研究和推行"。⑥

(2) 社会法调整的是不平等的社会关系。社会法调整的不是"市民社会"平等的民事主体之间的法律关系,也不是"政治国家"中国家机关之间或国家机关和相对人之间的法律关系,而是处在社会经济秩序中力量不平等的各种群体之间的法律关系,是"表面平等,实质上不平等的社会关系"⑦,是一种"不对称关系"。⑧ 这种不对称关系与公法调整的国家机关之间或国家机关与相对人之间的不对称关系不同,后者是让渡了一部分权力或权利导致力量或地位不对称。社会法的理念是,在承认具体人的能力、禀赋与资源占有差异的前提下(从不平等出发)追求结果和实

---

① 王为农:《日本的社会法学理论:形成与发展》,《江浙学刊》2004 年第 1 期。
② 严存生:《西方法律思想史》,湖南大学出版社,2005,第 271 页。
③ 〔德〕拉德布鲁赫:《法哲学》,王朴译,法律出版社,2005,第 133 页。
④ 赵红梅:《私法与社会法》,中国政法大学出版社,2009,第 76 页。
⑤ 夏勇:《中国民权哲学》,三联书店,2004,第 161 页。
⑥ 夏勇:《中国民权哲学》,三联书店,2004,第 163 页。
⑦ 董保华等:《社会法——对第三法域的探索》,《华东政法学院学报》1999 年第 1 期。
⑧ 周晋滢:《对经济法的公法性与社会法性之解读》,《盐城工学院学报》2006 年第 3 期。

质意义的平等与公平①，其初衷是适当限制社会的优势者，体现的不是人格平等的思想，而是调整不平等的人格之间关系的思想，包括政治、经济、社会地位的不平等。在本质上，社会法是基于现实社会的不平等而追求实质平等的一种法律体系，其产生是为了弥补形式平等与实质平等之间的差距，所体现的是弱者的利益和社会整体利益。从表面上看，诸如劳工法、社会救助法、慈善法等典型的社会法调整的都是个体之间的关系，但考虑到群体利益和社会整体利益的相互依赖性，我们就会发现这些法律实质上是解决强弱群体之间的利益分布不均问题。正如有的学者所说："私法之人与人之间是形式平等关系，社会法之人与人之间是实质公正关系。"② 社会法在一定程度上可称为"社会矫正法"，它实现的是矫正正义而不是自然正义。对于自然或社会造成的贫富分化、强弱分化等社会问题，社会法通过对弱者实行特殊或倾斜保护，对失衡的社会关系进行矫正和修复，使社会趋于实质平等和公平，即社会法基于现实社会的不平等，运用不平等的法律形式，尽可能地实现实质平等和公平。

三 市场之外的分配法

1. 是调整分配关系的法律

（1）社会法调整的是生产关系中的分配关系。马克思说，法的关系"根源于物质的生活关系"③，"这种物质的、生活的关系的总和，黑格尔按照十八世纪英法作家的先例，称之为'市民社会'"。④ 市民社会与政治国家在本质上就是经济基础和上层建筑的关系，"市民社会包括各个个人在生产力发展的一定阶段上的一切物质交往"⑤，"这一名称始终标志着直接从生产和交换中发展起来的社会组织，这种社会组织在一切时代都构成国家的基础以及任何其他的观念的上层建筑的基础"。⑥ 根据传统法律思想，

---

① 余少祥：《共享和谐需要社会法》，《浙江日报》2006 年 10 月 16 日。
② 赵红梅：《私法与社会法》，中国政法大学出版社，2009，第 162 页。
③ 《马克思恩格斯选集》第 2 卷，人民出版社，1995，第 32 页。
④ 《列宁选集》第 1 卷，人民出版社，1972，第 6 页。
⑤ 《马克思恩格斯全集》第 3 卷，人民出版社，1960，第 41 页。
⑥ 《马克思恩格斯全集》第 3 卷，人民出版社，1960，第 41 页。

私法是调整市民社会生产和生活关系的法，公法是调整市民社会与上层建筑及上层建筑之间相互关系的法。因此，私法主要解决生产力发展中的生产和生活关系问题，包括初次分配等。但是，生产力的发展并不能自动消除垄断、环境污染和贫富分化等问题，因此，具有公私法融合性质的第三法域的法包括经济法、消费者权益保护法、环境法和社会法等在 19 世纪以后迅速崛起，并且与公法、私法形成三足鼎立之势。正如马克思所说，作为上层建筑的重要组成部分，国家和法律也是发展变化的，"随着经济基础的变更，全部庞大的上层建筑也或慢或快地发生变革"。① 美国学者施瓦茨认为，随着社会的发展，我们正走向一种主要功能是分配性而非管理性的法律秩序，法律也开始承认一些表明其承担了分配基本职责的先决条件，这些先决条件可以让我们作出假设：附属于生命的经济负担日渐由社会承担，至少应该保障让人实现一种人类生活的最低要求。② 从法律目标来说，社会法并非解决生产经营和发展生产力问题，而是解决生产关系中市场分配之外的社会分配问题。也就是说，社会法是分"蛋糕"的法律，而不是做"蛋糕"的法律。关于这种关系的社会法观点"来源于社会法的本质和它对个人作为社会性生物的目标"，社会法"使人民清楚地认识到个人的社会差异性和他们的社会强势与弱势地位"③，因此它是一种"协调不同利益群体关系的'二次分配'法，而不是加剧社会不平等的法"。④ 一句话，社会法不是生产和流通领域的法，而是单纯的分配法，它在很大程度上是生产关系（尤其是分配关系）变革的产物，是以"有形的手"矫正和弥补市场分配即"无形的手"的不足而形成的新的法律体系。

（2）社会法调整分配关系的形式。马克思认为，市民社会是产生国家和法的基础："家庭和市民社会本身把自己变成国家。它们才是原动力。"⑤因此，市民社会的法即私法的通行规则是意思自治和契约优先。但是，社

---

① 《列宁全集》第 60 卷，人民出版社，2017，第 458 页。
② 〔美〕施瓦茨：《美国法律史》，王军等译，中国政法大学出版社，1997，第 330 页。
③ 〔德〕拉德布鲁赫：《法哲学》，王朴译，法律出版社，2005，第 129 页。
④ 周长军等：《社会法异化论——一个危险的发展进路》，载丛晓峰主编《社会法专题研究》，知识产权出版社，2007，第 13 页。
⑤ 《马克思恩格斯全集》第 1 卷，人民出版社，1956，第 351 页。

会分工而产生的私人利益和公共利益之间的矛盾以及特殊利益反对公共利益，使得公共利益采取普遍的共同体的形式对特殊利益"进行实际的干涉和约束成为必要"。① 而且，社会分配应该是结构性和程序化的，以"促进社会的均衡发展"②，实现社会实质正义和公平。社会法追求的正义和公平不是绝对平等和绝对公平，而是将"矫正"和"补偿"概念贯注其中，通过社会基准法和社会再分配将不平等和不公平控制在一定程度或范围之内，"缩小贫富差距，减少社会矛盾，维护社会稳定"。③ 所谓的社会基准法，是指国家运用公权力对所有权、意思自治和契约自由等私权利进行适当限制，积极创造条件保障公民最低收入水准、劳动健康权、休息权、物质帮助权等社会经济权利，采用极其严格的法定内容（如产品质量法和最低工资法等）来限定约定内容，规定任何私人间的协议都不得变更这些最低条件。这种调整方式保留了约定内容但不坚持完全的意思自治，因此与传统的私法和公法有很大的不同。④ 社会基准法的实质是将契约双方处于事实上弱势地位的主体的基本利益抽象提升到社会层面，以法律的普遍意志代替弱者的个别意志，从而实现对弱势群体的特别保护。以劳动基准法为例，雇主在与雇员订立劳动合同时，工资必须符合最低工资标准，需提供最低劳动条件，在"基准标准"之上可以协商，低于"基准标准"则不能协商。因为在劳资关系中，劳动者处于实际上的弱势地位，基准法克服了弱者交易能力差、其利益常被私法"意思自治"的方式剥夺的局限，有利于实现双方的实质平等。我国《劳动法》确立的雇主"无过错责任原则"也是这一思想理论的体现。⑤

　　社会法对社会分配调整的内容包括财富和权利，调整的形式既包括第二次分配和第三次分配，也包括初次分配。一般来说，社会基准法主要针

---

① 《马克思恩格斯选集》第 1 卷，人民出版社，2012，第 164 页。
② 董保华等：《社会法原论》，中国政法大学出版社，2001，第 10 页。
③ 高云鹏等：《我国当前社会法立法问题探索》，载杨士林、张兴堂主编《社会法理论探索》，中国人民公安大学出版社，2010，第 19 页。
④ 何自荣：《社会法基本问题探究》，《昆明理工大学学报》2009 年第 8 期。
⑤ 余少祥：《经济民主的政治经济学意涵：理论框架与实践展开》，《政治学研究》2013 年第 5 期。

对初次分配，比如最低工资标准、最低劳动条件（包括劳动时间）、社会保险强制缴费义务等。在第二次分配中，有时候也运用基准法进行调节，比如最低生活保障、最低社会福利等。社会法的价值取向是以公平为主，兼顾效率，通过调节社会分配，实现社会"实质正义"。① 朗斯曼说，在一个正义的社会，必然有财富的不断转移，从最富有的人转移到最贫穷的人。② 社会保障法是社会法对社会收入分配状况的直接干预，是人们因年老、疾病、失业和自然灾害等而使收入中断或减少时，以法律的形式确保其基本收入，在本质上是"社会收入的分配和再分配"，"同分配正义的社会要求具有内在的联系"。③ 随着社会法的发展，"社会受益权利"④"社会福利"等概念不断被提出来，各种有关福利享有的"新的利益几乎前所未有地逼迫着法律，要求以法律权利的形式得到确认"⑤，福利权甚至被构想为"一种新的财产权"⑥，"一种主张享有特定物品的权利"⑦，并与社会再分配密切相关。正如美国学者施瓦茨所说，在第二次分配中，其"必然是以不断的权利扩展为标志的"⑧，尤其是在福利供给领域，政府的直接助益性活动已经替代了传统财富获取方式成为人们的生活来源之一，最终导致福利国家产生。第三次分配主要是指慈善捐助、邻里互助和见义勇为等无偿对他人实施救助的道德行为，相应的社会法体现为慈善促进法、社会补偿法和见义勇为法等。经济学家厉以宁认为，社会分配的原则主要有三个：一是竞争，即根据个体能力的大小决定收入的多寡；二是公平，即国家以社会保障、社会福利进行再分配；三是道德，即有钱人自愿帮助穷人。以慈善法为例，慈善事业属于社会的第三次分配，源于人的同情心和

---

① 刘光华：《论社会法的基本理念》，载林嘉主编《社会法评论》第 2 卷，中国人民大学出版社，2007，第 8 页。

② W. G. Runciman, *Relative Deprivation Social Justice*, Penguin, 1972, p. 316.

③ 汪行福：《分配正义与社会保障》，上海财经大学出版社，2003，第 11 页。

④ 〔德〕哈贝马斯：《在事实与规范之间：关于法律和民主法治国的商谈理论》，童世骏译，三联书店，2003，第 501 页。

⑤ 〔美〕施瓦茨：《美国法律史》，王军等译，中国政法大学出版社，1997，第 273 页。

⑥ Charles Reich, "The New Property", *Yale Law Journal* Vol. 73, 1964, p. 733.

⑦ David Kelley, *A life of One's Own: Individual Rights and the Welfare State*, Cato Institute Washington, D. C, 1998, p. 57.

⑧ 〔美〕施瓦茨：《美国法律史》，王军等译，中国政法大学出版社，1997，第 273 页。

高尚的道德情操，包括扶贫、助学、救灾、济困、解危、安老等形式，反映了社会公平的需求。

2. 体现的是分配正义

（1）分配正义与实质正义。分配正义作为一个政治哲学或法哲学概念，是社会法的基石。罗尔斯将正义原则等同为社会利益的分配原则，并将正义设定为"社会制度的首要价值"，认为每个人拥有的权利都有一种基于正义的不可侵犯性，即使为了全社会的利益也不能侵犯。他说："正义是社会结构的第一要义，如同真理对于思想体系一样。"[1] 在其政治哲学中，最引人注目的是其关于实质正义的论述，即"财富和权力的不平等，只有在他们最终能对每一个人的利益，尤其是对地位最不利的社会成员的利益进行补偿的情况下才是正义的"。[2] 他提出了关于正义的两个基本原则，"第一个原则：每个人都有平等的权利去拥有可以与别人的类似自由权并存的最广泛的基本自由权。第二个原则：对社会和经济不平等的安排应能使这种不平等不但可以合理地指望符合每个人的利益，而且与向所有人开放的地位和职务联系在一起"。[3] 概言之，第一个原则是指"形式正义"，即公民的基本自由权完全平等，每个人的基本权利都应该得到平等保障；第二个原则是指"实质正义"，即允许人们在经济和社会福利方面存在差别，但这种差别应符合每个人的利益，尤其是要符合地位最不利的、境况最差的人的最大利益。[4] 不仅如此，罗尔斯还提出了正义理论的两个优先原则：第一是自由的优先性，即除非为了自由本身，自由不受任何限制；第二是正义对效率和福利的优先性，即公平机会优先于差别原则。因此，一种机会的平等，必须增加机会最少者的机会；一种过高的储存率，必须相应地减轻承受这种困难者的负担。实际上，罗尔斯的公平观并不局限于基本权利和自由的平等，还包括社会经济的平等、事实的平等或结果的平等，乃至机会均等。但罗尔斯也认识到，如果强行实现社会经

---

[1]　Rawls, *A Theory of Justice* (*revised edition*), Cambridge: Harvard University Press, 1999, p. 3.

[2]　〔美〕罗尔斯：《正义论》，何怀宏等译，中国社会科学出版社，1988，第16页。

[3]　〔美〕罗尔斯：《正义论》，何怀宏等译，中国社会科学出版社，1988，第66页。

[4]　〔美〕罗尔斯：《正义论》，何怀宏等译，中国社会科学出版社，1988，第292页。

济的平等，同样违背正义原则，因此，他主张对社会经济不平等进行限制而不是彻底消除，即如果社会经济的不平等有利于每一个人，则这种不平等也是合乎正义的，因为"效率原则本身不可能成为一种正义观"，但"它们肯定不可能都公正，也不都同等地不公正"。①

（2）分配正义与实质平等。与罗尔斯不同，德沃金的"正义"理论是在既定社会政治制度下、在公民的基本政治权利和自由安排好之后，讨论社会成员之间的社会经济利益如何分配和调节。② 他所谓的分配正义的起点是"资源平等"③，即"如果一旦分配完成，有任何居民宁愿选择别人分到的那份资源而不是自己的那份"。④ 为了达到目的，德沃金设想了一种"拍卖模式"。他认为，通过"拍卖模式"，分配结果将能达到"初始平等"。但是，再次分配的不平等又是如何造成的呢？和许多自由主义分配正义论者一样，德沃金认为主要因素有三个，即运气、天赋和后天的技能。因此，他极力寻求一种可以使自然天赋和社会环境中的偶然因素归于无效的正义观，主张消除天赋引起的分配的不平等，这是德沃金与通常的自由主义者的最大差别。在德沃金看来，如果允许因天赋而有不同的资源份额，则不能说分配在起点处是平等的，这不符合平等原则，因为天赋不是个人自主选择的结果，而是偶然性所得，它不符合个人责任原则。为了充分保证再次分配的平等性，德沃金认为，应从人们的所得中扣去因天赋获得的收益不平等，并消除一切偶然性因素对资源平等分配的影响。同时，市场分配必须得到纠正，以便使某些人得到他理应得到却因各种初始优势、运气和与生俱来的能力较差而未得到的资源份额。他举例说，在一般情况下可以实行普遍平等主义，但在特殊情况下或对于特殊人，就必须确认他们有一种起码的生活水平的权利，以作为修正普遍平均主义的正当理由。德沃金认为，体现分配和法律正义最重要的是平等权利。但他不是把平等作为人们的一种愿望或价值目标，而是作为一种不变的、最基本的权利提

---

① 〔美〕罗尔斯：《正义论》，何怀宏等译，中国社会科学出版社，1988，第67页。

② Ronald Dworkin, *Sovereign Virtue*, Harvard University Press, 2000, p. 66.

③ Ronald Dworkin, *Sovereign Virtue*, Harvard University Press, 2000, p. 3.

④ Ronald Dworkin, *Sovereign Virtue*, Harvard University Press, 2000, p. 67.

出来的，最终将罗尔斯的自由平等观推向一个新的高度，使以平等权利为核心的法学思想最终形成，成为社会法学坚实的理论基础。

第二节　社会法的定位

关于社会法的定位，国内有两种主流观点，一种是法域定位，另一种是部门法定位。在法理学上，法域是介于法体系和法部门之间的概念，是根据法律的属性对法律分类的一种方法。古罗马法学家乌尔比安关于公法和私法的分类，就是法域意义的分类，而不是现代意义的部门法分类。按照传统的大陆法系理论，一国的法律体系应先划分为"法域"，在"法域"的基础上再划分"法部门"，两者的划分标准也不一样。一般来说，法域的划分以法律保护的利益关系为标准，法部门的划分以法律调整的社会关系的性质为标准。社会法在调整的社会关系的性质上如何定位？其法益本位如何？

一　社会法的法律定位

1. 法域说及其分析

这一理论认为，社会法没有自己独特的法律性质和明确的调整对象，因此不是一个法律部门，而是法的一个领域[1]，以经济法的产生为标志，社会法作为第三法域已经形成[2]；现代社会结构分化为市民社会、团体社会与政治社会三元结构，现代法制也相应划分为私法、社会法和公法三大法域，在法律结构上私法、社会法和公法并存。

（1）社会法是公、私法融合的第三法域。将社会法定位为公、私法融合的第三法域，最早是由德国学者 Rosler 于 1870 年提出来的。[3] 根据大陆法系传统，一元法律结构指公法上的权力渗透到社会一切领域，二元法律结构是以公法和私法的区分为特征，将整个社会分为公、私两个领域来进

---

① 史探径：《社会法论》，中国劳动社会保障出版社，2007，第 5 页。
② 刘鑫：《经济法的社会法性质研究》，《西安政治学院学报》2004 年第 5 期。
③ 钱矛锐：《论卫生法的部门法属性》，《医学与哲学》2008 年第 2 期。

行调整。公、私法融合是如何形成的呢？根据相关理论，19 世纪以后，以私法和市场经济为特征的自由资本主义出现了很多弊病，"国家力图通过干预私人经济来解决市场化和工业化所带来的社会问题"，公共权力在不断介入私人领域的过程中，"逐渐产生和发展起来了第三法域——社会法"。① 目前，持这种观点的学者不在少数，如史探径认为，社会法是"以保护公民经济、社会、文化权利与社会整体利益相结合的内容为主旨的公、私法规范交错融合的法律领域中法律群体的概称"②；董保华认为，如果将"以国家本位为特征的公法看作是第一法域，以个人本位为特征的私法看作是第二法域"，那么"私法与公法相融合而产生的、以社会本位为特征的社会法则是第三法域"③；林嘉认为，"将社会法看作是一个法域更为合理。从社会法产生以来，关于社会法涵盖的内容就未有定论，各国大多将其看作是公法与私法之外的第三法域，这样有助于法学的分类和探求法的发展轨迹"④。赵红梅认为，"第三法域——社会法学说具有冲破公法与私法划分藩篱的'革命'意义，公法、私法与社会法三元划分应为大陆法系法律基本分类的未来图景"⑤。关于社会法调整的社会主体的类别，有学者认为，当法律关系的双方都是私人或私人团体时，适用的是私法；当法律关系的双方或至少一方是国家或公共团体时，适用的是公法；社会法是"把私人和特殊社会集团之间关系"作为规制对象的法。⑥ 有学者提出，市场经济条件下有三类性质不同的社会关系：第一类是个体与个体之间的社会关系，主要由私法调整；第二类是个体与国家之间的经济关系，主要由公法调整；第三类是个体与特殊社会群体之间的经济关系，主要由社会法调整。⑦ 由于我国划分法律部门的标准是"以独立的调整对象为主和独立的调整方法为辅"，而不是"以本位为标准进行划分"，因此社会法"不

---

① 张俊娜：《"社会法"词语使用之探析》，《现代语文》2006 年第 3 期。
② 史探径：《社会法论》，中国劳动社会保障出版社，2007，第 7 页。
③ 董保华：《社会法原论》，中国政法大学出版社，2001，第 11 页。
④ 林嘉：《论社会保障法的社会法本质》，《法学家》2002 年第 1 期。
⑤ 赵红梅：《私法与社会法》，中国政法大学出版社，2009，第 44 页。
⑥ 李昌麒：《经济法学》，中国政法大学出版社，1997，第 28 页。
⑦ 韩志红：《社会法浅析》，《理论与现代化》2002 年第 4 期。

宜作为一个独立的法律部门而存在，但仍可以法领域的概念存在"。① 也有学者提出，第三法域并非指公法和私法之外的又一个法域，而是"跨于公法、私法两个法域，并产生着这两者相牵连以至相互交错的现象"②，这表明学者对第三法域社会法的认识并不一致。

（2）社会法是公、私法之外的社会团体规则。这种观点认为，社会法是公、私法之外独立的第三法域，是社会团体之规则和市民社会崛起的产物。资本主义发展产生的诸多矛盾，导致国家对私人领域的广泛介入，其结果是"传统的市民社会日益分化成市场领域和社会领域，从而使人类的活动空间细化为三"，即过去的"民众 - 国家"的二元社会结构分化为"民众 - 市民社会 - 国家"的三元结构。其中，市场领域以竞争为基础，社会领域以互助合作为基础，国家领域则以强制为基础。③ 20 世纪以后，一些西方学者对传统的市民社会理论做了新的阐述。哈贝马斯在总结帕森斯、葛兰西等人理论的基础上提出"公共领域 - 私人领域 - 国家"的构架。④ 他说，市民社会由那些在不同程度上自发出现的社团、组织和运动所形成，其关键在于形成一种社团的网络，对公共领域中人们普遍感兴趣的问题形成一种解决问题的话语机制⑤，国家以社会利益的名义对市民社会日常生活进行某种程度的干预，在很大程度上是以承认社会自治为前提的。柯亨等则从哈贝马斯的"生活世界"概念出发构建了"市民社会 - 经济 - 国家"的三元模式。⑥ 昂格尔将法团主义与现代法律观结合起来，认为在法团主义国家，国家与社会的界限愈渐模糊，公法与私法日益交融成社会法，团体规则在一定程度上取代了社会法。⑦ 他将这一现象归结为"合作主义"（Corporatism）对法律的影响，认为合作主义有助于一套打破传统公法与私法界限的规则的形成，而且公法、私法和社会法的划分只是

① 刘翠萍等：《社会保障法部门独立性的法律基础分析》，《理论观察》2005 年第 2 期。
② 〔日〕金泽良雄：《经济法概论》，满达人译，甘肃人民出版社，1985，第 33 页。
③ 董溯战：《德国、美国养老社会保障法的比较研究》，《宁夏社会科学》2005 年第 2 期。
④ 〔德〕哈贝马斯：《公共领域的结构转型》，曾卫东等译，学林出版社，1999，第 35 页。
⑤ Jurgen Habermas, *Between Facts and Norms*, Cambridge: Polity Press, 1996, p. 367.
⑥ 何增科：《市民社会概念的历史演变》，《中国社会科学》1994 年第 5 期。
⑦ 〔美〕昂格尔：《现代社会中的法律》，吴玉章等译，译林出版社，2001，第 194 页。

相对的，并没有绝对标准，"就私法也由国家制定这一点而言，在更全面的意义上讲，私法也具有公共性质"。① 在日本，也有一些学者赞同社会团体法的观点。如美浓部达吉认为，"至于社会法，法律为社会人的那些人们的意思关系，即将人视为较高的全部——即社会的团体之一部而加以规律。社会法是以上下关系为基础而从主体的拘束出发的"。② 此外，我国也有一部分学者持这种观点。如郑少华认为，法律规则按其性质，分别出现私法－市民社会、社会法－团体社会和公法－市民社会的对应关系，将社会法看作"团体社会之规则"。③ 张世明、王为农等也持这种观点。

（3）法域说的其他诠释。除了"公、私法交融"和"社会团体法"的观点外，主张法域说的学者还提出了一些其他观点。如维亚克尔认为，社会法是"传统公法与私法之间的新兴中间领域"，可以表达为诸如"公土地法制、住房社区与住屋建筑法、租赁法、劳动法制与经济法"等法律形式。④ 金泽良雄认为，社会法是指"修正以个人绝对所有权和契约自由等为基本原则的近代市民法的新的法学理论；根据这个修正理论而制定的法律，不属于私法、公法任何一个旧的法律部门，而形成新的第三个法律领域"。⑤ 他说："这里所说的社会，不是在把形成现代市民社会历史的和理论的出发点固定化的思想上成立的吗？社会，不是建立在国家权力服从法的支配的意义上的公法和保证个人自由活动意义上的私法的基础上，并使之固定化的吗？以此为前提，开始意识到作为新法的承担者是社会，把握这一点是有意义的。可是，在现实资本主义发展过程中，随着资本主义社会的成熟，随着对国家和市民社会的同质性认识的提高，这个关于国家及市民社会的二元性认识，不能不说必须崩溃。"⑥ 根据学者研究，日本的社会法"不属于私法、公法等任何一个旧的法律部门，而成了新的、第三

---

① 〔美〕昂格尔：《现代社会中的法律》，吴玉章等译，译林出版社，2001，第194页。
② 〔日〕美浓部达吉：《公法与私法》，黄冯明译，中国政法大学出版社，2003，第31页。
③ 郑少华：《社会法：团体社会之规则》，《法学》2004年第5期。
④ 〔德〕弗朗茨·维亚克尔：《近代私法史》，陈爱娥等译，三联书店，2006，第526页。
⑤ 〔日〕金泽良雄：《经济法概论》，满达人译，甘肃人民出版社，1988，第31页。
⑥ 〔日〕金泽良雄：《经济法概论》，满达人译，甘肃人民出版社，1985，第31页。

个法律领域"。① 我国学者史探径提出，社会法"不是一个独立的法律部门，它只是劳动法、社会保障法等以解决劳动问题、社会问题、保护公民权益为立法主旨的一群法律的统称或类称"，因为劳动法与社会保障法的调整对象"虽有极小部分的重叠交叉，主要部分是完全不同的，不同性质的社会关系不能归属一个法律部门来调整"，立法主旨的保护性特点，"不仅共同存在于这两个部门法之中，而且还存在于环境保护法、民法和某些经济法律之中"，因此，不能"按立法主旨把这些法律统归于一个法律部门"。② 此外，也有学者认为，社会法是介于公法和私法之间的第三法域，它以社会利益为本位，目的在于增进人类共同福祉，维护社会安全，如社会保障法、环境保护法、反垄断法、弱势群体保护法等，代表人物有王保树、邱本、孙笑侠等。

2. 法部门说及其分析

所谓的法部门，是法学上对一国现行法律规范按其所调整的社会关系的不同所做的一种分类，凡调整同一种社会关系的所有法律规范，即构成一个独立的法律部门。这一理论认为，社会法是与宪法、刑法、民法和诉讼法等并列的法律部门，而不是一个法域③；"公法"与"私法"对立或融合的结果，不是"社会法"；将"公共领域"等同于"社会领域"，是对哈贝马斯"公共领域"理论的误读；社会不是社会法专有之域，社会利益也不是社会法专有之利益。④ 对社会法调整的社会关系的性质，也莫衷一是。

美国学者梅里曼认为，大陆法系中公、私法这种传统分类方法出现危机的原因之一在于"法律主体的变化"。特别是 20 世纪后，经济社会生活的主体除了个人和政府机关外，还有许多介于国家和个人之间的"中间团体"，如各种企业、基金会、宗教团体等。因此，过去那种法律只容纳个人和国家并且各自都有其确定领域的情况，已不适应新的形势，一个新的

---

①　林嘉：《论社会保障法的社会法本质》，《法学家》2002 年第 1 期。
②　史探径：《我国社会保障法的几个理论问题》，《法学研究》1998 年第 4 期。
③　王家福等：《论依法治国》，《光明日报》1996 年 9 月 28 日。
④　李昌麒等：《经济法与社会法关系考辨》，《现代法学》2003 年第 5 期。

既非公法又非私法的"混合"法律部门开始产生和完善。① 梅里曼承认社团法的存在，但认为社团法是法的部门而不是法域。德国学者察哈尔认为，社会法"是一种社会保障，是为一国的社会政策服务的，如社会救济、困难儿童补助、医疗津贴等有关的法律，都属于社会法的范围"。② 实践表明，德国社会法与社会保障法几乎等同，属于公法领域的法律部门之一。意大利学者彭梵得否认第三法域的存在，认为社会的存在自人类有历史以来就一直延续，即使封建社会也存在"公"与"私"和融合问题，法律保护"私益"而采用"公力"调整的方法比比皆是③，据此对第三法域说提出了批评。在我国，有很多学者主张将社会法定位为法部门。如赵震江等认为，社会法"在20世纪60年代以后逐渐发展成为一个法律部门，它介于公法与私法之间，从整个社会利益出发，保护劳动者，维护社会稳定。社会法包括社会救济法、社会保障法和劳动法等"④；杨景宇认为，社会法是国家法律体系中的一个法律部门，是有关劳动关系、社会保障、社会福利和特殊群体权益保障等法律法规的总和⑤；万心遥认为，中国特色社会主义法律体系的形成标志着社会法正式成为我国一个独立的法律部门，正确区分社会法和其他部门法具有重要意义；谢增毅认为，社会法是部门法，而不是第三法域⑥；唐政秋等认为，从法律实务的角度看，"社会法是我国社会主义法律体系的重要组成部分，是一个独立的法律部门"⑦；白小平等认为，社会法建设是"社会主义国家法制建设的本质要求，应从部门法角度来构建具有中国特色的社会法体系"⑧；陈甦等认为，"将社会法作为与民商法、经济法、行政法等传统的法律部门并列的法律部门，不

---

① 朱景文：《比较法社会学的框架和方法》，中国人民大学出版社，2001，第100—103页。
② 潘念之：《法学总论》，知识出版社，1981，第40页。
③ 〔意〕彼得罗·彭梵得：《罗马法教科书》，黄风译，中国政法大学出版社，1992，第9页。
④ 赵震江主编《法律社会学》，北京大学出版社，1998，第291页。
⑤ 杨景宇：《我国的立法体制、法律体系和立法原则》，人民网，2004年3月2日。
⑥ 谢增毅：《社会法的概念、本质和定位：域外经验与本土资源》，《学术与探索》2006年第5期。
⑦ 唐政秋等：《和谐社会背景下我国社会法范畴和体系探究》，载林嘉主编《社会法评论》第3卷，中国人民大学出版社，2008，第164页。
⑧ 白小平、李擎：《社会法的规范语境与本土化建构》，《河北法学》2013年第6期。

仅具有现实的制度依据，而且也具有重要的理论意义"。① 根据全国人大常委会的界分，社会法被作为一个法律部门来对待，是与民法、刑法、行政法等并列的"七大法律部门之一"。② 也有学者提出，九届全国人大仅从完善中国法律体系角度列举了七个法律部门，这是立法规划，不是法学研究，学术研究不能以官方的文件作为立论的依据。③ 另有学者提出，法律部门划分的界限只具有相对意义，不同法律部门之间应当有相容性，研究法律部门的划分，不应以"争地盘"的意识为指导，刻意从其他法律部门划分出某些"新"的法律部门。④ 这说明学者在法律部门定位上的观点并不统一。

除了"法域说"和"法部门"说，我国学者在社会法的定位上还提出了一些其他观点。有的认为，社会法只是社会中的一种法律现象，是一个法哲学或文化概念，不具有法律学上的地位和意义；有的认为，应在泛义、广义、中义和狭义层次上定义社会法。如黄右昌提出，所谓的社会立法并非产生第三法域，它不过是"法律之社会化"最主要的表现而已⑤；王全兴提出，"不应当将社会法与公法、私法视为平面的三分天下，而应遵从社会法跨于公法、私法领域之上的立体框架"，"在外延上，最广义的社会法，即国家为解决各种社会问题而制定的有公法与私法相融合特点的第三法域，包括劳动法、社会保障法、经济法、环境法、公共事业法、科技法、教育法、卫生法、住宅法、农业法等。狭义的社会法指劳动法和社会保障法，如我国立法机关所设计的法律体系中的'社会法'。中义的社会法居于上述两者之间，如陆季藩所主张的包含劳动法（含社会保障法）与经济法"。⑥这两种观点在第一章第三节中已有介绍，兹不赘述。郑尚元则提出了不同于上述定位的社会法观，认为社会法"不是一种法律的属性，即公法与私法之外的第三法域"，社会法是调整"自然人基本生活权

---

① 陈甦主编《社会法学的新发展》，中国社会科学出版社，2009，第 14 页。
② 李鹏：《全国人民代表大会常务委员会工作报告》，《人民日报》2001 年 3 月 20 日。
③ 郑少华：《社会法：团体社会之规则》，《法学》2004 年第 5 期。
④ 陈绍辉：《卫生法地位研究》，《法律与医学杂志》2005 年第 2 期。
⑤ 林纪东：《行政法》，三民书局，1977，第 18 页。
⑥ 王全兴等：《经济法与社会法关系初探》，《现代法学》2003 年第 4 期。

利保障而衍生的社会关系的法律规范的法律群";它"不是独立的法律部门",而是随着社会发展到"需要这类属性法律制度时所产生的新型法律"①,将社会法的调整范围归纳为"社会保障关系、弱势权益保护关系、公益事业举办社会关系和教育权利保障关系"。②这种观点否定了社会法的法域定位,提出社会法"是我国社会主义市场经济法律体系的有机组成部分",即在法律规范意义上研究社会法,与"法部门说"有共通之处,但认为社会法不是"独立的法律部门",因此与"法部门说"有所不同。汤黎虹认为,人类在近三百年的历史中产生并形成了"援救类、促进类、维权类"的社会法,其根据是人群之间帮扶脱困的系统——"狭义社会"的形成;社会法是为解脱人群在实现基本生存权时遇到困难或困境而提供保障,保障人群之间帮扶脱困的法,③与上述观点亦不相同。此外,还有一些学者提出了不同的社会法定位,由于论证不透,影响不大,就不一一介绍了。

3. 本书的观点及其分析

第一,第三法域是存在的。将法律分为公法与私法,是大陆法系国家普遍采用的一种分类方法,其理论渊源最早可以追溯到古罗马时期。查士丁尼在《法学总论》的开篇明确提出:"法律学习分为两部分,即公法与私法。公法涉及罗马帝国的政体,私法则涉及个人利益。"④现代社会,生产力和科学技术的发展,带来了越来越多的物质财富,也产生了越来越多的社会问题和负面影响。由此,传统的二元法律结构已越来越不适应法治实践的需要,即国家不能不关注过去与自身不相干的劳动、社会救济、福利、教育、经济等方面的问题,并运用行政、法律手段对各类社会问题进行调节和干预。⑤在私法公法化和公、私法融合过程中,第三法域逐渐形成。正如拉德布鲁赫所说,如果用法律语言来表述我们所见证的社会关系和思潮的巨大变革,可以说,由于对"社会法"的追求,私法与公法、民

① 郑尚元:《社会法的定位和未来》,《中国法学》2003 年第 5 期。
② 郑尚元:《社会法的存在与社会法理论探索》,《法律科学》2003 年第 3 期。
③ 汤黎虹:《社会法的生成与体系定位》,《温州大学学报》2013 年第 4 期。
④ 〔罗马〕查士丁尼:《法学总论》,张企泰译,商务印书馆,1989,第 5 页。
⑤ 余少祥:《社会法学基础理论研究评述》,《法律文献信息与研究》2010 年第 2 期。

法与行政、契约与法律之间的"僵死"划分已越来越受到动摇。① 依据传统的公、私法分类理论，私法调整的是彼此平等的个人或法人之间的关系，公法调整的是国家机关之间或国家机关与个人之间的关系，调整的是一种基于权利让渡产生的权力不平等关系。从法律实践看，第三法域与公法的区别在于，公法是规范约束公权力组织和运行的法律，公法意义上的公权力被严格禁止进入私人领域，第三法域则强调公权力对某些私人领域的必要干预。公法实行权力法定原则，法律若没有明文规定，则是越权和违法行为。第三法域调整的社会关系也涉及公权力机构和公权力的运用，也以权力法定为原则，但不是以规范公权力而是以规范私权利为目标，因此与公法有明显的不同。第三法域与私法的根本区别在于，后者强调平等协商、契约自由，前者强调权利与义务不对等、非平等保护和基准法制约等。当然，由于公、私法融合的比例不一样，具体法律的属性和特征也不一样。比如，税法中《税收征管法》的公法特征就比较明显，而"遗产税"和"所得税"法的第三法域特征比较明显。

第二，并非所有的第三法域的法都是社会法。按照大陆法系理论，同一种方法调整同一种社会关系的同一类法律规范构成一个法律部门，相同属性的法律部门构成法域，法域是构成国家完整法律体系的第一个层级。当然，如果忽略这个层级，也可以说彼此相互联系和作用不同的法部门构成一个国家的法律体系。在法理学上，"法域"的概念偏重于法律属性，"法部门"的概念偏重于法律的调整对象和价值目标，二者的划分标准和法律层级也不一样。一般来说，划分法部门的标准是法的调整对象和调整方法，看其是否具有独特的不可替代的社会职能；法域则根据各类法律部门的属性来划分。第三法域是与公法和私法同位阶的概念，并非所有的第三法域的法都是社会法，社会法只是其中的一个法律部门。第三法域的法律部门有很多，经济法、环境保护法、消费者权益保护法、卫生健康法、科技法、信息与传媒法等都有第三法域的特征，但不能都理解为社会法。正如郑尚元教授所说，"公"与"私"对立或融合的结果不是"社会"，

---

① 〔德〕拉德布鲁赫：《法学导论》，米健等译，中国大百科全书出版社，1997，第77页。

公法与私法融合的结果同样不可能是"社会法",这种融合的结果只能是公法与私法之外的"第三法域",而"第三法域"并不等同于社会法①;私法公法化所体现的公、私法融合"不是必然定义为社会法"。② 也就是说,对于公、私法融合的第三法域完全可以取一个别的名称或者直接称为"第三法域",而不必冠以社会法的称谓,因为社会法在部门法意义上有独立的调整对象和确定的内涵。这就好比注册域名或商标一样,已经有人注册了这个名称,别人就不应再用这个称号,否则容易引起混乱。社会法与第三法域是从属关系而不是等同关系,我国立法机关明确将社会法列为七大法律部门之一,是有一定道理的。由于起源发展较晚,各国的社会法研究均未形成完整严密的理论体系,在国际层面也没有像其他部门法研究一样形成一定的理论共识。在制度构建上,社会法的建设也欠成熟,未能体现社会法的本来面貌。我国民国时期的社会法研究由于受历史和现实条件影响,没有也不可能超越时代,当代学者之所以仍将经济法视为社会法并进行论述,或许与黄右昌先生的论述有一定渊源。③

第三,社会法是第三法域的部门法。社会法具有第三法域法的所有特征,是"兼具公法与私法双重属性的法律"④,有明显的公、私法融合性质,单纯的公法或私法机制难以调整该类社会关系。从罗马法术语 Ius Commune(社会法)中即可看出对社会法第三法域含义的早期认识。最早的法学家之一伊阿诺利乌斯认为,Ius Commune 由 Ius Publicum(公法)派生而出,因为 Ius Publicum 是一个整体和一个共同体的权利,与共同的"善"有关。注释法学派学者布尔高鲁斯说,Ius Commune 似乎与 Ius Publicum 相似,而当它倾向于 Utilitas Privata(私人利益)时,它几乎与 Ius Privatum(私法)难以区别。⑤ 当然,今天所使用的 Ius Commune 一词历经演变已衍生出更加丰富的含义,不能简单地将其与社会法概念等同。应如何理

---

① 郑尚元:《社会法的存在与社会法理论探索》,《法律科学》2003 年第 3 期。

② 郑尚元:《社会法的定位和未来》,《中国法学》2003 年第 5 期。

③ 单飞跃:《经济法理念与范畴的解析》,中国检察出版社,2002,第 124—134 页

④ 郑尚元:《社会法的定位和未来》,《中国法学》2003 年第 5 期。

⑤ 〔美〕艾伦·沃森:《民法法系的演变及形成》,李静冰等译,中国法制出版社,2005,第 203 页。

解社会法具有公、私法融合的性质？以劳动合同和补充社会保险合同为例——这两类合同与一般的民事合同相比有两个重要的不同的地方：其一，合同当事人的意志要受到有关法规的严格制约；其二，不再把合同看作"孤立的意思表示"，合同当事人的意志不是以一次为限的个别交易，而是规划将来交易的过程。① 也就是说，法律将合同中的某些条款固定下来，以社会的普遍意志代替合同中个别人的意志，即这些条款不能根据民法"意思自治"和"平等协商"的原则进行变更。正如董保华所说，"在保障自由意志的同时，逐渐对特殊意志的自由度施加拘束"；社会法"所体现的普遍意志对合同的介入和规制越来越细、越深，使某些合同逐渐扬弃了它作为本质的个别契约自由，而成为以遵从社会普遍意志为前提设定社会权利义务的一种方式。在社会法的调整模式中体现为法定权利义务对约定权利义务的限定，使契约成为社会契约而脱离了私法"。② 但是，他将社会法等同为第三法域，在理论上是错误的，在实践中是有害的。

　　第四，法律部门的界分不是静止不变的，而是不断发展的。将法律体系划分为不同的法域和法律部门是大陆法系国家的普遍做法，英美法系国家则不存在这样的划分。因此，在英美法系国家不存在社会法是法律部门还是法域的争论。在古代社会中，诸法合体，民刑合一，也不存在法律部门的划分。我们说社会法是部门法，并不意味着部门法之间存在"僵死"的、非此即彼的界限，所有的界分都是相对的，都会随着经济社会的发展变化而变化。在法律发展史上，劳动合同是民法的组成部分，大多数民法典中都有关于劳动合同的规定。后来，人们认识到劳动合同不同于一般民事合同，开始将它与民事合同进行区别对待。如《法国民法典》中，有关劳动合同的规定已被废除，另行将其编入 1910 年发布的《劳动法典》第一编中。在西欧工业化早期，其也将工伤事故作为"民事侵权"处理。侵权法责任构成体系的局限，使得雇工很难在针对雇主的诉讼中获胜，即便获胜也难以得到赔偿。因此，侵权赔偿制度对于工伤赔偿的适用造成对受

---

① 史际春等：《合同异化与异化的合同》，《法学研究》1997 年第 3 期。
② 董保华：《试析社会法的调整模式——对第三法域的探索》，《西南政法大学学报》2000 年第 1 期。

害人的明显不公。19 世纪以后，劳工补偿制度逐渐建立，即由法律直接规定带有某种身份的自然人，在法定情况下，按法定标准直接领取工伤待遇。但这种措施实行的是"基准救助"，并没有脱离与雇主的关系，仍有很大局限。后来为转嫁职业风险，即便纷纷建立工伤雇主责任保险，仍未摆脱民事侵权救济的局限。① 国家对工伤赔偿制度的干预，最终导致了工伤社会保险制度的形成，即通过社会保险的方法，利用国家强制力保证工伤保险基金的筹集、使用和管理，补偿、预防和康复相结合，使工伤事故得到综合治理。② 此后，工伤保险逐渐与传统侵权赔偿制度和商业责任保险制度相分离，成为社会保障体系的重要组成部分。由此可见，法学学科和法律部门的划分不是永恒不变的，而是随着经济基础的变化或快或慢地发生某种变化。

二　社会法的法益本位

1. 社会利益本位说

（1）法益本位的概念含义。所谓的法益，是指法所保护的一种利益。这一概念系德国学者首创，由日本学者从德语 das Rechtsgut 首译。乌尔比安提出著名的公法与私法划分理论，就是以法律所保护的利益即"法益"为标准的。他将保护国家利益的行为规则称为"公法"，将保护个人利益的行为规则称为"私法"。在《学说汇纂》中，他说："它们有的造福于公共利益，有的造福于私人。公法见于宗教事务、宗教机构和国家管理机构之中。由此，产生了保护国家利益的'公法'和保护私人利益的'私法'，公私法分野、公法与私法划分理论由此形成。"③ 孟德斯鸠说，"民法是以私人的利益为目的的"，"政治法是以国家的利益与保全为目的的"。④ 日本学者美浓部达吉也说："公法是公益的法，私法是私益的法。"⑤ 所谓

---

① 周开畅：《社会法视角中的工伤保险和民事赔偿适用关系》，《华东政法学院学报》2003年第 6 期。
② 钟明钊主编《社会保障法律制度研究》，法律出版社，2000，第 264 页。
③ 董保华：《社会法原论》，中国政法大学出版社，2001。
④ 〔法〕孟德斯鸠：《论法的精神》，张雁深译，商务印书馆，1991，第 191 页。
⑤ 〔日〕美浓部达吉：《公法和私法》，黄冯明译，中国政法大学出版社，2003，第 29 页。

的法本位是中国学者提出的一个原创命题。民国时期学者欧阳谿说："当研究权利义务之先，对法律立脚点之重心观念，不可不特别论及，即所谓法律之本位是也。"① 在立法实践中，法本位思想通常是由法律所体现的利益所决定的。正如马克思所说，"因为国家是统治阶级的各个人借以实现其共同利益的形式"②，"由他们的共同利益所决定的这种意志的表现，就是法律"。③ 李斯特认为，所有的法益，"无论是个人利益，或者共同社会的利益，都是生活利益。这些利益的存在不是法秩序的产物，而是社会生活本身。但是，法律的保护把生活利益上升为法益"。④ 庞德说："利益是存在于法律之外的一个出发点，法律必须为这个出发点服务。"⑤ 我国学者李东方认为，法律本位是指"国家权力机关在制定法律的时候，必须首先确立法律的基本目的，基本任务或基本功能，它反映了法律的基本观念和价值取向"。⑥ 也有学者提出，"法之本位，即蕴涵于法的基本出发点、基本目的和基本功能之中的精神和理念。不同的法律部门有不同的本位理念观，不同的本位理念观反映着不同的法律部门的本质属性"。⑦ 因此，法益本位蕴含了立法的价值取向，反映了法律的本质属性，是判断和界定法律部门及领域的重要标准。

（2）社会利益本位说的主要内容。目前，国内有一个重要学术观点是，社会法的法益本位是社会利益，社会利益是"通过将微观利益提升为中观利益而形成的特殊利益"⑧；民法是"能人法"，不能反映社会本位的要求⑨；社会的主体是公众，即公共社会，是不同于个人、集体和国家的概念。如王广彬认为，"社会法之所以得以产生，并且之所以叫社会法，

① 欧阳谿：《法学通论》，上海会文堂编译社，1933，第 241 页。
② 《马克思恩格斯选集》第 1 卷，人民出版社，2012，第 212 页。
③ 《马克思恩格斯全集》第 3 卷，人民出版社，1960，第 378 页。
④ 〔德〕李斯特：《德国刑法教科书》，徐久生译，法律出版社，2000，第 141 页。
⑤ 〔美〕庞德：《通过法律的社会控制》，沈宗灵译，商务印书馆，1984，第 41 页。
⑥ 李东方：《现代经济法的历史前提及社会公共利益的本位性》，载李昌麒主编《中国经济法治的反思与前瞻》，法律出版社，2001，第 292—305 页。
⑦ 单飞跃等：《社会法：一种经济法研究进路的反思》，《湘潭大学社会科学学报》2001 年第 5 期。
⑧ 董保华：《社会法原论》，中国政法大学出版社，2001，第 4 页。
⑨ 王保树等：《经济法与社会公共性论纲》，《法律科学》2000 年第 3 期。

从根本上说，就是基于社会本位的要求"①；齐加将认为，就社会法追求的目标看，它是"以社会利益为基础的，包括弱者保护、社会安全、社会保障和社会发展等，具有突出的社会性"②；朱晓喆认为，社会法强调社会利益、社会本位、社会团体的重要性和优先性。③ 董保华等提出，"私法以个人利益为本位，通过市场调节机制追求个人利益最大化以及交易安全；公法以国家利益为本位，通过政府调节机制追求国家利益最大化以及国家安全；社会法以社会利益为本位，通过社会调节机制追求社会公共利益最大化以及社会安全"④，将社会法的规制对象界定为"社会弱者在进行社会活动中产生的涉及社会利益的那些社会关系"。⑤ 张佑任将一般意义的"社会利益"的内涵概括为三个层面：（a）人与自然的和谐发展；（b）国家经济与社会的稳定、安全、发展；（c）群体福利的增加和对弱势群体的保护。他认为，社会法维护的"社会利益"也涵盖三个层面：环境法以直接的方式维护人与自然的和谐；劳动法、社会保障法对一国经济、社会的稳定与发展具有重要意义；社会保障法、教育法属于社会整体福利的增加和对弱势群体的保护。⑥ 薛克鹏认为，社会利益即社会公共利益，"它不是指那种仅包括市民社会中的个体利益，也不是指政治国家表达和体现的国家利益，更不是个体利益简单相加或综合的社会利益，而是将社会视为一个整体，对所有社会成员都有普遍意义的利益"，它包括"社会经济秩序，社会经济安全，以国家的名义表现的经济利益，生态环境保护及自然资源的可持续利用，经济增长和经济效率，弱势群体的利益等"。⑦ 也有学者提出，社会利益是在国家利益和私人利益并重的基础上形成的，"即以文明社会中社会生活的名义提出的使每个人的自由都能获得保障的主张或要

---

① 王广彬：《关于社会法的几个基本问题》，载林嘉主编《社会法评论》第3卷，中国人民大学出版社，2008，第140页。

② 齐加将：《经济法与社会法的关系探究》，《北京工业大学学报》2008年第2期。

③ 朱晓喆：《社会法中的人》，《法学》2002年第8期。

④ 董保华等：《社会法——对第三法域的探索》，《华东政法学院学报》1999年第1期。

⑤ 董保华：《社会法原论》，中国政法大学出版社，2001，第85页。

⑥ 张佑任：《经济法与社会法中的"社会利益"之辨析》，《四川文理学院学报》2007年第4期。

⑦ 薛克鹏：《经济法的定义》，中国法制出版社，2003，第206页。

求"。① 总之，社会利益本位说大都将社会法看成法域而非法律部门，认为社会利益是独立于个人利益和国家利益的特殊利益，社会法追求社会利益最大化及社会安全等。

（3）社会利益本位说的理论基础。社会利益本位说是"生吞活剥"庞德的"利益三分论"的结果。庞德将利益分为个人利益、社会利益和公共利益，认为社会利益是"以文明社会中社会生活的名义提出的使每个人的自由都能获得保障的主张或要求"②，而"标志 20 世纪法理学特点的整个世界法律思想中的态度的变化，以承认个人生活中的社会利益为基点"，"它比个人自我主张更宽广，范围更大"③；社会利益的内容"包括一般安全的利益、一般道德中的利益、社会资源的保护、一般进步中的利益等"。④ 耶林用社会学的观点和方法来研究法学，强调法律要同社会利益和现实生活相结合。他说，法律在很大程度上是国家为了达到一定的目的而有意识地制定的，法律的目的就是社会利益。⑤ 社会利益本位论者认为，当社会与国家、市民并列使用时，社会的含义已超越了国家统治下的群体，亦有别于市民社会中个人集合的性质。社会有其自身的整体利益追求，既不同于国家利益，也不同于个人利益。因此，社会本位既区别于国家本位，也不同于个人本位。有学者提出，在市场经济中，只有在竞争均衡时，社会资源才能得以优化配置，生产者剩余和消费者剩余之和才能达到最大，同时使社会财富达到最大；在垄断条件下，具有市场支配地位的寡头们极有可能通过价格大于边际成本的手段攫取垄断利润，这造成了消费者剩余和生产者剩余之和小于自由竞争收益现象，结果加大了社会成本，也造成了社会总财富的损失。⑥ 经济法"以社会为本位，关注社会的整体利益与长远发展的需要，注意协调与平衡个人利益与社会

---

① 梁慧星：《民商法论丛》第 8 卷，法律出版社，1997，第 186 页。
② 〔美〕庞德：《通过法律的社会控制》，沈宗灵等译，商务印书馆，1984，第 41 页。
③ 邱本：《自由竞争与秩序调控》，中国政法大学出版社，2001，第 166 页。
④ 〔美〕博登海默：《法理学》，邓正来译，华夏出版社，1987，第 141 页。
⑤ 张宏生、谷春德主编《西方法律思想史》，北京大学出版社，1990，第 349 页。
⑥ 关立新等：《反垄断法：基于法经济学视角的解析》，《商业研究》2008 年第 8 期。

整体利益的冲突"①，它所追求的目标是公平与效率兼顾，"是对私人利益与社会利益的协调保护"，因此"既不同于注重保护私人利益的传统私法，也不同于强调保护国家利益的传统公法，它体现的是社会公共利益，以社会为本位，促进社会资源与财富的良性配置、社会经济的协调发展"。② 比如，反垄断法通过国家干预纠正市场失灵，使市场机制正常运转，维护社会整体利益，其结果是产生最大的总经济剩余，使每个消费者都获得更大利益。③

2. 社会利益本位说的理论缺陷

（1）社会利益是不是独立的利益形式？从"社会利益"一词的本身组合来看，其所设定的乃是这样三项假设：一是社会有所有人都知道并认可的某些具体利益；二是社会应当指导它的个体成员去努力实现和增进这些社会利益；三是社会中的成员对应予承认和保障的各种社会利益达成了一致认识。④ 事实上，这样的假设是不能成立的，在理论上和实践上都不可能存在这种认识的一致性。罗斯认为，根本不存在独立的社会利益。他说，"所有人类的需要都是通过个人来体验的，社会的福利就等于其成员的福利"⑤，人类社会不存在本身的需要和利益，社会福利观和公共利益为"幻想"。⑥ 哈耶克认为，"社会的"一词没有确切范围，其实际含义与标准含义也在不断地变化，从一个简单的描述词，日渐变为一种"倡议"，直至"一种用理性主义道德取代传统道德的指令"。⑦ 他说："人们常常错误地认为，所有的集体利益都是该社会的普遍利益；但是在许多情形中，对某些特定群体之集体利益的满足，实是与社会普遍利益相悖离的。"⑧ 以

---

① 蓝山：《可持续发展立法两大支柱：经济法与社会法》，《河北法学》1994 年第 4 期。

② 张成杰等：《经济法基本概念的思考》，《新学术》2008 年第 3 期。

③ 关立新等：《反垄断法：基于法经济学视角的解析》，《商业研究》2008 年第 8 期

④ 邓正来：《社会学法理学中的"社会"神——庞德法律史解释导读》，邓正来译，载庞德《法律史解释》，中国法制出版社，2002，第 70 页。

⑤ Alf Ross, *Towards a Realistic Jurisprudence*, Copenhagen, 1946, p. 295.

⑥ 张文显、李步云：《法理学论丛》第 1 卷，法律出版社，1999，第 394 页。

⑦ 〔英〕哈耶克：《致命的自负》，冯克利等译，中国社会科学出版社，2000，第 129—130 页。

⑧ 〔英〕哈耶克：《法律、立法与自由》（第 2、3 卷），邓正来等译，中国大百科全书出版社，2000，第 9 页。

布坎南为代表的公共选择理论从理性经济人的假设出发，运用经济学方法研究政府过程，得出了公共政策的利益取向是个人利益的观点。他说，"如果认为国家代表着社会的公共利益，那是一种无知"，"除了个人目标之外，根本就不存在什么社会目标和国家目标"。① 20 世纪 60 年代，美国学者阿罗在解决"投票悖论"的难题中，用数学公式和纯理论推理的形式论证了社会福利函数的不可能性。他在人是理性的、个人偏好排序是固定的、其选择能达到帕累托最优的前提下，得出结论为：不可能存在一种能够把个人对 N 种备选方案的偏好次序转换成社会偏好次序，并准确表达社会全体成员各种各样个人偏好的社会选择机制。② 他说："如果我们排除效用人际比较的可能性，各种各样的个人偏好次序都有定义，那么把个人偏好总和成为表达社会偏好的最理想的方法，要么是强加的，要么是独裁性的"③；"除非在非常简单和非现实的情形中，我们不可能以任何逻辑或有序的方式加总偏好"。④ 阿罗认为，由于个人偏好无法汇聚成社会的需要和偏好，社会福利函数存在的依据被否定，用社会福利函数表示的公共利益和社会利益无从谈起，不可能存在。⑤ 按照阿罗的推算，即使非常民主的社会中的决策，也不可能满足社会中所有人的利益，社会利益不可能存在。

（2）社会利益是不是社会法专有的利益？社会利益说有一个重要的观点是，个人利益、社会利益、国家利益与私法、社会法和公法是一一对应关系⑥，社会利益是社会法的专有利益。这种观点也是生搬硬套庞德"利益三分法"的结果，在逻辑上和理论上是不周延的。我国是"社会主义"国家，绝大部分学者承认社会利益的存在，但并不认同"利益三分法"的理论形式。如张文显认为，社会利益是根据利益主体进行分类而来的，"是与个人利益、集体利益、国家利益相并列的利益"⑦；胡锦光等认为，

① 张彩千等：《公共利益：公共政策的出发点与最终归宿》，《前沿》2005 年第 1 期。
② 〔美〕斯蒂芬·埃尔金等：《宪政新论》，周叶谦译，三联书店，1997，第 34 页。
③ 薛冰：《个人偏好与公共利益的形成》，《西北大学学报》2003 年第 4 期。
④ 〔美〕乔·B. 史蒂文斯：《集体选择经济学》，杨晓维等译，上海人民出版社，1999，第 58 页。
⑤ Arrow K. J. , *Social Choice and Individual Values*, Yale University Press, 1963, p. 59.
⑥ 孙笑侠：《法的现象与观念》，群众出版社，1995，第 68 页。
⑦ 张文显主编《法理学》，高等教育出版社、北京大学出版社，1999，第 217 页。

社会利益"与国家利益一样，都是公共利益的下位概念，并主要以经济利益和文化利益为内容，以维护社会的自治和良性运转为目的"①，不同于"三分法"划分形式。李昌麒等认为，社会利益与个体利益并非居于利益天平的两端，亦不是因模糊地交织而难以辨识，"社会利益与个体利益间不能一劳永逸地划定绝对性的疆界"，它是"经由不确定多数之个体利益的协调与平衡而落实于具体、现实的利益"，其本身"不能用于分配或再分配，而是利益分配的结果"②。在另一篇文章中，他明确提出，社会利益"不是社会法专有之利益"③。岳彩申等认为，社会利益的主体边界较为模糊，不具有可分配性，是"利益结构的一个终结点"④。刘辉认为，"社会本位"是现代法律发展的一个必然趋势，它不是划分法域的标准⑤。单飞跃等认为，在严格的意义上，社会团体代表的只是一种团体利益，团体利益具有相当的狭隘性，"不能等同于社会利益"⑥。社会利益由于具有整体性、普遍性、可转化性和表现形式多样性等特点⑦，在实践中常常被滥用，成为政府部门或特殊利益集团侵犯个人权利的借口。因此，邓正来在庞德名著《法律史解释》"代译序"中警告说，"社会的"意味着干预者的人为建构，在"社会的"语境之下，"以自生自发的方式发展起来的东西与国家刻意组织起来的东西之间的区别在这个组合词中被完全遮蔽了"⑧，应该警惕社会利益被干预者当作实现个人特殊利益或集团利益的"敲门砖"。

3. 课题组的观点及其分析

（1）社会法的法益本位是从弱者的利益到社会整体利益。从世界社会法的起源和发展可以看出，社会法最初的目标是维护弱者的生活安全，是生存权发展的必然结果，比如最早的社会救助法和社会保险法都是以保护弱

---

① 胡锦光等:《论我国宪法中"公共利益"的界定》，《中国法学》2005 年第 1 期。
② 李昌麒等:《经济法的社会利益论纲》，《现代法学》2005 年第 5 期。
③ 李昌麒等:《经济法与社会法关系考辨》，《现代法学》2003 年第 5 期。
④ 岳彩申等:《经济法利益分配功能之解释》，《社会科学研究》2002 年第 3 期。
⑤ 刘辉:《质疑经济法的社会法属性》，《求索》2009 年第 12 期。
⑥ 单飞跃等:《社会法:一种经济法研究思路的反思》，《湘潭大学社会科学学报》2001 年第 5 期。
⑦ 〔美〕萨缪尔森等:《经济学》，高鸿业等译，中国发展出版社，1992，第 67 页。
⑧ 〔美〕庞德:《法律史解释》，邓正来译，中国法制出版社，2002，第 69 页。

者的生存为己任的。大致来说，从工业革命到 20 世纪 50 年代，西方社会法
理论普遍强调生存性或救济性公平。20 世纪 60 年代以后，这些国家普遍解
决了贫困问题，社会法所注重的公平开始由原来的生存性公平转向发展性公
平，从原来的救济性公平转变为体面性公平，即强调社会保障应当高水平、
广覆盖、无差别，保证每个人过上体面的生活，使其享有基本的社会福利。
由此，社会法的法益本位开始从社会弱者的利益渐次过渡到社会整体利益。
因为人是一种个体意义的生命存在，有自身独特的生存状态、利益需求以及
社会认同感，但人又不是抽象的孤立存在，人们必须结成一定的社会关系
才能去从事改造自然的活动。正如马克思所说，"这些社会关系实际上决
定着一个人能够发展到什么程度"。[1] 也就是说，个人的发展取决于与他直
接或间接进行交往的其他所有人的发展，个人的利益与他人甚至整个社会
成员的利益是相互关联的。这里有两个问题需要说明。（a）从社会弱者的
利益到社会整体利益主要指生活利益，而不是抽象的社会利益。利益的形
式有很多，经济法调整的是不同主体的经济利益，环境法调整的是不同主
体的环境利益，社会法调整的是同类生存状况和境遇的社会群体的生活利
益。离开具体的主体和具体的利益形式，抽象地谈论社会法上的利益是不
适当的。（b）社会法上的整体利益是指全体社会成员的共同利益，而不是
使一部分人受益，其"观念基础和根本方法论是合理的整体主义"。[2] 从本
质上说，增进社会弱势群体的利益会提升社会整体利益，因为如果弱者的利
益得不到最低限度的保障，可能会发生社会动荡，最终损害所有社会成员的
利益。有学者说，社会法"是通过保护弱势群体利益，进而实现社会整体利
益的法域"。[3] 这句话只说对了三分之一：第一，社会法是法律部门而不是法
域；第二，保护弱势群体是实现社会整体利益的途径之一，其他途径还有实
行社会保险和提供普惠式福利等。总体上说，社会法是通过保护社会弱势群
体，提供普遍性保障和普惠式福利等方式"协调多元社会利益"[4]，维护社

① 《马克思恩格斯全集》第 3 卷，人民出版社，1960，第 295 页。
② 雷兴虎等：《矫正贫富分化的社会法理念及其表现》，《法学研究》2007 年第 2 期。
③ 吕世伦等：《社会法的几个基本理论问题研究》，《北方法学》2007 年第 6 期。
④ 李吉宁：《构建当代中国社会法体系的实证分析》，《理论界》2006 年第 1 期。

会整体利益，"最终维护每一个社会成员的利益"。①

（2）社会法的法益目标是平衡各类社会群体的利益。人类社会是一个利益互动的社会，不同个人和群体之间的利益既有冲突，又有一致性。法律担当着化解矛盾冲突、促进社会和谐的基本职责，它通过行为规范的形式将公共利益和个人利益的合理分配确定下来，并通过国家强制力保证其实施，使二者协调一致。法律的利益平衡功能表现在对于各种利益的重要性作出评估，并为协调利益冲突提供标准和方法，从而使利益得以重整。②庞德认为，法律的功能"在于调节、调和与调解各种错杂和冲突的利益"。③卡多佐说："当一致性变成压迫的一致性时，一致性就不再是好东西了。这时，对称性或确定性所服务的社会利益就一定要通过平衡和公道或其他社会福利的因素所服务的社会利益来保持平衡。"④ 因为一个社会的消费者中穷人太穷、富人太富，迟早要出问题。也就是说，如果社会贫富差距过大，穷人的生活得不到基本保障，则富人的财富也不安全。社会法的一个重要原则是，对社会弱者实行倾斜保护而不是平等保护，因为社会公正不是天然的，有时候需要通过后天"校正"来获得。现实中，人的自然禀赋、机遇和条件各不相同，"如果同样给予每个人自由发展的机会，人们的实际成就会互不相同"，"唯一可能采取的办法就是赋予人们不同的权利，以不同的方式对待人们"。⑤ 社会法就是通过后天弥补的方式（差补原则），以法律的形式向这些人倾斜，以矫正和弥补实质意义上的不平等的。因此，在社会法中，有相当一部分主体利益是体现在义务规范中的，即通过社会立法，将一部分主体利益规定为国家或社会义务。因为以"权利"所体现的"正当"与以"义务"所体现的"应当"相比，后者具有更直接，更强烈的保护意义。⑥ 将主体的一部分利益规定为特定义务，也是保护

---

① 韩志红：《社会法浅析》，《理论与现代化》2002 年第 4 期。

② 董保华：《社会法原论》，中国政法大学出版社，2001，第 4 页。

③ Roscoe Pound, Jurisprudence, Volume 3, St. Paul, Minn, 1959, p. 16.

④ 〔美〕卡多佐：《司法过程的性质》，苏力译，商务印书馆，1998，第 70 页。

⑤ 〔英〕哈耶克：《自由秩序原理》（上），邓正来译，三联书店，1997，第 102 页。

⑥ 周开畅：《社会法视角中的"工伤保险和民事赔偿"适用关系》，《华东政法学院学报》2003 年第 6 期。

弱势群体、倾斜立法的体现。正是这种立法方式，使"私法公法化"或"法的社会化"最终完成。如果不用这样的方式，将一部分主体利益规定为国家或社会义务，最终可能导致这部分利益的落空。这也是社会法在权利义务规定上区别于私法规范的显著特征。① 因此，社会法以不平等的方式赋予公共利益和特定弱势群体的优先权、倾斜权是合理的，是矫正实质意义不平等的必要举措，这一任务不能由传统的公法和私法部门来承担，只能由第三法域中新兴的社会法、经济法和消费者权益保护法等部门法来承担。

第三节　对不同观点的批判分析

一　社会问题说

1. 社会问题说的主要内容

（1）社会法是应解决社会问题的需要而产生的。这种观点认为，社会法"产生于国家力图通过干预私人经济以解决市场化和工业化所带来的社会问题，应经济、社会的需要为解决社会危机，而在公法和私法的逐渐融合中产生和发展起来的"。② 放任的自由经济带来的各种社会问题日渐突出，社会矛盾日益激化，出现了两极分化、贫富悬殊、劳资对立、生产者与消费者对立、环境污染、缺陷产品致损等新的社会问题，还发生了规模浩大的民权运动、女权运动、消费者运动和环境保护运动等。③ 在此背景下，当事人经济实质上的地位不平等，使作为近代民法前提条件的平等性及互换性已不存在。社会法是"针对社会问题而制定的"，是"调整国家在解决社会问题和促进社会公共事业发展的过程中所产生的各种社会关系的法律规范的总称"。④ 如汤黎虹认为，从社会法的形成历史来看，当社会问题产生并影响甚至威胁经济、政治、文化正常运行的时候，就有了社会立法，"社会立法是为解决社会问题而立法，出现贫困问题就立社会保障

---

① 董保华：《社会法原论》，中国政法大学出版社，2001，第169—170页。
② 白小平：《社会权初探》，《社科纵横》2004年第4期。
③ 梁慧星主编《中国大陆法学思潮集》，中国法制出版社，2000，第177页。
④ 李昌麒等：《经济法与社会法关系的再认识》，《法学家》2005年第6期。

法，出现劳资问题就立劳动法，出现环境问题就立环境法，出现人口问题就立人口法，出现社区安全问题就立社区安全法，等等"①，这些是世界各国社会立法史上为解决社会问题而立法的最直接表现。德国马普学会察哈尔教授认为，社会法可以说"就是一种社会保险"，"还有环境保护方面的问题，包括水和空气方面的污染控制"；由于工业发达、社会发展，每个人都要求得到充分的能源，个人主义也严重起来，人人追求自己的幸福，不顾他人的幸福，在居住、交通等方面都产生了矛盾，"社会法就是要从法律上来解决这些问题"。② 由此看出，社会安全说在德国学界也是有一定的理论市场的。

（2）社会法的价值目标是解决社会问题。社会安全说还有一个重要观点是，社会法作为一种新兴的法学思潮与立法实践，它以社会"问题取向"（Problem-oriented）形成了一种"行动取向"（Action-oriented），以突破法律部门间旧有的界限，并将从不同的传统法律规范中引申出来的各种原理重新组合成新的有机体。③ 正如日本学者大须贺明所说，自由能使有产者获得实际利益，但对于无产者却形同充饥之画饼，因而形式的平等越受保障，矛盾就越为尖锐，"随着社会问题的严重化，为了解决资本主义的社会弊端，实有必要在一定的程度上对形式平等原则加以修正"。④ 根据汤黎虹的阐述，社会问题是社会群体之间"协同"的缺失问题，主要表现为结构性、突发性、弱势性、侵扰性等，例如人口、教育、就业、收入结构的失衡问题，突发公共卫生事件、生产安全和公共安全事件、自然灾害而不能及时救助的问题，贫困群体及老人、儿童、妇女、残疾人受歧视问题，环境污染、资源短缺、城市病、社会治安的问题等⑤；社会问题如果不能得到很好的控制和预防，就可能演变为社会冲突，进而破坏和阻碍社

① 汤黎虹：《论安全生产群众监督体制的社会法建构》，《福建政法管理干部学院学报》2007年第 3 期。
② 潘念之：《法学总论》，知识出版社，1981，第 38 页。
③ 李颖：《经济法和社会法的关系二题》，《绥化学院学报》2004 年第 4 期。
④ 〔日〕大须贺明：《生存权论》，林浩译，法律出版社，2001，第 33 页。
⑤ 汤黎虹：《论安全生产群众监督体制的社会法建构》，《福建政法管理干部学院学报》2007年第 3 期。

会发展；社会法的"一个重要作用就是通过维护社会稳定和安全，控制和预防社会问题来促进社会发展"①，当社会问题产生并影响甚至威胁经济、政治、文化正常运行的时候，就有了社会立法，即解决社会问题"是社会法的阶段价值取向，构建和谐社会是社会法的目标价值取向"。② 目前，我国持有这一观点的学者还有一些。如史探径认为，社会法的任务"笼统地说，是为了解决社会问题"③；王广彬认为，要而言之，社会法"就是解决社会问题之法"④；周浩、万春明认为，社会法是"通过立法来解决社会问题，增进人类福祉，保障社会安定"。⑤ 从现有研究来看，持社会安全说的学者大多数认为，社会法是法域而不是法律部门。如王全兴等认为，社会法"是伴随着国家力图通过干预私人经济以解决市场化和工业化所带来的各种社会问题，而制定的具有公法与私法融合特点的第三法域"⑥，前述汤黎虹的文章也是从法域的角度来阐述和理解社会法概念的。也有学者认为，社会法是法律部门而不是法域，如刘辉明确提出，社会法是近现代以来的社会问题的产物，是针对社会问题的解决而产生和制定的法律，"它是一个独立的法律部门"，"社会法的社会政策目标主要有：保护弱势群体、社会安全、社会保障、社会发展、社会公益"等。⑦

2. 对社会问题说的批判分析

（1）社会法与社会问题并非一一对应关系。"社会问题"（Social Problem）是社会学研究的重要领域之一，指社会关系失调，影响社会大部分成员的共同生活，破坏社会正常活动，妨碍社会协调发展的社会现象。⑧ 社会问题不仅是一种客观存在，还是人们主观认知的产物，是被人们感知、察觉到的状况，是价值、规范和利益冲突引起的需要加以解决的状

---

① 甘强：《经济法与社会法的法本质定位》，《经济法论坛》2004 年第 1 期。
② 汤黎虹：《论社会法的价值及其取向》，《行政与法》2008 年第 10 期。
③ 史探径：《社会法论》，中国劳动社会保障出版社，2007，第 11 页。
④ 王广彬：《关于社会法的几个基本问题》，载林嘉主编《社会法评论》第 3 卷，中国人民大学出版社，2008，第 141 页。
⑤ 周浩、万春明：《维护社会安全——以社会法功能为视角》，《经济与法律》2011 年第 6 期。
⑥ 王全兴等：《经济法与社会法关系初探》，《现代法学》2003 年第 2 期。
⑦ 刘辉：《质疑经济法的社会法属性》，《求索》2009 年第 12 期。
⑧ 丁元竹等：《社会经营：一种解决社会问题的新理念》，《社团管理研究》2012 年第 4 期。

况，是社会实际状态与社会期望之间的差距。米尔斯认为，社会问题即公众的问题，它不是个人麻烦，而是社会中许多人遇到的共同问题。[1] 华格纳认为，社会问题的发生是有产者与无产者的对立、大资产与小资产的对立及财产所得与劳动所得的对立，是私有财产制度的缺陷，是自由竞争制度的结果。赫德林认为，社会问题直接起源于社会分子的一部分与另一部分之间一切利害关系的冲突，要从社会共同生活全盘出发，讨论阶级间敌对关系，劳动者的问题是其中心内容。奥格朋认为，社会问题产生于文化失调。季林和赫德认为，社会问题是社会变迁时所出现的社会失调，一切社会问题都与文化或者社会失调现象有关。[2] 我国学者朱力认为，社会问题是"违反社会主导价值规范，影响社会成员利益与健康生活，妨碍社会协调发展，引起社会大众普遍关注的一种社会失调现象"。[3] 可见，社会问题是一个极为宽泛的范畴，对其具体内涵很难界定。关于社会法与社会问题的关系，本书认为，社会法作用于社会领域，并不作用于社会领域的全部；社会法解决社会问题，并不解决社会问题的全部。[4] 因此，并非所有的解决社会问题的法都是社会法，比如犯罪也是社会问题，它由刑法进行规范，刑法是公法而不是社会法；又如，诚实信用缺失也是社会问题，它主要由民法调整，民法是私法而不是社会法。弗里德曼认为，社会问题不是法律（企业）所要特别关注的，它应该由自由市场体系通过不受约束的活动来调节和解决。[5] 这种观点继承了自由主义的法律思想，否定了法律解决社会问题的社会功能，也是错误的。

（2）社会法主要解决民众的生活问题。社会问题有很多，社会法究竟解决哪些社会问题呢？从前述社会法的"概念含义"可以看出，社会法的宗旨是"保护社会弱者的生活安全，提供社会福利，促进民生福祉"。也就是说，社会法通过保护弱势群体、提供普遍保险和普遍福利等方式，保

---

① 〔美〕米尔斯：《社会学的想象力》，陈强等译，三联书店，2005，第 10 页。

② 参见郭强主编《大学社会学教程》，中国审计出版社、中国社会出版社，2001，第 348 页。

③ 朱力：《社会学原理》，社会科学文献出版社，2003，第 306 页。

④ 李昌麒等：《经济法与社会法关系的再认识》，《法学家》2005 年第 6 期。

⑤ 陈秀峰等：《企业社会责任的兴起与中国公益基金会事业的发展》，《经济社会体制比较》2008 年第 3 期。

障社会的生活安全。由上文可知，社会法的产生与社会问题密切相关，但并非所有的解决社会问题的法律都是社会法。在市场经济中，随着主体私法自治的失灵，各种社会问题和危机不断出现，激烈的竞争导致对利润的极端追求，产生阶级以及社会强、弱势群体的对立。各种社会危机导致新的社会矛盾不断出现和激化，为了缓和各种矛盾，政府开始转变过去那种消极、被动的状态，积极主动地干预社会事务，并运用行政和法律手段对各类社会问题进行调节。① 在公法私法化、法律社会化的过程中，先后出现了社会法、经济法、环境法、教育法、消费者权益保护法等新的法律部门。从社会法的产生看，它是"以保护社会弱势群体的利益为目标，以保护公民基本生存权为自己的价值追求，从某种程度上说，保障弱势群体的生存权，是社会法产生的根源和存在的目的"。② 也就是说，社会法是由保障弱者的生活安全，渐次过渡到保障全民的生活安全的，是生存权形成和发展的必然结果。从社会法的发展现状看，德国的社会法等同于社会保障法的概念，法国、日本等国的社会法也是以国家和社会"给付"为主要内容的。英美国家没有社会法的概念，只有"社会立法"的概念，其社会立法的内容主要也是社会保障或社会福利等。因此，无论是德国的社会法，还是英美国家的社会保障法，"其在思想基础、理论体系、目标模式以及资金筹集与管理上各有自己的特点，存在一定的差异，但除了这些表面上的差异之外，它们的社会保障制度均有基本相同的内容：社会保险、社会福利和社会救济"。③ 这些都与社会生活安全密切相关。也有学者提出，随着社会的发展，社会法"开始关注人的发展权的保障和人的尊严的维护，如教育、医疗和住房保障等"。④ 这种观点有一定的道理，如社会福利已经不是着眼于人的基本生存而是体面性生存，义务教育和住房保障也超越了基本生存的界限，但归根结底与人的生活密切相关。由于具体权利与法律部门也不是一一对应关系，"发展权"能不能成为社会法上的主要内容，

① 余少祥：《社会法基础理论研究评述》，《法律文献信息与研究》2010 年第 2 期。
② 姜登峰：《社会法概念的基本分析》，《佳木斯大学社会科学学报》2007 年第 4 期。
③ 田成平主编《社会保障制度》，人民出版社，2006，第 21 页。
④ 姜登峰：《社会法概念的基本分析》，《佳木斯大学社会科学学报》2007 年第 4 期。

就要看社会和法律的发展了。

二 社会权说

1. 社会权说的主要内容

（1）社会权是社会法的基础和核心内容。21 世纪初出现了根据社会连带主义"强调权力的社会性和个人的社会义务的法律思想，这种主张被称为社会法论"。[①] 社会权说是我国学者根据这种思想理论建立的本土学说之一，其基本主张是：社会权（社会权利）是社会法的"核心概念"[②] 和"核心范畴"[③]，社会法是社会权的外在法律表现形式；社会权能够连接社会法的各个组成部分，是贯穿社会法体系的支点和灵魂；社会权的目的在于人的社会性生存，以促进社会整体和谐健康发展。目前，持这种观点的学者不在少数。如李炳安等认为，社会权的产生和发展推动了社会法的产生与发展，二者的"历史起点"具有同步性；"社会法是一个由社会权内在本质决定的有逻辑结构的制度体系"[④]，社会权"是社会法的基石范畴"，"既能制约、控制和引导社会法的发展目标，也能很好体现权利本位的法的价值和理念"。[⑤] 李蕊认为，社会性人权（社会权利）的产生、发展"促进了社会法的产生、发展"，"社会人权即以社会权的产生奠定了社会法的基础内容"[⑥]；"社会权的进一步发展，拓展了社会法的内容"[⑦]，"社会权的界限就是社会法的范畴"[⑧]；社会权的实现、保障与发展"为社会法存在的根本目的和宗旨，社会权的内容与范围就是社会

---

① 上海社会科学院法学研究所编译《法学总论》，知识出版社，1981，第 40 页。
② 刘俊海：《社会法的理论创新和制度完善》，《学习与探索》2006 年第 5 期。
③ 李宁等：《社会法的本土化建构》，学林出版社，2008，第 143 页。
④ 李炳安等：《社会法的产生》，《法学杂志》2013 年第 6 期。
⑤ 李炳安：《社会权——社会法的基石范畴》，《温州大学学报》2013 年第 4 期。
⑥ 李蕊：《社会法的基本范畴》，载丛晓峰主编《社会法专题研究》，知识产权出版社，2007，第 23 页。
⑦ 李蕊：《社会法的基本范畴》，载丛晓峰主编《社会法专题研究》，知识产权出版社，2007，第 25 页。
⑧ 李蕊：《社会法的基本范畴》，载丛晓峰主编《社会法专题研究》，知识产权出版社，2007，第 27 页。

法全面、完整体现和保护的内容和范围"。① 李宁等认为，应该按照社会法的功能和本质要求，根据我国的具体情况，"以社会权利为核心构造中国特色的社会法体系"。② 王广彬认为，社会法以保护社会弱势群体的利益为目标，以保护公民基本生存发展权为自己的价值取向，"从某种程度上讲，社会法的价值在于维护公民的社会性权利"。③ 周浩等认为，社会法的各个组成部分"从不同的角度保障社会权，因此，社会法的首要功能即为保障社会权的有效实现"。④ 白小平认为，社会权"伴随着社会法的不断完善而发展，逐渐成为系统的权利体系"。⑤ 总之，社会权奠定了社会法的基本框架，社会法是应社会权的要求而产生的，并且以实现、保障和发展社会权为根本目的。

（2）社会法是超越于法律部门的概念。由于社会法被理解为围绕社会权展开的，而社会权的体系又非常庞杂，社会法通常被阐述为法域而不是法律部门。如董保华认为，随着劳工法、教育法、社会保障法、环境保护法、公共交通法、经济法等社会立法的不断出现，以"社会"为本位，逐步形成以社会权为核心、以调控法为形式的立法体系；随着社会法的产生，三元法律结构得以最终形成。⑥ 竺效认为，社会权是"连接社会法各个部分的纽带"，通过生存权、受教育权、工作权和劳工基本权可以将社会保障法、教育法、劳动法，并且通过对生存权的延伸解释还可以将环境法、反垄断法、中小企业保护法等法律统驭于社会法之中。⑦ 王广彬认为，随着社会的发展，"社会法产生之时政策性或工具性的色彩逐渐转变为维护公民社会性权利的保障机制，社会法越来越承载着保障公民诸如劳动就业、社会保险、环境、教育、健康安全、保障性住房等社会权利"。⑧ 这种看法是论者将社会法与社会权一一对应的必然结果，因为社会权是一个很

---

① 李蕊等：《历史视角下的社会法范畴》，《北京科技大学学报》2007 年第 2 期。
② 李宁等：《社会法的本土化建构》，学林出版社，2008，第 145 页。
③ 王广彬：《社会法上的社会权》，《中国政法大学学报》2009 年第 1 期。
④ 周浩等：《维护社会安全——以社会法功能为视角》，《经济与法律》2011 年第 6 期。
⑤ 白小平：《社会权初探》，《社科纵横》2004 年第 4 期。
⑥ 董保华：《社会法原论》，中国政法大学出版社，2001，第 35 页。
⑦ 竺效：《社会法意义辨析》，《法商研究》2004 年第 2 期。
⑧ 王广彬：《社会法上的社会权》，《中国政法大学学报》2009 年第 1 期。

大的概念，它并非一项具体的权利，而是"一种时代观念的权利表征，是表述'类权利'的具体权利的上位概念，是认识具体权利属性的思维方法或维度"。① 社会权属于第三代人权，包括生存权和发展权，是内容复杂、一直争论不清的权利体系。从实践中看，《经济、社会和文化权利国际公约》没有对社会权进行具体界定，国际社会也没有形成对社会权的权威定义和确指的对象范围。一般来说，社会权是市民社会人格和精神人格形成和维护所必需的物质和文化生活方面的权利，它体现的是一种"由社会化大生产所决定的关系特质，是公民个人应当享有的基本权利，主要包括劳动权、社会保障权、受教育权、环境权等"，社会权的确立"不仅是一个理论理性，更是一个实践理性，还取决于权利主体的政治成熟程度"。② 事实上，社会权利会随着社会经济的发展而不断发展和完善，"试图提供一个穷尽的社会权清单是不切实际的幻想"。③ 因此，将社会法绑定在社会权之上，必然会否定社会法的部门法属性。

2. 对社会权说的批判分析

（1）社会法与社会权不是一一对应关系。首先，对社会权的内涵和外延无法清晰界定。《经济、社会和文化权利国际公约》用列举的方式提出了十项权利④，但只是表明其重要性，并非完整概括。根据学者研究，社会权一词在"法学界、政治学界及社会学界有各种不同的表现形式"，"可以由不同的人，为了不同目的，从不同角度，被使用于不同的场合并被赋予不同的含义"；根据各种社会权概念外延的大小，现有的社会权概念可分为"九类"，按照"外延的大小依序排列，第一种与第九种相距甚远"。⑤ 可见，社会权的内涵和外延很不确定，以此构建社会法的体系必定是缘木求鱼。其次，社会法保障社会权，但不能说所有的保障社会权的法律都是社会法，也不能说社会法保障的必定是社会权。社会权作为公民基本权利，

---

① 冯彦君：《劳动权的双重属性：社会权与自由权属性》，《中国劳动保障报》2004 年 2 月 3 日。
② 李炳安等：《社会法的产生》，《法学杂志》2013 年第 6 期。
③ 龚向和：《社会权的概念》，《河北法学》2007 年第 9 期。
④ 刘海年：《〈经济、社会和文化权利国际公约〉研究》，中国法制出版社，2000，第 60—62 页。
⑤ 龚向和：《社会权的概念》，《河北法学》2007 年第 9 期。

受到国家法律全方位的保护，社会法仅仅是其中的手段和方式之一。比如，宪法、刑法、环境法和很多国际法都有关于社会权保障的条款，不能说这些法律都是社会法，即"保障公民社会权之法不一定就是社会法"。①同理，社会法保障的不必定是社会权，如慈善法对应的就不是权利，慈善对象不能"要求"也不能"主张"捐赠，慈善捐赠完全是慈善主体的一种"自愿"行为，体现的是社会法上的美德。社会权是公民的一项基本权利，国家和社会有责任、有义务满足权利人的合法要求。反之，如果国家和社会不履行义务，则权利人可以通过法律手段维护自己的权利。慈善法显然不是依据社会权的规则来构建的。最后，在社会法产生和形成问题上，不能说先有社会权，再有社会法。社会权与社会法的产生和发展相互关切，相互促进和相互影响，但不能说二者的关系是一个硬币的两面，或者如影随形，不可分割。到底是"先有社会法"还是"先有社会权"，这个问题就像"先有鸡蛋"还是"先有鸡"一样，是没有答案的。因为社会法和社会权各自的发展都不是一蹴而就的，都有一个渐进的过程，不能说社会法完全是依据社会权去建构的。

（2）社会法只是保障一部分社会权。社会权在本质上是最低限度的人权。艾斯平·安德森在《福利资本主义的三个世界》中，将"社会权"界定为"一种'去商品化'（De-commodification）的容纳能力"，认为其典型标准是"允许人们不依赖于纯市场的力量去制定他们生活标准的程度"。②这一概念将其内涵界定为与人们的生活相关，是比较准确的。马尔赛文等在《成文宪法比较研究》中用"社会权"指代《世界人权宣言》规定的八类经济、社会和文化权利，即社会保障权，适当生活水准权，劳动权，自由选择职业权，获得公正的、优惠的报酬权、平等工资权，组织和参加工会权、休息和休假权、受教育权③；李步云在《宪法比较研究》中将其阐释为"从社会获得基本生活条件、充分发展个体生产和生活能力的保障和良好地发育个体精神人格和社会人格的权利"，"一般包括个人的生存

---

① 杨士林、张兴堂主编《社会法理论探索》，中国人民公安大学出版社，2010，第8页。
② 潘荣伟：《论公民社会权》，《法学》2003年第4期。
③ 〔荷〕亨利·马尔赛文等：《成文宪法比较研究》，陈云生译，华夏出版社，1987，第154页。

权、劳动权、受教育权和获得社会保障权等"①，均有一定的道理。从本源上看，社会权源于生存权，是"对社会上经济弱者进行保护与帮助时要求国家作为的权利"，"其目的在于消除伴随市场经济发展而产生的贫困和失业等社会弊病"②，"防止传统的自由权保障流于空洞化，谋求全体国民特别是社会经济弱者的实质自由平等"。③ 因此，社会法主要保障与公民生活直接相关的生存权和社会福利权等，不包括发展权（如受教育权）和其他权利。作为一项基本权利，社会权的主要内涵是保障公民基本生活，是"基于福利国家或社会国家的理念，为使任何人都可以获得合乎人性尊严的生存，而予以保障"的权利的统称④，是公民依法享有的"要求国家对其物质和文化生活积极促成及提供相应服务"的权利。⑤ 比如，社会保险权作为一项基本人权，主要体现在对劳动者的生存权保障上；在对社会援助主张案例定义上，社会权"涉及大多数社会贫困阶层"。⑥ 正是在这个意义上，龚祥瑞认为，将社会权称为"物质保证的权利，似乎更贴切些可取些"。⑦ 可以看出，与社会法对应的只是一部分社会权利，而不是社会权的全部。

三 第三法域说

1. 第三法域说的主要内容

第三法域说的思想主张和理论内容在前文已有详细介绍，这里仅做补充分析。事实上，在西方发达国家，主流学术观点并没有"第三法域说"，这一观点最早出现在日本，"在日本学者看来，社会化意味着：修正以个人的绝对所有权和契约自由等为基本原则的近代市民法的新的法学理论；根据这个修正的理论而制定的法律，不属于私法、公法等任何一个旧的法

---

① 李步云：《宪法比较研究》，法律出版社，1998，第 529 页。

② 冯彦君：《劳动权的双重属性：社会权与自由权属性》，《中国劳动保障报》2004 年 2 月 3 日。

③ 〔日〕田上攘治：《宪法典》，青林书院新社，1984，第 105 页，转引自王广彬《社会法上的社会权》，《中国政法大学学报》2009 年第 1 期。

④ 〔日〕清宫四郎：《宪法》，有斐阁，1986，第 22 页，转引自竺效《社会法意义辨析》，《法商研究》2004 年第 2 期。

⑤ 龚向和：《社会权的历史演变》，《时代法学》2005 年第 3 期。

⑥ 胡敏洁：《论社会权的可裁判性》，《法律科学》2006 年第 5 期。

⑦ 龚祥瑞：《比较宪法与行政法》，法律出版社，2003，第 164 页。

律部门，而成了新的、第三个法律领域"。① 将社会法等同于第三法域则是我国学者的"编撰"，并且以讹传讹。有学者提出，在日本、德国和法国，"社会法都是被理解为第三法域"②，但至今没有指出哪一个作者、哪一本书或哪一篇文章作出这样的论断，也没有提出实体法上的依据，只是从一些论著中断章取义证明自己的观点。在将社会法与第三法域画等号的著作中，董保华的《社会法原论》和史探径的《社会法论》的影响最大。此外，也有一些论文先后提出了类似观点。如赵红梅提出，社会法在我国"是一个新兴的法律领域，是针对传统公法、私法的分类提出的一个全新的概念，与公法领域、私法领域相对应"；社会法应"定位于中义"，即它是"公法与私法以外之第三法域"。③ 何自荣提出，社会法是"兼有公法和私法性质的反映社会政策目标的一个独立的法律体系"，主要调整"涉及公共事业、社会保障、环境保护、医疗卫生、社会服务以及居民消费等有关国计民生的社会关系"，社会法的体系"包括劳动法、社会保障法、经济法、环境法、自然资源法、人口与计划生育法、科学技术法、教育法、文化法、卫生法、住宅法、公共事业法和农业法等具体的法律"。④ 邵艳提出，西方学者"将社会法视为介于公法和私法之外的第三法域"，"社会保障法与劳动法同属于社会法的范畴，但国内学者关于劳动法和社会保障法的关系还存在争论，应尽快明确"。⑤ 李长健提出，在私法公法化的背景下，伴随着法律社会化、经济社会化的脚步，公法、私法和社会法（第三法域）的法律制度均需要进行制度整合，从而实现制度和谐。总之，这些论述有一个共同点就是，将社会法看作公法、私法之外的第三法域，而且将社会法与第三法域直接等同。

"现代法律体系的宏观结构由公法、私法和社会法三方面构成，而公法、私法和社会法三方面各自又都有自己的结构，它们就是各个法律部门。"⑥

---

① 〔日〕金译良雄：《经济法概论》，满达人译，甘肃人民出版社，1988，第31—32页。
② 竺效：《社会法意义辨析》，《法商研究》2004年第2期。
③ 赵红梅：《私法社会化的反思与批判》，《中国法学》2008年第6期。
④ 何自荣：《社会法基本问题探究》，《昆明理工大学学报》2009年第8期。
⑤ 邵艳：《劳动法和社会保障法关系的再认识》，《今日湖北》2013年第2期。
⑥ 伍文义：《我国的法律部门体系与经济法》，《贵州民族学院学报》2004年第2期。

2. 对第三法域说的批判分析

社会法是"私法与公法相融合的产物"①，兼具两者的性质特征，而且公法成分重于私法成分，但公私法融合的法律不一定都是社会法。一些学者"在浑然未觉之际接纳的第三法域即为社会法的观念，其实充满着矛盾和不确定性"。② 诚然，社会发展到今天，"法律的发达已经突破了两千年前传统公法与私法所能承载的极限，出现公法与私法之外其他性质的法律是历史的必然选择，也是现实的体现。如果'公法－私法'二元法律结构与其所处的时代相互映衬，那么，'公法－公私融合法－私法'的法律结构，也就与当代社会的实际相匹配"。③ 也就是说，第三法域的存在有其合理性和客观必然性，但第三法域不等于社会法，社会法也不等于第三法域。拉德布鲁赫在谈到公私法之外的"第三类"法律领域时，并没有提出"第三法域"的概念，更没有说"第三法域"等于社会法。他说，"（公法和私法）这两类法律逐渐不可分地渗透融合，从而产生了一个全新的法律领域，它既不是私法，也不是公法，而是崭新的第三类：经济法与劳动法"。④ 他认为，这个"第三类"法律领域，与私法和公法概念一样，"不是实证法的概念"，"也不能满足任何一个实证的法律规则"，但它"可以为所有法律经验做先导，并且从一开始就为每个法律经验主张有效性"，因此是"先验的法律概念"。⑤ 哈贝马斯谈到了社会法的混合性质特征，也没有将公私法融合的法称为社会法。他说："在社会福利国家的工业社会中，各种社会关系越来越多，她们无法再用私法或者公法加以分门别类；它们促进了所谓社会法的诞生。"⑥ 哈贝马斯认为，公私法交融促进了社会法的产生和发展，并没有说这类法律就是社会法。笔者多次到德国做访问和交流，可以说对德国社会法属于公法几乎没有争议。正因为如此，我国

---

① 李宁等：《社会法的本土化建构》，学林出版社，2008，第58页。
② 扈春海：《社会法的界定论》，载林嘉主编《社会法评论》第3卷，中国人民大学出版社，2008，第150页
③ 郑尚元：《社会法定位与未来》，《中国法学》2003年第5期。
④ 赵红梅：《私法社会化的反思与批判》，《中国法学》2008年第6期。
⑤ 〔德〕拉德布鲁赫：《法哲学》，王朴译，法律出版社，2005，第127页。
⑥ 〔德〕哈贝马斯：《公共领域的结构转型》，曹卫东译，学林出版社，1999，第176页。

也有学者提出，社会法"在本质上属于公法，因社会法产生的法律关系应当适用公法的规则及程序来解决"。[①] 我国学者吴传颐认为，目前，社会法"在法域的广漠上，几乎颠倒了从来公法、私法的顺位"，"社会法领域中，不再有公法、私法的对立，只有两种法域的渗透"。[②]有学者认为，这是社会法属于第三法域的铁证。其实，吴传颐还说过这样的话："社会法还在形成中，它本质的特征，一时还难详述。"[③] 退一步说，即便他认为社会法是一个法域，也只是一家之言，不能作为社会法就是法域的证据。事实上，从学术研究对于社会发展的作用来看，将社会法看作"法律部门"无疑更具有现实性、务实性和实际意义。[④]

四　其他主张和学说

1. 社会安全说

这种观点认为，社会法是维护社会安全之法，维护社会安全的法都是社会法。如毛德龙、王燕称，德国有些学者将社会法等同于社会安全法，后来中国台湾地区一些学者也持这一观点。[⑤] 我国台湾地区学者郭明政认为，在德国"以社会安全法作为社会法之内涵与范畴之见解，可谓已受到普遍支持，是通说（形成共识）"；"社会法乃指独立法域之社会安全法，可谓已少有质疑"。[⑥] 王泽鉴也认同社会法为社会安全法。1989 年他所执笔的"劳工法与社会法"专章将两者明确区分，"并将社会法定位为社会安全法之法律"，依其说明，"社会法"（Sozialrecht）是以"社会安全立法为主轴所展开的"，"大凡社会保险法、社会救助法、社会福利法（儿童、老年、残障福利）、职业训练法、就业服务法、农民健康保险法等均属社会

---

① 杨士林：《社会法的公法属性——以德国法为例》，《公法评论》第 6 卷，北京大学出版社，2009。
② 吴传颐：《社会法和社会法学》，《中华法学杂志》1948 年第 1 期。
③ 吴传颐：《社会法和社会法学》，《中华法学杂志》1948 年第 1 期。
④ 董文勇：《社会法与卫生法新论》，中国方正出版社，2011，第 19 页。
⑤ 毛德龙、王燕：《近年来中外社会法研究述评》，《东方论坛》2008 年第 1 期。
⑥ 郭明政：《社会法之概念、范畴与体系——以德国法制为例之比较研究》，《政大法学评论》第 58 期，1997 年。

法研究之范畴"。① 陈继胜认为，最狭义的社会法是指"社会保险、社会救助及社会福利等社会安全法"。② 郑尚元认为，社会法是以实在法存在先于社会法理论而展现在世人面前的，实在法的表现在德国、法国主要包括社会保障法、教育法、环境法、消费者权益法等，"举凡涉及社会安全、可持续发展方面的法律都被纳入该范畴"。③ 董保华认为，社会法的根本目标是，"增进人类社会共同福祉，维护社会安全"。④ 刘辉认为，社会法的目标之一就是"维护社会安全"。⑤ 总体上说，社会安全说在我国还没有形成气候，而且"以社会安全法独占社会法的概念表达并不准确、妥当"。⑥ 首先，以"社会安全"定义和概括社会法的本质及内涵太过宽泛。广义的社会安全一般指"整个社会系统的安全"；狭义的社会安全是相对于经济安全和政治安全而言的，指"除经济子系统与政治子系统之外其他社会领域的安全"。⑦ 而社会法上的安全仅指公民的"生活安全"，不包括其他安全。民法、刑法、行政法等都涉及社会安全，不能说这些法律都是社会法。如民法保护交易安全，刑法保护人身和财产安全等，都是社会安全的一部分。有学者认为，社会安全不是社会法"唯一内涵或核心内涵，而是包含更广泛的内容"⑧，就更没有道理了。其次，法律无法从全部人类行为方式中独立出来。后自由资本主义时代，国家纷纷制定政策和法律，对市场进行干预，"给国家增添了一些自由主义时代不具备的功能"。⑨ 以福利国家为例，其所奉行的安全目标要求对社会需求作出重新认识，将社会成员普遍的对于

---

① 郭明政：《社会法之概念、范畴与体系——以德国法制为例之比较研究》，《政大法学评论》第 58 期，1997 年。
② 郭明政：《社会法之概念、范畴与体系——以德国法制为例之比较研究》，《政大法学评论》第 58 期，1997 年。
③ 郑尚元：《社会法的特有属性与范畴》，《法学》2004 年第 5 期。
④ 董保华：《社会法原论》，中国政法大学出版社，2001，第 9 页。
⑤ 刘辉：《质疑经济法的社会法属性》，《求索》2009 年第 12 期。
⑥ 赵红梅：《第三法域——社会法学说之"革命"意义》，载林嘉主编《社会法评论》第 3 卷，中国人民大学出版社，2008，第 98 页。
⑦ 周浩、万春明：《维护社会安全——以社会法功能为视角》，《经济与法律》2011 年第 6 期。
⑧ 郭明政：《社会法之概念、体系与范畴——以德国法制为例之比较研究》，《政大法学评论》第 58 期，1997 年。
⑨ 〔德〕哈贝马斯：《公共领域的结构转型》，曹卫东译，学林出版社，1999，第 175 页。

安全生活的期待视为最重要的愿望和利益，通过全面规划适合于缓解工业社会风险的福利项目，进行普遍性的福利供给，为社会成员搭建稳固的社会安全网络。[1] 显然，这些是社会法的基本内容，也是其他法律如宪法、行政法甚至刑法保护的重要内容之一。也就是说，法律与法益目标不存在一一对应关系。因此，以社会安全定义社会法、将社会法理解为社会安全法是错误的。

2. 民法现代化说

（1）民法现代化说的主要内容。19 世纪以后，面对市场垄断、劳资纠纷、环境污染等问题，很多学者提出民法现代化的命题。也就是说，在坚持民法对规范社会生活的确定性的同时，适时而主动地变革民法，使其适应丰富多彩的社会生活的需求，起到"市民社会宪章"的作用，使民法的"立""废""改"成为人们的自觉而理性的行为，"把民法现代化置于社会的发展视野之中"。[2] 特别是第三法域的崛起和发展，相对于传统民法典的基本精神而言，是"异类的、多样的"。[3] 比如，基准立法和"附合合同"（Abhesion Contract）的概念给传统民法出了一个二律背反的难题：一方面，要限制契约自由，以谋求"契约之合理化及社会化"；另一方面，为使私法和合同的根本精神不致被扼杀殆尽，又要坚持合同"以合意为基础"。[4] 一些学者认为，民法现代化，可以使之具有解决现代问题的包容性，为民法发展提供观念上的先导，因为"法律必须稳定，但不能一成不变"。[5] 如梅迪库斯将商法、经济法、劳动法、私保险法等看成"特别私法"，认为它们之间虽有区别，但就共有的私法因素而言，并无差别。[6] 他说，在民法和特别私法之间不可能"划出一条清晰的界限"，原因是"各特别私法没有自成一体的规则"，而且"对于特别私法与民法之间的划界缺少一种必要的体系上的理由"。但他也承认，经济法、劳动法和私保险

---

① 陈治：《福利供给变迁中的经济法功能研究》，法律出版社，2008，第 44 页。

② 辜明安：《中国民法现代化研究引论》，《社会科学研究》2004 年第 4 期。

③ 〔美〕梅利曼：《大陆法系》，顾培东等译，法律出版社，2004，第 159 页。

④ 史尚宽：《债法总论》，荣泰印书馆，1954，第 5 页。

⑤ 〔美〕卡多佐：《法律的生长》，刘培峰等译，贵州人民出版社，2003，第 3 页。

⑥ 赵红梅：《私法社会化的反思与批判》，《中国法学》2008 年第 6 期。

法"在许多方面已经超越了私法及于公法的界限"。① 我国学者陆季藩认为，社会法"乃民法原理转变中之产物，在形态上，虽与民法立于反对地位，而其实质并不否定民法，不过予以限制耳。其在效用上，与民法互为表里，以达维持现代经济组织之目的"。② 梁慧星认为，现代经济技术与社会发展所产生的诸多严重社会问题，促成了民法制度与民法思想的变迁，由近代民法演变成现代民法，其主要特征是追求实质正义与社会妥当性。③ 苏永钦将商法、经济法和劳动法等称为"特别民法"。他说，"在这些'真正'的特别民法之外，我们还可以看到不少民事规范，虽具有自治规范的外形，也就是说，以各种私权及基于自由意思形成的法律行为建构私人间的法律关系，却与国家管制的理念不但不对立，反而有某种微妙的牵连"④；"许多特别民法本身，就是管制的辅助工具或替代，足见现代的私法自治与管制从来就不是壁垒分明，而是枝繁叶茂，广义的民法，已经越来越难勾勒出它的图像了"。⑤ 星野英一将类似的法律包括社会法称为"现代民法"。他说，"可以说现代民法直率地盯准了由于把弱者作为强者处理而产生的痛苦与烦恼，并正在对此采取相应的对策"⑥，"向保护弱者、愚者的方向大大地前进了"的法是"民法中的'人的再发现或复归的方向'"。⑦ 也有学者提出，将消费者权益保护法看成民法的"特别法"，是"现代民法"对"传统民法"的重大理论突破。⑧ 总之，这种观点认为，包括社会法在内的很多第三法域的法是民法现代化的结果，是"特别私法"或"特别民法"，其私法本质没有发生根本改变。

（2）民法现代化说的批判分析。事实上，社会法和第三法域的法律理

---

① 〔德〕梅迪库斯：《德国民法总论》，邵建东译，法律出版社，2000，第18页。
② 张世民：《经济法历史渊源原论》，中国民主法制出版社，2002，第255页。
③ 梁慧星：《从近代民法到现代民法——二十世纪民法回顾》，《中外法学》1997年第2期。
④ 苏永钦：《走入新世纪的私法自治》，中国政法大学出版社，2002，第12页。
⑤ 苏永钦：《走入新世纪的私法自治》，中国政法大学出版社，2002，第9页。
⑥ 〔日〕星野英一：《私法中的人》，王闯译，载梁慧星主编《为权利而奋斗》，中国法制出版社，2004，第81页。
⑦ 〔日〕星野英一：《私法中的人》，王闯译，载梁慧星主编《为权利而奋斗》，中国法制出版社，2004，第82页。
⑧ 李友根：《从平等走向倾斜——对消费者保护法的回顾与展望》，《法学论坛》2008年第3期。

念用"民法现代化"或"现代民法"的概念是包含不了的。而且，民法的社会化是相当有限的，很多现代性的问题所涉及的社会关系的性质已发生质变，"从单纯的私法关系演变为公法关系或公私法交叉融合的关系，不适合作为私法的民法调整"。① 民法调整的是形式平等的法律关系，这是民事法律关系区别于其他法律关系的显著标志。从第三法域的崛起和社会法的起源与发展可以看出，由于私法自身的缺陷和解决社会问题的不足，国家不得不运用公共权力对某些私人领域进行干预，"在确立私法自治原则的同时，强调以原则性规范控制法律行为，主张将国家统制性法规和公序良俗原则引入对法律行为的控制机制"②，而且法律开始承认"社会上、经济上的强者和弱者的存在，并且以抑制强者、保护弱者为特征"。③ 从实践中看，公共权力对私法干预的主要表现如下。④ 第一，对所有权绝对的限制。所有权绝对是传统私法原则，在罗马法中，所有权的权能中包括滥用权。这一原则在私法公法化过程中得到修正。如法国民法典第544条规定："所有权是对于物有绝对无限制地使用、收益和处分的权利，但法律所禁止的使用不在此限。"⑤ 德国1919年魏玛宪法明确规定："所有权负有义务，其行使应当同时符合公共利益。"二战后，日本民法也增补了有关所有权限制的内容。第二，在契约规则上，从追求形式正义到追求实质正义，对经济上的弱者给予特殊的保护。如在消费合同中规定生产者、经营者承担"先契约义务"，在分期买卖合同中规定消费者的撤销权、限制期限利益丧失条款的内容等。第三，在工业事故、环境污染、产品侵权等行为领域实行"无过错责任"原则。无过错责任原则的确立，加强了对受害人特别是社会弱者的法律保护。其直接后果是，这些法律规定从根本上颠覆了民法"意思自治""责任自负""平等协商"等原则。比如，劳动合同的条款，由于直接受制于国家规定劳动条件和工资保障的法律、法规，

① 赵红梅等：《环境权的法理念解析与法技术构造——一种社会法的解读》，《法商研究》2004年第3期。
② 董安生：《民事法律行为》，中国人民大学出版社，1994，第33页。
③ 董保华：《社会法原论》，中国政法大学出版社，2001，第58页。
④ 胡小红：《现代民法、现代行政法及社会法三者关系简释》，《河北法学》2000年第1期。
⑤ 《拿破仑法典》，李浩培等译，商务印书馆，1996，第72页。

其缔约及效力又受到集体谈判和集体合同的约束，其使劳动合同极具社会性品质，与传统民事合同有本质的不同。有学者将其解释为民事"合同的异化"①，是不正确的。又如，私法意义的赠与合同为实践性合同，而社会法上的捐赠合同为诺成性合同，我国《合同法》对此也做了明确区分。该法第186条规定：赠与人在赠与财产的权利移交之前可以撤销赠与，但是具有救灾、扶贫等社会公益、道德义务性质的赠与合同或者经过公证的赠与合同，不适用前款规定。由此看出，社会法上的合同是民事合同包括不了的，二者的性质根本不同。金泽良雄在谈到民法和经济法的差别时说："民法中的公共道德或公序良俗条款，可以说是民法与经济法的一个'衔接点'，被认为违反了公序良俗条款的行为，即超出民法调整的范畴，而须由经济法的反垄断法和反不正当竞争法来作具体调整。"② 概言之，经济法、社会法、环境保护法、消费者权益保护法等第三法域的内涵和本质是私法和民法包含不了的，用"民法现代化""特别私法""特别民法"等概念也是解释不了的。

3. 特殊行政法说

这种观点认为，社会法是对特别行政关系加以调整的法律规范的总称，是一种特殊或特别的行政法，属公法范畴。如有学者提出，社会法"属于行政法的范畴"③；有学者提出，从某种意义上讲，"社会法属于特殊的行政法"④；也有学者提出，社会法"为特别行政法，并且主要为隶属于给付行政"。⑤ 我国台湾地区学者谢荣堂认为，社会法包括社会保险制度、社会补偿与福利服务、社会救助制度等，是一种特殊的行政法，主要隶属于给付行政。⑥ 他将法国、德国的社会法称为社会行政法，认为"社会法即为国家实现上述义务之重要基本法律制度"⑦，"由法律特性与属性观之，

---

① 史际春等：《合同异化与异化的合同》，《法学研究》1997年第3期。
② 史际春等：《大陆六法精要·经济法》，月旦出版公司，1994，第14页。
③ 胡小红：《现代民法、现代行政法及社会法三者关系简释》，《河北法学》2000年第1期。
④ 李蕊等：《历史视角下的社会法范畴》，《北京科技大学学报》2007年第2期。
⑤ 谢荣堂：《社会法入门》，元照出版公司，2001，第18页。
⑥ 谢荣堂：《社会法入门》，元照出版公司，2001，第18页。
⑦ 谢荣堂：《社会行政法概论之一》，《华冈法粹》2004年第32期。

社会法主要属于公法领域"。① 应该说，谢荣堂对社会法内涵和外延的概括是比较准确的，但他将社会法定性为社会行政法是错误的。也有学者提出，社会行政法是调整特定社会关系并解决特定社会问题以实现社会过程的部门行政法，并指出应当合理分配社会行政法的立法权。② 德国的汉斯·F. 察哈尔教授认为，社会法的"核心部门就是社会保险法"，社会法"在原则上属于公法范畴"③，并且属于公法中的行政法范畴。从实践中看，德国行政法上的主要原则，如依法行政、合理行政等原则仍适用于社会行政法领域，个人的社会给付请求权是公法上的给付请求权，社会法上的争议为公法上的争议，由社会法院解决。德国《社会法院法》第1 条明确规定："社会法院为特别行政法院。" 为什么德国将社会法认定为公法？因为其内涵和外延很明确指的是社会保障法。与一般的干涉行政不同，社会法属于给付行政的范畴。德国社会法不包括劳动法，劳动法被认为是私法。根据立法部门的阐述，我国社会法主要调整劳动法律关系、社会保障法律关系、特殊群体保护法律关系等④，因此用"社会行政法"的概念是包含不了的。而且，社会法与行政法有本质的不同。行政法是完全的公法，在行政管理事项中只有强制性规范，没有"意思自治""平等协商"等内容，不存在商议的可能性。也就是说，行政法上所有的行为都是确定的，当事人只有遵守的义务，行政机关也只有执行的义务，比如，对于行政罚款不能由行政机关和当事人商量，只能根据违法行为的性质和情节严格按照法律规定执行。又如，对于行政法规定的行政行为，行政机关只能依法实施，否则就是违法，行政机关不能与相对人商量如何"作为"或是"不作为"。社会法不一样，在基准法之上，当事人可以自行协商。比如，对于劳动合同，除了法律规定的最低工资标准、最低劳动条件等之外，当事人都可以协商，而且对于超出最低标准之上的部分，当事人也可以协商。再如，法律规定职工必须参加社会保险，这是强制性规

---

① 谢荣堂：《社会法入门》，元照出版公司，2001，第 18 页。
② 参见张淑芳《社会行政法的范畴及规制模式研究》，《中国法学》2009 年第 6 期。
③ 〔德〕汉斯·察哈尔：《德意志联邦共和国的社会法》，于李殷译，《中外法学》1984 年第 1 期。
④ 杨景宇：《我国的立法体制、立法体系和立法原则》，人民网，2004 年 3 月 2 日。

范,社会保险主管机关与当事人不能协商,职工只能参加。但社会保险法没有完全排除协商的内容,即在最低缴费档次之上,二者可以商定多缴(当然也有最高限额)。这些都是社会法与行政法的本质不同。由于二者有本质的不同,笔者认为,将社会法归结为行政法是错误的。法律的确定性的意义自不待言,必须对社会法的性质、定位作出清晰界定,对错误思想予以澄清和批判。正如拉德布鲁赫所说:"法律上的效力只能在毫不脱离民众生活实际的情况下才能实现,否则民众生活就会拒绝服从它;一项法律只有在其实际运用于大多数情况下都能指望切实可行时,才会'产生效力'。"① 也就是说,法律不能脱离社会生活,否则就不被认同和遵守,其存在的意义就等于零。

---

① 〔德〕拉德布鲁赫:《法学导论》,米健等译,中国大百科全书出版社,1997,第 2 页。

| 第四章 |

社会法的基本原则

　　法律原则是指在一定法律体系中作为法律规则的指导思想、基础或本源的、综合的、稳定的法律原理和准则，它直接决定了法律制度的基本性质、内容和价值取向，是法律制度内部和谐统一的重要保障。法律实证主义"试图将价值考虑排除在法理学科学研究的范围之外，并把法理学的任务限定在分析和剖析实在法律制度的范围之内"[①]，反对理性法的任意性和不确定性，倡导复杂的社会需要高度的法的确定性。法律实证主义者认为，"只有实在法才是法律，而所谓实在法，在他们看来，就是国家确立的法律规范"。[②] 以致弗里德曼认为，法律原则不存在。[③] 自然法学家坚持法律原则的有效性，如德沃金在分析美国纽约州法院审理的著名的里格斯诉帕尔玛（*Riggs v. Palmer*）案中，明确使用了"正义"与"公平"的一般原则。他说："虽然这些原则没有在实在法中得到明确的阐述和正式的表示，然而它们却对司法自由施以了实质性的限制。"[④] 从法理上看，法律原则又分为一般法律原则和特殊法律原则。一般法律原则是体现所有法律共性的东西，如正义、平等、公平等；特殊法律原则是指某一法域或法律

---

① 〔美〕博登海默：《法理学——法律哲学与法律方法》，邓正来译，中国政法大学出版社，1999，第 116 页。

② 〔美〕博登海默：《法理学——法律哲学与法律方法》，邓正来译，中国政法大学出版社，1999，第 116 页。

③ R. M. Hare, *Freedom and Reason*, Oxford: Clarendon Press, 1963, pp. 30 – 50.

④ 〔美〕博登海默：《法理学——法律哲学与法律方法》，邓正来译，中国政法大学出版社，1999，第 116、127 页。

部门所适用的、体现其基本价值的原则，如公法和私法有不同的法律原则，宪法和民法也有不同的法律原则。根据马克思主义基本原理，一般法律原则与特殊法律原则是法律现象中普遍性与特殊性、共性与个性的关系。比如，民法的基本原则中既有体现所有法律共性的原则如平等原则、公平原则、守法原则，也有体现其自身特殊性的原则如意思自治原则、诚实信用原则、公序良俗原则等，尤其是诚实信用原则，自罗马法以来在各国民法典上具有万能条款般的功能，被称为"帝王条款"① 和民法的最高原则，却不能说是所有法律的"帝王条款"和最高原则。同样，社会法作为一个法律部门，除了遵循一般法律原则外，还有一些体现自身价值的特殊法律原则。

第一节　基准法原则

根据罗马法传统，"公法的规范不得由个人之间协议而变更"，而私法的原则中，"协议就是法律"。② 也就是说，公法规范是命令性的、强制性的，只能无条件地服从和执行，否则就是违法。因此，公法普遍遵循法定原则，如"罪刑法定""依法行政"等。而私法以意思自治和等价有偿为特点，任何强制和暴力威胁都是违法，它遵循的是约定原则，如"契约自由""平等协商""等价有偿"等。作为第三法域的法，社会法有一个基本原则即"基准法原则"同样体现了公私法的混合特征。其具体做法是：运用公法的法定和强制手段，明确处于相对弱势一方主体的基准权利，严格相对强势一方主体的基准义务，对这个基准当事人只能遵从，不能放弃也不能协议变更，在这个基准之上可以由当事人进行约定，实行平等协商的私法原则。比如，最低工资标准是一种基准法，对这个基准当事人只能遵从而不能协商和放弃，但对超过最低工资的部分可以协商和约定。

---

① 刘宗荣：《定型化契约论文专辑》，三民书局，1989，第 57 页。
② 江平：《罗马法精神在中国的复兴》，载杨振山主编《罗马法——中国法与民法法典化》，中国政法大学出版社，1995，第 3—4 页。

一　社会基准法产生的背景

1. 私法原则及其实质

私法原则的核心理念是"意思自治"，其理论基础是私权神圣和身份平等。私权神圣是市民成为法律主体的最基础条件，而身份平等是市民社会中真正能够体现私权神圣的路径，意思自治作为两个理念共同作用的对象，是市民社会中的最高理念，也是市民法得以延续其精神的集中体现。[①]作为私法自治的核心，意思自治是指私人间的法律关系应取决于个人的自由意志，即合同当事人可以自由选择处理合同争议所适用的法律原则，这是确定合同准据法的最普遍的原则。也就是说，在民事活动中，除非法律有强制性规定，各民事主体可以自主地决定自己的行为，交易各方可以自由约定他们之间的权利义务关系。该原则在现行法上的体现就是法律行为自由原则，并具体表现为契约自由和遗嘱自由。[②]

意思自治理念源远流长，肇始于古希腊和古罗马时期。其发展为一项法律原则，即合同领域内的当事人意思自治在中世纪意大利学派的学者萨利塞的著作中就有萌芽。而后期注释法学派的代表人物罗朱斯·库尔蒂乌斯开辟了合同法律选择的真正道路。他认为，合同之所以适用行为地法是因为当事人同意适用该法，这就为当事人可以选择另外一种法律开辟了道路。[③] 到16世纪，法国的理查士·杜摩兰将之发展为完整的"意思自治说"。他主张契约应适用当事人自己选择的准据法，法院也应推定当事人意欲适用什么准据法来确定契约的实质要件和效力。之后，"意思自治"逐渐发展为近代民法及其合同的精髓和核心。法国学者卡尔波尼埃认为，根据"意思自治"原则，当事人的意志是双方权利义务的渊源及发生的根据。在民法体系中，一切债权债务关系只有依当事人的意志而成立，才具有合理性。[④] 因此，合同优先于法律，法律不过是执行当事人协议的工具，

---

① 苏号朋：《民法文化：一个初步的理论解析》，《比较法研究》1997年第3期。
② 梁慧星：《民法总论》，法律出版社，1997，第151页。
③ 〔法〕巴笛福：《国际私法各论》，曾陈明汝译，中正书局，1979，第277页。
④ 尹田：《法国现代合同法》，法律出版社，1995，第13页。

法官乃是利用法律手段、根据合同约定来帮助受损害一方的当事人。进入19世纪，自由资本主义发展到鼎盛时期。意思自治由于与资产阶级倡导的契约自由理论相吻合，得到许多资产阶级法学家的赞同，如德国法学家萨维尼、意大利法学家曼西尼、美国法学家斯托里等都支持这一学说。其中，曼西尼的贡献最大。他将当事人意思自治提高到合同法律适用的基本原则的高度，从理论上对当事人意思自治原则给予了全面和最高的评价，确定了意思自治原则的理论基础。此后，意思自治被奉为支配整个民法的最高原则和私法根本价值之所在。

私法是市民社会的法，而市民社会是作为市场经济的同构体存在和发展的。① 根据传统私法理念，行使自己的权利，无论对于任何人，皆非不法，且市场经济"是自律性地展开的，国家的任务仅仅在于排除对这种秩序的干扰，而对所有自治性领域，国家则不应该加以干涉"。② 亚当·斯密将之诠释为"最小"意义的国家，认为国家在自由放任的市场体制中只充当"守夜人"的角色，对经济发展和运行不起直接的作用。具体来说，国家的职能体现在三个方面，"第一，保护社会，使不受其他独立社会的侵犯。第二，尽可能保护社会上各个人，使不受社会上任何其他人的侵害和压迫，这就是说，要设立严正的司法机关。第三，建立并维持某些共同事业以及某些公共设施"。③ 因此，国家不应该也无权干涉个人的权利和自由。这种观点的思想理论基础正是个人自由和意思自治，在本质上是资产阶级的利益和要求在资本主义发展特定历史阶段的体现和反映。康德对市场经济的法律制度也做了概括和总结。他说："人最适合于服从他给自己规定的法律——或者是给他单独规定的，或者是给他与别人共同规定的法律。"④ 也就是说，在市场经济条件下，处于平等地位的经济人，按照自己的判断，以主体地位平等、机会均等为基础，自主地参与市场竞争，是最

---

① 袁祖社：《市场经济与现代"市民社会"的文化》，《陕西师范大学学报》（哲学社会科学版）2004 年第 5 期。

② 〔日〕大须贺明：《生存权论》，林浩译，法律出版社，2001，第 12 页。

③ 〔英〕亚当·斯密：《国民财富的性质和原因的研究》（下），商务印书馆，1974，第252—253 页。

④ 〔德〕康德：《法的形而上学原理》，沈叔平译，商务印书馆，1991，第 26 页。

高的"善"和市民社会的最高准则。近代自然法学兴起以后，个人权利和自由被进一步强化，资产阶级国家普遍提出了"所有权神圣不可侵犯"和"绝对财产权"的口号。尽管法国民法典第544条明确规定所有权的行使受"法律所禁止的使用"的限制，但其在当时并非主流法律思想，主流法律思想是所有权"绝对无限制"，尤其是对土地所有权的效力作出的"上达九天，下达地心"的极端解释①，使很多社会矛盾不断加剧。

2. 私法原则的不足与反思

古典经济学家认为，市场是一台运作精巧、成本低廉、效益最佳的机器，其有效地调节经济运行和各个经济主体的活动。② 也就是说，市场作为"看不见的手"引导和调节经济活动，在资源配置中发挥基础性作用。尤其是自由资本主义时期，个人主义与自由主义思想盛行，个人权利被视为与生俱来、不可剥夺的权利。因此，这一时期的法律更多的是强调对个人权利的保护而不是限制。但是，市场本身存在许多天然缺陷。首先，规模报酬递减导致垄断形成。由于规模效应的存在，企业通常采用扩大生产规模或兼并的方式降低成本，最终由一个或几个企业生产市场上需要的全部产品，实现产品成本最低，形成垄断。垄断的形成在事实上摧毁了市场发挥功能的完全竞争性假设。其次，市场个体在经济活动中与其他经济主体和社会之间不可避免要相互影响，即外部效应。但市场本身没有对这些外部效应进行评价的机制，不能通过价格制度对资源在有好的外部经济效果和坏的外部经济效果的生产者之间进行分配，也没有促使边际社会成本等于边际社会效益的机制。再次，交易成本、信息交流的障碍以及知识和理性缺乏。在市场经济中，并非所有参与市场交换的人都能得到别人自愿提供的有关商品交换条件的各种信息，也不是所有愿意提供商品交换信息的人都能有效地将信息传递给其他交易者。信息交流的障碍是交易成本增加的重要因素。最后，分配上的不公平。单靠市场机制的作用，财富分配过分悬殊和社会成员的两极分化是不可避免的。从长期趋势看，在财富日益向少数人集中的同时，穷人和富人在人力资本上的积累也出现越来越大

---

① 郑玉波：《民法总则》，三民书局，1979，第406页。
② 曹沛霖：《政府与市场》，浙江人民出版社，1998，第223页。

的差距，形成穷者越穷、富者越富的"马太效应"。①也就是说，根据私法原则进行的所谓的平等竞争，其实质是弱肉强食，优胜劣汰，结果必然导致两极分化；在劳动与资本平等交易的背后是资本对劳动的强制性支配，结果一方面是财富的积累，另一方面则是贫困的积累。因为契约自由的流弊是，其常使"经济上的强者利用契约为欺压弱者的工具"，或以契约自由掩盖而产生"影响社会公序良俗的事情"②，而且"利益就其本性说是盲目的、无止境的、片面的，一句话，它具有不法的本能"。③

但是，以民法为主体的私法对这一切是无能为力的。民法上的所有权自由、契约自由和过失责任"三大原则"乃是奠基于近代市民法将"人"抽象地把握在自由平等的法人格基础上，而事实上，具体的社会生活中"人"是不可能真正平等的，而且这种差距会随着资本社会的发展而增大，并造成社会不稳定。比如，在自由资本主义早期，奉行自由放任主义，雇佣劳动关系被视为纯粹的私法关系，国家基本上采取不干预态度。后来，人们逐渐认识到，尽管法律规定雇佣关系双方地位平等，但由于双方经济地位和实力悬殊，对于弱势劳动者来说，其不可能有真正意义的平等。在自由原则下订立的雇佣合同不但不能使劳动者的生存状况有所改观，反而使其越来越糟糕，劳工问题日渐突出。这时，以"意思自治"和"契约自由"为基础的自由权"便以保障形式上的平等为后盾，压倒性地有利于有产者而不利于无产者，使两者之间的不平等和差距极大地扩大开来了。自由能使有产者获得利益，但对于无产者却形同充饥之画饼，因而形式上之平等越受保障，矛盾就越为深刻"。④ 正如伯纳德·施瓦茨所说："对那些为了换取不足维持生计的报酬而出卖血汗的人说合同自由，完全是一种尖刻的讽刺。"⑤ 也就是说，这时候的"劳工权利在私法领域是无法得到真正保障的"。⑥ 对此，列宁尖锐地指出："只要还存在着市场经济，只要还保持着货币权力

---

① 曹沛霖：《政府与市场》，浙江人民出版社，1998，第 223 页。
② 习荣华主编《法律之演进形式》，汉林出版社，1977，第 122 页。
③ 《马克思恩格斯全集》第 1 卷，人民出版社，1956，第 179 页。
④ 〔日〕大须贺明：《生存权论》，林浩译，法律出版社，2001，第 34 页。
⑤ 〔美〕伯纳德·施瓦茨：《美国法律史》，王军等译，中国政法大学出版社，1997，第 211 页。
⑥ 林嘉：《论社会保障法的社会法本质》，《法学家》2002 年第 1 期。

和资本力量，世界上任何法律都无法消灭不平等和剥削。"① 19 世纪中期以后，自由主义和放任主义造成了种种弊端，以致各种社会矛盾空前激化，经济危机更加频繁和深重，社会生活动荡不安。由此，权利绝对的思想开始引起社会各界反思，法权观念也逐渐发生变化，人们开始呼吁对个人权利的限制，实现法律利益从以个人为本位向以社会为本位的转变。②

事实上，在古罗马时期就已萌发出限制权利滥用的思想，其认为"极端的权利"是"最大的非正义"③，但这种思想一直不处于主流和支配地位。在资本主义发展早期，一些自由主义思想家也看到了，市场机制除了具有很多优点以外，也存在一些内在缺陷，如约翰·穆勒认为，"不干预原则在一些情况下不一定适用，或不一定普遍适用"，"有时政府干预对实现当事人的一些愿望是必不可少的"。④ 在我国，很多学者对古典自由主义者倡导的"自由放任"思想和最低限度的"守夜人"式的国家有一种误解。其实，正如哈耶克所说，古典学派原则上反对的政府"干涉"或"干预"（Interference or Intervention）仅指那种对一般性法律规则旨在保护的私域的侵犯，他们所主张的并不是政府永远不得考虑或不得关注经济问题，实施普通法的一般性规则当然不能被视作政府实施的干预⑤，因为"经济活动的自由，原本意指法治下的自由，而不是说完全不要政府的行动"。⑥ 而且，新自由主义者也不是完全排斥国家干预的作用，他们反对的是国家不适当的干预。哈耶克明确指出："一个功效显著的市场经济，乃是以国家采取某些行动为前提的；有一些政府行动对于增进市场经济的作用而言，极有助益；而且市场经济还能容忍更多的政府行动，只要它们是符合有效市场的行动。但是对于那些与自由制度赖以为基础的原则相冲突的政府行为，必须加以完全排除，否则自由制度将无从运行。"⑦ 布坎南也说："我认为，无论怎么声称经济人或者说一个

---

① 《列宁全集》第 13 卷，人民出版社，1987，第 124 页。
② 梁慧星：《民法》，四川人民出版社，1988，第 322 页。
③ 〔法〕雅克·盖斯坦、〔法〕吉勒·古博：《法国民法总论》，陈鹏译，法律出版社，2004，第 701 页。
④ 〔英〕约翰·穆勒：《政治经济学原理》（下），胡企林等译，商务印书馆，1991，第 372 页。
⑤ 〔英〕哈耶克：《自由秩序原理》（上），邓正来译，三联书店，1997，第 279 页。
⑥ 〔英〕哈耶克：《自由秩序原理》（上），邓正来译，三联书店，1997，第 4 页。
⑦ 〔英〕哈耶克：《自由秩序原理》（上），邓正来译，三联书店，1997，第 281 页。

为自身考虑的人的存在是不能够解决所有问题的。我们不否认还有很多促动因素。"① 这里所谓"促动因素"实际上就是国家对经济的干预作用。凯恩斯从三大心理规律的作用出发，提出有效需求不足理论，最后论证了必须"让国家之权威与私人之策动力量互相合作"的结论②，即为了消除自由经济体制中的"显著缺点"，保证经济的顺利运行，必须由国家对经济和社会生活进行干预。当然，二者又有很大的不同。新自由主义者反对凯恩斯主义的全面干预，认为国家完全没有必要对经济生活进行全面干预，这只会妨碍市场机制发挥作用，使人们对政府形成依赖、产生懒惰，失去自由竞争、创新的精神。政府的职责乃是保证市场经济作用的顺利发挥，并为之创造必要的条件。新保守主义者甚至认为，严格的自愿交换实际上是不可能的，"对于社会来说，不论是作为一种理论还是在现实生活中，都不存在纯粹的……市场经济"③，市场经济只有借助国家的力量才能运行，因为"在某些事情上，市场是无能为力的。市场不能提供国防"④，市场的这些缺陷使国家干预具有必要性。根据民法传统，自然人的疾病及其身体状况属于法律所保护的当事人的隐私，它天然地排斥政府的干预，包括社会化公开。但是如2003 年我国的 SARS 病毒和疾病是一种能够引发公共健康和公共安全等一系列问题的、超越了私人生活范畴的公共事件，需要对各种资源都具备有效动员能力的政府的干涉。这样，SARS 病毒的防治工作就面临"人权保护"与"公共安全"的冲突与平衡问题。⑤ 可以说，现在几乎已经没有人否认和反对国家对经济和社会生活的干预作用了。

国家干预是"以人为的政策来变更和修改经济循环过程为自身目的"的行动⑥，其直接表现形式是经济和社会立法，其最高成就是反垄断法和

---

① 〔美〕詹姆斯·M. 布坎南：《政府重心应放在整体框架结构上》，载经济消息报社编《诺贝尔经济学奖得主专访录——评说中国经济和经济学发展》，中国计划出版社，1995，第107 页。

② 〔英〕约翰·梅纳德·凯恩斯：《就业、利息和货币通论》，高鸿业译，商务印书馆，1963，第321 页。

③ 傅殷才：《新保守主义经济学》，中国经济出版社，1994，第42 页。

④ 傅殷才：《新保守主义经济学》，中国经济出版社，1994，第43 页。

⑤ 刘光华：《社会法调控创新论》，《兰州大学学报》2004 年第3 期。

⑥ 〔日〕金泽良雄：《经济法概论》，满达人译，甘肃人民出版社，1985，第50 页。

社会基准法，因为"经验不断反复证明，如果资本只是在社会范围的个别点上受到国家的监督，它就会在其他点上更加无限度地把损失捞回来"①，现代工业化世界绝无可能"再容许放任它的秩序生长"。② 以社会立法为例，"个人在社会生活中之行为……如影响其他个人生活资源至某种不被容忍之程度，私法即不再适合自治，限制规定必缘而生"。③ 比如，针对资本家和工人强弱势地位的不同，"需要借助于国家力量，通过国家立法建立一个全新的制度来解决劳动风险问题"④，最低工资标准和最低劳动条件法案应运而生；由于老弱病残、失业人士不能通过自由竞争从市场上获得必要的生活资源，最低生活保障制度应运而生，这些都是社会基准法。其深刻的法理基础是生存权保障和对弱势群体进行保护，这是人的全面发展和社会进步的必然要求。正如马克思所说，"因为在人类，也象在动植物界一样，种族的利益总是要靠牺牲个体的利益来为自己开辟道路的，其所以会如此，是因为种族的利益同特殊个体的利益相一致"⑤，"法律应该是社会共同的，由一定物质生产方式所产生的利益和需要的表现"⑥，"无论是政治的立法或市民的立法，都只是表明和记载经济关系的要求而已"。⑦

二 社会基准法的形成和发展

1. 社会基准法的形成

社会基准法意味着国家和政府必须采取适当措施，保障社会成员的最低生活水平，并将建立和推行社会保障制度理解为国家和政府的重要责任。这一法则来源于 18 世纪末在英国首先实行的最低收入保障制度，它在 1883 年德国社会保险法的订立中得到应用并在 1935 年美国《社会保障法》中得以最终确立。德国铁血宰相俾斯麦认为，国家有责任保障工人的生

① 《马克思恩格斯全集》第 23 卷，人民出版社，1972，第 537 页。
② 〔德〕瓦尔特·欧肯：《国民经济学基础》，左大培译，商务印书馆，1995，第 76 页。
③ 曾世雄：《民法总则之现在与未来》，中国政法大学出版社，2001，第 21 页。
④ 林嘉：《论社会保障法的社会法本质》，《法学家》2002 年第 1 期。
⑤ 《马克思恩格斯全集》第 26 卷（第二册），人民出版社，1973，第 125 页。
⑥ 《马克思恩格斯全集》第 6 卷，人民出版社，1961，第 292 页。
⑦ 《马克思恩格斯全集》第 4 卷，人民出版社，1958，第 121—122 页。

计，改善工人的处境，缓和日益尖锐的劳资矛盾。他说："仅仅采取严格的压制措施是十分不够的，我们的义务就是不要忽略改善工人命运的任何手段，以便在社会各阶级之间建立和平。"① 1879 年，德皇威廉在国会的开幕式上致辞，"必须把那些工人阶级直接感受到的、不言而喻的实惠，用法律的手段固定下来，才能使工人阶级感知到，国家并不是力图保障社会上富有阶级的工具"②，"对于那些无力自谋生计的劳动者的关怀，是头等重要的，为了他们的利益，皇帝已经敦促向联邦国会提交一项有关劳动者工伤事故保险的议案，并希望它将符合劳动者和雇主双方已经理解到的需要"。③ 这是德国社会保障立法的先声，同时对欧洲各资本主义国家产生了强烈的示范效应。19 世纪中后期以来，欧洲一些国家对原本属于私权领域活动的干预大大加强，如大陆法系国家在进行法典编纂之外制定了大量单行法规，英美法系国家的制定法也大量增加，这些立法的很大特点就是广泛建立了基准法则，以期实现国家干预的目的，如最低劳动基准法、环境基准法、社会保障基准法、卫生基准法、教育基准法（义务教育）等，这些都是私法公法化的具体结果。

20 世纪以后，作为私法核心的意思自治原则受到了更多限制，"就私法的范围和内容来说，在有些领域（如土地法），公法对私法的渗透已经很深入；在其他一些领域则变成了私法与公法的混杂物（如劳动法和经济法）"。④ 正是公私法的这种混合促进了第三法域和基准法的诞生，使得第三法域与公私法最终区别开来。以社会领域为例，其"一直存在着一种不可动摇的趋势，这就是对所有人随心所欲处分其财产的自由，加强法律上的限制"。⑤ 从实质上说，社会法是为了实现人作为人的健康而有尊严的最低限度的生活，通过基准法或国家给付，限制自由竞争，对社会弱者予以扶持，以矫正和弥补私法与市场机制的不足。正是基准

---

① 张文焕：《拉萨尔和俾斯麦》，三联书店，1981，第 149 页。
② 邓大松等：《社会保障理论与实践发展研究》，人民出版社，2007，第 48 页。
③ 邓大松等：《社会保障理论与实践发展研究》，人民出版社，2007，第 48 页。
④ 〔德〕迪特尔·梅迪库斯：《德国民法总论》，邵建东译，法律出版社，2001，第 146 页。
⑤ 〔德〕罗伯特·霍恩：《德国民商法导论》，楚建译，中国大百科全书出版社，1996，第 189 页。

法铸就了这种全新的法律体系，既有公法手段又不完全等同于公法，既有私法手段也不完全等同于公法。也就是说，国家干预社会领域，使以"社会基准法"为核心和标志的社会法最终成为独立的法律部门，并使社会法除去了私法和公法的本质特征和内在机制。基准法是一种强行法，但又不同于公法，因为在基准法之外可以协商。如最低工资标准是一种基准法，由国家强制推行。社会保险也是一种基准法，即将雇工和雇主按照一定的缴费标准和费率强制性地纳入社会保险系统，在给付保险待遇时也遵循一个最低标准，这是世界各国推行社会保险制度所遵循的主要原则之一。

2. 社会基准法的发展

在社会基准法中，目前各国发展最完备、最充分的是劳动基准法。劳动基准法最早产生于英国产业革命时期。当时，以生产资料分布不均为基础的契约自由徒具外形，对劳动者来说，无非选择受哪个资本家剥削罢了。由于劳资矛盾激化，英国议会于1802年通过《学徒健康和道德法》，对劳动基准标准进行了明确的规定。之后，一些资本主义国家纷纷颁布了劳动基准法。劳动基准不同于劳动标准，二者虽然在英文中都为 Labour Standard，但在内涵和外延上有较大差异，前者是兜底性概念，是指"国家法律规定的用人单位必须保证劳动者享有的最低劳动条件和劳动待遇"，后者是一个较宽泛的概念，可以指代国家、集体劳动合同以及个人劳动合同所确定的劳动标准。1938年，美国颁布《公平劳动标准法案》，首次使用"基准法"和"劳动基准"二词。随后，日本、韩国和我国台湾地区相继引进"劳动基准法"概念。我国"劳动基准法"的概念引自日本，"是关于工资、工时和职业安全卫生等劳动条件和劳动待遇的最低标准的法律规范的总称"。[①] 日本《宪法》第27条关于劳动基准法规定"国家对工资、工时、休息等劳动条件之基准以法律定之"[②] 具有法定性、保底性、强制性和普遍性等特点，是国家立法对劳资协商的内容的底线性干预，是为保护劳动者合法利益的底线性立法。从历史上看，劳动基准法主要缓和契约自由掩盖下的实质不公正，

[①] 常凯：《劳动法》，高等教育出版社，2011，第348页。

[②] 黄越钦：《劳动法新论》第3版，中国政法大学出版社，2003，第198页。

规制那些需要而且能够提供底线性规定的劳动关系，如工资、工时、职业安全、卫生条件等。根据相关规定，任何有损劳动者利益的违背劳动基准法的约定都将无效。① 为了维护契约内容的"客观妥当性"，世界各国普遍采取"集体协商"和"劳动基准法定"两大机制②，以避免对劳动者保护过度，对雇主形成反向歧视，产生新的不平等现象。

职业安全法也是一种基准法，是劳动基准法的重要组成部分，其目标是保护劳动者的安全与健康，保障其基本利益和应享受的最低权利。美国1970 年颁布《职业安全与卫生法》，主要保证劳动者的工作条件尽可能安全与卫生，为之提供全面福利设施，保护人力资源，其最大特点是确立了严格的职业安全与卫生标准，最大限度地保障劳资双方权利及义务的实现。英国于 1974 年颁布《职业安全与卫生法》，主要保障工作人员的健康、安全和福利，保障非工作人员的健康或安全不受工作人员活动的影响，控制有害物质排入大气，等等。日本于 1947 年制定《劳动基准法》后，又相继制定了《尘肺法》（1960）、《劳动灾害防止团体法》（1964）、《对煤矿灾害所致一氧化碳中毒的特别措施法》（1967）、《劳动安全卫生法》（1972）、《作业环境测定法》（1975）等，主要通过基准立法保障食品安全卫生，保护劳工利益和人民健康，极大地丰富了社会立法的新成果。

第二节　国家给付原则

在资本主义自由时期，个人主义思潮极度膨胀和扩张，大大地限制和缩小了政府的功能。人们普遍认为，管得最少的政府才是最好的政府，政府的权力必须被限制在最小的范围之内。事实上，这只是一种纯粹市场条件下的理想和假设。当社会发展到一定程度，政府的不作为不但不能促进社会的发展，反而会使社会深受其害。正是市场运作的"失灵"，要求政府角色从不干预转为主动干预，从被动转为主动，而政府干预的一个重要作用就是调节收入分配和贫富差距，保障最贫困的人最基本的生活标准。

---

① 黄越钦：《劳动法新论》第 3 版，中国政法大学出版社，2003，第 196 页。
② 黄越钦：《劳动法新论》第 3 版，中国政法大学出版社，2003，第 197 页。

这就使得国家和政府的职能发生了巨大转变，有能力为社会服务的政府开始被认为是最好的政府，这是国家给付原则产生的必要前提和条件，也为福利国家的产生开辟了道路。

一　国家给付原则的形成

1. 国家给付原则的理论探讨

众所周知，市场经济虽然能够提高效率，但也"隐藏着更多、更大的风险，如贫困现象、失业现象、贫富差距扩大化现象等，都会造成严重的社会后果"。[①] 事实上，古典自由主义经济学家并非完全排斥国家干预，只是对国家干预经济和社会生活的方式、方法、方面和程度等有所保留，认为国家能不干预就不必干预。如亚当·斯密倡导的"守夜人"式的国家[②]，但他在《道德情操论》中明确提出，没有公正就没有市场经济，如果对金钱名利的追求超出对智慧和道德的追求，整个社会的道德和情操便会堕落，结果便是公正性原则遭践踏，市场经济趋于混乱。资本主义进入垄断阶段以后，各种社会矛盾空前激化，经济危机频繁发生，社会经济生活动荡不安，个人权利与社会利益的矛盾十分尖锐。在这种背景下，国家干预经济的呼声不断出现。面对个人生活的苦难，很多思想家提出了国家给付和社会福利学说。如黑格尔认为，抽象权利人，作为自由意志与自然需要和特征的统一体，当被具体化时，仍然是需要和意志、福利和权利的混合物，因此无论他的福利还是他的权利都应得到满足。在黑格尔看来，需求体系或经济市场并不会稳定、自动地发挥作用。为了提醒需求体系中的人去承认他人的权利（只能通过契约，而不能通过盗窃的方式拿走他们的财产）或者为了保障福利，公共权力经常不得不干预。黑格尔希望，能够确保将福利给予那些被经济问题影响的人，并且保障那些由于经济困难或经济制度的日常运行而变得贫困的人的福利。他还强调，只有在抽象权利中才有排斥福利的权利和自由，在市民社会中无论是福利还是权利都应该得

[①] 姚丽芳：《60 年来我国城乡居民收入差距分析》，《科技情报开发与经济》2009 年第 31 期。

[②] 〔英〕亚当·斯密：《国民财富的性质和原因的研究》，郭大力等译，商务印书馆，1972，第 254 页。

到承认和实现。① 也有思想家反对国家支付，甚至是国家干预。如李嘉图认为，在经济社会中一般应享有排斥福利的形式自由，他也没有表示，在出现贸易失调、对拿破仑战争导致混乱或在商品实际的或市场的价格与"首要的和自然的价格"偏离时，政府干预是必要的。② 马克思看到了私人产品和公共产品在性质上的区别，强调对共同的、一般的社会生活的投入是国家重要的经济职能，因为资本"总是只寻求自己价值增殖的特殊条件，而把共同的条件作为全国的需要推给整个国家"③，而"社会结构和国家总是从一定的个人的生活过程中产生的"。④ 因此，现代国家既执行"由一切社会的性质产生的各种公共事务"的职能，又执行"由政府同人民大众相对立而产生的各种特殊职能"。⑤

在国家给付和国家干预学说的基础上，庇古进一步提出了外部效应和福利经济学理论。他说，在某些场合，个人决策和行动会给其他人的行为和决策带来有利或不利的邻近影响，导致私人边际效益和社会边际效益出现偏差，市场调节的结果不再符合帕累托最优准则。由于外部效应问题是市场机制无法克服的内在缺陷，政府如果一直恪守传统的"守夜人"职责，将始终构成市场有效运行的一种威胁。他建议，为了实现帕累托最优结果，国家必须越出传统上规定的边界，对那些制造外部影响的企业和个人征收相当于私人与社会边际成本差额的税收，或给予同等数量的补贴。新自由主义者布坎南对庇古的福利经济学提出了批评，认为他在剖析市场失灵和呼吁国家干预的同时未能清楚地意识到，一个可供选择的政治解决方案也会带来外部效应问题，因而他的政策建议是缺乏根据和误入歧途的。共和主义者则认为，自由是无支配的，"支配"很可能来自国家之外的私人。因此，国家有必要介入这种私人关系，使人民免于支配。共和主

---

① 〔美〕P. G. 斯蒂尔曼：《黑格尔在〈权利哲学〉中对财产权的分析》，黄金荣译，该文原载 *Cardozo Law Review* 1989（10）。

② 〔美〕P. G. 斯蒂尔曼：《黑格尔在〈权利哲学〉中对财产权的分析》，黄金荣译，该文原载 *Cardozo Law Review* 1989（10）。

③ 《马克思恩格斯全集》第 46 卷（下册），人民出版社，1979，第 24 页。

④ 《马克思恩格斯选集》第 1 卷，人民出版社，2012，第 151 页。

⑤ 《马克思恩格斯选集》第 2 卷，人民出版社，1995，第 510 页。

义者相信，国家给付和干预可以促进这种无支配，保护人民抵制那些可能对他们行使专断权力的人的资源或者所有权。正如菲利普·佩迪特所说："将自由视为无支配的自然方式是将它作为国家应当增进的一种价值，而不是国家不得不接受的一种约束。"① 按照共和主义者的自由观，在私人对个人的基本权利产生"实质性的支配关系"时，国家有义务帮助个人对抗这种支配，此时，基本权利就可以经由国家的介入而对私人关系发生效力。② 因此，通过国家给付，为个人提供基本的生活保障和服务是现代国家的基本职能之一，也是社会发展进步的必然结果。用美国学者施瓦茨的话说就是："芸芸众生实际上没有任何值得他人花钱购买的东西出售。于是，社会就必须提供个人通过自己努力无法完全满足的经济需求。"③ 孙中山认为，实行国家给付、解决民生问题是政府的基本职责，是国家义不容辞的责任。他说："盖天生民而立君，朝廷之设官，以为民也。今之悍然民上者，其视民之去来生死，如秦人视越人之肥瘠然，何怪天下流亡满目，盗贼载途也。"④ 1912 年 10 月，在《中国之铁路计划与民生主义》一文中，他明确提出以国家收入兴办社会救济事业。他说："综上述之各种收入（地价税、铁路收入、矿业收入），将供给国家政费之需要而有余，然后举其余额，以兴办教育及最要之慈善事业，如养老恩俸，收养残疾跛瞎之人。"⑤

2. 国家给付原则的立法实践

19 世纪 80 年代，德国在世界上率先建立社会保险制度，很多国家纷纷效仿。德国社会保险制度的主要特点是法律的强制性，国家在其中起主导作用。但是，政府只起指导和管理作用，没有资金投入，保险基金全部由雇主和雇员负担。这种情况到 1935 年美国社会保障立法时开始转变。此

---

① 〔澳〕菲利普·佩迪特：《共和主义——一种关于自由与政府的理论》，刘训练译，江苏人民出版社，2006，第 357 页。
② 〔澳〕菲利普·佩迪特：《共和主义——一种关于自由与政府的理论》，刘训练译，江苏人民出版社，2006，第 47 页。
③ 〔美〕施瓦茨：《美国法律史》，王军等译，中国政法大学出版社，1990，第 275 页。
④ 《孙中山全集》第 1 卷，中华书局，1981，第 10 页。
⑤ 《孙中山全集》第 2 卷，中华书局，1982，第 493 页。

前，美国占统治地位的风险观念是自助与个人负责，即依靠个人而不是国家来解决老年和失业期间的生活费。如，面对经济危机的严重困难，胡佛总统认为，社会救济应该由地方政府、社区和私人团体来进行，联邦政府应该"少管闲事"。对他来说，"救济是道德救济，并不只是经济救济，私人慈善……是好事，但是公共救助特别是联邦政府救助则是一个悲哀"。①但是，1929 年的经济大危机和大萧条颠覆了美国人的观念。1933 年，罗斯福总统受命于危难之际。他力主社会救济应该走出家庭，进入社会，由联邦政府承担主要责任。罗斯福认为，在现代社会中，把个人的生活安全建立在邻里和家庭帮助之上是不行的，因为他们的力量根本不足以抵御社会变动的风险，如破产、失业、工伤、职业病等，只有政府才能为人们提供保障，并借以减缓巨大的社会变动给人们带来的冲击。② 1934 年，在一次演讲中，他首次阐述了生活安全社会化和国家化的保障理念。他说，"在早先的日子里，安全保障是通过家庭成员之间的相互依赖和小居民点各个家庭之间的相互依赖实现的。大规模社会和有组织行业的复杂情况，使得这种简单的安全保障不再适用"。"我认为，解决这个问题，采取分散的办法是困难的。我坚信，社会保障应在全国范围内予以解决。"③ 同年 6 月，在致国会的咨文中，他说，"根据我国宪法，联邦政府之所以建立的目的之一是增进全民之福利，提供福利所依存的这种保障也就是我们的明确职责"，"这三大任务——家庭安全、生活保障、社会保障——在我看来，乃是我们能够向美国人民提出的最低限度的承诺"。④ 1935 年 8 月，《社会保障法》通过后，他再次提到："早先，安全保障依赖家庭和邻里互助，现在大规模的生产使这种简单的保障方法不再适用，我们被迫通过政府运用整个民族的积极关系来增进每个人的安全保障；实行普遍福利政策，可以清除人们对旦夕祸福和兴衰变迁的恐惧感。"⑤ 美国社会保障法的最大进步

① 〔美〕威廉姆·H. 怀特科等：《当今世界的社会福利》，解俊杰译，法律出版社，2003，第 197 页。
② 刘海年：《经济、社会和文化权利国际公约研究》，中国法制出版社，2000，第 8 页。
③ 熊必俊等：《老年学与老年问题》，科学技术文献出版社，1989，第 103 页。
④ 〔美〕富兰克林·德·罗斯福：《罗斯福选集》，关在汉编译，商务印书馆，1982，第 86 页。
⑤ 史探径：《世界社会保障立法的起源和发展》，《外国法译评》1999 年第 2 期。

是，将个人生活保障由纯粹个人事务提升到国家和社会层面，从私法层面提升到公私法融合层面，确立了国家在社会保障中的责任，包括建立养老保险、失业保险、贫穷盲人补助、贫穷老人补助、无生活来源的未成年人补助等，它意味着关注贫困者的社会责任由地方政府、民间组织转向了联邦政府。从此，资助特定社会群体的资金成为美国联邦预算框架中的一个永久性项目。[①]

英国贝弗里奇计划的实施和福利国家的出现，标志着政府职能的进一步转变和国家给付原则的最终形成，因为福利国家出现"意指政府提供社会福利服务力量的扩张，政府的责任不仅是救助一般贫困与社会急需而已，而且应更积极地保障并促进全民的福祉"。[②] 贝弗里奇计划提出，根据社会正义的伦理道德原则，国家有责任为所有社会成员提供完善的生活保障机制。现代社会中，出现的诸如贫困、失业、医疗以及养老等社会弊病和问题，已经超出了家庭和个人能够承受的范围，这是国家支付和实行社会保障制度的依据。为了达到消除贫困的目标，国家有责任通过国民收入再分配以满足每个人的需求和给予他们安全感，为此，社会保障体制应该具体化到一个唯一的公共事务部门，以实现社会保障的缴费标准、待遇支付和行政管理的统一。也就是说，以国家名义，为社会全体利益化解不利于经济单位健康发展的矛盾，负担劳动者生、老、病、残、孕而导致生活困难条件的物质补偿，是国家经济职能的具体表现。正如有学者所说，社会保障是"介于私人物品和公共物品之间的优效品，具有双重性质"，这种物品"必须由政府介入才能有效运作"。[③]贝弗里奇计划实施以后，很多国家纷纷效仿，逐渐向"福利国家"转型，国家给付社会保障有关费用成为一种常态，而且所支出的数额越来越大，保障国民基本生活水平被视为国家和社会义不容辞的责任和义务。如日本宪法第25条规定：所有国民享有维持健康且文明的最低限度生活的权利，国家必须在一切生活方面，努力提高与增进社会福利、社会保障以及公共

---

① 杨冠琼：《当代美国社会保障制度》，法律出版社，2001，第37页。

② 詹火生：《社会福利理论》，巨流图书公司，1988，第6页。

③ 孙光德等：《社会保障概论》，中国人民大学出版社，2004，第120页。

卫生。世界银行在 1997 年的世界发展报告中，把保护弱势群体作为每个国家与政府的核心使命之一①，这些都说明社会保障和社会法上的国家给付原则已经成为全世界的通行法则。

二 国家给付原则的特征

1. 国家给付的依据：制度和法律

社会法上的国家给付不是一种临时救济，也不是政府"信意"为之，而是一种制度性的规定，具有长期性和稳定性，其支出通常被纳入财政预算，给付的时间、数额和标准由法律明确规定，是法律赋予政府的一种强制性义务。因此，不是政府想支付就支付，不想支付就不支付，想支付多少就支付多少的。现代社会，享有社会保障被视为公民的一项基本权利，必定预设了国家对其提供必要保障的职能，而这种保障的提供是长期的而非临时的。以社会救助为例，"它强调救助是国家义不容辞的责任，公民获得救助是一项不可剥夺的权利，任何公民依法应获得救助而不能得到满足时均可诉诸法律"。② 按照美国的"新财产权"理论，包括社会救助在内的社会福利是类似于财产的个人权利，受到法律正当程序的保护，政府在剥夺前必须经过正当程序。③ 以社会保险为例，国家对社会保险基金的补助和对困难群体的补贴是明确而具体的，这也是国家不能放弃的责任。这与我国古代皇帝或官府举办的社会救济措施完全不同。自西周以来，我国就有帝王行"仁政"、在天灾时将粮食周济穷人的记载，但这种做法并非社会保障法制的产物，而是从维护自身统治和社会稳定出发的，是一种"怀柔之术"或"王霸之术"，是统治者为了巩固统治地位的"收买人心"之举，在实施过程中具有很大的随意性，没有形成完整的国家制度，与现代意义上的社会保障和国家给付制度相差甚远。如我国唐初，沿袭西魏北周形成的府兵制度，府兵只服兵役，免除租庸调及徭役。后来改为募兵

---

① 世界银行：《1997 年世界发展报告：变革世界中的政府》，中国财政经济出版社，1997，第 42 页。
② 林莉红等：《社会救助法研究》，法律出版社，2008，第 74 页。
③ 张千帆：《宪法学导论》，法律出版社，2004，第 597 页。

制，"皆免征镇，赋役"。① 此外，皇上还不定期对军士进行赏赐。《通典·兵典五》记载："大唐贞观中，太宗亲征高丽，驾次定州，兵士到者，幸定州城北门亲慰抚之。有从卒一人，病不能起，太宗招至床前，问其所苦，仍敕州县厚加供给。"据记载，唐敬宗即位时，"两军官健，各赐绢十匹，钱十千。几内诸镇，各赐绢十匹，钱五千。军吏及城内诸军，赏物节级有等"。② 从唐玄宗开始，政府开始对老弱病残的兵士拣择放还，发放食粮等。皇帝敕曰："其缘边兵士等，或远辞乡壤，久事戎旃，饥寒而衣食不充，疾病而医药不拯，边烽忽警，将何以堪！宜令使人，各视劳苦。其有年齿衰暮，或抱疾赢弱，即与军司选择，给粮放还。"③ 也就是说，我国古代皇帝赏赐的特点：一是仅仅针对为皇帝效劳和服务的特定对象，不包括普通百姓；二是具有很大的随意性，赏不赏由皇帝一念而决，不可预期。同样，官府的赈济尽管包括普通百姓，但不囿于制度和法律，其既不是官府的强制性义务，也不具有稳定性特征。

2. 国家给付的性质：补助和补偿

社会法上国家给付的性质是财政补助和社会补偿。社会补偿不同于行政法上的奖励，也不同于民商法上的赔偿。行政法上的奖励是国家针对人们的贡献和成绩作出的，不涉及损失；社会补偿是国家针对人们的损失而作出的，但这种损失不是为了自己的利益而是为了他人或社会利益。社会补偿与民商法上的赔偿也不相同。民商法上的赔偿一般遵循两个原则：一是过错责任原则；二是等价有偿原则。社会补偿不是国家和社会的过错形成的，在补偿的标准上尽管会考虑受补偿者的损失大小，但不遵循"与其损失相等"的私法原则，而是和社会保障标准一样，补偿水平与社会经济发展水平相当。社会法上的社会补偿理论也不同于社会学上的社会交换理论。后者最重要的特征是用代价和报酬分析社会关系，认为人们作出行为要么是为了获得报酬，要么是为了逃避惩罚。报酬可以是物质的，也可以是非物质的；可以是外在的，也可以是内在的。社会交换理论中的交换与

———————————

① 《新唐书》卷五十。
② 《全唐文》卷六十八。
③ 《全唐文》卷二十九。

严格的经济交换也有重要区别——前者带来的是未作具体规定的义务，而且始终包含最低限度的内在意义，交换的给予方对于未来回报的确切性没有具体或明确的期待①，后者实行严格的等价交换，严格遵循私法的等价有偿原则。社会法上的社会补偿有其独特性质。以生育补偿为例，女职工生育在本质上并不完全是个人的"私事"，它同时是对国家和社会的一种贡献，因此必须由国家和社会进行补偿。事实上，那种完全由女职工所在单位负担生育期间费用的做法，违背了社会法的法理，不利于企业的发展，也是女性就业歧视的重要原因之一。对军人的优抚安置也是一种社会补偿，尽管参军的目的不是社会补偿，考虑到其对社会的贡献，有必要对其实行优抚和补偿。首先，军队和国防是一种典型的公共产品，其目标是国家安全，与社会整体利益息息相关，得到社会保障理所当然；其次，国防义务"人人有责"，但实际上只有少部分人履行了这一义务，参军后就失去了其他获得的机会，这一机会成本应该得到补偿；最后，除了机会成本，军人在退伍、退休、伤残和死亡时，会付出更大的成本，这些损失对其社会影响巨大，补偿十分必要。② 当然，军队本身不存在自己的利益，它维护的是国家和社会整体的利益。如果军队利用权力或武器装备谋取利益，或脱离政治体系成为独立的利益主体，沦为军阀或"草寇"，就不存在社会补偿问题。

3. 国家给付的原则：有权和有份

国家给付的基本原则是，人人享有权利，但只有在达到一定条件时才有份，即"人人有权，时则有份"。所谓"人人有权"是指国家给付的普遍性，因为"正义或公平确实要求，人们生活中由政府决定的那些状态，应当平等地提供给所有人享有"。③ 其普遍性体现在，国家给付的对象是全体民众，而不是部分人，也不给个别人"送温暖"。一方面，社会保险、社会福利毫无例外地包括全体国民，如德国养老保险制度涵盖普通雇员、矿工、公务员、自雇者、农民、农业工人等全体国民，即所有人都享有进

---

① 袁寅生：《社会补偿：优抚安置的一种理论阐释》，《中国民政》2001 年第 4 期。
② 袁寅生：《社会补偿：优抚安置的一种理论阐释》，《中国民政》2001 年第 4 期。
③ 〔英〕哈耶克：《自由秩序原理》，邓正来译，三联书店，1997，第 121 页。

入社会保险体系的权利和资格；另一方面，社会救助、社会优抚和补偿也不局限于对部分人或群体的救助和保障，它着眼于社会整体，适用于符合条件的所有社会成员。因为任何人面对工业化社会的风险都可能成为弱者，任何人只要符合条件都可以享受社会优抚和补偿。在社会保险中，其普遍性还体现在，无论投保人对社会保险体系缴纳多少保费，均有权使用全部范围的保险基金，其基于国家投入和社会合作方式在健康与疾病、高收入者与低收入者及家庭和个体之间分别作出了平衡。事实上，正是国家给付的普遍性才将社会法上的国家给付与过去君主制下只针对统治集团的国家给付区别开来。在我国古代，官员到了一定年龄退休称为"致仕"，叫作"乞骸骨"，按规定可以享受国家给付待遇。如唐制五品以上者致仕，终身可以享受半俸，特例可给全俸；六品以下者，旧制前四年给半俸，天宝时令给至终身。宋时致仕者，例晋一级。这些举措主要是保证在职官员对国家的忠心，并鼓励年老体衰的官员适时退位让贤，与现代社会保障制度下的国家给付有很大的不同。因为它仅仅针对官僚阶级而不针对普通百姓，不具有普遍性。又如，在19世纪末期的沙皇俄国，政府只关心军队和庞大的官僚集团的生活，颁布了一些关于军队和官僚保障的法令，当时不但工人没有国家保险，而且没有关于企业主对在生产中给工人造成的伤害负责的法律。由于缺乏普遍性，不能称之为社会立法或社会法。社会法上的国家给付也不是孟子所谓的"仁政"，"使老有所终，壮有所用，幼有所长，鳏寡孤独废疾者，皆有所养"。① 孟子的"仁政"尽管有覆盖上的普遍性，但是没有提及国家支付，只是国家治理的一种理想状态而已。

　　所谓"时则有份"是指国家给付的条件性和限制性。也就是说，具有普遍权利的个人，只有在达到一定条件的时候，才能享有国家给付待遇。比如，养老保险的受益人只有达到退休年龄才能领取国家支付的养老金，医疗保险的受益人只有在生病的时候才能享受医疗保险待遇，社会救助的受益人只有达到国家规定的条件时才能得到救助。这与国家给付的普遍性是不矛盾的，如社会救助本身蕴含着平等权属性，只要是公民，不论农民

---

① 《礼记·礼运》。

还是城镇居民，在享有社会救助权方面，都是平等的，不受歧视的。但最终不是人人都能获得救助，其只有收入达不到"最低保障线"时才能得到救助。从社会法的角度看，每个人都可能成为社会的弱者，因此都有可能得到社会的救助。有"福利国家之父"之称的贝弗里奇，在1942年就提出了社会保险的"普遍性"和"条件性"原则，要求社会保障要覆盖全体国民，但社会保险的国家给付应达到一定的条件。因此，国家给付受到一定的条件限制。这与孔子根据人的身份和地位确定待遇标准有所不同。孔子强调等级，他说，"贵贱无序，何以为国"，"名不正则言不顺，言不顺则事不成，事不成则礼乐不兴，礼乐不兴则刑罚不中，刑罚不中则民无所措手足"。① 因此，不同身份的人享受不同待遇，相互不能超越。

4. 国家给付的地位：非唯一主体

在很多国家，政府在社会保障体系中起主导作用。例如，在一些欧洲福利国家，包括养老保险在内的社会政策主要由政府和议会决定，并通过国家强制实施，个人几乎没有选择的余地。② 但是，社会法上的给付主体不仅包括国家，也包括社会和个人。一方面，"社会将人们带入这样一个使人的生存随时都可能受到威胁的时代，就有责任使任何遭受社会危险的人受到补偿"③；另一方面，国家不是"由国民经济的全体成员出资购买的以避免风险的一份保险单"，"如果国家作为承保人，企图把个人和企业的所有风险，例如失业、通货膨胀、外国竞争、需求不振、意外事故以及伤残等都承担起来，那么国家就会发现它所负的责任和所冒的风险，超出了它所能够承担的能力"。④ 事实上，没有社会成员广泛参与的社会保障体系，是很难持久的。比如，社会保险是通过强制性规范建立基金，以应对个人难以独自承担的因年老、疾病、工伤、失业等产生的生活风险的收入关联性制度。在这个制度中，除了国家给付，每个人都要缴费，以实现互助共济的目标。其实质是帮贫济困的人类传统的延续和发展，体现了人类

① 《论语·子路》。
② 〔德〕霍尔斯特·杰格尔：《社会保险入门》，刘翠霄译，中国法制出版社，2000，第111页。
③ 钟明钊主编《社会保障制度法律研究》，法律出版社，2000，第7页。
④ 赵万忠等：《论社会保障法的基本原则》，《延安大学学报》2005年第2期。

的互助合作精神。因此社会保险中的受保人通常不是实力强大的企业或社会组织，而是企业或社会组织中的个体或自然人，他们之间的互助合作有利于改善自身的不利处境，增强生存能力，增加发展机会。以社会救助为例，第三部门在社会给付方面具有重要作用，而且这一作用正呈现日益加强的趋势。如在德国，第三部门群体和组织构成了复杂网络，政府机构借助其力量推行福利政策，以帮助它们达到各自的社会目标。在荷兰，非营利组织是社会服务的主要提供者，在比利时和奥地利，约有一半的社会服务是由非营利组织提供的。① 发挥全社会的力量来开展社会救助和社会扶助工作，可以充分调动各方面的积极性，补充国家因财力导致的社会救助资金或国家给付的不足，增强社会救助的整体经济实力，扩大社会救助的覆盖面，弥补救助过程中的缺陷产生的遗漏，是国家给付和社会救助工作的必要补充。

　　社会法上给付的社会和个人责任的理论基础是社会连带思想，这是很多国家社会保障法律制度的指导思想。如日本《国民年金法》规定，要依靠国民的共同连带来防止年老、伤残和死亡引起的生活困境；《老人保健法》规定，应根据自助和连带精神，公平地负担老人的医疗费用。法国则把保险机制和互助合作精神作为社会保障制度的基本原则。② 20 世纪 70 年代以后，西方发达国家进入发展的"滞胀"期，有些国家在社会保障改革中开始谋求从国家中心责任向非国家行为体过渡，强调第三部门的责任，甚至私人企业的责任，以减轻国家财政负担，减少财政支出。比如，借助于政府政策支持，要求私营企业在人力资源投资、提供就业机会以及劳动保障等方面保障职工的社会权。如日本通过法律规定，企业必须雇用一定数量的残障人，不许雇用童工，对女职工需进行特殊保护，等等。此外，全球性企业也需要承担人权责任。在这一背景下，一些国家给付开始逐渐缩减，如德国社会养老保险的资金来源中只有约 20% 是联邦政府的财政补贴。③ 另外，民间慈善事业也是社会法上给付的重要形

---

① 〔英〕安东尼·吉登斯：《第三条道路》，郑戈译，北京大学出版社，2000，第116页。
② 方乐华：《社会保障法》，世界图书出版公司，1999，第32页。
③ 〔德〕霍尔斯特·杰格尔：《社会保险入门》，刘翠霄译，中国法制出版社，2000，第111页。

式，是国家给付的重要补充。在本质上，慈善事业通过广泛发动社会力量以解决社会困难人群的生存与发展问题。发展慈善公益事业，可以把民间慈善资源集中起来，为困难群体提供帮助，因此是政府主导的社会保障的可贵的补充。比如，教会、私人慈善机构、邻里和朋友之间的互助可以帮助实现社会权利，可以通过提供教育设施、资源，救助贫困者，或者照看幼儿等，创造就业机会。不仅如此，从近几年国际的发展趋势看，社会权利和福利保障的承担者已不再局限于一国内部，超越国界的社会组织和社会运动也起到非常重要的作用。[①] 这一趋势是社会法作为国内法向国际社会延伸的表现，意味着"市民社会与公共机构之间的界面的主张开始在国际范围内得到确认"。[②]

第三节　限制所有权原则

在自由资本主义时期，所有权"神圣不可侵犯"被奉为至理和圭臬，"在私法范围内，政府的唯一作用就是承认私权并保障私权之实现"，所以"在国家的社会生活和经济生活中竭力排除政府参与"。[③] 这时，平等作为民法的首要原则和基本信念，"贯穿于整个民事立法，对各项民事法律制度和全部民法规范起统率作用"。[④] 在这种背景下，"法学是权利之学"[⑤]，保护个人权利和自由是法律的基本价值和首要目标，而且只有公民权利和政治权利才是公民资格身份的中心，教育、医疗和生活保障等都是个人私事而不是权利，个人只能通过努力从市场中获得。由于"权利本位说"[⑥]处于支配地位，法律处处体现对私有财产的保护，私有制成为资本主义法律制度的核心和灵魂。随着社会法的出现，很多国家开始推行和建立社会

---

① 〔德〕哈贝马斯等：《全球化与政治》，王学东等译，中央编译出版社，2000，第 84 页。

② 〔法〕M. 戴尔玛斯·玛蒂：《世界法的三个挑战》，罗结珍等译，法律出版社，2001，第 148 页。

③ 〔美〕梅里曼：《大陆法系》，顾培东等译，西南政法学院，1983，第 106 页。

④ 梁慧星：《中国民法经济法诸问题》，法律出版社，1991，第 1 页。

⑤ 朱采真：《法律学通论》，世界书局，1930，第 185 页。

⑥ 朱采真：《法律学通论》，世界书局，1930，第 185 页。

保障制度，保护社会弱势群体的生活安全。在此过程中，对所有权进行适当限制逐渐成为社会法最重要，也是最基本的原则之一。

一　限制所有权原则的产生

1. 限制所有权原则的理论探索

根据传统私法理念，平等是民法产生和发展的基础。但是，这种平等"作为近代民主政治的理念并不是实质上的，而是形式上的"。① 正如马克思所说："这样，至少对自由民来说产生了私人的平等，在这种平等的基础上罗马法发展起来了，它是我们所知道的以私有制为基础的法的最完备形式。"② 这时候，人们普遍认为，"只有这样的形式上的平等，才能和自由连接在一起"，"如果实质上也加以控制，就会破坏自由竞争的社会体系，阻碍个人幸福与社会福利的发展"。③ 事实上，法律面前人人平等，作为一种理念，指的是资格平等、机会均等，更准确地说只能是人格平等④，而平等的实质是"人同人的社会关系或人的关系"⑤，也就是说，公平的概念"只有在平等的人与人关系上才有意义"。⑥ 因此，应从"现实的个人"而非抽象的个人出发，理解法律关系，构建法律制度。比如，劳动者与雇主之间的关系表面上是平等的，而实质上是不平等的，"一旦劳动者与雇主之间的劳动关系成立，所谓财产关系便转换为人身关系，在这里，个别劳动关系和企业管理关系重合，并实际上体现为一种劳动力使用者可以对于劳动者的人身予以支配的科层管理关系"。⑦ 对此，日本学者桥本公亘说："法的平等，所以非为绝对的平等之意，而为相对的平等之意者，系由于现实生活中之具体的人类，具有事实上之差异，如忽视此种差异，而实现

---

① 〔日〕大须贺明：《生存权论》，林浩译，法律出版社，2001，第32页。
② 《马克思恩格斯选集》第3卷，人民出版社，2012，第481页。
③ 〔日〕大须贺明：《生存权论》，林浩译，法律出版社，2001，第34页。
④ 姚辉：《论一般人格权》，《法学家》1995年第5期。
⑤ 《列宁全集》第55卷，人民出版社，2017，第12页。
⑥ 〔英〕彼得·斯坦、约翰·香德：《西方社会的法律价值》，王献平译，中国人民公安大学出版社，1990，第78页。
⑦ 常凯：《论个别劳动关系的法律特征——兼及劳动关系法律调整的趋向》，《中国劳动》2004年第4期。

数学的平等，宁为不平等之强制。"① 那么，现实的不平等与所有权限制是如何联系起来的呢？

卢梭有一句名言：人是生而自由的，但无往而不在枷锁中。也就是说，自由绝非为所欲为，而是在法律范围内的自由。自由是一定国家的公民或社会团体在国家法律的允许范围内进行活动的权利，是主体受到法律约束，并得到法律保护，按自己的意志进行活动的权利。② 因此，作为理性的人，其对利润的追求必须符合自由和公平双重原则。只有实现了个体与个体、个体与社会之间的自由和利益平衡，才能真正实现社会公正。但是，在所有权绝对和非个人化市场力量的背景下，个人很难或根本不能控制其命运，社会生活的种种偶然性、个体本身能力的局限性，使每一个社会成员都可能处于孤立无援的不利处境。而且市场体系是不可预测的，人们不能对自己的困境完全负责，国家和社会有义务帮助处于困境中的人。由此，社会需要一个安全保障机制，对所有权赋予适当义务或对之进行适当限制。椰林在《法律的目的》一书中提出，所有权行使的目的，不应为个人的利益，而应为社会的利益，因此应以"社会的所有权"代替"个人的所有权"制度。③ 祁克继承了椰林的法律思想，在《德意志私法论》（第 2 卷）中，他说，所有权不是一种与外界对立的丝毫不受限制的绝对性权利，所有权人应"依法律程序"，并"顾及各个财产的性质与目的行使其权利"。④ 也就是说，要将所有权限制在社会利益所许可的范围之内行使。⑤ 正如我国台湾地区学者王泽鉴所说："权利皆应受限制，无不受限制的权利。"⑥

罗尔斯认为，在交换过程中，当事人的权利和义务应做到基本对等和合理，这种公平可称为"交换的公平"（民法上的公平）。但仅有交换的公平是不够的，还要有"分配的公平"，即"利益、责任、社会地位等在社

① 林纪东：《比较宪法》，五南图书出版公司，1980，第 183 页。
② 付子堂：《关于自由的法哲学思想》，《中国法学》2000 年第 2 期。
③ 陈华彬：《物权法原理》，国家行政学院出版社，1998，第 205 页。
④ 温文丰：《现代社会与土地所有权理论之发展》，五南图书出版公司，1984，第 17 页。
⑤ 徐国栋：《民法基本原则解释》，中国政法大学出版社，1992，第 90 页。
⑥ 王泽鉴：《民法总论》，中国政法大学出版社，2001，第 548 页。

会成员之间的分配"，强调与某种标准相对称的分配比例。① 而当这种分配比例以及权利义务关系出现失衡时，法律应依据正义原则和人类理性对这种结果进行矫正。他将这种公平称为"矫正的公平"（社会法上的公平——作者注），即"在社会成员之间重建原先已经建立起来，又不时遭到破坏的均势和平衡"。② 他说："矫正的公平所使用的手段是一种算术上的比例方法，这与分配的公平中所用的几何比例法是不相同的。在矫正的公平方面，根本不应考虑双方的功德，各方都被看作是平等的。"③ 在罗尔斯看来，基于出身和天赋的不平等是不应该的，它们只是偶然性因素，应被看作一种共同的资产。一方面，天赋上占优势者因为天分较高而得益；另一方面，必须通过社会的再分配帮助天赋较低者得益。在此基础上，罗尔斯推导出了其正义理论的一个基本原则，即"社会和经济的不平等只要其结果能给每一个人，尤其是那些最少受惠的社会成员带来补偿利益，它们就是正义的"。④ 根据罗尔斯的正义理论，对所有权进行适当限制，或向处境最不利者予以适度倾斜，是正义原则的实质和必然要求。

2. 限制所有权原则的立法实践

在实践中，社会法对所有权的限制主要体现在两个方面：一方面，赋予所有权人更多、更严苛的法律义务，以不平等的方式实现对弱势一方主体的扶助，因为所有权绝对是弱势一方主体处于不利地位的重要原因，也是社会法上限制所有权的依据；另一方面，通过限制所有权实现对国民收入的再分配，即以累进税和转移支付等手段，将部分社会财富再分配给那些年老、失业、疾病等的社会成员，满足他们最基本的生活需要，如社会保障中的国家给付在一定程度上就是通过限制所有权实现的。所谓的法律义务，是"设定或隐含在法律规范中、实现于法律关系中的、主体以相对

---

① 〔英〕彼得·斯坦、约翰·香德：《西方社会的法律价值》，王献平译，中国人民公安大学出版社，1990，第76页。

② 〔英〕彼得·斯坦、约翰·香德：《西方社会的法律价值》，王献平译，中国人民公安大学出版社，1990，第76页。

③ 〔英〕彼得·斯坦、约翰·香德：《西方社会的法律价值》，王献平译，中国人民公安大学出版社，1990，第76—77页。

④ 〔美〕罗尔斯：《正义论》，何怀宏等译，中国社会科学出版社，1988，第14页。

抑制的作为或不作为的方式保障权利主体获得利益的一种约束手段"。① 作为对义务主体的抑制和约束手段，当事人不可选择、不可放弃，也不可以讨价还价。比如，在劳动立法中，为了平衡劳资双方事实上不平等的地位，法律规定了雇主更多的义务，赋予雇员更多的权利，以向雇员倾斜的方式保护其最基本的利益，避免其根本利益在表面上的"意思自治""平等协商"的掩盖下受到侵害。尤其是在买方市场条件下，工人通常不得不接受资本家很多苛刻的条件，包括工资数额。通过对资方和所有权的适当限制，劳动合同法较好地解决了这一问题。正是在这个意义上，德国学者Dellev Joost说，劳动法"包含的一些规则和一般民法相差甚远。这种特殊性的作用在于平衡雇员与雇主之间的实力悬殊"，因为"雇主往往是强势的一方，而雇员大多处于弱势"。② 德国另一个学者 W. 杜茨认为，现在的劳动合同已"不是传统意义上的关于给付和对等给付的债权合同，相反它是一种带有很强人身权色彩的，关系到雇员生存基础的法律关系，因此无论如何应该被寄予希望给予生存和社会保护"。③ 事实上，世界上几乎所有国家和地区的劳动法包含限制资方和所有权的内容，以保护劳工最基本和最核心的利益。比如，"长期以来美国劳动法的基本前提就是政府的有限规制"，"近几十年来的趋势可能更准确地应该界定为加强规制，而非放松规制"。④ 有学者认为，社会权以及社会法上的限制所有权在一定程度上是对传统民主观念的背离。如法国学者 Fabre 提出："所有的社会权，除了受教育权，都是不民主的，也就是说，如果实施了它们，将缩减名义上的民主。"⑤ 因此，需要重新考量作为推进特定价值的民主和直接制度化这些价值的社会权之间的冲突。⑥

限制所有权的重要形式是社会保障立法。一般来说，市场的分配是国

---

① 张文显：《法哲学范畴研究》，中国政法大学出版社，2003，第309页。
② 〔德〕Dellev Joost：《德国劳动法之体系与基本原理》，王倩译，《大连海事大学学报》（社会科学版）2010年第2期。
③ 〔德〕W. 杜茨：《劳动法》，张国文等译，法律出版社，2003，第112页。
④ 〔美〕Daniel Foote：《美国劳动法的放松规制》，杜钢建等译，《江海学刊》2002年第2期。
⑤ 胡敏洁：《论社会权的可裁判性》，《法律科学》2006年第5期。
⑥ 胡敏洁：《论社会权的可裁判性》，《法律科学》2006年第5期。

民财富的初次分配，其首要原则是效率，而社会保障属于再次分配，其首
要原则是社会公平。国家实行社会保障立法，目标是实现国民的社会保障
权。社会保障权是指因年老、疾病、失业、工伤等而影响社会成员生活水
平的维持、提高时，可请求国家社会予以援助的权利。社会保障权与财产
权和所有权是完全不同的权利，它由公民依据资格和身份取得而不遵从权
利与义务一致原则。也就是说，是否享有社会保障权不以主体的贡献或承
担义务为前提，只要是一国公民，即便对社会完全没有贡献，没有承担任
何义务，也可以享有社会保障权。比如，社会保险权、社会救助权、社会
福利权都属于这一类权利。社会优抚和补偿尽管要求达到一定的条件，但
属于事后优待或补偿，与民法上"权利与义务一致"的要求有很大的不
同。社会保障之所以被看成与限制所有权密切相关，是因为其本质是通过
累进税制，实现社会财富从高收入者向低收入者的转移。以社会保险立法
为例：在过去，雇主除了依据约定向工人支付工资以外，并不负有保障工
人基本生活水准和生活安全的责任。但是，社会保险法要求雇主必须按比
例缴纳工人的社会保险费用，劳动法要求雇主必须支付工人不低于最低标
准的工资，这些都是限制所有权的具体表现形式。从社会保险发展的历史
看，其责任主体最初即雇主和雇工。首先，工商业劳动使雇工失去或无法
获取传统的赖以生存的土地，家庭的生存和生活保障功能极弱或受到削
弱，产生了对新保障方式的需求；其次，相似的社会地位、所从事的劳动
为他们的互助合作奠定了连带基础；再次，雇工有从事有薪工作的劳动者
的特殊身份，能够稳定地获得雇主支付的报酬，这种优势是有些社会成员
无法享有的。[1] 由于劳动是雇工的唯一生活来源，国家将保障其基本生活
的主要责任强加给了雇主。但是，社会发展导致社会连带的范围扩大，这
使社会保险的主体范围逐步扩大到无业者、自雇者和政府雇员等，社会保
险的主体责任中开始融入国家责任。如德国《魏玛宪法》第 2 编第 5 章
"经济生活"明确了对生存权的保障，规定了劳动者的各项权利，其实现
方法是国家设立不因劳动者疾病老弱而影响生活的保障制度，同时以公共

---

[1]　董溯战：《论社会保障法基础的社会连带》，《现代法学》2007 年第 1 期。

福利为名对所有权和经济自由权进行限制。实际上，限制所有权不仅体现在社会法中，也体现在其他立法之中。比如，尽管德国民法的发展总体上没有脱离财产私有制及合同自由等基本原则，但在更大程度上强调了同这些原则密切相关的社会义务及责任，强调了信赖原则，强调了对居民中的社会弱者的保护。[①] 正如美国学者伯尔曼所说："所有的法律制度都不仅要求我们在理智上承认——社会所倡导的社会美德，而且要求我们以我们的全部生命献身于它们，所以正是由于宗教激情、信仰的飞跃，我们才能使法律的理想和原则具有普遍性。"[②]

二　限制所有权原则的特征

在传统民法中，行为主体一旦被确认，其法律地位都归于平等，这是"自罗马法到近代民法一脉相承的理念和不灭的向往"。[③] 在本质上，民法平等原则根植于商品经济之中，源于经济上的均衡感对交易主体的要求。由于"商品是天生的平等派"[④]，其本身意味着等价性和价值的平等性，"在这个意义上的基于商品生产而产生的财产关系参加者的平等性，换句话说，民事法律关系中各方平等性的根源应当在民事对象本身中寻求"。[⑤] 这种等价性反映在法律关系上就是民事主体地位平等、交易中等价有偿、意思自治、完全赔偿原则等。对此，徐国栋教授认为，"罗马法视私人平等和自由为其最终的价值追求，以此对抗随时可能被滥用的政治权力"。[⑥] 现代民法尽管对主体的自由在某些方面有所限制，但全部的任意性规范仍建立在意定原理基础上，仅为弥补当事人意思不明确而设，其作用在于"抑制意思表示"[⑦]，使意思自治建立在一个不可动摇的前提下：主体平等。这就必然得出私法及民法的另一个重要原则——权利与义务对等原则，而

---

① 〔德〕卡尔·拉伦茨：《德国民法通论》，王晓晔等译，法律出版社，2003，第68页。
② 〔美〕伯尔曼：《法律与宗教》，梁治平译，三联书店，1991，第54页。
③ 张俊浩主编《民法学原理》，中国政法大学出版社，2000，第30页。
④ 《资本论》第1卷，人民出版社，2004，第103页。
⑤ 中国人民大学民法教研室编《外国民法论文选》，中国人民大学出版社，1984，第9—10页。
⑥ 徐国栋：《市民社会与市民法——民法的调整对象研究》，《法学研究》1994年第4期。
⑦ 董安生：《民事法律行为》，中国人民大学出版社，1994，第62页。

这种理论被称为"权利与义务的道德相关学说"①。其基本内涵是：权利与义务是矛盾统一体，"同一法律规则，创造权利，亦即产生义务。创造义务，亦即产生权利"②，"权利义务，如影之随形，响之随声，在法律上具有相互之关系，故权利之所在，即义务之所在，义务之所在，亦为权利之所在"③，"在数量关系上，权利和义务总是等值或等额的"④，享有多少权利，就要承担多少义务。这一理论原则是民法的重要支撑，很多学者都有精辟论述。正如黑格尔所说，权利与义务的"每一方只有在它与另一方的联系中才能获得它自己的规定，此一方只有反映了另一方，才能反映自己。另一方也是如此。所有每一方都是它自己的对方的对方"⑤。马克思也认为，"没有无义务的权利，也没有无权利的义务"⑥。

社会法颠覆了民法关于"权利和义务相一致"的理念，这是限制所有权原则的直接结果。从理论上说，权利与义务相一致并非同一主体享有多少权利就要承担多少义务。根据霍菲尔德的分析，"权利"意味着法律上的利益，当某个人拥有某种"权利"时，意味着他人负有不干涉或者不侵犯其权利的"义务"⑦。比如，如果某人对一块土地拥有所有权，他人即负有不得侵入该土地的义务，否则必须承担法律上的责任。也就是说，权利

① 人们常说，没有义务就不可能有权利，并且说，获得和拥有权利的先决条件是承担义务和责任的能力和意愿。接受义务是任何人为了获得权利而必须付出的代价。〔美〕范伯格：《自由、权利和社会正义》，王守昌、戴栩译，贵州人民出版社，1998，第 87 页。
② 龚钺：《比较法学概要》，商务印书馆，1947，第 164 页。
③ 欧阳谿：《法学通论》，上海会文堂新记书局，1933，第 290—291 页。
④ 刘隆亨：《中国税法概论》，北京大学出版社，2003，第 85 页。
⑤ 〔德〕黑格尔：《小逻辑》，贺麟译，商务印书馆，1980，第 254 页。
⑥ 《马克思恩格斯选集》第 2 卷，人民出版社，1995，第 610 页。
⑦ 最近，人们在各种不同的意义上区分"积极自由"和"消极自由"，与经典的区分形成对照。比如，一些人在"消极限制的缺乏"（negative absence of restraint）和"积极行动能力"（positive capacity for action）之间作出区分，另一些人在"消极自愿行动的能力"（negative capacity to act as one pleases）与"应该或者实现真实自我的积极行动能力"（positive ability to act as one ought or realize the true self）之间作出区分，还有人主张区分"私人行动的消极领域"（negative sphere of private activity）和"参与公共政治领域的积极能力"（positive capacity for participation in a public political realm），以及区分"消极不受干预"（negative non-interference）与"积极控制物质资源"（positive control over material resources）。参见 George Crowder, "Negative and Positive Liberty", 40 (2) *Political Science* (1988), p. 57.

与义务相一致是针对不同的主体而言的，这才是二者关系的真谛。如凯尔森认为，"一个人以一定方式行为的权利，便是另一个人对这个人以一定方式行为的义务"。① 彼彻姆认为，"一个人的权利使他人承担免除干涉或提供某些利益的义务，反过来，一切义务同样使对方享有权利"。② 霍布豪斯认为，"同一种权益，对于应得者便叫作权利；对于应付者则叫作义务"。③ 范伯格在论及二者的相关性时说，"这一学说可以归结为：一切义务都使其他人享有权利；一切权利都使其他人负有义务"。④ 根据日本学者高柳贤三的表述，是"法律常作二人以上之结合，使一方具有一定之意欲，一定之行动之权利者，他方负有照应于各种权利之义务者，两相关联"。⑤ 对此，罗尔斯的阐释更加具体明确，他说："A 对 B 有权利意味着 B 对 A 有义务，B 对 A 有义务意味着 A 对 B 有权利；A 对 B 有权利意味着 A 对 B 有义务，A 对 B 有义务意味着 A 对 B 有权利。"⑥ 因此，权利与义务相一致并不意味着一个人享有的权利与其承担的义务必定相等或相当。此外，一个社会的全部权利与全部义务也不是完全对等关系，即权利总量与义务总量并不相等。这是因为一部分权利已经通过社会契约让渡和转化为公共权力，一个社会的全部义务被分为与权利相对应和与权力相对应的两个部分。在全部义务中，有一部分与权利相对应，另一部分则与权力相对应。因此，与权力相对应的这部分义务并不与权利相对应，因而是与权利分离的义务。这部分义务名副其实是"无权利的义务"，亦可称为"有权力的义务"。⑦ 因此，在数量关系上，一个社会的全部权利与全部义务不可能是等值的，即便完全按照权利与义务关系的现有理论，权利的总量也只能同与它本身相对应的义务总量相等，不可能同与权利相对应的义务和与

---

① 〔奥地利〕凯尔森：《法与国家的一般理论》，沈宗灵译，中国大百科全书出版社，1996，第 87 页。
② Tom L. Beauchamp, *Philosophical Ethics*, New York：Mc Graw-Hill Book Company，1982，p. 202.
③ L. T. Hobhouse, *The Elements of Social Justice*, Routledge/Thoemmes Press，1993，p. 37.
④ Tom L. Beauchamp, *Philosophical Ethics*, New York：Mc Graw-Hill Book Company，1982，p. 204.
⑤ 〔日〕高柳贤三：《法律哲学原理》，汪翰章译，上海大东书局，1932，第 234 页。
⑥ 余涌：《道德权利研究》，中央编译出版社，2001，第 49 页。
⑦ 童之伟：《对权利与义务关系的不同看法》，《法商研究》1998 年第 6 期。

权力相对应的义务之总和相等。[①] 事实上，权利总量必定小于义务总量。由于权利与义务是完全分离的，并且不必然对等，恩格斯在谈到阶级社会权利义务分配不公正时说，这种社会"几乎把一切权利赋予一个阶级，另一方面却几乎把一切义务推给另一个阶级"。[②]

社会法上的权利与义务之所以不一致，是因为在社会生活中客观存在一种不对等性，即事实上的不平等性。由于实际地位的不平等，法律对当事人权利和义务的设定也就不同，从而形成当事人双方权利和义务的不对称性。[③] 比如，社会保障法对富人和穷人并非一视同仁，而是向后者适度倾斜，它不追问穷人穷困的成因，也不关心穷人对自己的困境负多大责任，而只关注其贫困现实和如何帮助穷人脱困。同时，穷人获得社会保障权也不以承担义务为前提条件。以社会保险法为例，它一方面承认和遵守贡献原则，如养老保险金的数额取决于被保险人有偿受雇时缴纳的保险费——这是其私法属性使然；另一方面政府强制雇主定期向社会保险机构缴纳保费，并为收入达不到最低生活标准的穷困者代付应缴纳的保费——这是其公法属性使然。也就是说，一个公民即便无钱缴纳社会保险费，也可以享受社会保险待遇。以社会救助法为例，主体享有权利也不以其承担义务为条件。社会救助是单方行为，不遵从私法的"等价有偿"原则，也非公法的强制命令（受救助者可以放弃自己的权利），具有明显的权利义务单向性特点，即凡是符合救助条件的社会成员，都有权申请社会救助，而对于受益者来说，其享受的是单纯的权利或利益，并不以其对社会的贡献或支付等价为条件。因此，社会救助权是普遍的、平等的，不受身份、等级、贡献等限制，也不受承担相应义务的限制，任何国民，只要处于需要救助状态，都可以无条件获得救助。以社会补偿为例，其不遵循权利与义务相一致或等价交换原则，如对妇女的生育补偿不以妇女必须工作或缴费为条件，而且这些补偿与妇女生育的贡献是不对等的。另外，与妇女在人口生育中所付出的代价和创造的价值相比，这些补偿也是微不足道的。

---

① 童之伟：《对权利与义务关系的不同看法》，《法商研究》1998 年第 6 期。
② 《马克思恩格斯选集》第 4 卷，人民出版社，1995，第 178 页。
③ 来君：《试论纳税人权利与义务的异化及归位》，《攀登》2007 年第 2 期。

事实上，权利和义务不一致的情况在慈善事业法中更为突出。所谓的慈善事业是指非政府组织和社会成员出于怜悯或宗教信仰而对贫弱者施以款物帮助的一种救济活动。从总体上看，慈善事业法以鼓励施善济人为宗旨，以"不图回报"为原则，与公法上的强制和私法上"等价有偿"原则完全不同。慈善是"不求回报的实施高尚无私的支持与奉献的行为"①，在慈善法中，"引人入胜的份外善行也属于允许的行为。这些行为有仁爱和怜悯、英勇的壮举和自我牺牲等等。这些行为是善的，但它并非一个人的义务或责任"。② 比如，俄罗斯《慈善活动和慈善组织法》明确规定，慈善行为以"自愿"和"无偿"为原则，不允许法人对自己的劳动集体和工作人员实施慈善行为，也不允许慈善基金会对自己的工作人员实施慈善行为。当然，慈善捐款可以附带条件，如需有捐赠人提出的专门名称，或只能在一定期限内和条件下才付诸实现等，但是不能以捐赠人获得同等回报为条件，否则就是交易而不是慈善。在本质上，权利与义务不一致是第三法域法的普遍特征，如在《消费者权益保护法》中，对经营者和消费者权利义务的规定是不对等的，对经营者规定的义务比较多，如保证商品和服务质量安全，提供商品和服务真实信息等，而且在侵权的损害赔偿中还规定了"双倍罚则"。又如，在卫生法和医事法规中，对医院和患者的权利义务规定也不对等。

权利与义务不对等不同于民法上的禁止权利滥用原则。所谓的权利滥用，谓"逸出权利的、社会的、经济的目的或社会所不容的界限之权利行使"③，对他人造成损害，而且专以损害他人为目的。罗马法对于所有权的限制也是存在的，这种限制主要基于相邻关系、保护宗教利益和公共利益、基于人道主义的道德事宜等。④ 如何界定权利滥用？根据相关研究，权利是法律分配一部分社会利益于权利人，行使权利之结果，难免会使他

---

① 周秋光等：《中国慈善简史》，人民出版社，2006，第6页。

② John Rawls, *A Theory Justice* (*Revised Edition*), The Belknap Press of Harvard University Press Cambridge, Massachusetts, 2000, p. 100.

③ 史尚宽：《民法总论》，中国政法大学出版社，2000，第714页。

④ 周枏：《罗马法原论》（上），商务印书馆，1994，第301页。

人发生损害，但是"如若专以损害他人为目的，则属权利滥用"。① 在现代
社会，大多数国家都明文禁止权利滥用。如法国法院在多个判例中使用禁
止权利滥用原则，从对不动产所有权滥用的限制，扩展到合同权利、家庭
关系内权利、公司股东权利、罢工权和诉权等。② 事实上，民法的禁止权
利滥用原则以"损害他人利益为前提"，本质上是"禁止权利恶用"原
则。③ 但是，正如有的学者所说，由于恶用或过错的标准极富弹性，这一
原则像"法律上的变色龙，能够根据所涉及的领域的不同而变化"④，因此
将权利行使中的恶意或过错作为滥用的标准"是一种不确切的，也几乎无
用的理论"。⑤ 而且，禁止权利滥用原则并不能创设新的法律，仅具有依法
排除在原有法律所规定的权利之内容具体化时所产生的不当结果的功能，
权利滥用的法律后果也仅限于行为无效、停止滥用、损害赔偿、限制和剥
夺权利等。社会法对权利的限制不以权利恶用或过错为条件，其对权利限
制的理论基础源于权利自身的缺陷和不足，限制的不是个体而是一类权
利，限制所有权的方式包括使所有权负有更多义务，向弱者适当倾斜等，
法律后果与禁止权利滥用也有很大的不同。

　　当然，社会法对所有权的限制是有一定限度的，以不造成"反向歧
视"和保护社会弱者的基本生存条件和生活水准为界限。庇古认为，不论
是直接转移收入措施还是间接转移收入措施，都要防止懒惰和浪费，以便
做到投资于福利事业的收益大于投资机器的收益。因此，他反对对穷人实
行无条件的补贴，认为最好的补贴是那种能够激励工作和储蓄的补贴，即
实行补贴时应先确定受补者自己挣生活费用的能力。这种理论在一定程度
上为货币主义所继承，并发展出最低生活保障思想中完整的负所得税制
度。日本新生活保护法第 60 条明确规定，被保护者必须不断根据自己的能
力辛勤劳动，节约支出，并努力维持和提高生活水平。20 世纪 90 年代以
后，公民资格理论研究出现了新的转变，在一定程度上复兴了公民资格的

---

① 胡长清：《中国民法总论》，中国政法大学出版社，1997，第 386 页。
② 〔法〕盖斯坦·古博：《法国民法总论》，谢汉琪等译，法律出版社，2004，第 726—739 页。
③ 史尚宽：《民法总论》，中国政法大学出版社，2000，第 714 页。
④ 〔法〕盖斯坦·古博：《法国民法总论》，谢汉琪等译，法律出版社，2004，第 715 页。
⑤ 〔法〕盖斯坦·古博：《法国民法总论》，谢汉琪等译，法律出版社，2004，第 716 页。

共和主义传统，强调公民资格的义务一面，以克服权利导向的公民资格物质主义倾向的过度发展。因为自 20 世纪 60 年代以来，西方"福利国家"赋予了公民广泛的社会权利，但社会贫困问题依然存在，甚至出现加剧状况。正是在这个意义上，金里卡认为，在公民资格三要素之外，必须加上"公民品德"的内容，而"公民资格理论家的第一个任务就是要更具体地弄清，要有哪些公民品德来维系民主制的持续繁荣"。①

第四节　向社会弱者倾斜原则

民法上所谓的公平主要是指起点公平，即"任何人都处于同一起跑线上"的机会公平。对此，约翰·穆勒解释说："也可以设想，在原先分配时就对自然的损害给予了补偿，并让身体虚弱的社会成员在分配上占些便宜，以取得平衡。但是，这种分配一经实施，就再也不受干预，各人要靠自己的努力和一般机缘来利用其所分配到的物品。"② 也就是说，民法主要关注起点公平，而非过程和结果公平。相反，社会法以维护社会弱者的利益和增进社会福祉为己任，强调从社会的实质不公平出发，追求结果和实质意义上的公平。其具体措施是，通过社会利益再分配和倾斜立法，保护弱者的利益和社会公共福祉，强调对弱势群体利益分配的适当倾斜，并在此基础上形成了完整的倾斜保护原则。

一　向弱者倾斜的理论基础

1. 是实质公正的必然要求

在自由资本主义早期，亚当·斯密首次提出"经济人"的概念，并在此基础上发展出完整的自动公益说。他认为，每个人都是自身利益的最佳判断者，其基于这种判断参与市场活动，在谋求自身利益的同时，促进了社会利益。他说："每个人都在不断努力地为他自己所能支配的资本找到最有利的用途，固然他所考虑的不是社会利益，而是他自身的利益。但他对自

---

① 〔加〕金里卡：《当代政治哲学》（下），刘莘译，三联书店，2004，第 519 页。
② 〔英〕约翰·穆勒：《政治经济学原理》，胡企林、朱泱译，商务印书馆，1991，第 229 页。

身利益的研究自然会或者说毋宁说必然引导到最有利于社会的用途。"① 在亚当·斯密看来，只要起点公平，结果就是公平的，自动公益也是实现社会公正的一种形式。但是，这种建立在私法和资本主义私有制基础上的公平原则有根本的缺陷，其结果必然是大量财富向垄断资本家集中，社会财富被控制和掌握在少数资本家手中，贫富差距越来越大，表现为穷者越来越穷、富者越来越富的"马太效应"。这些在一定程度上是私法和民法的产物和结果，因此并不受私法和民法的谴责。正如有学者所说，"人们很久以来就认识到比较富有的人在法律上具有优势：在各个国家里，法律的普遍精神是有利于强者而不是有利于弱者，法律帮助那些拥有财产的人反对没有财产的人"。② 也就是说，在公民权利实现的差序格局中，"富者在权利的实现方面具有优势，而穷者则处于劣势"。③ 因此，给予弱势群体以特殊的法律保护，是有其法理依据的。社会法以倾斜的方式保护社会弱者的利益，目的在于避免利益的边缘性，控制利益边缘群落的形成，使社会利益心理控制在道德与秩序的承受底线之内。④ 社会法以倾斜的方式保护弱势群体的基本利益，在一定程度上是法律和利益的道德性使然。恩格斯说，"每一个社会的经济关系首先是作为利益表现出来"⑤，"人们自觉地或不自觉地，归根到底总是从他们阶级地位所依据的实际关系中——从他们进行生产和交换的经济关系中，吸取自己的道德观念"。⑥ 简言之，利益不仅不在道德和法律的视界之外，而且是道德和法律的直接根源和出发点。正如昂格尔所说："公平愈是屈从于规则的逻辑，官方法律与老百姓的正义感之间的差距也就愈大，从而，在老百姓的眼中，法律就会渐渐失去自身的可理解性和合法性。"⑦ 社会法向社会弱者倾斜，在本质上是一种权利

① 〔英〕亚当·斯密：《国民财富的性质和原因的研究》（下），郭大力等译，商务印书馆，1974，第 25 页。

② 〔美〕布莱克：《法律的运作行为》，唐越、苏力译，中国政法大学出版社，2004，第 13 页。

③ 郝铁川：《权利实现的差序格局》，《中国社会科学》2002 年第 5 期。

④ 司春燕：《浅析消费法律关系的社会法属性》，《桂海论丛》2007 年第 2 期。

⑤ 《马克思恩格斯全集》第 18 卷，人民出版社，1964，第 307 页。

⑥ 《马克思恩格斯全集》第 20 卷，人民出版社，1971，第 102 页。

⑦ 〔美〕昂格尔：《现代社会中的法律》，吴玉章等译，中国政法大学出版社，1994，第 191 页。

救济的方式和手段。有权利必有救济，"凡权利受到侵害时应有法律救济之方法，此为权利本质"。① 在社会法中，对弱者实行倾斜保护，使"法律和救济或者权利和救济这样的普通词语构成了对语"。② 比如，它将弱势群体获得救济规定为一种权利，即获得救济权。社会救助法是尊重和保障弱势群体权利最重要的法案，它"不仅应宣誓权利，而且还应同时配置救济的各种程序"。③ 作为社会保险的补充，社会救助法是在个人或家庭生计断绝或遭受灾害时，给予其生活上的扶助，因此是社会保障中最富弹性而不受拘束的一种计划。

2. 是实质平等的必然要求

现代社会，由于强弱主体在禀赋、资历、资源、信息占有等方面实力悬殊，简单按照形式平等的原则去调整，必然导致实质不平等和不正义，进一步激化社会内外矛盾。因此，倾斜保护和实质平等成为社会和法律的重要目标。正如亚里士多德所说："平等并不是说每个人都一样。如果实现了公平，平等的人也就会受到相同的对待，不平等的人就会根据其具体情况得到不同的对待。个人之间的区别只能在有关的基础上进行。"④ 马克思通过对资本运行及其本性进行研究，看到了资本主义制度和私法平等掩盖下的罪恶。他说，"要避免所有这些弊病，权利就不应当是平等的，而应当是不平等的"⑤，"平等应当不仅是表面的，不仅在国家的领域中实行，它还应当是实际的，还应当在社会的、经济的领域中实行"。⑥ 列宁在谈到形式平等与实质平等的关系时说："任何权利都是把同一标准应用在不同的人身上，即应用在事实上各不相同、各不同等的人身上，因而'平等的权利'就是破坏平等，就是不公平。"⑦ 对实质平等的追求，使近代社会中

---

① 〔英〕威廉·韦德：《行政法》，徐炳等译，中国大百科全书出版社，1997，第95页。
② 〔英〕沃克编《牛津法律大辞典》，北京社会与科技发展研究所组织翻译，光明日报出版社，1988，第764页。
③ 程燎原、王人博：《赢得神圣——权利及其救济通论》，山东人民出版社，1998，第349页。
④ 〔英〕彼得·斯坦、约翰·香德：《西方社会的法律价值》，王献平译，中国人民公安大学出版社，1990，第79页。
⑤ 《马克思恩格斯全集》第19卷，人民出版社，1963，第22页。
⑥ 《马克思恩格斯选集》第3卷，人民出版社，1995，第448页。
⑦ 《列宁全集》第31卷，人民出版社，1985，第89页。

"从身份到契约"的运动已转变为现代社会中"从契约到身份"的运动。①

社会法的本质在于，从现实的不平等的社会关系出发，通过国家干预和法律强制，以不平等的方式倾斜地保护社会弱者的利益，以实现实质意义的平等公平。如社会基准法就是从公民谋生和生存的一般条件考虑，对社会弱者的生存条件设立一个强制性底线，以实现社会安全的目的。以残疾人权利保障为例，因为生理特殊，残疾人中的多数人无法依靠自身的力量或能力获得生活来源，维持个人或家庭的生活质量，因此"社会就一定要给残疾人更多的教育、财富或任何其他未达到完全平等并结束控制所必需的东西"。②由于残疾人受到了不可避免的"控制"，国家和社会必须提供特别的支持和保护。以劳动者保护为例，由于劳动力市场"不是个平衡的市场，它永远处在供过于求的局面，自我调节无法平衡"③，因此需要以劳动基准法的形式如规定强制保险、最低工资标准、最低劳动条件等向劳动者倾斜，以保护其基本利益。因为劳动者处于事实上的弱势地位，如果完全由劳资双方"平等协商"，则其基本利益很可能得不到保障。以社会救助为例，其救助对象多为低收入人群，在经济地位上处于社会底层，或者遭受灾害变故者，其主张和维护其基本权利的能力和手段处于相对弱势。社会救助之所以是一种倾斜保护手段，是因为其对象通常不包括富者、强者，仅仅是贫者、弱者。在我国古代，虽然赈济、救灾等措施没有发展为现代意义上的社会保障制度，其救助对象也都是社会弱者和贫困人群。社会法与民法和私法的不同之处在于，它以实质平等为追求，倾斜地保护社会弱者的利益，体现的是扶危济困、以人为本的人本主义思想。

3. 是社会和谐稳定的必需

彼得·斯坦和约翰·香德在《西方社会的法律价值》一书中说："与法律永远相伴随的基本价值，便是社会秩序。"④从人类社会发展的历史来

---

① 傅静坤：《20世纪契约法》，法律出版社，1997，第62页。

② 〔美〕波斯纳：《法理学问题》，苏力译，中国政法大学出版社，1994，第425页。

③ 张兴茂：《劳动力产权论》，中国经济出版社，2002，第56页。

④ 〔英〕彼得·斯坦、约翰·香德：《西方社会的法律价值》，王献平译，中国人民公安大学出版社，1990，第38页。

看，弱势阶层的生存状况决定一个社会的稳定程度。一直以来，私法调整无法控制个人的自利行为，垄断和不正当竞争行为扰乱了公平自由的竞争秩序；而公法调整则可能侵犯市场主体的自由与平等的法律地位。第三法域及社会法将两者有机结合，运用法律手段，通过修正传统私法理念和政策的增加，对弱势群体进行倾斜保护，从而实现利益平衡和社会稳定。正如有学者所说："和谐社会应当高扬普遍人权的理念，对弱势群体实行特殊的倾斜保护，使弱者真正享受到良法的实惠，享受到作为人应该享受到的一切，这是现代法治人权普遍性的基本要求。"① 事实上，对弱势群体的倾斜保护是由人的社会属性及社会连带关系决定的。马克思说："人们丝毫没有建立一个社会的意图，但他们的所作所为正是使社会发展起来，因为他们总是想作为孤独的人发展自身，因此他们也就只有在社会中并通过社会来获得他们自己的发展。"② 比如，劳动的"定义不是从劳动的物质规定性（不是从劳动产品的性质，不是从劳动作为具体劳动所固有的属性）得出来的，而是从一定的社会形式，从这个劳动借以实现的社会生产关系得出来的"。③ 也就是说，劳动的这种规定性，"不是从劳动的内容或劳动的结果产生的，而是从劳动的一定的社会形式产生的"。④ 狄骥认为，人们相互有连带关系，"即他们有共同需要，只能共同地加以满足；他们有不同的才能和需要，只有通过相互服务才能使自己得到满足。因而，人们如果想要生存，就必须遵循连带关系的社会法则。连带关系并不是行为规则，它是一个事实，一切人类社会的基本事实"。⑤ 因此，富人和穷人的利益是一对矛盾，如果穷人的基本利益得不到保护，富人的利益最终也会落空，社会将陷入混乱和不安之中。孔子说："丘也闻有国有家者，不患寡而患不均，不患贫而患不安。盖均无贫，和无寡，安无倾。"⑥ 但他强调

---

① 屈广清等:《弱势群体特殊保护的法理分析》,《福建政法管理干部学院学报》2007 年第 2 期。
② 《马克思恩格斯全集》第 3 卷，人民出版社，1960，第 235 页。
③ 〔德〕马克思:《剩余价值理论》第 1 卷，人民出版社，1975，第 148 页。
④ 《马克思恩格斯全集》第 26 卷，人民出版社，1975，第 148 页。
⑤ 沈宗灵:《现代西方法理学》，北京大学出版社，1992，第 252 页。
⑥ 《论语·季氏篇第十六》。

"和"的手段是宽猛相济，是错误的。他说："政宽则民慢，慢则纠之以猛。猛则民残，残则施之以宽。宽以猛济，猛以宽济，政是以和。"① 道理很简单，一旦社会贫富差距超过一定限度，弱势群体就会铤而走险，甚至揭竿而起，结果所有人的利益都得不到保障。故此，国家作为法律秩序的维护者，向弱势群体倾斜具有正当性，它不是社会感情的宣泄，而是国家的理性选择，不仅不违反平等原则，恰恰坚持、捍卫和发展了平等原则，并最终贯彻了平等原则。

二　向弱者倾斜的表现形式

1. 在立法上进行特别规定

哈耶克说："'社会立法'也可以意指政府为某些不幸的少数群体提供一些对他们来说具有特殊重要性的服务。"② 也就是说，对于某些不幸的少数群体或弱势群体，在社会立法中应给予优先保护、特别保护或倾斜保护，而不是平等保护，即法律在强势群体和弱势群体之间，侧重保护弱势群体的利益。正如德沃金所说，对社会弱者的特别保护不是物理量上的"绝对平等"，也不是价值物上的"平均分配"，而是使一个平等的人受到平等对待，使不同的人受到不同对待。具体做法就是，在对强弱群体作出必要区分的基础上，以法律特别规定的方式明确弱势群体的权利，严格强势群体的义务。③ 比如，劳动是"基于契约上义务在从属的关系所为之职业上有偿之劳动"④，即劳动关系双方的地位表面上是平等的，实质上并不平等，需要用倾斜性的规定予以矫正。从劳动法调整的原则和模式看，劳动法的有关规定"在总体上向保护劳动者倾斜"，不像私法和民法任由劳动者和用人单位之间进行"意思自治"，主要表现在：（1）在权利与义务的规定中，偏重于规定劳动者的权利和雇主的义务；（2）对于劳动者的权

---

① 《春秋左传》。
② 〔英〕哈耶克：《法律、立法与自由》（第2、3卷），邓正来译，中国大百科全书出版社，2000，第221页。
③ 龚晓洁等：《试论社会法对实现社会公正的意义》，《济南大学学报》（社会科学版）2006年第5期。
④ 史尚宽：《劳动法原论》，正大印书馆，1978，第2页。

益，只准提高而不准降低最低标准，对雇主的利益则无这种保护性规定；（3）对雇主单方解除劳动关系实行严格限制，而对劳动者单方解除劳动关系则无此限制；（4）在劳动监察中，一般只限于监督雇主遵守劳动法的行为，而劳动者的行为基本上不作为劳动监察对象。① 从立法实践看，劳动法中所追求的劳动者保护体现在两大领域：在个体劳动法中，通过法律的特别规则，防止单个雇员因为在谈判中处于弱势地位不得已接受雇主提出的不合理条件；在集体劳动法中，依靠企业职工委员会和工会这些雇员集体利益的代表，通过不同层面上的劳资共决的方式来影响或确定劳动条件。② 我国劳动法也有很多条款对劳动者的权利进行特别规定，同时严格用人单位的责任和义务，如第29条对用人单位解除劳动合同的限制，很明显是向保护劳动者倾斜的。

对弱势群体进行特别保护的规定体现在我国社会立法的很多方面。以《未成年人保护法》为例，其总则第3条明确规定：未成年人享有生存权、发展权、受保护权、参与权等权利，国家根据未成年人身心发展特点对其给予特殊、优先保护，保障未成年人的合法权益不受侵犯。实际上，对于未成年人和老年人的特别保护，我国很早就有规定。如《周礼·秋官》记载，"三赦"制度中，"一赦曰幼弱"；在《礼记·曲礼》中，有"八十、九十曰耄，七年曰悼，悼与耄虽有罪，不加刑焉"。唐律《名例律》第30条规定，70岁以上、15岁以下"犯流罪以下，收赎；犯加役流、反逆缘坐流、会赦犹流者，不用此律；至配所，免居作"；80岁以上、10岁以下"犯反、杀、逆、杀人应死者，上请；盗及伤人者，亦收赎。余皆勿论"；7岁以下"虽有死罪，不加刑，缘坐应配没者不用此律"。③ 第31条规定"犯时未老疾"，还规定"犯罪时幼小，事发时长大，依幼小论"。④ 唐律第474条规定：15岁以下"不合拷讯"，"违者，以故、失论"。⑤《唐律疏议》称："德礼为

---

① 王全兴：《劳动法》，法律出版社，1997，第61页。
② 〔德〕Dellev Joost：《德国劳动法之体系与基本原理》，王倩译，《大连海事大学学报》（社会科学版）2010年第2期。
③ 长孙无忌等：《唐律疏议》，中华书局，1983，第80页。
④ 长孙无忌等：《唐律疏议》，中华书局，1983，第83页。
⑤ 长孙无忌等：《唐律疏议》，中华书局，1983，第85页。

政教之本，刑罚为政教之用，犹昏晓阳秋相须而成者也。"① 这种以德礼为中心的法制思想，体现了儒家传统思想中"矜老恤幼"的道德准则和规范。以《妇女权益保障法》为例，对妇女的特别保护也体现在很多方面。如在参政权方面，该法第 11 条规定，全国人民代表大会和地方各级人民代表大会的代表中，应当有适当数量的妇女代表，居民委员会、村民委员会成员中，应当有适当的妇女名额；第 12 条规定，国家机关、社会团体、企业事业单位培养、选拔和任用干部，必须坚持男女平等的原则，并有适当数量的妇女担任领导。在婚姻家庭权方面，其第 47 条规定，夫妻书面约定婚姻关系存续期间所得的财产归各自所有，女方因抚育子女、照料老人、协助男方工作等承担较多义务的，有权在离婚时要求男方予以补偿。在离婚附加保护权方面，该法第 42 条规定，女方按照计划生育的要求终止妊娠的，在手术后 6 个月内，男子不得提出离婚；第 46 条规定，离婚时，女方因实施绝育手术或其他原因丧失生育能力的，处理子女抚养问题，应在有利于子女权益的条件下，照顾女方的合理要求；第 50 条规定，妇女在经期、孕期、产期、哺乳期受特殊保护，任何单位不得以结婚、怀孕、产假、哺乳等为理由，辞退女职工或者单方面解除劳动合同。总之，我国《妇女权益保障法》确立的不是男女形式平等，而是向妇女倾斜，以实现真正的平等。这也是很多国家保护妇女权益的通行法则，如为了确保教育机会均等，德国政府尽可能地帮助那些在物质、社会和文化等方面处于不利境地的公民，特别是妇女，使她们有机会接受教育和培训，帮助她们实现对生活的向往，即谁都不会因为无钱而不能接受教育和培训，这是德国政府对国民的承诺。

社会法对弱者的权利进行特别规定和倾斜保护，是由其第三法域法的属性决定的，这也是第三法域法的普遍特征。如经济法的一些基本原则即体现了扶持与保护社会弱势群体的思想，它将"倾斜保护原则"表述为"共同发展权绝对原则"，认为它"是要在剩余权冲突的两部分之间构建一座经济上相通的桥梁，是用经济的方法去劫富济贫，调节他们相互间的利

---

① 长孙无忌等：《唐律疏议》，中华书局，1983，第 3 页。

益分配，以防止一部分人过度发展与另一部分人过度不发展带来普遍不发展的后果，并保障社会生产之无限发展，社会生产力由可能变为现实"。① 在本质上，共同发展权绝对原则是抑强扶弱，调节强者和弱者之间的利益分配，保障社会化生产之可持续发展。② 医疗卫生法也是通过法律特别规定倾斜保护患者利益的。通常来说，医院作为单位，其经济实力远较患者为强，且其比患者掌握更多的医疗技术，加之病情态势使患者对医生有很强的依赖性，相对于患者，医院一般处于强势地位。为了对处于弱势一方的患者的权利进行救济以实现最大可能的实质平等，必须以"倾斜保护"为手段对失衡的社会关系——医患关系作出矫正。③ 因此，医疗服务合同和劳动合同一样，不同于一般的民事合同，不能由合同法调整。同时，医方收费也是受到国家严格限制的，并非适用民法上的"平等协商"原则，否则医疗费用就会不可捉摸，这严重损害患者的权益。反之，如果对医方收费不进行规定，而是由医患双方"平等"协商，其结果可想而知，患者只能任其宰割。在消费者权益保护法中，法律也是以特别规定的方式倾斜保护消费者利益的。与消费者相比，生产者和销售者掌握的信息更多，在经济上通常处于强势地位，而消费者处于弱势地位。为了矫正这种实质意义的不平等，法律除了对产品质量进行硬性规定外（产品质量法），对生产和销售假冒伪劣商品致消费者损害的现象还规定了无过失责任，刑事、行政处罚和双倍赔偿机制，其目的是严格生产和销售者的法律责任和义务，倾斜地保护消费者的基本利益。

2. 在司法上实行特殊机制

社会法向弱者倾斜在司法上主要体现为两个方面，实行无过错责任原则和举证责任倒置。无过错责任原则是19世纪后期发展起来的。正式创立无过错责任的立法，是德国1884年的《工伤事故保险法》。不久，法国通过对民法典第1384条第1款进行扩大解释，正式确立"基于危险归责"

---

① 陈乃新：《经济法理性论纲》，中国检察出版社，2004，第120页。

② 林星娟：《经济法与民法基本原则的比较》，《法制与社会》2008年第2期。

③ 李少伟等：《医院未征得患者同意使用自费药纠纷初探——从社会法"倾斜保护"的理论出发》，《西南政法大学学报》2005年第5期。

的无过错责任原则，并以特别立法的形式确立无过错责任主义。19 世纪初，资本主义仍处于上升时期，私法在社会生活中仍居于主导地位。当时，工商业事故频发，而受害者又不能依据公法得到救济。囿于传统思维，立法者和司法者以为，只能从私法出发创设无过错责任来平衡利益，为受害者提供救济。因此，这种救济仍采用私法形式，表面上看没有超出私法范围。事实上，无过错责任是让民事主体负担"道义责任"，"代替国家和社会履行社会保障职能，其本身与民法内在的价值理念极为对立和冲突"。[①] 首先，它否定了民法上的"人格平等"，是基于"扶弱抑强"的理念，"对包括污染受害者在内的弱者给予法律上的扶持，使他们具有凌驾于侵权行为人之上的特权地位"；其次，它否定了基于"所有权绝对"特别是"契约自由"而必然衍生的"自己责任"，令侵权行为人承担无过错责任，"这就民法而言，是向其提出了不堪承负的道德要求"。[②] 从发生学上看，无过错责任不是一个孤立的法律现象，"它是私法公法化、公法私法化和公私法交叉融合一系列现代法现象链条中的一环"，"在现代社会的存在和发展先以相关社会化制度的存在为前提；又反过来成为相关社会化制度发展的助动力；最后又被相关社会化制度取代，使其不具有民法上的功能性，最后由社会法的补偿救济制度取而代之，由全社会来分摊无过错损害风险"。[③] 无过错责任原则弥补了过错责任不能补救受害者损害的不足，加强了对受害人和社会弱者的保护，是基于私法和民法的内在缺陷而进行的法律变革。

从法律实践看，法国 1841 年的《矿业责任法》、1924 年的《航空事故法》、1957 年的《政治公害责任法》和 1965 年的《核子损害责任法》等都贯彻了无过错责任原则。社会保险法中的雇主责任也是一种无过错责任，即工伤事故的责任主要由雇主承担，工伤事故保险费也由雇主一

---

①　赵红梅等：《无过错污染受害者补偿救济的理论与制度选择——一种社会法的观察视角》，《环境资源法论丛》第 5 卷，法律出版社，2005，第 50 页。

②　赵红梅等：《无过错污染受害者补偿救济的理论与制度选择——一种社会法的观察视角》，《环境资源法论丛》第 5 卷，法律出版社，2005，第 50 页。

③　赵红梅等：《无过错污染受害者补偿救济的理论与制度选择——一种社会法的观察视角》，《环境资源法论丛》第 5 卷，法律出版社，2005，第 56 页。

方承担，具有明显地向劳动者倾斜的特征。在美国，如果雇主没有明文规定禁止性骚扰，没有采取严格措施防止类似事情发生，或在接到被骚扰反映后没有采取行动，不能有效遏制事情继续发生，雇主就要承担赔偿的后果。1998 年 6 月，美国联邦最高法院就"性骚扰"问题设立了一个新标准，规定雇主有义务对本单位的管理人员不正当的、与性骚扰有关的错误言行负责，即使单位并不知道这些管理人员的行为。在英国和日本的反性别歧视立法中，也有类似规定。也就是说，无过错责任原则在禁止性骚扰和反歧视立法中是一个普遍的规则。从法理上看，无过错责任不同于英美法上的"严格责任"（Strict Liability），后者是介于过错责任和无过错责任的一种责任形态，实际上采取的是"过错推定"的方法，即从损害事实中反推定当事人有过错，同时允许其通过证明损害是由受害人的过失、第三者过失或自然灾害造成的提出抗辩，说明严格责任考虑到了责任人的主观状况，因此不属于绝对的无过错责任。① 如法国学者卡塔拉认为，无过错责任与严格责任有一定区别，严格责任与法国法中的"过错推定"大体相当。② 以产品质量法为例，生产者和销售者的责任不是由其主观过错决定的，而是由产品存在的危险状况决定的。当然，其主观过错有时也被作为确定严格责任的一个因素加以考虑。比如，设计的瑕疵就是因其应该在设计上考虑安全措施而没有考虑造成的。③ 目前，无过错责任原则和过错责任原则在各国的司法实践中均有适用，前者的罚则为最低赔偿标准，后者适用民事赔偿标准。社会法中举证责任倒置在一定程度上是无过错责任原则的体现和反映，其目的是严格强势一方主体的举证责任，保护弱势一方主体的利益，因在第七章第三节有详尽论述，兹不赘述。

同样，无过错责任是第三法域法的普遍规则。以产品质量法为例，在该法的发展过程中，产品责任的归责原则也是从最初的"过错责任原则"发展到之后的"无过错责任原则"，以实现对处于相对弱势地位的消费者

---

① 马思萍：《对我国产品质量法的若干思考》，《华东经济管理》1999 年第 2 期。
② 王利明主编《民商法研究》第 1 辑，法律出版社，2001，第 706 页。
③ 李亚虹：《美国侵权法》，法律出版社，1999，第 144 页。

的倾斜保护和特别保护。目前，世界上大多数有产品责任法的国家，已普遍采用无过错责任原则。根据私法理念，无过错责任原则对生产者和消费者是"不公平的"，但从社会法和第三法域法的角度看，是完全公平的。一方面，消费者"在生产者、经销商强大的广告攻势面前，在日新月异的科技迅猛发展态势下，实乃是'弱者'，不得不完全依赖厂商的技术与信用，无优势可言"，在遭受缺陷产品损害后，要其举证说明生产者存在主观过错，是极其困难的，也是不公平的。适用"无过错责任""举证责任倒置"原则就是要以向消费者倾斜的方式达到其与生产者和销售者之间的平衡。① 另一方面，缺陷产品给消费者带来的损失往往是巨大的，个人通常无法承受，而生产者却能凭借其经济实力和地位优势轻易承受，如通过保险方式或提高生产成本转嫁出去。同时，生产者将产品投入市场，其被消费者购买时，便获得了该产品除成本以外的利润。如果该产品具有缺陷，则生产者所获得的部分利润便是其缺陷带来的，因此"对于因产品缺陷导致消费者人身、财产损失的，由生产者承担责任，而不必考虑其过失，也是公平合理的"。② 当然，产品责任的归责原则与私法和民商法规则并非没有任何关系，如我国《产品质量法》规定，如果生产者能够对法律规定的免责事由提供有效的证据，进行抗辩，可以免除生产者的产品责任。以医疗卫生法为例，患者是医患关系中的弱者，法律在调整医患关系中也适用无过错责任原则，向患者适当倾斜。在实践中，医方有时候认为患者对一些很专业的医学问题根本不了解，因此对手术过程中可能出现的问题不告知患者，最终因为侵犯患者的权利而引发医疗纠纷。信息严重不对称，"需要立法的倾斜保护以维护患者的知情同意权、自主选择权、个人隐私权和人格尊严权等不受侵犯"。③ 如在我国，发生医疗事故后，如果医方不能证明自己没有责任或严格遵守了操作规程，就要承担一定的法律责任（即无过错责任）。医疗纠纷中举证责任倒置是无过错责任实施的结果，也是对患者倾斜保护的体现。第三法域的一些其他法规也普遍采用了

---

① 马思萍：《对我国产品质量法的若干思考》，《华东经济管理》1999 年第 2 期。
② 马思萍：《对我国产品质量法的若干思考》，《华东经济管理》1999 年第 2 期。
③ 邓烈琳：《试论医患法律关系的社会法属性》，《卫生经济研究》2005 年第 8 期。

无过错责任原则，如德国 1974 年颁布的《联邦污染控制法》、1991 年的《环境责任法》都规定了环境侵权的无过错责任。在日本，"公害赔偿经由过错责任发展到无过错责任的历史过程，脉络非常清晰"。[①] 日本 1922 年修改的《大气污染控制法》、《水质污染防治法》和 1939 年的《矿业法》都确立了无过错责任原则。

第五节　遵循经济社会发展水平原则

遵循经济社会发展水平原则是社会法中"老生常谈"的问题，但是几乎没有论著对之进行具体界定和详细论证，也没有从法理上说清、说透。由前述可知，社会法是"基于社会中平等与效率之间关系的失衡"而产生的，其所追求的目标是"寻求平等和效率的最佳结合点，达致在一个有效率的社会中不断增加平等的社会目标"[②]，体现了国家对社会主体中存在的多元利益进行的价值衡量和取舍。具体来说，就是通过国家给付和保护社会弱者最基本的利益，实现各种利益平衡，促进社会整体利益的实现。但是，国家给付和保障弱势群体的基本利益要与国力平衡，如果国家财力不支或职能失灵，可能会造成社会瘫痪，在更大范围内损害社会成员的利益，这就需要遵循经济社会发展水平原则。

一　遵循经济社会发展水平原则的法理分析

1. 社会权利及其有限性

所谓的权利，是"为道德、法律或习俗所确认为正当的利益、主张、资格、力量或自由"[③]，它是现代法治社会的重要指标，"是现代公民身份的核心内容，也是现代社会制度的一个结构性要素"。[④] 密尔认为，作为界定人的社会地位的一种设计，"享有一项权利，就是拥有一种为社会所必

---

① 曹明德：《环境侵权法》，法律出版社，2000，第 149 页。
② 吕世伦等：《社会法的几个基本理论问题研究》，《北方法学》2007 年第 6 期。
③ 夏勇：《权利哲学的基本问题》，《法学研究》2004 年第 3 期。
④ 夏勇：《朝夕问道——政治法律学札》，上海三联书店，2004，第 180 页。

须保护的为我所占有的东西"①，因此，法律的每个条款，必须在准确而富有远见地洞察到它对所有其他条款的效果的情况下制定。在实体内容上，社会法保障的主要是社会权利，但社会权利不同于自然权利，后者"是每一个人按照自己所愿意的方式运用自己的力量保全自己的天性——也就是保全自己的生命——的自由。因此，这种自由就是用他自己的判断和理性认为最适合的手段去做任何事情的自由"②，比如生命权、自由权、财产权都属于自然权利。一般来说，自然权利是一种消极的权利，只要政府不干预就可以实现。以财产权为例，"一个人可以在不侵犯他人的情况下对自己的物为所欲为"③，而且"行使自己的权利，无论对于何人，皆非不法"。④ 相比之下，社会权是一种积极的权利，它是"为了解决资本主义高度发达下劳资对立与贫富悬殊等各种社会矛盾与弊害，防止传统的自由全流于空洞化，谋求全体国民特别是社会经济弱者的实质自由平等而形成的"⑤，其"目的是消除伴随资本主义的高度化发展而产生的贫困、失业等社会弊病，为此要求国家积极干预社会经济生活，保护和帮助社会弱者"。⑥ 也就是说，社会权的实现不仅仅依靠个人努力，还需要国家和社会进行积极干预和帮助。夏勇教授认为，社会权也是一种自然权利。他说，每个人必须享有一些与生俱来的权利，这些权利，不论现实政治如何需要，国家法律如何规定，都是不可剥夺的。⑦ 这些权利包括公民从国家获得必要的物质帮助和服务以维持基本生活需要的权利。因此，存有要求权的世界是这样一个世界，其中所有的个人，作为潜在的或实际的要求者，都是高贵的受尊敬的对象。⑧ 不论做何种划分，有一点是可以肯定的，社会权主要包括最低生活保障权、就业权、获得物质救济权、劳动权、社会保险权等，其需要国家支付或作为才能实现，因此是积极的权利。

---

① 夏勇：《权利哲学的基本问题》，《法学研究》2004 年第 3 期。
② 〔英〕霍布斯：《利维坦》，黎思复等译，商务印书馆，1986，第 97 页。
③ 〔意〕彭梵得：《罗马法教科书》，黄风译，中国政法大学出版社，2005，第 185 页。
④ 郑玉波：《民商法问题研究》（一），台湾大学法学丛书，1976，第 50 页。
⑤ 〔日〕日上穰治：《宪法事典》，青林书院新社，1984，第 105 页。
⑥ 〔日〕大须贺明：《生存权论》，林浩译，法律出版社，2001，第 34 页。
⑦ 夏勇：《权利哲学的基本问题》，《法学研究》2004 年第 3 期。
⑧ 夏勇：《权利哲学的基本问题》，《法学研究》2004 年第 3 期。

由于涉及国家支付和帮助，与政治权利的实现不同，社会权利的实现需要考虑一国的经济社会发展水平。美国学者唐纳利在《普遍人权的理论与实践》一书中说：今天，几乎所有的西方资产阶级政府都是社会权的强有力的保护者，在第三世界和社会主义国家，社会权长期以来至少被认为是与公民和政治权利相等的。① 也就是说，在世界上绝大多数国家，社会权的保护都被纳入了国家的政治实践和法律实践。但是，由于经济社会发展水平不同，各国对社会权利保护的程度和范围也不相同。一般来说，发达国家社会权利保护的程度和力度高于发展中国家。这是因为，很多国家在保障社会权利、实行社会立法的时候都恪守遵循经济社会发展水平原则。正如马克思所说："权利决不能超出社会的经济结构以及由经济结构制约的社会的文化发展。"② 也是在这个意义上，有学者提出，"一个民族的生活创造了它的法制，而法学家创造的仅仅是关于法制的理论"。③

罗斯福总统在 1933 年就职演说中提出"免于匮乏的自由"，认为政府应采取积极行动，建立社会保障制度。从本质上说，社会法和社会保障法都不是致富的计划，不会为人们提供最充分的保障，只能为公民提供最低的生活条件，或者最普遍的社会福利，以确保或提高人们基本的生活水准。由于社会权利实现的程度和范围取决于一个国家的经济社会发展水平和国家财政状况，社会权利在很大程度上成了一种不完全的权利或相对的权利。也有学者认为，由于社会权利的实现需要财富资源，不可能马上实现，也不可能普遍实现，它们最多只是一种理想和愿望，很难称得上是一种人权，更不可能成为一种法律上的权利。如哈耶克认为，社会权的实现需要一定的条件。他说："哪怕具有一丁点常识，该项文件的制订者们就应当懂得，他们所颁布的那些普遍权利无论是在眼下还是在任何可预见的将来都是根

---

① 〔美〕杰克·唐纳利：《普遍人权的理论与实践》，王浦劬等译，中国社会科学出版社，2001，第 30 页。
② 《马克思恩格斯选集》第 3 卷，人民出版社，2012，第 364 页。
③ 苏力：《法治及其本土资源》，中国政法大学出版社，1996，第 289 页。

本不可能实现的。"① 弗里德曼也认为，"普遍的'分享财富'会使文明世界不存在"。② 霍姆斯和森斯坦则走向另一个极端，认为所有的权利都是"积极权利"，因为所有的权利都需要政府的"积极"行动来保护。③ 事实上，这也是一个"极大的误解"④，因为"积极的权利"仅仅相对于国家支付而言，而不泛指国家或政府的支持。

2. 积极自由及其有限性

社会法实现的是积极自由而非消极自由。20世纪50年代，英国学者伯林在古典自由主义传统和极权主义国家"自由政策"的基础上提出两种自由概念——"消极自由"和"积极自由"（Negative Liberty and Positive Liberty）。所谓的消极自由，是一种以不让别人妨碍自己的选择为要旨的自由，意指主体不受强制的一种状态，如言论自由、人身自由、宗教自由、聚会和结社自由等，只要政府或他人不干预即可实现，是"一种天赋的权利，即与生俱来的自由"。⑤ 伯林认为，消极自由是"在什么样的限度以内，某一个主体，可以或应当被容许，做他所能做的事，或成为他所能成为的角色，而不受到别人的干涉"⑥，比如"我本来是可以去做某些事情的，但是别人却防止我去做——在这个限度以内，我是不自由的；这个范围如果被别人压缩到某一个最小的限度以内，那么，我就可以说是被强制，或是被奴役了"。⑦ 因此，"消极自由"意味着政府或他人负有消极的不侵犯的义务，主体不受别人干预的范围愈大，享有的自由也就愈广。而"积极自由"的说法和主张认为，存在这样的一些自由如"免于匮乏的自

---

①　〔英〕哈耶克：《法律、立法与自由》（第2、3卷），邓正来等译，中国大百科全书出版社，2000，第185页。

②　〔美〕弗里德曼：《资本主义与自由》，张瑞玉译，商务印书馆，1999，第86页。

③　F. A. Hayek, *The Constitution of Liberty*, Chicago: Henry Regnery Company, 1972, pp. 20 – 21.

④　Wesley Newcomb Hohfeld, *Fundamental Legal Conceptions as Applied in Judicial Reasoning and Other Legal Essays*, New Haven: Yale University Press, 1919, pp. 35 – 64.

⑤　〔德〕康德：《法的形而上学原理》，沈叔平译，商务印书馆，1991，第50页。

⑥　〔英〕伯林：《两种自由概念》，陈晓林译，载刘军宁主编《市场逻辑与国家观念》，三联书店，1995，第203页。

⑦　〔英〕伯林：《两种自由概念》，陈晓林译，载刘军宁主编《市场逻辑与国家观念》，三联书店，1995，第201页。

由",其实现依赖政府或他人积极的作为。① 此外,有一些自由和权利如
"受教育权""健康医疗权"等也需要政府和社会积极帮助才能实现,这些
"权利"通常被称为"社会经济权利"或者"福利权利"。伯林明确表示
赞成和主张消极自由,认为消极自由的理念应当作为政治自由和社会自由
制度的基础。因为消极自由主要是社会为个体提供发展的空间,防止国家
力量对个人意志的支配和取代。对于积极自由的观点,他追问道:"一个
人或者一群人被允许或者应被允许不受他人干涉地做其力所能及的事或者
成为其愿意成为的人的领域是什么?"② 或者,简单地说,"政府在多大程
度上干涉我?"③ 他认为,对这一问题可以用"免于……的自由"(Freedom
from)来表达,也就是说,这种意义上的"自由"意味着不受他人干涉或
者强制。这里的"强制"仅仅意味着他人有意识的干预,不包括身体或者
经济能力的缺乏。比如,一个人因为眼瞎而不能阅读,因为没钱而买不起
面包等,都不构成此种意义上的"强制"。④ 因此,只有消极自由才是国家
和社会建立的基础,过多的国家干预可能削弱个人的积极性并侵犯基本
自由。

事实上,仅有消极自由是不完美的。也就是说,积极自由和消极自由
都是有尊严的生活所不可缺少的,二者都是不可回避的真实存在。但是,
积极自由是有一定限度的,应该将其控制在适度的范围之内。因为相比于
消极自由,积极自由更容易被人们滥用,而且追求积极自由可能导致不自

---

① 富兰克林·罗斯福著名的"四大自由"演讲令20世纪里的很多人对"自由"产生了混乱
的理解,误以为那"四种自由"具有同样的性质和含义。罗斯福说:"在我们力求安定的
未来岁月里,我们期待一个建立于四项基本人类自由之上的世界。第一是在世界任何地
方发表言论和表达意见的自由。第二是在世界任何地方人人有以自己的方式信奉上帝的
自由。第三是免于匮乏的自由,即在世界范围内,确立一种确保每个国家为其居民营造
健康和平生活的经济关系。第四是免于恐惧的自由,即在世界范围内进行全球性的裁军,
要用一种彻底的方法使其裁减到这样一种程度:世界上没有一个国家有能力对任何邻国
进行武力侵略。"参见 Franklin D. Roosevelt, "Annual Message to Congress on the State of the
Union", delivered on January 6, 1941, Isaiah Berlin, p. 169。

② Baron de Montesquieu, *The Spirit of the Laws* (*Two volumes in one*), Trans. by Thomas Nugent,
New York: Hafner Publishing Company, 1949, p. 149.

③ Abraham Lincoln, *Address at Sanitary Fair*, Baltimore, delivered on April 18, 1864.

④ F. A. Hayek, *Law, Legislation and Liberty* (Vol. 2: The Mirage of Social Justice), London:
Routledge & Kegan Paul, 1982, p. 102.

由。比如，我们要求有受教育的权利（这是积极自由），需要国家介入，国家权力会因此加大，可能导致对个人自由的侵犯。而消极自由如自由流动只要不受外部力量侵犯就可以实现，这个危险性就比较小。正如孟德斯鸠所说，在一个有法律的社会里，自由仅仅是一个人能够做他应该做的事情，而不被强迫去做他不应该做的事情①，如果一个公民能够做法律禁止的事情，那他就不再有自由了，因为其他人也同样会有这个权利。② 这也是消极自由的基本内涵。在实践中，一些国家曾用"完美的"积极自由的理想去指引生活，最后人们不是步入天堂，而是被驱赶进了地狱。诚然，在消极自由的理念下，人们的确不能随心所欲，在积极自由的幌子下，最有可能随心所欲的却是统治者。因此，一个社会为这两个问题所做的答案便可以决定这个社会的性质是自由的还是专制的，民主的还是暴政的，世俗的还是宗教的，私有的还是共有的，等等。从现实中看，在强制较多的国家，摆脱强制就是争取自由，比起幻想劳动人民当家作主，这是一个更为艰难的过程。伯林反对积极自由，主要针对马克思的积极自由观而来。他认为，马克思的积极自由观会导致极权主义的国家自由，从而泯灭个人自由，走向其反面。因此，要给积极自由划定一个范围，限制国家强制的范围和强度，否则这一概念不过是残酷暴政的华丽伪装而已。确实，积极自由和消极自由经常发生冲突，积极自由如果不考虑消极自由，必定导致钳制，最终葬送自由。密尔有一本书《论自由》，严复翻译为《群己权界论》。"群"是指国家和集体，"己"是指个人，"权界"是指对个人而言国家和集体权力的界限。根据密尔的论述，国家和集体的权力以不侵害个人法定自由为限度，这是"群己"的边界。可见，积极自由也是一种有限制的自由，正如消极自由要受到限制一样。

3. 国家权力及其有限性

由于有许多因素阻碍着市场按照理想化的方式运行，所以市场会出现失灵。市场失灵通常被认为"对集体或政府采取行动来改变资源配置的效率提供一个理由"，因为"人们想要在这样根本失灵的面前来实现有效率

---

① 〔法〕孟德斯鸠：《论法的精神》（上），许明龙译，陕西人民出版社，2001，第182页。
② 〔法〕孟德斯鸠：《论法的精神》（上），许明龙译，陕西人民出版社，2001，第182页。

的资源配置，就必须承认自身利益，并探究非市场的选择办法"①，国家的介入无疑是弥补这一缺陷和不足最好的方式。按照自然法学理论，国家权力是公民权利让渡的结果，公民权利是国家权力之源，人们协议成立政府（代表国家行使权力）"以谋他们彼此间的舒适、安全和和平的生活，以便安稳地享受他们的财产并且有更大的保障来防止共同体以外任何人的侵犯"。② 也就是说，政府存在的根本目的不是限制而是保护人们的权利，帮助人们更好地实现自己的权利。社会权利作为一种新型人权和积极的权利，是社会法追求的根本目标，它不同于其他权利，不能通过主体自身努力去实现，需要国家积极作为才能实现。其核心内涵是，要求借助国家力量，通过国家公权力的积极作为，使个人的尊严生活得到保障，保障社会个体在物质、社会生活和文化生活方面的基本需要，使个人知识、道德与身体得到良好的发展，进而能够平等和充分地享有各种自由。比如，社会救助权、社会保险权和社会福利权等的实现要求国家积极主动作为，很难依靠个人作为去实现。事实上，由国家负担对社会成员的社会风险是现代国家的一个重要职责。法国 1848 年"二月革命"后，宪法将社会权的义务主体明确指向国家和政府，而不是此前的"社会"。该宪法规定，国家实行义务教育，通过职业培训发展公民的劳动技能，保障劳资平等，对老弱病残实行救济，等等。③ 但是，国家权力介入公民生活领域是有一定限度的，关于政府的一些基本理论问题如"它的作用应该是什么，它能做什么和不能做什么，以及如何最好地做这些事情"④ 是有一定法律规范的，如果滥用或超过法定权限就会造成严重负面后果。因此，国家权力不是万能的，它要受到很多限制，需要通过宪法和法律规定国家权力行使的范围、事项、方式和程序，并明确其法律责任等。首先，法律作为控制社会最有效的工具，其任务就在于使人的合作本能与利己本能之间保持均衡，既不能偏向于合作本能而疏于保障个人利益，也不能放纵利己本能而使社

① 〔英〕约翰·伊特维尔等：《新帕尔格雷夫经济学大词典》第 3 卷，陈岱孙等译，经济科学出版社，1996，第 351 页。
② 〔英〕洛克：《政府论》（下），瞿菊农译，商务印书馆，1995，第 59 页。
③ 赵宝云：《西方五国宪法通论》，中国人民公安大学出版社，1994，第 233 页。
④ 世界银行：《变革世界中的政府》，中国财政经济出版社，1997，第 1 页。

会秩序、安全、正义遭到破坏。其次，国家调控也并非完美无缺，正如市场本身不是万能的一样。有学者甚至认为，"市场的缺陷并不是把问题交给政府去处理的充分理由"①，因为国家也会失灵，"国家不过是人类的一个普通组织，国家帷幕后面的人既不比其他人更好，也不比其他人更坏"。② 再次，社会法上的国家支付受国家财政水平的影响是直接而巨大的，制定社会法要考虑经济发展水平、考虑政策变化，形成合理协调的立法机制。正如科宾所说："必须牢记，时代改变了，公共政策也必定随着改变。今天被相信为与公共福利相一致的一项判决或一项规则，明天可能与之不相一致。人们的道德观念，那些最通行的惯例，以及关于什么促进福利及生存的意见也会慢慢地随着时间、环境而逐渐改变。"③ 最后，国家权力的行使取决于特定形式的正当过程，正当过程又通过程序来体现，而"程序不是次要的事情，随着政府权力持续不断地增长，只有依靠程序公正，权力才可能变得让人能容忍"。④ 日本大正 8 年大审院关于"信玄公旗挂松枯死事件"的判决中，认为国家行使权力的行为即使是合法的，但若该行为致使他人所受的损害超过了社会一般人所能忍受的限度，则不能认为是权力的正当行使，而应理解为权力的不法行使。⑤ 因此，国家权力是有限的，不仅在实体内容上受到法律法规的限制，在程序上也要受到一定限制。

二　遵循经济社会发展水平原则的国家实践

1. 国际法层面

社会权利作为一项公民资格权利，必然意味着按照一个统一的标准适用于所有领域。正如马克思所说，现代社会公平的实质是，通过立法确认"一切人，或至少是一个国家的一切公民，或一个社会的一切成员，都应

① 〔美〕布坎南：《自由、市场与国家》，平新乔译，北京经济学院出版社，1988，第 280 页。
② 〔美〕布坎南：《赤字中的民主》，刘廷安、罗光译，北京经济学院出版社，1998，第 45 页。
③ 〔美〕本杰明·卡多佐：《法律的成长——法律科学的悖论》，董炯等译，中国法制出版社，2002，127 页。
④ 〔英〕威廉·韦德：《行政法》，徐炳等译，中国大百科全书出版社，1997，第 95 页。
⑤ 〔日〕甲斐道太郎等：《所有权思想的历史》，有斐阁，1979，第 195 页。

当有平等的政治地位和社会地位"。① 事实上，在一些发达国家，由于社会立法较早，到了 20 世纪 60 年代，对社会权利的保护已经从生存性公平发展为体面性公平，其最典型的特征就是社会保障向福利化方向发展（以西欧和北欧国家最为典型）。因为"社会福利的首要目标是再分配性质的：教育、保健、失业保险等物品的共同供给本身既是实现平等，又是减轻剥夺的一种机制"②，因此在很多发展中国家也获得了很大的发展。蒂特马斯在《福利承诺》一书中说："普遍性的社会福利服务即没有任何阶级、种族、性别与宗教等差别的社会福利服务，可以发挥这样的社会功能，那就是促进和提高全社会走向社会协调的态度与行为。"③ 1968 年，联合国第一届国际社会福利部长会议强调，要认识并重视"发展型社会福利"，确保社会公正及公平分配国家财富，加强人们的能力，以便更好地参与健康、教育和社会发展。④ 1999 年，联合国开发计划署在《人文发展报告》中提出，"市场经济可能是效率的最大保证，但不一定是平等的最大保证"⑤，提出要改变全球化的规则，使它"为人服务，而不是为利润服务"。⑥ 但是，从世界范围和国际法层面来看，社会立法和社会权利实现情况并不乐观。联合国经济、社会和文化权利委员会在 1993 年世界人权大会上指出，"一个令人震惊的事实是……各国和作为整体的国际社会仍然太过于经常地对反经济、社会和文化权利的行为进行容忍"，"事实上，尽管存在关于不可分割的表面说法，但是人们还是将公民权利和公民权利的违反行为看作似乎比大规模和直接否认经济、社会和文化权利的行为要严重得多，看作比经济和社会权利的违反更加让人难以容忍"。⑦ 其实，从联合国两个公约规定的内容来看，经济和社会权利在很大程度上被边缘化了。首先，《公民权利和政治权利国际公约》要求缔约国负有即刻实现的义务，

---

① 《马克思恩格斯选集》第 3 卷，人民出版社，1995，第 444 页。
② 〔英〕诺曼·巴里：《福利》，储建国译，吉林人民出版社，2005，第 118 页。
③ Titmuss, *Commitment to Welfare*, London, 1968, p.59.
④ 周沛等：《新型社会救助体系研究》，《南京大学学报》2010 年第 4 期。
⑤ 联合国开发计划署：《人文发展报告》（1999 年 9 月 29 日），第 23 页。
⑥ 联合国开发计划署：《人文发展报告》（1999 年 9 月 29 日），第 45 页。
⑦ 左传卫：《经济和社会权利保障的理想与现实》，《法商研究》2004 年第 6 期。

它把公民权利和政治权利视为法律上可以强制实施的、个人可以通过法院直接获得救济的权利；而《经济、社会和文化权利国际公约》则只要求缔约国"最大限度利用其拥有的资源""逐步充分实现"的义务，这种规定使得经济和社会权利通常被视为一种"政策性权利"，即只能通过具体立法逐步实现，个人无法直接获得司法救济。这是社会权利在国际法层面受保护的普遍现状，也是严峻的事实。也就是说，社会权利并没有受到像公民权利和政治权利一样的同等保护，人们当处于缺衣少食、生存权得不到保障的境况时，在国际法上仍难得到救济。正如哈耶克所说，"我们可能是自由的，但同时也可能是悲苦的"，"所谓自由亦可以意指有饥饿的自由，有犯重大错误的自由，或有冒生命危险的自由"。①

2. 国内法层面

在国内法层面，相对于公民权利和政治权利，对经济和社会权利的保障也是一个薄弱环节。由于与经济和社会发展水平密切相关，很多国家的宪法并没有将经济和社会权利作为公民的基本人权加以保护，如美国宪法就是如此。在一些国家，尽管经济和社会权利被规定在宪法中，但人们对其在法律上的直接适用仍持怀疑态度。如印度宪法确认了经济和社会权利，但其可诉性受到一定限制。在日本，宪法规定的社会权"除了劳动权之外，都被占主导地位的'纲领性规定论'解释为实际在法律上完全无法拘束三权的'权利'"。② 二战后，英国贝弗里奇计划的实施是社会保障向福利化发展的重要标志，其突出特征是最低标准原则，即"每个人均应被保障不因失业、疾病、生育、残废、年老而导致的生活陷入最低标准以下"。③ 社会保障范围广、项目全、标准高，开支的增长率高于本国经济增长率，超越了经济社会发展水平，出现了福利国家危机和福利困境现象。20 世纪 80 年代以后，英国进行了以社会保障和福利制度为内容的改革和调整，并适度引入市场机制和个人责任，但没有从根本上动摇政府的主导责任。1986 年，英国社会保障法案降低了国家公共养老金的待遇，1995 年

---

① 〔英〕哈耶克：《自由秩序原理》（上），邓正来译，三联书店，1997，第 13 页。
② 〔日〕大须贺明：《生存权论》，林浩译，法律出版社，2001，第 70 页。
③ 林万亿：《福利国家：历史比较的分析》，巨流图书公司，1994，第 53 页。

又根据经济社会发展水平制定了新的养老金法案，使得社会保障不再成为经济和社会发展的拖累，同时大大减轻了政府的财政负担。目前，很多国家通过社会救助法和就业扶持政策促进贫困者自力更生，但提供财政资助以满足贫困家庭的生活需要仍是社会救助立法的基础。各国由于经济发展水平、历史文化和福利制度的慷慨程度不同，社会救助的支付水平也不尽一致。比如，瑞典是一个经济发达、充满社会民主主义色彩的高福利国家，社会救助作为社会保护政策之一，虽然是社会最后一道防线，但其支付水平相当高。从社会救助的支付结构来看，其所需要的生活成本涵盖范围很广，从日常衣食住行到医疗、保险、会费，甚至包括合理的娱乐费用，给申请者提供了满足一定程度生理需要和精神需要的最低收入水平支持。但瑞典的社会立法并没有脱离经济社会发展水平，仍在国家财政可负担的范围之内。在一些福利国家，经过20世纪70年代的"滞胀期"和20世纪80年代的改革之后，社会立法都是在收入再分配的合理范围内展开的，以避免削弱个人的进取精神，因此它不是牺牲某一方面来换取另一方面的单一选择。正如艾哈德所说："如果社会政策的目的在于使每个人从一出生就得到全部保障，绝对没有任何风险，那么我们就不可能希望他们的精力、才干、创业精神和其他优秀的品质得到充分的发挥，而这些品质对民族的生存和未来是至关重要的，而且还为创业精神的市场经济提供了先决条件。"① 也就是说，社会立法需要从经济社会发展的实际水平出发，不能成为经济社会发展的包袱和障碍。以社会保障为例，它是国家运用经济手段来解决社会问题，进而达到特定政治目标的制度安排，必须坚持与社会经济发展相适应的原则：一方面，社会的发展变化决定社会保障制度的结构变化；另一方面，社会保障制度的确立无一例外需要相应的财力支撑。比如，国家举办社会保险，只能满足职工的基本生活保障和需求，这就要求政府制定各项社会保险的筹资比例、待遇标准、保险的范围等，综合考虑基本国情、财政和企业的实际承受能力和社会保险的管理能力等，与国家的社会生产力发展水平相适应。

---

① 〔德〕路德维希·艾哈德：《大众的福利》，丁新安译，武汉大学出版社，1995，第182页。

　　实际上，法律从来都不仅仅是一种命令，纯粹的脱离社会实际的法律在社会上根本不存在，或者即便制定了也难以得到遵守和执行，最终损害法律的权威。以计划生育法为例，其实施在一定程度上受制于国家的经济实力，如为解决民众的后顾之忧，要发展社会保险事业，需要国家财政的支持；为鼓励民众实行计划生育的自觉性和积极性，需要提高对独生子女的补贴或其他各种形式的利益补偿、利益激励等。社会救助法更是一种国家强制性的权利和利益分配机制①，必须遵循经济社会发展水平原则。根据"需要饱和定律"②，社会救助对于维护弱势群体的基本生存十分关键，会带来较高的社会边际效益，如果超出国家支付能力，则会带来更多的社会问题。遵循经济社会发展水平原则是社会法的独特原则，它不同于民法上的公序良俗原则。所谓的公序良俗原则，是指法律行为的内容如果与社会生活、国家秩序以及伴随的道德价值观秩序发生抵触，国家不予认可。它所判定的法律行为需要比照社会一般的秩序底线和道德底线，如公共秩序是存在于法律本身的价值体系，善良风俗是法律外的伦理秩序，其都是人类社会最低限度的伦理道德标准。③ 在本质上，公序良俗原则是对私人自治的一定限制，是"法律对契约自由原则设定的最低门槛，以规制契约内容符合社会妥当性之要求"。④ 其具体所指会因制度而不同，还会因为文化、宗教、社会发展等因素而千差万别。因此，其生命在于一种"不确定性"。⑤ 德国学者库勒尔说，公序良俗作为一般性条款，"这些技术的长处是法律的灵活性：它能够与价值观念的变化结合起来。但它的长处也是它的短处，如果法官也在为某种意识形态效劳的话，如纳粹时代所表现的那样，那么一般性条款也能为不公正的意识形态打开一扇方便之门"。⑥ 也就是说，民法上的公序良俗原则仍有可能导致社会的实质不公正。遵循经济

---

① 王伟奇：《最低生活保障制度的实践》，法律出版社，2008，第 12 页。
② 〔奥〕弗·冯·维塞尔：《自然价值》，陈国庆译，商务印书馆，1982，第 59—61 页。
③ 陈自强：《民法讲义——契约之成立与生效》，法律出版社，2002，第 150 页。
④ 陈聪富：《契约自由与定型化契约的管制》，《月旦法学杂志》第 91 期，2002 年。
⑤ 刘银良：《"公序良俗"概念解析》，《内蒙古大学学报》（人文社会科学版）2004 年第 6 期。
⑥ 〔德〕海尔穆特·库勒尔：《德国民法典的过去与现在》，孙宪忠译，《外国法译评》1995 年第 2 期。

社会发展水平原则是公民社会发展的结果和产物，公民社会"由那些在不同程度上自发出现的社团、组织和运动所形成"，其"关键在于形成一种社团的网络，对公共领域中人们普遍感兴趣的问题形成一种解决问题的话语机制"。[①] 社会法由于涉及国家财政支付，必然受到一定的公共话语机制和经济社会发展水平的制约，由此决定了社会权利保护的有限性和不完整性。

① Jurgen Habermas, *Between Facts and Norms*, Cambridge Polity Press, 1996, p. 367.

第五章

社会法的法律机制

19 世纪以后，以私法和市场经济为特征的资本主义制度步入了罪恶的渊薮，一方面导致财富阶层的贪得无厌，另一方面造成贫困阶层的万劫不复。正如马克思所说，"同资本积累相适应的贫困积累"①，生产者不能生活，"工人群众因为他们生产的生活资料过多而缺乏生活资料"②，"是贫困、劳动折磨、受奴役、无知、粗野和道德堕落的积累"。③ 由于轰轰烈烈的无产阶级斗争严重威胁国家和社会安定，资产阶级政府不得不在某些私人领域渗入国家干预因素，将人本主义和利他主义等价值融入立法之中，以保护贫困阶层和弱势群体的利益，缓和社会矛盾和社会冲突。在此时期，国家颁布了大量的带有强制性的法律法规来规制私人契约。④ 随着私法与公法、民法与行政法、契约与法律之间的"僵死"划分已越来越趋于动摇，这两类法律不可分地渗透融合⑤，最终导致包括社会法、环境法、经济法和消费者权益保护法等在内的第三法域诞生。哈耶克在总结这一立法成就时说，"最能揭示我们这个时代的支配地位的趋势——即公法对私法的逐渐渗透和取代；它乃是一个多世纪以来两个占支配地位的因素所导致的结果：一方面，'社会'正义或'分配'正义观念日益替代正当的个

---

① 《马克思恩格斯选集》第 3 卷，人民出版社，1995，第 749 页。

② 《马克思恩格斯选集》第 3 卷，人民出版社，1995，第 750 页。

③ 《马克思恩格斯选集》第 2 卷，人民出版社，1995，第 259 页。

④ 庞德将这一立法思想的转变称为"法律社会化"，并将之归结为两个方面：其一，个人生活上的意外责任由社会承担；其二，每个人有权要求基本的生活水准和环境，享有机会平等与物质生活之基本满足的权利。参见 R. pound, *An Introduction to the Philosophy of Law*, Yale University Press, 15 printing, 1976, p. 528.

⑤ 〔德〕拉德布鲁赫：《法学导论》，米健等译，中国大百科全书出版社，1997，第 77 页。

人行为规则，而另一方面，日益把规定'内部规则'的权力置于受政府之命的机构手中"。① 从起源上看，社会法是"以解决与经济生活相关之社会问题为主要目的，借以安定社会并修正经济发展所造成的负面影响，提供每一个社会成员适当基本生活条件，以利充分发展自我并维系其人格尊严"。② 加拿大学者 Robert D. Bureau 等将之称为"'抗议策略'与'权力策略'之间关系的辩证结果"，是"争取提高生活质量和条件的斗争的一个重要因素"。③ 也就是说，社会法是旨在保护弱者的生活安全，提供社会福利，促进民生福祉，具有第三法域特征的法。正是社会法这一独特的法律性质，决定了其独特的法律机制，最终使其与其他法律部门区别开来。

第一节　社会法的立法机制

一　立法机制的形成

1. "从身份到契约"与"从契约到身份"

梅因在《古代法》一书中指出，在以家庭为单位的古代社会，个人的身份地位是依附于家族的，由此形成的不平等身份充斥在社会和法律的各个领域。近代以来，家族的依附关系逐渐消灭，"个人"不断替代"家族"成为社会的单位，个人与个人之间的契约关系逐步取代了源自家族的社会关系。因此，"所有进步社会的运动，到此为止，是一个从'身份到契约'的运动"。④ 这种个人权利本位思想，是资本主义上升时期自由主义思想和放任经济政策的产物和反映，其积极意义在于彻底荡涤了封建时代的身份关系，极力保护了个人财产权，刺激了自由竞争，促成了资本主义市场经济的发达。⑤ 其指导思想是利润优先，也称作"股东中心主义"，即股东在

---

① 邓正来：《哈耶克法律哲学》，复旦大学出版社，2009，第40页。
② 郝凤鸣：《社会法之性质及其于法体系中之定位》，《中正法学集刊》2003年第10期。
③ Robert D. Bureau, Katherine Lippel, Lucie Lamarche：《加拿大社会法的发展》，李满奎译，载李昌麒、岳彩申主编《经济法论坛》第7卷，群众出版社，2010，第382页。
④ 〔英〕梅因：《古代法》，沈景一译，商务印书馆，1984，第97页。
⑤ 梁慧星：《民法总论》，法律出版社，1996，第36页。

公司中处于最高地位，利润最大化是公司合法和理想的目标①；利润最大化不会损害其他社会成员的利益，法律对非股东集团的保护是充分的。比如，雇员的利益可以由合同法和普通法来保护，债权人受到欺诈让渡，优先权、大宗标的转让立法以及合同的保护等。正如 Milton Friedman 所说："公司所承担的社会责任只有一个，即在公开的、自由的和无欺诈的竞争游戏规则下，用自己的资源从事旨在实现公司股东利益的行为。"② 以私法和市场经济为特征的法律制度在本质上是"为那些精于识别自己利益并且毫无顾忌地追求自身利益的极端自私和聪明的人设计的"③，其把维护和实现个人利益作为立法的出发点和归宿。用黑格尔的表述就是，"在市民社会中，每个人都以自身为目的，其他一切人在他看来都是虚无"④，"他们都把本身利益作为自己的目的"⑤。可以说，"从身份到契约"的著名论断把平等自愿和契约自由在社会和法律中的地位提到了最高点，整个19世纪也因此被称为"契约的世纪"。

事实上，私法和民法所谓的平等是一种抽象的人格平等，是舍弃了当事人之间不同社会经济地位的平等，即一种无身份差别的平等。人们由于总是处在一定的社会经济条件下，资源占有状况、禀赋和机遇等各不相同，不可能达到真正的平等。比如，资本家与工人、生产者与消费者、大企业与中小企业的经济地位是有明显差别的，但这种明显差别在民法和私法中被抹去了。正如恩格斯所说，"劳动契约仿佛是由双方自愿缔结的。但是，这种契约的缔结之所以被认为出于自愿，只是因为法律在纸面上规定双方处于平等地位而已"⑥，"这不是一个普通的个人在对待另一个人的关系上的自由。这是资本压榨劳动者的自由"⑦。拉德布鲁赫在《法学导论》中写道："这种法律形式上的契约自由，不过是劳动契约

---

①　〔美〕罗伯特·C. 克拉克：《公司法则》，胡平译，工商出版社，1999，第565页。

②　Milton Friedman, "The Social Responsibility of Business is to Increase Its Profits", *The New York Times Magazine*, Sept. 13, 1970.

③　〔德〕拉德布鲁赫：《法学导论》，米健等译，中国大百科全书出版社，1997，第72页。

④　〔德〕黑格尔：《法哲学原理》，范扬等译，商务印书馆，1982，第197页。

⑤　〔德〕黑格尔：《法哲学原理》，范扬等译，商务印书馆，1982，第201页。

⑥　《马克思恩格斯全集》第21卷，人民出版社，1965，第86页。

⑦　《马克思恩格斯选集》第1卷，人民出版社，1995，第227页。

中经济较强的一方——雇主的自由，他借此获得他方提供的劳动，对于经济弱者——饥肠辘辘、两手空空，必须寻找工作的雇员，则毫无自由可言。他唯有接受他能找到的雇主向他提出的劳动条件，而不论好恶。"① 也就是说，体现私法和市场经济特征的契约自由已经变为"由经济强者的意思决定了整个的契约内容，强者要求经济地位上的弱者对此无条件地接受"②，这无疑是契约自由的异化，使契约自由在一定程度上丧失了真实性，并且沦为经济强者掠夺和剥削经济弱者的合法工具。斯通在《人类法与人类公平》一书中说："实际上，与法律如何规定毫无关系的社会地位永远是不平等的。法律对人的一视同仁，在权力、智慧、个人幸福等实际上的不平等状况下，只能使不平等变得天经地义，甚至加深这种不平等。"③ 茨威格特和克茨则明确指出："梅因提出的从身份到契约的发展近年来已表现出相反的趋向，私人间的法律关系不再是通过自由的契约行为来实现，而是越来越多地通过身份关系来确定。"④ 正是民法和私法调整机制的不足以及个人本位法律思想的泛滥，导致了社会弱者生存困难、劳动者生存状况不断恶化和劳资对立等严重社会后果。

19 世纪中后期，欧洲经济和社会发生的深刻变化促使契约法不能不对经济地位不平等导致的新的身份关系作出积极的反应。其思想理论基础除了当时流行的"人本主义"、"社会权利"和"社会连带"学说等，还有"公司社会责任"⑤ 和利益相关人理论，"利他主义"也开始进入法律思想，其认为"个人不应沉溺于对自身利益的偏爱上，不应将自身利益凌驾于他人利益之上"⑥，这些都与民法上的利己主义形成鲜明的对照。在立法

① 〔德〕拉德布鲁赫：《法学导论》，米健等译，中国大百科全书出版社，1997，第 81 页。

② 刘得宽：《民法诸问题与新展望》，中国政法大学出版社，2002，第 159 页。

③ 转引自〔英〕彼得·斯坦、约翰·香德《西方社会的法律价值》，王献平译，中国人民公安大学出版社，1990，第 84 页。

④ 〔德〕K. 茨威格特、H. 克茨：《比较法总论》，潘汉典等译，贵州人民出版社，1992，第 20 页。

⑤ E. Epstein, "The Social Role of Business Enterprise in Britain: An American Perspective", *The Journal of Management Studies*, 1977, p. 218.

⑥ 〔美〕邓肯·肯尼迪：《私法性判决的形式与实质》，朱硕、杜红波译，载冯玉军选编《美国法学最高引证率经典论文选》，法律出版社，2008，第 108 页。

领域，一些国家如德国和英国达成了一种社会共识，即在允许追逐个人财富最大化的同时，必须保护和补偿社会弱者，保障国民的最低生活水准和工人最低的劳动条件，私人自治与国家对经济生活的干预都有一定的合理性和正当性，走向任何一个极端都不能满足日益复杂的生活关系对法律的需求。限制财产权理论认为，所有权并非绝对重要，股东仅仅是"公司拥有利益者之中的一员，没有理由认为其利益会或应该优于其他利益相关者"。① 由此，公司作为劳动关系的一方，开始越来越多地被纳入社会立法的范围，分担越来越多的社会责任。正是上述理论和社会立法的发展，直接促进了社会法的诞生。其特点就是，在立法中重新导入"身份"因素，对社会弱者提供特殊保护和帮助，对强者课以相应法定义务，以纠正契约自由在两者之间造成的偏差，维护社会实质正义和公平。因此，社会法的发展在一定程度上被认为是从"契约到身份"的回归。从"契约到身份"不是对契约的否定，它包括两个内涵：第一，新的身份是对契约自由因人的不平等引起的偏差的矫正，契约自由并未丧失；第二，身份作为利益协调的新手段，是社会法在寻求平衡点上所作的突破，是"要强化弱者、弱化强者的契约自由权，以弥补他们在经济上的强弱势差，实现平均主义"。② 可以说，了解这一点，比了解社会法本身更重要。③ 戴雪在评价英国的劳工立法结果时说："英国的劳工赔偿法大大地限制了工人和厂主的缔约能力：工人要求赔偿意外事故中所受损失的权利，已不是契约问题，而是身份问题了。"④ 施瓦茨也不无感慨地说："相对于契约来说，身份具有一种日益增长着的重要性，这种身份是指法律后果产生于个人的身份而同他在该事务中的意志无关。"⑤

---

① 〔美〕约翰·凯、奥伯利·西尔伯斯通：《关于"利益相关者"的争论——公司的治理结构》，宋协莉译，《经济社会体制比较》1996 年第 3 期。

② 王泽鉴：《民法学说与判例研究》第 7 册，北京大学出版社，2009，第 24 页。

③ Francois Ewald, "A concept of Social Law", *Dilemmas of Law in the Welfare State*, Edited by Gunther, Teubner, Berlin: Walter de Gruyter, 1986, p. 41.

④ 〔美〕伯纳德·施瓦茨：《美国法律史》，王军等译，中国政法大学出版社，1990，第 200 页。

⑤ 〔美〕伯纳德·施瓦茨：《美国法律史》，王军等译，中国政法大学出版社，1990，第 201 页。

2. 基准法机制及其特质

从身份到契约是通过社会基准法来实现和体现的。所谓社会基准法，就是将社会弱者的利益抽象提升到社会宏观层面，以法律的普遍意志代替弱者的个别意志，从而实现对其利益的特殊保护。① 具体途径是，国家通过创制单行法律、法规、规章等，对所有权、契约自由、意思自治等传统私法权利予以适当限制，直接由法律规定以往由各方约定的部分内容，使弱者的权利从私有部门转移到公共部门，实现这部分权利的法定化和基准化。如国家规定的最低工资制度、最低劳动条件、最低生活保障制度等，都是最低限度和基准，不能通过当事人的"自由契约"加以改变。对各方而言，基准部分是法律确保的领域，是国家和社会的责任，是刚性的和法定的，目的是满足社会弱者基本的生存需求。也就是马克思所说的"如果我们把那些有劳动能力的人必须为社会上还不能劳动或已经不能劳动的成员而不断进行的劳动，包括到 1. 必要劳动和 2. 剩余劳动中去"。② 社会基准法克服了弱者交易能力差、其利益常被民法以"意思自治"方式剥夺的局限，可以节约大量的个体交易成本和社会司法成本③，并且在一定程度上改变强弱主体之间的力量不均衡状态，有利于保护弱势一方主体的权利。从形式上看，基准法具有法定性和强制性，任何团体或个人契约都不能与之相违背或通过协议加以改变，各方契约没有约定的事项，也自动受到基准法的规范和约束。从内容上看，基准部分是没有差别的，体现的是无差别公平和"底线公平"。④ 但是，在基准之上有一定差别，甚至有很大差别，这是社会法与其他法部门的显著不同。也就是说，社会法在排除当事人完全"意思自治"的基础上，为各方"保留了一定的约定自由权利"⑤，仍按照"契约自由"的原则，由市场和社会进行调节。因此，在社

---

① 余少祥：《经济民主的政治经济学意涵：理论框架与实践展开》，《政治学研究》2013 年第 5 期。

② 《马克思恩格斯全集》第 25 卷，人民出版社，1974，第 990 页。

③ 周开畅：《社会法视角中的〈工伤保险和民事赔偿〉适用关系》，《华东政法学院学报》2003 年第 6 期。

④ 景天魁：《"底线公平"的社会保障体系》，《中国社会保障》2008 年第 1 期。

⑤ 司春燕：《浅析消费法律关系的社会法属性》，《桂海论丛》2007 年第 2 期。

会基准之上，当事人如何约定，国家并不干预，只要不违反这个"底线"，个体和团体契约可以继续发挥作用。① 以劳动合同为例，在最低工资标准之上，双方约定的工资数额都有效。又如，工伤基准法救济也有不足，如水平低、对不同情况不加区分、制裁功能不足等。但是当事人在获得基本生活补偿后，还可以基于其他法律规定寻求实现"矫正正义"，如民事侵权法救济。② 故此，工伤事故赔偿法律制度具有典型的社会法特征。

基准法是第三法域中特有的法律现象，如劳动基准法、最低生活保障法、环境标准法、产品质量法、义务教育法等。其共同特征是，从维护社会弱者和社会公共利益出发，划定规制对象如顾主与雇工、企业与公众、经营者与消费者、教育者与受教育者等在进行社会活动时必须遵循的最低限度的标准，以维护处于弱势地位的主体的利益或公共利益。又如，1973年，欧洲议会通过《消费者保护宪章》（Consumer Protection Charter），确认欧洲消费者最低限度的权利③，即一种基准法机制。再如，在卫生法中，医院是不能强迫患者诊疗的。但是国家基于对国民生命和健康的保护，也规定了对部分患者的强制诊疗措施，如《传染病防治法》规定，医生对甲类传染病或疑似病人必须实行强制治疗和强制隔离，这也是一种基准法机制。社会基准法是根据社会主体强弱关系的特点制定的，是社会弱者利益的保障线，即"一个公民如果缺少了这一部分，那就保证不了生存，保证不了温饱，保证不了为谋生所必需的基本条件，因此需要社会和政府来提供这种保障"。④ 其深刻的法理基础不是民法的平等协商和等价有偿，而是社会法的限制所有权和社会和谐。也就是说，通过基准法"限制某种利己主义的表达不再被认为是自然的和有德的，而是被当成一种由统治权力强加于个人的必要"⑤，而且"用和谐观念来看人权，就不能再从抽象个人的

---

① 周开畅：《社会法视角中的〈工伤保险和民事赔偿〉适用关系》，《华东政法学院学报》2003 年第 6 期。

② 钟明钊主编《社会保障法律制度研究》，法律出版社，2000，第 264 页。

③ Ursula Wassemann, "Council Europe Consumer Protection", *Journal of World Trade Law*, Winter, 1973, p. 112.

④ 景天魁：《"底线公平"的社会保障体系》，《中国社会保障》2008 年第 1 期。

⑤ 夏勇：《中国民权哲学》，三联书店，2004，第 128 页。

绝对权利出发来构设权利义务关系"。① 社会法与行政法的共同点在于，它们都实行强制性规范，当事人必须遵守。但是，社会法只是一种底线控制，它没有完全排除契约自由，而行政法完全排除了"契约自由"。社会法与民法的共同点在于，它们都尊重契约自由和市场调节的作用，但前者对契约自由和市场调节的作用有所限制，而后者的当事人完全"意思自治"，任何外来干预都被视为侵权。而且，团体契约作为社会自治的形式也划定了社会法与民法的界限。民法或者说市民法，"不明白什么是劳动者的联合，通过这种联合，单个劳动者这种弱势群体寻求与企业主达成力量均衡"②，它"所看到的只有单个的签约人和单个的雇佣合同"③，而社会法遵从法定优先和团体优先原则，之后才是契约自由和市场调节。董保华将社会法的调整模式分为三个层次，第一个层次是宏观层次即社会基准，第二个层次是中观层次即团体契约，第三个层次是微观层次即个人契约，并认为在基准与契约之间应实行"法定优先"原则，在团体契约与个体契约之间应实行"团体优先"原则。④ 尽管其将社会法定位为第三法域是错误的，但这种划分亦不无道理。

二　立法机制的主要特征

1. 强制性规范与任意性规范相结合

法律规范依据权利义务的刚性程度，分为强制性规范和任意性规范。⑤所谓强制性规范，是指必须依照法律适用，不能以个人意志予以变更和排除适用的规范，即由法律直接规定行为人应当为或不为一定行为，如果违反就要受到法律制裁。所谓任意性规范是指可以依据当事人的意思变通适用的规范，它允许主体变更、选择或排除适用该规范，即只有在当事人没

---

① 夏勇：《中国民权哲学》，三联书店，2004，第163页。
② 〔德〕古斯塔夫·拉德布鲁赫：《法律智慧警句集》，舒国滢译，中国法制出版社，2001，第149页。
③ 〔德〕古斯塔夫·拉德布鲁赫：《法律智慧警句集》，舒国滢译，中国法制出版社，2001，第150页。
④ 董保华等：《社会法——对第三法域的探索》，《华东政法学院学报》1999年第1期。
⑤ 〔德〕考夫曼：《法律哲学》，刘幸义等译，法律出版社，2004，第155页。

有一致同意排除其适用或无相反约定时，才适用于法律关系。① 这种划分起源于罗马法关于公法和私法的论述，是将罗马法以来对于法律体系进行分类的理论与分析实证法学的法律规范理论相结合的一种分析方法。《学说汇纂》指出，"公法的规范不得由当事人之间的协议而变更"，而私法则是任意的，"对当事人来说，协议就是法律"。② 也就是说，公法一般采用强制性规范，私法一般采用任意性规范。一个法律规则如果排除主体任何自由选择的空间，就属于强制性规范或公法规范；主体如果被赋予自由选择的空间，就属于任意性规范或私法规范。在立法上，强制性规范排除当事人意思自治的介入，私人自由受到法律的严格限制和约束；任意性规范强调当事人意思自治和私人自由，允许当事人在一定范围内自由选择。由前述可知，社会法属于公、私法融合形成的"第三法域"的法，以社会基准法为特征，它不完全由当事人意思自治，而是由国家进行适当的干预（体现为基准法规范），因此既有公法规范的国家强制性，也有私法规范的自由意志性，"兼具公力和私力色彩"。③ 在社会法中，基准法是一种公法规范，它是"对被认为是有害于社会而不合人意的一定事件，特别是这类行为以强制性行为的方式作出反应"④，主体有遵守基准法的公法义务。对于基准法规定的内容，当事人之间不能自由协商，如最低工资标准、社会保险费的征收范围和保险金支付标准等，不能通过当事人的协议予以变更。以劳动法为例，其既有强制性规范，也有任意性规范，"在许多方面已经超越了私法与公法的界限"⑤，其私法属性要求给予当事人对其实体权利的自由处分权，而劳动基准法的公法属性则要求对当事人处分实体权利予以限制或禁止。正是基准法强制性规范的出现，使传统平等主体之间的劳动关系在调整机制上体现出公法强制性规范调整与私法任意性规范调整相结合的模式，既有法律的硬性标准，又有自由协商的空间。

---

① 〔德〕迪特尔·施瓦布：《民法导论》，郑冲译，法律出版社，2006，第37—38页。
② 周枏：《罗马法原论》，商务印书馆，2004，第92页。
③ 郑尚元：《社会法的定位和未来》，《中国法学》2003年第5期。
④ Hans Kelsen, *Pure Theory of Law*, *Bereley & Los Angoles*, University of California Press, 1967, p. 33.
⑤ 〔德〕迪特尔·梅迪库斯：《德国民法总论》，邵建东译，法律出版社，2000，第18页。

　　社会法强制性规范与任意性规范相结合是如何形成的呢？众所周知，私法是以"个人和个人之间的平等和自觉为基础，规定个人和个人之间的关系"①，契约自由保证资源配置效率的关键在于当事人之间具有实质平等的关系，否则一方可以利用其优势地位影响对方的意思表示，使交易无法按真实意愿进行。在自由资本主义早期，以私法和市场经济为特征的法律制度充斥着大量的任意性规范，其流弊常常使经济上的强者将契约作为欺压弱者的工具，或以契约自由为掩护做一些影响社会公序良俗的事情，使"立法者所想象之契约自由，变为经济强者命令之自由"②，自由放任"被催化为一种毫不妥协的残暴行为的动力"。③ 比如，劳动合同也是依劳资双方合意而为之，即按照私法自治的原则运行。但由于双方地位相差很大，"意思自治"原则常常导致工人不得不接受资本家很多苛刻的条件，包括工资数量等。用狄骥的话说就是"弱者服从强者的意志"，"这种强大力量以各种形式出现：有时是纯粹的身体力量，有时是道德与宗教的力量，有时是精神的力量，有时是经济力量"，"总之，这种强大力量过去经常是，并且今天更趋向于成为在所有组织的社会群体中起巨大作用的力量"。④ 因此，自由资本主义的法律制度有一个重大缺陷就是，它太不关切社会正义而过分关切个人权利，如果听任其按照自己的规律发展，必将产生巨大而持续的灾难。⑤ 以社会法为核心的法律运动，是自由资本主义危及一部分社会成员生存，可能危害社会整体利益时，国家为应对资本主义的危机采取的一种改良策略，因此连"最纯正的自由主义者"也支持"反自由放任的社会法"。⑥ 其基本立场是，运用强制性规范对法律所保护

---

① 〔德〕卡尔·拉伦茨：《德国民法通论》，王晓晔等译，法律出版社，2003，第1页。
② 刘德宽：《民法诸问题与新展望》，三民书局，1980，第160页。
③ 〔英〕卡尔·波兰尼：《大转型：我们时代的政治与经济起源》，冯刚等译，浙江人民出版社，2007，第118页。
④ 〔法〕狄骥：《宪法学教程》，王文利等译，春风文艺出版社、辽海出版社，1999，第22页。
⑤ 〔英〕卡尔·波兰尼：《大转型：我们时代的政治与经济起源》，冯刚等译，浙江人民出版社，2007，第115页。
⑥ 〔英〕卡尔·波兰尼：《大转型：我们时代的政治与经济起源》，冯刚等译，浙江人民出版社，2007，第128页。

的利益进行重新分配，将一部分个别利益提升为社会利益，"对陷于生存危机的弱势社会成员给予基本生存保障"，"对市场自由主义施加必要限制"①，通过国家政策、立法和财富分配行动实现分配正义的目标。以劳动法为例，资本对劳工具有绝对优势，是劳资分配失衡和工人贫困的主因，其使劳动契约成为国家必须干预的特定对象。于是，国家以基准法规范划定劳资双方合意的底线，限制双方合意的内容。当然，强制性的劳动基准法没有完全排除用人单位的意思自治，劳资双方关于劳动条件的约定也不是全部无效的，只有低于劳动基准的部分无效，国家并不禁止甚至支持劳动者通过协商获得更为有利的劳动条件，即任意性规范可继续发挥作用。

从本质上看，社会法规范不同于民事法律规范，又有别于行政法律规范。根据传统公私两分结构，私领域的问题在法律强制的范围之外，国家介入私领域是不合适的，家庭中角色分工仅仅是个人选择问题②，民法及任意性规范的目的在于确认和保护私人权利，促进私人自由意志的实现。在社会法上，国家介入私人领域不仅是合适的，而且是必需的。因此，以基准法为特征，社会法带有大量的强制性规范，违反强制性规范被视为必然无效。其调整法则是，强制性规范优于任意性规范，法定限制约定。但是，社会法的强制性规范与行政法规范有很大的不同。首先，前者不排除私法合意和任意性规范的作用，而仅仅禁止低于法定标准的内容，有别于后者的绝对强制性规范，即完全排除私法合意。以劳动法为例，除了劳动基准法给劳动者普遍的、最低层次的保护外，其还以集体合同方式提升劳动者群体适用的劳动标准和福利，以劳动合同方式规范个别的劳动关系。③其次，违反行政法的强制性规范必然无效，而违反社会法的强制性规范不必然无效。劳动法规定，在违反强行法时，如果对劳工不利，当然无效，但有利于劳工时仍然有效④，因此社会法的强制性规范被称为"相对强制性规范"。再次，行政法奉行不同的法治理念，其作用不限于保护私权，

---

① 陈步雷：《社会法的部门法哲学反思》，《法制与社会发展》2012年第4期。

② 参见 for instance, Case 184/83 Hofmann［1984］ECR3047；参见 N. Rose，"Beyond the Public/Private Division：Law，Power and Family"，*Journal of Law and Socienty*，1987（14），p. 61。

③ 许明月主编《劳动法学》，重庆大学出版社，2003，第25页。

④ 黄越钦：《劳动法论》，政治大学劳工研究所，1993，第13—14页。

而主要关注国家行为在实现公共利益上的作用,① 其宗旨和目的是配置或制约公共权力。而社会法的立法宗旨是保护弱者的生活利益,促进社会共同福利。最后,社会法并不单纯依赖于国家力量的强制手段,而是有国家强制、团体自治和个人自治等多种形式,不像行政法单纯依靠国家强制。因此,社会法既不属于公法领域的特别行政法,也不属于私法领域的特殊民法,它是第三法域的部门法之一,其强制性与任意性规范相结合的立法机制,正是第三法域"公、私法"融合的体现和反映。在第三法域中,强制性规范与任意性规范相结合是普遍现象。以卫生法为例,有些法规如《国境卫生检疫法》《传染病防治法》等强制性特征更明显,有些法规如处理医患关系的法规任意性特征更明显。国家介入私人领域的程度不同,有强有弱,这使有的法律强制性规范多一些,有的法律任意性规范多一些。比如,在社会保险法上国家负有组织和实施的责任,强制性规范相对较多,国家强制力也强;在慈善法上国家仅负有推动、监督和管理职责,强制性规范相对较少,国家强制力也弱。从表面上看,社会法上的"强制性规范"与"任意性规范"处在此消彼长的紧张关系之中,实则二者具有相互促进的效果,即任意性规范所追求的自治目标,有时需要借助强制性规范才能实现,如违反基准法的不公平约定无效;强制性规范所追求的管制目标,有时也需要运用任意性规范才能达到更好的效果,如劳动条件和劳动报酬可以通过约定实现雇工利益最大化。

2. 以义务规范体现权利

根据传统法律思想,权利和义务是一致的,没有权利就没有义务,没有义务就没有权利,二者是统一不可分割的。黑格尔说:"一个人负有多少义务,就享有多少权利;他享有多少权利,也就负有多少义务。"② 奥斯丁认为,"'权利'与'相对义务'二词是相互关联的表示。它们标志着从不同方面出发加以考虑的相同的观念"。③ 凯尔森也认可这一点,他说:

---

① 〔英〕约翰·亨利·梅利曼:《大陆法系》,顾培东等译,知识出版社,1984,第108—109 页。
② 〔德〕黑格尔:《法哲学原理》,范扬、张企泰译,商务印书馆,1962,第652 页。
③ 〔奥〕凯尔森:《法与国家的一般理论》,沈宗灵译,中国大百科全书出版社,1996,第87 页。

"这种意义上的'权利'不过是义务的'关联'（correlative）。一个人以一定方式行为的权利便是另一个人对这个人以一定方式行为的义务。"① 因此，就个人来说，其在享有权利的同时必须承担义务，权利和义务是对等的。社会法突破了这一理念，其主体享有权利不一定以承担义务为前提，而且其权利和义务也是不对等的。在立法上，最主要的表现是"以义务规范体现权利"，即将弱势一方主体的权利体现为强势一方主体的义务，或者体现为国家和社会的义务。比如，在劳动法中将劳工获得最低工资、最低劳动条件、休息休假的权利体现为雇主的义务，在社会保障法中将弱势群体获得社会救助、最低生活保障的权利体现为国家义务。也就是说，社会弱者某些权利的实现，不以其履行相应义务为前提，而是以强势一方主体②或国家和社会履行义务为前提。③ 这些权利是以义务的形式体现的，而义务是不能放弃的，这就导致了这部分权利的不可处分性，即社会法赋予主体的基准权利不能协商或自行放弃。比如，基准劳动条件、参加社会保险等权利，劳动者是不能自动放弃的。又如，按法定标准接受加班工资，是劳动者的权利，也是其义务，劳动者不能选择放弃，否则就是允许其与雇主私下约定加班的工资待遇和条件，最终破坏法规实施和执行。在德国，《联邦休假法》明确规定，法定休假最短时间为 24 个工作日，劳动者不能放弃此项权利。④ 在美国联邦最高法院 1969 年判决的"斯科菲尔德诉劳工委"案中，个别劳动者与雇主单独协商，迂回达成协议，宽免雇主的

① 〔奥〕凯尔森：《法与国家的一般理论》，沈宗灵译，中国大百科全书出版社，1996，第87页。

② 1802 年，英国颁布《学徒健康与道德法》，首次将劳动视为人们的一项权利，限制童工和夜工工作，对劳工的某些权利给予最低限度的保护，并将之作为雇主的法定义务，"强制地缩短工作日"，因为"当时的劳工法力图强制地延长工作日"。可以看出，英国早期的社会立法与自由资本主义时期的"劳工法规"已经有本质区别。参见《马克思恩格斯全集》第 23 卷，人民出版社，1972，第 300 页。

③ 在社会法中，有相当一部分主体的利益是体现在国家和社会的义务规范中的。国家从保护社会弱者的立场出发，将其一部分利益规定为国家的义务，使之得到切实保障，是社会法倾斜立法和保护弱者原则的体现，这种义务为实现弱者的权利而存在，是国家"履行其义务这种法权的最终结果"。参见〔德〕古斯塔夫·拉德布鲁赫《法学导论》，米健等译，中国大百科全书出版社，1997，第 62 页。

④ 〔德〕古斯塔夫·拉德布鲁赫：《法学导论》，米健等译，中国大百科全书出版社，1997，第 62 页。

法定义务，被视为"严重的不当劳工行为"，"对集体谈判所赖以进行的基础具有破坏性"。① 当事人因破坏劳动者有机体的团结，最终被工会要求承担法律责任。以义务规范体现权利或将权利等同为义务，是社会法区别于其他法部门最显著的特征之一。通过基准法明确强势一方主体或国家和社会的最低限度的义务，其本质是一种利益的分配过程，目的在于实现社会实质正义，使社会财富平等分配的设想可能达成。

社会法为什么用义务性规范体现权利？因为义务性规范属于强制性规范，其所确定的权利具有绝对肯定形式，不允许根据当事人合意或单方意志变更，"是通过对我们做一定行为的必要的抑制来实现的"。② 在法律实践中，义务性规范通常有两种类型，一种是不作为义务，另一种是必为性义务。罗尔斯将之称为"否定性义务"和"肯定性义务"，认为前者是不损害或伤害他人的义务，后者是相互援助的义务，即"要为另一个人做某种好事的义务"。③ 从民法上看，私主体之间的地位是平等的，但由于主体的天赋、机遇、社会地位等不同，力量悬殊、信息不对称现象大量存在，强者的自由必定会构成对弱者自由的强制，即私人对私人的强制。社会法以义务性规范体现权利，就是要用国家的强制阻却民间的私人强制，以实现社会实质正义。用罗尔斯的话来说，就是"基本上变成了给地位最不利的人、权利最少的人和收入最低的人增加基本善的问题"。④ 事实上，个人权利的实现常常有赖于他人的作为。狄骥说，"人们相互有连带关系"，"他们有不同的才能和需要，只有通过相互服务才能使自己得到满足"。⑤ 德国学者祁克在《德意志私法论》第 1 卷中对这一思想也做了精辟阐述。他说，"人作为个人在其是一种独立的存在体的同时，也是构成社会的成员"⑥，"个人法是从主体的自由出发，规律个人相互平等对立的关系的法

---

① 〔美〕道格拉斯·莱斯利：《劳动法概要》，张强等译，中国社会科学出版社，1997，第 61 页。

② S. Pufendorf, *On the Duty of Man and Citizen*, Cambridge University Press, 1991, p. 27.

③ 〔美〕罗尔斯：《正义论》，何怀宏等译，中国社会科学出版社，1988，第 114 页。

④ 〔美〕罗尔斯：《正义论》，何怀宏等译，中国社会科学出版社，1988，第 20 页。

⑤ 沈宗灵：《现代西方法理学》，北京大学出版社，1992，第 252 页。

⑥ 〔日〕石田文次郎：《祁克》，三省堂，1935，第 76 页。

律；社会法将人视为拥有社会意志的成员，将人视为整体的一分子"。① 同时，限制财产权理论也为以义务规范体现权利提供了理论支撑。德国 1949 年基本法第 14 条明确规定："所有权负有义务，其行使应同时有利于公共福祉。"② 拉德布鲁赫也说："一个社会的法律秩序的本质就在于，为了经济上的弱者利益而对契约自由施加限制，并使所有权负担义务。"③ 因为义务中同样包含利益，"权利是一种直接的、外显的利，而义务是一种间接的、隐含的利"。④ 在立法层面，"以义务性规范体现权利"，将很多私人领域的问题转化为社会法问题，是法律发展的必然趋势。因为法律不是创造利益，而是发现某些利益迫切要求得到认可和保护。⑤ 正如马克思所说："立法者不是在制造法律，不是在发明法律，而仅仅是在表述法律，他把精神关系的内在规律表现在有意识的现行法律中。"⑥ 从实现来看，国家之所以要通过立法将弱势主体的一部分权利规定为义务，是因为义务所体现的"应当"与权利所体现的"正当"相比，具有更直接、更强烈的保护意义，"如果不是用这样的方式，而将这部分利益规定为权利，最终将导致这部分权利落空"。⑦

社会法用义务性规范体现权利何以可能？因为其主体的权利和义务不必然对等，这也是社会法与其他法律部门最大的不同。社会法源于生存权保护，它要求国家和社会在特定情况下为社会成员提供最低限度的保障，这就决定了其内容的基础性以及权利义务的不对等性，即公民享受某些权利与其义务不存在等价关系。比如，在社会保险法中，退休职工不缴纳医疗保险费，仍能享有医疗保险权利。在未成年人保护法中，其对未成年人只讲权利而不讲义务。在劳动法中，法律禁止雇主要求雇员在不履行劳动合同时支付违约金或损害赔偿金。因为"违约金或损害赔偿预定制度在民

① 〔日〕石田文次郎：《祁克》，三省堂，1935，第 77 页。
② 葛克昌：《税法基本问题》，北京大学出版社，2004，第 44 页。
③ 〔德〕拉德布鲁赫：《法学导论》，米健等译，法律出版社，2012，第 78 页。
④ 谢晖：《法学规范的矛盾辩思》，山东人民出版社，1999，第 211 页。
⑤ 〔美〕罗斯科·庞德：《法理学》第 3 卷，廖德宇译，法律出版社，2007，第 17 页。
⑥ 《马克思恩格斯全集》第 1 卷，人民出版社，1956，第 183 页。
⑦ 董保华：《社会法原论》，中国政法大学出版社，2001，第 201 页。

法上是允许的，但在非对等关系的劳动合同关系中则被禁止"。① 在承担违约责任的方式上，劳动法与民法也有明显的不同。比如，雇主或用人单位若不当解除或终止劳动合同，雇员可以主张继续履行劳动合同，但雇员如果不当终止劳动合同，即使他应当承担全部违约责任，也不能强制其履行劳动合同。基于这种"不对等"理念，劳动法规定了诸多对于雇主解除劳动合同的限制和不当解除劳动合同的法律责任，而对雇员解除劳动合同只规定"提前一个月"通知雇主即可。在慈善法中，主体的权利和义务也是不对等的。比如，受赠人接受捐赠并不以其对捐赠人履行相关义务为前提，只要他有公民资格就能接受捐赠，否则就是"交易"而不是慈善。同样，慈善捐赠不是一种义务，任何公民不能因为其享受了经济、社会权利而负有慈善捐赠义务。他有在特定情况下帮助他人的义务，如根据"好撒玛利亚人法"的规定对处境危险的人施以援手，有依法纳税的义务，但没有慈善捐赠的义务。也就是说，慈善捐赠是不负有义务的权利，是主体的自愿行为非法律的强制。不仅如此，社会法常常从保护社会整体利益出发来设置权利义务关系，使权利人有时候也会成为义务人，即权利与义务实现"竞合"。正因为如此，社会法上的利益既"可以分配在权利上，也可以分配在义务上"。② 这是由社会法的第三法域属性决定的。在第三法域中，权利与义务"竞合"是常有的法律现象。比如，《环境法》中公民保护环境的权利和义务，《教育法》中公民受教育的权利和义务。也就是说，这些规定既是主体的权利，也是其法律义务。社会法上权利与义务关系不对等和权利与义务竞合，是倾斜地保护特定的弱势主体利益的必然结果。以劳动法为例，为了倾斜地保护劳动者的权利，其大多对雇主附加了苛严的公法义务，以规定雇主义务的方式保护劳动者的某些权利，或将之直接规定为国家和社会的义务。因此，劳动法上的公法义务仅仅具有单向性，是一种"非对应性义务"③，一般不包括劳动者，这就直接导致了主体的权

---

① 王益英主编《外国劳动法和社会保障法》，中国人民大学出版社，2001，第501页。
② 董保华：《社会法原论》，中国政法大学出版社，2001，第201页。
③ 夏勇：《中国民权哲学》，三联书店，2004，第76页。

利和义务的不对等性。这类义务不是基于当事人之间所订立的合同而产生的①，而是由基准法的公法性质决定的。基准法产生的公法义务，如最低工资、最低劳动条件、最低生活保障等，要求另一方当事人或国家和社会来履行，以实现和体现弱势一方主体的权利。正是因为权利和义务的不对等性，使传统的福利国家一直倾向于把权力作为不附带任何条件的要求。

3. 向社会弱者倾斜

社会法突破了传统民法形式平等的限制，在立法上向社会弱者倾斜。民法中的人都是抽象的人，撇开了人的任何差别，它"不知晓农民、手工业者、制造业者、企业家、劳动者等之间的差别"，② 而认为所有的人都是平等的，有理性的，具有完全平等的法律"人格"③，享有相同的权利义务。④ 社会法中的人是具体的，它调整的是表面平等而实质不平等的社会关系，并以某种不平等的方式实现主体之间的实质平等。也就是说，社会法的主体地位具有不平等性，存在社会强者与社会弱者的区分。因此，并非所有的具体的人都是社会法的主体，只有形式平等而实质不平等、有差异的人才是社会法的主体。所谓的倾斜立法，就是以强弱标准来衡量法律主体的地位和利益分配，使分配的结果有利于弱势一方主体，即以一种不平等的"差别待遇"矫正主体之间实质意义的不平等，以修复失衡的社会关系。社会法直面这种不平等，并以"不平等"的方式来实现实质平等。其深刻的法理基础是，出身和天赋等造成的经济利益上的不均等是不合理的，社会应该对此加以补偿，"差别原则"体现了倾斜对待的必要性。只有对那些在社会中处于不利地位者给以必要的倾斜和关注，才能使他们获得平等的发展机会，这才是真正的实质意义的平等。社会再分配或对弱者的某种补偿使全体社会成员处于相对平等的地

---

① 董保华：《"广义社会法"与"中义社会法"》，《东方法学》2013 年第 3 期。
② 〔德〕古斯塔夫·拉德布鲁赫：《法学导论》，米健等译，中国大百科全书出版社，1997，第 66 页。
③ 〔日〕星野英一：《私法中的人》，王闯译，载梁慧星主编《为权利而奋斗》，中国法制出版社，2004，第 8 页。
④ 〔日〕星野英一：《私法中的人》，王闯译，载梁慧星主编《为权利而奋斗》，中国法制出版社，2004，第 10 页。

位，体现了对最少受惠者的现实关怀。因此，有必要对处于相同经济地位的人实行相同待遇，对处于不同经济地位的人实行差别待遇，对弱者给予适当扶持，对强者进行适当限制。社会法就是试图通过向弱者倾斜、提供普遍福利等方式，对社会财富和资源做适度再分配，以解决弱势主体的经济负担和社会分配的实质公正问题。其目标是，通过社会立法，对传统"形式平等"的法律理念进行修正，对社会弱者的某些利益进行特殊保护，以实现社会整体利益的平衡。它将矫正正义和分配正义的思想贯注其中①，强调对社会弱者的特殊保护，以达到结果和实质意义的平等公平。正如星野英一所说，社会法的发展已经从将人作为自由行动的立法者、平等法律人格即权利能力抽象把握的时代，转变为坦率承认人在各方面的不平等及其结果所产生的某种人享有富者的自由而另一种人遭受穷人、弱者的不自由，根据社会的经济地位以及职业的差异把握更加具体的人，对弱者加以保护的时代。② 当然，社会法"向社会弱者倾斜"是有一定限度的，这个限度就是基准法。比如，劳动法对劳工利益的保护只是一个最低标准，而不是矫枉过正或无限倾斜，否则会形成新的利益分配不公，并导致行政执法和司法不公问题。社会法在行政执法和司法上仍然是"在法律面前人人平等"，以维护法制的同一性。在立法上，"倾斜保护"如果没有一定的限度，就会形成弱势主体对强势主体合法的掠夺或暴力，偏离"法的精神"。

社会法倾斜保护社会弱者的利益，是对传统法学思维进行反思和修正的必然结果，也是 19 世纪"社会连带"理论发展和社会现实的产物。如狄骥认为，每个人都在追求自己的目的并在不知不觉中相互合作着，这是社会得以产生的根源③，即他们有共同的需要，只能共同地加以满足，他们有不同的才能和需求，只有通过互相服务才能使自己得到满足。

---

① Richard A. Posner, "The Concept of Corrective Justice in Recent Theories of Tort Law", *The Journal of Legal Studies*, Vol. 10, No. 1, Jan., 1981, p. 189.

② 〔日〕星野英一：《私法中的人》，王闯译，载梁慧星主编《为权利而奋斗》，中国法制出版社，2004，第 71 页。

③ 吕世伦主编《现代西方法学流派》（上），中国大百科全书出版社，2000，第 282 页。

因此，人类想要生存，就必须遵循连带关系的社会法则。① 相反，人类如果不能谋求一致，就无法共同生活；如果不能相互做出牺牲，就无法求得一致；他们之间必须结成稳固而又持久的关系。② 而当时的社会现实是，"无偿劳动的占有是资本主义生产方式和通过这种生产方式对工人进行的剥削的基本形式"③，"所有权对于资本家来说，表现为占有别人无酬劳动或它的产品的权利，而对于工人来说，则表现为不能占有自己的产品"。④ 正如恩格斯所说："工人阶级的状况是当代一切社会运动的真正基础和出发点，因为它是我们目前社会一切灾难的最尖锐、最露骨的表现。"⑤ 但"霍乱、伤寒、天花以及其他流行病的反复不断的肆虐，使英国资产者懂得了，如果他不愿同自己的家人一起成为这些疾病的牺牲者，就必须立即着手改善自己城市的卫生状况"⑥，同时改善工人的生活条件。根据传统法律观念，民法对此是无能为力的。因为对工人的救济和保障被认为是纯粹道德领域的事，而民法与道德是截然分开的，道德的原则与理念也"不必在法典中显现"⑦，私法因此"被看作利己主义的征象，而不是圣物的征象"。⑧ 依靠道德而不是法律调整，其特点是"它们只具有较弱的强制力"⑨，由此催生了道德法律化的新历程。道德法律化是社会法发展中独特的法律现象，也是社会法区别于其他法律部门最明显的特征之一（笔者将有专文论及，兹不赘述）。由于现实社会生活的严重不平等，"要避免所有这些弊病，权利就不应当是平等的，而应当是不平等的"⑩，因为"任何权利都是把同一标准应用在不同的人身上，即应用在事实上各不相同、各不

① 沈宗灵：《现代西方法理学》，北京大学出版社，1992，第 224 页。
② 〔法〕E. 涂尔干：《社会分工论》，渠东译，三联书店，2000，第 185 页。
③ 《马克思恩格斯选集》第 3 卷，人民出版社，1995，第 366 页。
④ 《马克思恩格斯选集》第 2 卷，人民出版社，1995，第 237 页。
⑤ 《马克思恩格斯全集》第 2 卷，人民出版社，1972，第 412 页。
⑥ 《马克思恩格斯选集》第 4 卷，人民出版社，1995，第 421 页。
⑦ 〔德〕罗尔夫·克尼佩尔：《法律与历史——论〈德国民法典〉的形成与变迁》，朱岩译，法律出版社，2003，第 78 页。
⑧ 《马克思恩格斯全集》第 3 卷，人民出版社，1960，第 364 页。
⑨ 〔美〕博登海默：《法理学：法律哲学与法律方法》，邓正来译，中国政法大学出版社，1999，第 374 页。
⑩ 《马克思恩格斯全集》第 19 卷，人民出版社，1963，第 22 页。

同等的人身上，因而'平等的权利'就是破坏平等，就是不公平"。① 以劳动关系为例，首先，它包括"一般债的关系中所没有的特殊身份因素在内"，"包括身份因素的不对等人格间之'人的关系'"②，因此双方地位具有天然强弱之分；其次，劳动力作为一种特殊商品比一般商品具有更大的弱点，即劳动力无法储存，出售后无法取回，不能像一般商品那样在契约无效后恢复原状；再次，劳动力是劳动者维持生活的唯一来源，与生存权和社会稳定密切相关。因此，劳动合同关系绝非对等人格之间的纯债权关系，对劳动者实行倾斜保护是为了在立法上确认生存权优先于经济收益权。这也是社会法的基本原则之一，即通过倾斜立法，"将社会的矫正思想置于自由主义的平等思想的位置上，使分配正义也在交换正义那里发挥作用"。③

社会法向弱者倾斜的立法机制体现在很多方面，通常以基准法和相对强制性规范为表现形式。以劳动法为例，其大多数规定只对雇主具有单边强制性而倾斜保护雇员。如《劳动合同法》规定，企业在制定直接涉及雇员利益的规章制度或决策时，应与工会或职工代表商定，包括"无固定期限劳动合同"和劳动合同的解除条件等，这都体现了对雇员的倾斜保护。相反，法律对雇员在劳动中遭受的损害则加之于雇主更严格的责任。比如，工伤事故发生后，无论雇主有没有过错，其都应及时对受伤者进行无条件的经济补偿，即便雇员有一定过错，也可以由法院裁量给予适当补偿。这就是工伤事故的无过失补偿原则，其也体现了对雇员的倾斜保护。加拿大的职业安全卫生法还提出了"拒绝工作权"和"停止工作权"的概念，即工人如果认为工场有某种危险或隐患，可以拒绝工作，在此期间他们的工资不受影响，直到调查和整改结束。之后，如果他们没有充足理由认为"工作是不危险的"，可以继续拒绝工作。④ 根据该法规定，雇员还有停止工作的权利。在一般情况下，停止工作需要两名持证委员共同命令雇

---

① 《列宁全集》第 31 卷，人民出版社，1985，第 89 页。
② 黄越钦：《劳动法新论》，中国政法大学出版社，2003，第 6 页。
③ 〔德〕拉德布鲁赫：《法哲学》，王朴译，法律出版社，2005，第 129 页。
④ 楚风华等：《职业安全卫生法的国际比较及其启示》，《甘肃社会科学》2007 年第 5 期。

主停止工作；而在特殊情况下，单独一位持证委员就可以拥有这项权利。以残疾人权益保护法为例，国家对残疾人福利企业实行减免税政策，为残疾人提供特殊津贴，同时在残疾人就业、劳动保护等方面给予特别扶助，包括康复保障、教育保障、就业保障、文化生活保障、福利保障和环境保障等。以未成年工权益保护为例，立法通常根据其生理特点以及成长的需要规定有别于成年工的倾斜保护措施，包括最低就业年龄、劳动过程中的特殊保护、定期健康检查、未成年工使用登记制度等。以妇女权益保护法为例，其通常根据妇女身体结构、生理机能以及抚育子女的特殊需要，在劳动就业、安全卫生等方面提供特殊保护，包括合理安排女职工工种和工作等。为了保护妇女权益，英国近年来拓宽了"过失离婚"概念，即只要婚姻无法维持，法院就可以判决离婚，同时要求一方对婚姻关系引起的财务损失进行补偿，不以对方有"过失"为前提。妇女长期照料家务和孩子，可能没有去工作，致使其基本失去或完全失去挣钱能力，在离婚后无法维持生计。这时，法院可以要求男方分期向女方付款，或一次性付清，也可要求将婚居住宅转移到女方名下或变卖将收入的一部分付给女方。[①]这一举措体现的是社会法机制而不是民法机制。民法调整的是形式平等、实质上也平等的社会关系，而社会法调整的是形式平等而实质不平等的社会关系。其机理是，正视主体之间的某些具体差异，并以这种不平等关系为前提，以不平等的方式矫正和弥补这些差异，从而使失衡的社会关系得以恢复。[②] 社会法与行政法机制也不相同。行政法调整的是行政机关与行政相对人或行政机关之间的关系，是表面上和实质上都不平等的社会关系，法律规范中只有命令没有协商。社会法调整的除了当事人和国家之间不平等的关系之外，还有当事人之间表面上平等而实质上不平等的社会关系，法律规范既有命令也有协商。其命令方式体现在，通过基准法倾斜保护和补偿社会弱者，适当满足人们基本生存和发展需求，以管制和自治相结合的手段，促进社会实质公正公平。

---

① 袁锦秀：《妇女权益保护法律制度比较研究》，《中南林业科技大学学报》2007 年第 2 期。
② 董保华：《社会基准法与相对强制性规范——对第三法域的探索》，《法学》2001 年第 4 期。

第二节　社会法的执法机制

一　执法机制的形成

传统民法有一个重要原则是，假定所有的人都是"经济人"，是"强有力的智者"，是"模仿着始终追求和打算着利润的商人像创造出的概念，并非出于义务，而是受利益引导的个人"，是"利己的、理性的""自由而平等的"人。① 根据这一法律观念，贫困纯粹是个人的事，是个人无能、懒惰等造成的，具有可谴责性。穷人之所以穷，责任在他们自身，和私有制没有任何关系，"是一种无可指责的自然现象，正如自然界生长花草也生长棘藜一样"。② 因此，国家和社会对穷人没有任何责任，社会救济只是基于同情心和怜悯而产生的施舍性行为。正如洛克所说："在有关贫穷的问题上，除了以自己的行为对穷人施加影响力之外，富人无法帮助穷人。"③ 这一时期，福利被长期等同于慈善、救济和施舍，即使后来普遍承认了社会福利的概念，其还是被认为与事物的本质相对立。④ 在民法看来，个人是国家的本原和基础，是法律的目的，国家只是他的外在保障；国家权力来源于公民权利的让渡，二者是你进我退、此消彼长的关系。但是个人权利是第一的，是神圣不可侵犯的，对于诸如生命、自由、安全等个人权利，国家不得加以侵犯，只能消极地不作为。在价值取向上，国家是中立的，当不同的"善"观念发生冲突时，"国家或政府必须在其公民之间是严格中立的"。⑤ 这就是亚当·斯密所谓的"守夜人式的国家"和诺奇克

---

① 〔日〕星野英一：《私法中的人》，王闯译，载梁慧星主编《为权利而奋斗》，中国法制出版社，2004，第36页。

② 陈晓律：《英国福利制度的由来与发展》，南京大学出版社，1996，第2页。

③ Calvin Woodard, "Reality and Social Reform: The Transition from Laissez-Faire to the Welfare State", *The Yale Law Journal*, 1962 (72), p. 292.

④ Charles A. Reich, "Social Welfare in the Public-Private State", *University of Pennsylvania Law Review*, 1966 (114), p. 487.

⑤ 〔美〕诺奇克：《无政府、国家和乌托邦》，姚大志译，中国社会科学出版社，2008，第40页。

所倡导的"最低限度的国家"，也就是"消极国家"。在制定法律时，国家的目的不是追求"至善"，而是惩戒和避免"恶行"，其合法性在于为个人自由提供保障，为个人实现其理想提供条件。在执行法律时，除了违反公法的行为会受到国家主动追究外，一律实行"民不告官不究"的原则。国家作为"执造两端"的仲裁者和居中调节者，不主动追究私法上的违法行为，不主动介入私人领域和私人事务，国家也不构成私法上的义务主体和当事人。无论是以实现公共利益还是以实现其他崇高理想为名，国家都不得干涉个人选择，不得干预个人生活。国家也不干预私人企业与员工的关系，对于雇主拥有的解雇自由，不能予以限制。由于国家是不可避免的"祸害"，因此，需要对它进行监督和控制，使国家权力避免过分强大。国家要防止权力的误用和滥用，以保障民众的自由得以实现，从而使个人按照自己的意图选择合适的生活方式。国家的能力不应随意增强，要用"自由主义的剃刀"将国家身上多余的国家能力剃掉。正是在这种"消极国家观"的指导下，从 14 世纪到 18 世纪中叶，私法在欧洲各资本主义国家大行其道，造成了资本原始积累时期的"合法掠夺"和罪恶累累。以劳动法为例，其不顾劳资双方地位不平等的现实，完全实行"意思自治"和"平等协商"等私法原则，使工人的权益受损害的现象较为普遍而且十分严重。① 资本家以"劳动合同"的合法形式和最廉价报酬将农民和手工业者圈在作坊和手工工场，变为雇佣工人，满足资本主义发展对劳动力的需要。正如马克思所说："资本来到世间，从头到脚，每个毛孔都滴着血和肮脏的东西。"②

随着工业革命和生产社会化的发展，主要工业国家的社会与经济结构及其生活方式发生了巨大变化，原来依靠土地和家庭保障生存的基础不复存在，个人和家庭无法抵御市场和工作带来的社会风险，促使人们更多地从经济增长和社会秩序方面来考虑贫困和与之相关的问题。人们逐渐认识到，贫困并不完全是个人的过错，在一定程度上是制度、政策和法律（主要是私法规则）的产物，国家和社会对此应该承担责任。而且无产者贫困

① 刘廷华：《〈劳动合同法〉的"倾斜保护"及其效果》，《经济论坛》2011 年第 5 期。
② 《马克思恩格斯全集》第 23 卷，人民出版社，1972，第 829 页。

化，不仅关系到其本身的生存，也直接关系到资本主义生产方式的存在和发展，因为"资本家没有雇佣工人就不能生存"。① 由于民生问题恶化，慈善、救济和施舍不能从根本上解决问题，很多改良主义者开始考虑社会结构本身的问题，强调国家干预以帮助穷人摆脱困境的必要性。以劳工保护为例，如果涉及其权益的有关问题通过市场机制或"中间调节机制"无法解决，或者解决效果很差，国家就必须进行干预，利用国家具有的优势，采取一些特殊保护措施。② 因为劳动权并非仅止于失业状态时请求国家提供就业机会之权利，其也是一种适用于私人间法律关系的权利，国家可以限制雇主的解雇自由。③ 以残疾人保护为例，由于生活自理和社会参与功能等缺乏或弱化，其特殊需求在于对他们所缺乏或弱化的那一部分功能给予补偿或强化，而这种特殊的功能补偿只有通过国家和社会提供帮助才行。国家和社会帮助，给予残疾人必要的功能补偿，"是使残疾人平等地参与社会生活、分享人类文明发展成果，实现自身生存发展权利的基础性条件，也是一个社会文明水准和进步程度的重要标志"。④ 因此，弱势群体所处的不利条件和社会化大生产的发展，客观上要求将其生活保障上升到权利的高度，在法律框架内，将其基本利益提升为社会利益，通过国家和社会来进行保护。⑤ 格林提出了一种以道德为基础的"积极自由"理论，主张国家对经济活动和社会生活的积极干预，成为"积极国家观"的理论先河。他说："具有道德性的国家就不再是必要的'恶'，不再是'警察国家'，不再是危险的'利维坦'，而是成了必要的'善'，成为个人真正的朋友。"⑥ 在格林看来，国家干预范围扩大，国家权力增加，并不意味着对个人自由的损害。国家的积极作用是真正自由的需要，一个有积极作为的国家才能有效地促进社会自由和个人自由。正如贝弗里奇后来在其报告中

---

① 《马克思恩格斯全集》第20卷，人民出版社，1971，第20页。
② 董新凯：《国家对消费者的保护及其限度》，《新疆大学学报》2005年第1期。
③ 许庆雄：《社会权论》，众文图书公司，1991，第215页。
④ 刘崇顺：《残疾人保障与社会和谐》，《医学与社会》2006年第5期。
⑤ 董保华：《社会法原论》，中国政法大学出版社，2001，第4页。
⑥ 徐大同：《现代西方政治思想》，人民出版社，2003，第18页。

所说的，贫困问题和需求的存在是不可原谅的社会疾病和污点①，必须依靠国家的积极作为才能解决这些社会弊病。生存权是最基本的人权，是享受其他人权的基础和前提，国家能否满足公民的基本生存需要是衡量其合法性与否的根本依据。②

"积极国家观"是社会法发展的前提和必然归宿，也造就了社会法特殊的执法理念和执法机制。这种观点认为，在市场机制和私法自治条件下，国家不应当是无所作为的，而是应该采取积极主动的行动，个人权利与社会公共利益是一致的。如麦金太尔说："我作为一个人的善与那些在人类共同体中和我密切相关的他人的善是同一的。我追求我的善决不会与你追求你的善必然冲突，因为这善并非我所专有也非你所专有——善不是私有财产。"③ 也就是说，国家以推行公共利益为己任，所提供的公共利益的范围越大，获益的人数也就越多，个人权利就会得到积极实现，也就更符合善良生活的要求。以"积极国家"为指归的社会法最重要的特征就是，其将个人的生存问题从自给自足的自我生存、个人责任上升为国家和社会责任。其通过国家积极作为，对容易受到侵害的社会弱者给予特殊的生活保护，以实现分配正义和矫正正义。④ 根据社会法理念，"人不仅被当作目的，而且始终只被当作目的"⑤，"正义优先于效率"⑥，"每个人的福利都依靠着一个社会合作体系，没有它，任何人都不可能有一个满意的生活"。⑦ 因此，国家有一个重要职能就是，如果一方主体处于强势地位，另一方处于弱势地位，则国家只关注弱势一方主体的利益，通过向弱者倾斜或补偿手段，实现主体之间的实质平等。根据传统法律理念，国家权力不能干预私人生活，不能进入私人领域，否则就是越权和侵犯个人权利。根

① William Beveridge, *Social Insurance and Allied Services*, New York: Agathen Press, 1969, p. 52.

② Heodor Meron, *Human Right in International Law: Legal and Policy Issues*, Oxford: Clarendon Press, 1984, p. 37.

③ 〔美〕麦金太尔：《追寻美德：伦理理论研究》，宋继杰译，译林出版社，2003，第290页。

④ Richard A. Posner, "The Concept of Corrective Justice in Recent Theories of Tort Law", *The Journal of Legal Studies*, Vol. 10, No. 1, Jan., 1981, p. 189.

⑤ 〔美〕列奥·施特劳斯等：《政治哲学史》，李天然译，河北人民出版社，1993，第679页。

⑥ 〔美〕约翰·罗尔斯：《正义论》，何怀宏等译，中国社会科学出版社，1988，第56页。

⑦ 〔美〕约翰·罗尔斯：《正义论》，何怀宏等译，中国社会科学出版社，1988，第103页。

据社会法理念，国家进入私人领域不仅是合法的，而且是必需的。它通过对强者进行适当限制、对弱者进行适当扶助，成为法律上直接的义务主体和当事人，这也是社会法区别于其他法律部门最显著的特征之一。比如，雇主和雇员的合同，过去国家是不管的，现在有了劳动基准法。又如，个人和家庭有没有生活来源，过去国家也是不管的，现在有了最低生活保障和社会救助制度。不仅如此，很多国家还对妇女、儿童、残疾人、老年人等特殊群体规定了详尽的、具体的津贴制度，有些国家如德国甚至规定了以实际收入损失为补偿基础的双亲育婴假和补贴制度，引导男性分担家庭责任。这些都是国家进入私人领域的体现，也是国家成为法律上直接的义务主体和当事人的表现形式之一。因此，在一个"积极国家"中，公民不仅有"要求公权者消极不作为的权利"[1]，还有"要求公权者积极作为的权利"[2]，即国家积极作为，保障公民基本生存权利，社会法特殊的执法理念和执法机制也最终得以形成。当然，"积极国家观"不同于"国家主义"，也不同于"极权主义"，前者主张强化国家能力，倡导一种"强国家观"，但仍坚持将国家行为约束在一定的限度和范围之内。国家主义致力于国家和个人的完美融合，彻底斩断了个人的一切。极权主义是依靠宣传、恐怖和高压对社会实行全面控制的一种统治形式。

二　执法机制的主要特征

1. 国家直接履行法律义务

如前所述，民法是适应市场经济需要的法律，它要求国家对市民社会生活的自律性领域不加干涉。事实上，作为私权基础的财产权和契约自由，对不拥有财富的人来说，是没有任何意义的。而社会法上的人是具体的，不能依靠自身的力量在市场上获得基本生存资源，或处于社会弱势地位，也就是行为主义经济学所谓的"有限的理性""有限的意志""有限的自利"。[3] 因此，社会法上的"人"需要国家和社会施以援手，以法律的

---

① 夏勇：《中国民权哲学》，三联书店，2004，第225页。
② 夏勇：《中国民权哲学》，三联书店，2004，第223页。
③ 徐国栋：《民法哲学》，中国法制出版社，2009，第305—314页。

手段帮助他们作出正确的选择，防止强势主体利用其缺陷，而有违社会公平。也就是说，国家替代弱者直接进入私人领域，履行法律义务，成为法律上直接的当事人。这是社会法与传统法律部门最显著的区别之一，反映了法律思想从形式平等、形式正义到实质平等和实质正义的追求。从公民权利与国家权力的关系原理看，国家权力产生于公民权利并为公民权利服务，公民权利制约国家权力。① 换句话说，国家权力存在的正当性基础及运行目的即公民权利，国家权力有为公民权利服务的义务。20 世纪中期，德国学者厄斯特·福斯多夫（Ernst Forsthoff）提出，国家对国民有生存照顾（Dase insvorsorge）义务，国民对国家机构已形成依赖感和由此产生的安全感，"人们必须依赖生存照顾机构之功能方能生存的事实，应该成为每个国民'政治理念'之主要内容"。② 美国学者亨利·苏在《基本权利》一书中，把基本权利的国家义务分为三种：避免剥夺的义务、保护不被剥夺的义务和帮助被剥夺者的义务。③ 挪威学者艾德根据国际人权公约规定，提出国家对不同的人权类型有三个层次的一般性国家义务，即尊重的义务、保护的义务和实现的义务。④ 尊重的义务是指禁止国家违反公认的权利和自由，不得干涉或限制这些权利与自由的行使；保护的义务是要求国家采取措施，包括通过立法或提供有效的救济来防止或阻止他人对个人权利与自由的侵害；实现的义务则具有计划性特征并更多地暗示了一种现实上的长期性。法布尔提出，当我们拥有自治和幸福时，我们拥有"消极权利"和"积极权利"。他认为，二者是相互补充的，其中，积极权利是指国家为国民提供获取、保持、行使自治和追求幸福的物资，并采取措施逐步提供这些资源。⑤ 我国台湾学者许育典认为，在自由法治国时期，法治国对于人民的保护着重在于保障人民防御的自由权，以对

---

① 周叶中主编《宪法》，高等教育出版社、北京大学出版社，2000，第 256 页。
② 陈新民：《公法学札记》，中国政法大学出版社，2001，第 59 页。
③ Henry Shue, *Basic Right-Subsistence*, *Affuence and U. S Foreign Policy*, Princeton University Press, Princeton, NewJersey, 1996, 2nd edition, p. 52.
④ Asbjorn Eide, "The International Human Rights System", in Asbjorn Eide (eds.), *Food as a Human Right*, Tokyo: UN University, 1984, pp. 152 – 161.
⑤ Cile Faber, *Social Right under the Constitution*, Clarendon Press, 2000, pp. 45 – 47.

抗国家的侵犯。到了社会法治国（体现了社会法与民法的差异），国家除了保障人民的自由权之外，更强调国家应提供人民一定的给付。① 也就是说，国家对于公民的基本权利不仅负有不侵犯的消极义务，而且负有帮助、促进和实现的积极义务。这种义务在德国法上被称为"保护义务"②，用夏勇教授的话来说，是"公共权力为满足人们对温饱的需求所担负的积极的责任"。③ 因此，在社会法治国家，公民普遍享有要求国家为一定行为的给付请求权，而国家"必须承担一些积极义务，并组织一些公共事业来确保这些义务的实现"。④

国家在社会法上的义务源于公民的生存权和社会权保障。1834 年，英国新《济贫法》首次提出保障公民生存权利，认为对贫民的救济不是一项消极行为，而是应当由经过专门训练的社会工作人员从事积极的福利措施⑤，规定社会救助属于公民的合法权利，是政府应尽的义务，政府应该采取积极的措施保障公民生存权利，开始了从"消极国家"到"积极国家"的转变。其后，欧洲主要工业国家纷纷仿效，建立自己的社会救助制度。根据 Andree Lajoie 和 Claude Parizeau 的诠释，社会法"是根据它所服务和汇聚的对象来定义的，在社会法内往往使用一种模糊的家长式的方式，并且充斥着那些弥补因经济制度所造成的伤害的保护性或救济性规定"，因此，"相比于任何法律部门而言，社会法更多地反映了资本主义社会发展过程中的要求和冲突，具体途径就是既明确国家在垄断时期的功能，也明确为维护和提高工人和弱势群体的生活条件所开展的运动的角色"。⑥ 社会法所保障的社会权利与政治权利不同，政府不积极干预就不能实现，它所追求的目标是维护人类的尊严，从社会公正的角度使每个人都过上合乎人类尊严的生活⑦，其实现"与一组组义务相联系，包括消极义务和积极义务"，

① 许育典：《宪法》，元照出版公司，2006，第 75—76 页。
② 张翔：《基本权利的双重性质》，《法学研究》2005 年第 3 期。
③ 夏勇：《中国民权哲学》，三联书店，2004，第 210 页。
④ 〔法〕莱昂·狄骥：《宪法学教程》，王文利译，春风文艺出版社，1999，第 240 页。
⑤ 李炳安：《劳动和社会保障法》，厦门大学出版社，2011，第 295 页。
⑥ Robert D. Bureau，Katherine Lippel，Lucie Lamarche：《加拿大社会法的发展》，李满奎译，载李昌麒、岳彩申主编《经济法论坛》第 7 卷，群众出版社，2010，第 382 页。
⑦ 何勤华、张海斌：《西方宪法史》，北京大学出版社，2006，第 292 页。

"既要求对某种行为的容忍，也要求提供和分配资源"。① 也就是说，在国家并未提供某种给付时，人民可直接根据社会法的规定向国家请求给付。与这种给付请求权相对应的乃是国家的给付义务，即国家以积极作为的方式为公民提供某种利益的义务，包括物质给付和精神文化给付，由行政机关、司法机关和立法机关具体承担。如我国《宪法》第 42 条、第 43 条规定的劳动权、休息权，第 45 条规定的获得物质帮助权，第 46 条规定的受教育权等，都可以直接请求国家给付。给付义务要求国家采取措施、创造条件使每个人都能采取必要的行动来满足自己的需求，在缺乏其他可能性的前提下，直接提供诸如食品或可以用于食品的资源之类的基本需求，使人们在任何情况下都能维持起码的生活水准②，如国家提供"最低生活保障"的义务即属于给付义务的范畴。对国家科以给付义务是要求国家提供社会扶助以维持基本的社会正义，这种积极行为并非侵犯公民基本权利的侵权行为，而是向人民提供一定利益的行为。尽管积极义务与给付义务的内涵非常接近，甚至有学者认为给付义务是国家积极义务的一种③，但只有与具体请求权相对应的国家对公民的给付才属于给付义务范围。国家为促进公民权利实现的某些积极行为，如果不是公民可以直接向国家请求的，则不属于给付义务的范围。④ 需要说明的是，公民对国家的给付请求权和国家的给付义务都不是无限制的，国家给付的只是"最低限度的标准"，自由竞争的市场经济仍然是资源配置的主要形式。也就是说，个人活动、经济竞争和财产自由的原则仍然是主要的，只有当这种自由竞争的负面后果与国家和社会政策目标之间存在一定的紧张关系时，才由国家出面以基准立法和国家给付等形式对这种负面后果进行弥补和矫正，维护社会整体利益和社会和谐。

国家直接履行法律义务的主要方式是，通过转移支付，以"有形的

① Jeremy Waldron, *Liberal Rights*: *Collected Papers 1981 – 1991*, Cambridge University Press, 1993, pp. 203 – 204.
② 陈爱娥：《自由 – 平等 – 博爱：社会国原则与法治国原则的交互作用》，《台大法律论丛》第 26 卷第 2 期，1996，第 5—6 页。
③ 张翔：《基本权利的规范架构》，高等教育出版社，2008，第 81 页。
④ 李建良：《宪法理论与实践》（一），学林文化实业有限公司，1999，第 66 页。

手"实现国家给付和社会再分配。庇古在 1920 年出版的《福利经济学》中，明确提出国家转移支付的思想。他说，如果将富人的一部分物品转移给穷人，富人的福利虽然有所损失，但损失不大，他仍然是富人，而穷人则因此增加了更多的福利，即社会分配越公平，社会福利总量越大。① 不久，意大利经济学家帕累托在福利经济学的基础上，创立了"帕累托最优理论"。他认为，生产和交换条件如果改变，使社会中一些人的境况变得更好，而其他人的境况没有因此变坏，整个社会福利便增加了；如果不能做到增加一些人的福利而同时又没有减少另外一些人的福利，这样的资源配置就处于最优状态。后来，美国经济学家卡尔多、希克斯等在帕累托理论的基础上提出了"补偿理论"，即从受益者新增收益中拿出一部分，补偿给受损者，这样就能使一部分人变好而使其他人保持原状，社会总福利就增加了，实现帕累托改进。② 凯恩斯主义和新福利经济学的兴起，都为政府干预经济运行和社会生活提供了强有力的理论支撑。这一时期，西方国家颁布了大量法规，规制私人契约或明确国家义务，以保障弱势主体的基本生存权利。尤其是二战之后的几十年里，"政府所提供的福利曾经使很多个体、群体和社会免受毫无限制的市场的蹂躏"，"在一些重要领域的决策和资源分配以社会和协作的方式进行"③，福利国家也因此成为"长期的公民权演进过程所达到的最高峰"。④ 福利国家的最大特点就是把大量的财富从就业者方向转向正在成长的一代和老的一代实现再分配，从高收入者向低收入者再分配，从强者向弱者再分配。因此，国家"作为以财政和福利机制为手段来进行社会收入实质性再分配的操作者，其作用愈益增长"⑤，特别是在为社会及其全体成员提供生活安全保障方面，发挥了不可替

---

① A. Ppgou, *The Economics of Welfare*, Macmillan, 1924, p. 13.

② N. Kaldor, "Welfare Propositions of Economics and Interpersonal Comparisons of Utility", *Economic Journal*, 1939, 49, p. 550.

③ 〔美〕托马斯·E. 维斯卡夫：《马克思的危机理论与 20 世纪后期资本主义的矛盾》，李朝晖译，载李惠斌、李朝晖主编《后资本主义》，中央编译出版社，2007，第 195 页。

④ 〔英〕安东尼·吉登斯：《第三条道路：社会民主主义的复兴》，郑戈译，北京大学出版社，2000，第 11 页。

⑤ E. J. Hobsbawm, *Nations and Nationalism Since 1780*, 2nd edition, Cambridge University Press, 1990, pp. 182 - 183.

代的作用。① 当然，国家干预和积极作为并非完全依赖政府，否定 NGO 和私人机构的作用。一方面，政府不是万能的，政府也会失灵②；另一方面，政府干预是以市场为基础和前提的。以劳动基准立法为例，无论是斗争模式、多元放任模式、协约模式还是统合模式，其基础仍然是劳资协商，在此基础上才是国家干预。③ 在社会保障领域，以智利为首的很多国家实行储蓄管理私人化，即由私营公司代替政府运作的 Cajas 负责养老基金管理，创造了以个人账户为基础的"完全积累制模式"即"智利模式"，引发了全世界范围内对现有保障制度的变革。当然，劳资协商和养老金私有化并不意味着对政府控制的摒弃。事实上，社会法上的国家积极作为不仅按公法手段运行，也按私法规则运行和经营，这是第三法域的法区别于公法和私法的显著特征。

2. 积极执法与消极执法相结合

在社会法中，行政执法分为两个方面，一方面由政府代表国家直接履行法律义务，如支付各类保险金、救济金、社会福利和津贴等，另一方面由政府作为仲裁者和居中调节者，监督法律的执行和实施。由于弱者的利益常常被强者限制，"对此需要靠司法之控制以外，仍还需要有行政上之规制"。④ 但在执法机制上，前者为积极执法，即政府主动履行法定义务，后者为消极执法，即实行"不告不理"原则。社会法有一个重要特征是，其既有法定的权利，也有契约上的权利，而这种契约在当事人间有相当于法律的效力。⑤ 因此，社会法在执法中有行政执法与民事执法相结合的特点，既有公法性质，又有私法性质。这是由社会法第三法域的法律属性决定的。一般而言，行政法的执法方式主要是命令和服从，民法的执法方式主要是平等协商。就政府在其中的作用而言，社会法在执法上有命令与服从的一面，如基准法和强行法的执行等；也有平等协商的一面，如基准法

---

① Hedley Bull, *The State's Positive Role in World Politics Daedalus*, V. 108, Fall (1979), pp. 111 – 123.

② 〔美〕斯蒂格利茨：《经济学》，梁小民等译，中国人民大学出版社，1997，第 503 页。

③ 黄越钦：《劳动法新论》，中国政法大学出版社，2003，第 74—80 页。

④ 刘德宽：《民间诸问题与新展望》，三民书局，1979，第 160 页。

⑤ 〔日〕星野英一：《私法中的人》，王闯译，载梁慧星主编《为权利而奋斗》，中国法制出版社，2004，第 29 页。

之上的契约部分的执行等。前者是积极的，后者是消极的。以残疾人权益保护为例，由于残疾是一种客观存在的很难弥补的缺陷，残疾人在社会生活中处于实际上的不利地位。因此，与一般的社会成员和其他社会群体相比，他们有特殊的社会需求，特殊的思维方式和生活方式，理应得到国家和社会的特殊关爱。具体到社会法上，就是要求政府采取积极措施，在残疾人年老、疾病、缺乏劳动能力及退休、失业、失学等情况下，为其提供基本的物质帮助，或在某些方面实行优惠待遇。这些都是"积极的权利"，要求政府积极主动提供。而在义务主体不是政府而是社会机构或第三人时，或者履行的不是法定义务而是约定义务时，政府仅仅是一个仲裁者或居中调节者，这时候政府只是消极执法或者说被动执法。如用人单位拖欠职工工资，未按照约定为残疾人就业提供便利设施和条件等，政府一般不主动处理，而是告诉才处理。当然，对于法定事项，政府可以主动开展执法检查，及时发现问题和解决问题。以劳动法为例，美国联邦法律规定最低工资为每小时 5.15 美元，每周基本工时为 40 小时，对超出的部分必须支付加班工资，而且禁止将儿童作为工作场所廉价劳动力的来源。对此，政府执法部门可以主动执法，纠正和处理执法中出现的问题。但是，对于超出基准法部分的约定利益，即便雇主没有履行，执法部门也不主动追究，只有接到劳动者的申诉以后，执法部门才介入。这也是社会法在行政执法中与其他法律部门显著不同的地方。其基本理念是：依靠国家积极作为，主动实施和执行基准法，以确保处于弱势地位一方主体的基本利益；对于基准法以上的部分，依靠市场调节，在执法中也按照市场法则，告诉才处理。因此，社会法不同于行政法，完全依靠命令和服从的方式推行法治。它也不同于民法，完全根据"意思自治"原则成为自由交易的工具。一方面，当事人不得不去处理标准合同、集体谈判与资方达成的协议、法定条款和术语等①；另一方面，不能以基准法的强制性为由，将基准法之上的当事人契约"视为法律所不容许的行为而加以排斥"。② 由此，我们发现了行政法和民法的边界，即行

---

① Roscoe Pound, "The Rule of Law and the Modern Social Welfare States", *Vanderbilt Law Review*, 1953（7），p. 2.

② 〔日〕兼子一：《关于诉讼合意》，载《民事法研究》第 1 卷，酒井书店，1953，第 249 页。

政法在执法中排除了私法合意，而民法在执法中排除了行政命令。同时，我们发现了社会法特殊的执法机制，即基准法的实施有赖于政府的积极作为，除此之外，不告不理。

为什么基准法执法需要国家积极作为？因为基准法确定的内容往往很难通过市场机制或"中间调节机制"解决，或者解决效果很差，这时就需要国家公权力介入，采取积极措施，由国家直接履行法律义务或者积极要求当事人承担法律义务，以实现矫正正义和实质正义。首先，基准法保护的是一种最低限度的权利，是法律关系主体必须遵循的最低限度的义务标准。比如，劳动基准法确立了最低限度的劳动条件，劳资双方必须共同遵守。最低生活保障是国家对遭受自然灾害、失去劳动能力或者其他低收入的公民给予物质帮助或服务，以维持其基本生活需求，保障其最低生活水平的一种制度。最低生活保障只是维持当事人的基本生活费用，而非所有生活费用。这些都要求国家积极作为，不然这些权利很可能落空。也就是说，基准法维护的不是国家利益，也不是个体的私人利益，而是不特定多数弱势主体最低限度的利益，其对于当事人的约束在于，它自动地、直接地构成主体行为内容的一部分。基准法保护最深刻的法理基础是生存权保障。生存权作为最基本的人权，是享受其他人权的前提，也是社会法形成和发展的根本依据。基准法执法和对弱势主体的特殊保护，确立了社会公平的基点，也明确了政府责任的边界。其次，生存权属于社会权，社会权在本质上是一种积极的权利。民法上规定自由权的目的是摆脱国家权力对人民自由的干涉，认为人民能凭自己的能力获得最大的幸福。相反，社会法上规定社会权的目的，是要求国家权力积极介入私人自由领域，保障其基本生活水准，促使每个人能在社会中发展其人格。两者的出发点迥不相同，正如荷兰学者范得文所说：一个是对国家权力的不信任；另一个则是对私权的不信任。[1] 社会权是一种要求获得实际收入的普遍权利，包含了最基本的社会福利与安全和根据社会普遍标准享有的文明生活[2]，与公民

---

[1]　陈新民：《德国公法学基础理论》（下），山东人民出版社，2001，第695页。

[2]　Thomas H. Marshall, *Class, Citizenship, and Social Development*, Greenwood Press, Westport, 1973, p. 8.

权利、政治权利在产生和实现方式上很不同。后二者属于"天赋人权"，先于宪法而存在，即无须法律创设，只要国家未予限制，就能当然实现。社会权则不仅需由宪法赋予，而且需由具体法律予以细化并借助国家积极作为才能实现。如 Robert D. Bureau 等认为，社会法与收入保障、职业健康与安全、培训与人力资源、最低工资、社会服务等社会权利密切相关，其表述比"反贫困法"或者"弱势群体保护法"更为合适，并与国家干预的新形式相呼应。① 最后，政府积极执法是化解社会风险的需要。19 世纪晚期，无过错责任制度建立，由无过错施害者承担对受害人的利益补偿，本质上是由私法制度化解发展风险。事实上，工业事故是工业化的结果，它是由社会选择的，也是由社会受益的，其结果理应由国家和社会来承担。也就是说，只有让国家和社会来分担发展风险，制度才是公平的。于是，由政府组织或给予政策扶持的社会保险、社会基金等对受害人补偿的社会法机制纷纷建立，国家和政府的角色由裁判员变成了指挥员和最大的保险公司。② 政府通过积极执法，对某些私权关系进行调整，对"所有贫困的和需要帮助的社会成员提供保护"③，反映了社会法对公权力介入私权关系的容忍，可以使一个结果不平等的社会体系和社会秩序得以维持，并促使社会差异本身转化为发展的动力。

对于基准法之外的权利，在行政执法中为什么"不告不理"呢？因为这部分权利是契约的权利，这是一种"自然法上的权利"④，既然法律没有明确加以限制或剥夺，就应当受到国家的尊重。根据民法原则，个人享有财产和缔结合同的权利，只要其意思表示不违反法律、公共道德，不侵犯国家、集体和他人利益，就应予以充分尊重，国家的活动仅限于保障这些权利并充任私人之间纠纷的裁决人，而不应干预个人的自由。⑤ 这就是所

---

① Robert D. Bureau, Katherine Lippel, Lucie Lamarche：《加拿大社会法的发展》，李满奎译，载李昌麒、岳彩申主编《经济法论坛》第 7 卷，群众出版社，2010，第 382—383 页。

② 赵红梅、李修棋：《无过错污染受害者补偿救济的理论与制度选择——一种社会法的观察视角》，《环境资源法论丛》2005 年第 1 期。

③ P. Watson, *Social Security Law of the European Communities*, Oxford：Mansell, 1980, p. 1.

④ 〔日〕星野英一：《私法中的人》，王闯译，载梁慧星主编《为权利而奋斗》，中国法制出版社，2004，第 24 页。

⑤ 沈宗灵：《比较法研究》，北京大学出版社，1998，第 121 页。

谓的处分权主义，在法律实施中体现为"不告不理"原则。在社会法中，主体在基准法之外达成的合意既然是私法上的契约行为，则只能发生私法行为的法律后果，即一方当事人获得了私法上的请求权，另一方当事人负有民法上作为或不作为的负担义务。对于负有义务一方当事人不能自动履行义务的救济办法，也以按照私法的规定处理较为合理。[①] 正如拉德布鲁赫所说："在早期实体诉权说和保护私权说的民事诉讼目的论的影响下，在诉讼程序中的私法自由处分与在诉讼程序外权利拥有的自由处分并无两样。"[②] 处分权主义是在当事人直接处分实体权利方面尊重他们自由的表现，是贯彻私法自治原则的必然结果，也是现代市场经济国家民事诉讼的基本法理，符合"以契约原理为核心、以程序正义为基干的现代法的精神"。[③] 从立法的目标来看，社会法上的基准法排除了约定的权利，主要是解决"底线公平"，在基准法之外则强调平等自由，注重"一般公平"。因此，在基准法之外的社会法仍具有自治属性。尽管行政机关根据法律规定有权执法，如开展执法检查、进行行政仲裁等，但这种执法已属消极，而且执法机关作出的行政决定、处罚措施和裁决等并不具有终局效力。这与民法和行政法也有很大的不同。民法的执行主体是当事人，即契约的双方，政府不能介入，也无权居中调节和裁判，否则就是违宪。行政法的执法主体是政府，但所有的规定都必须不折不扣地执行，不能协商，完全排除了意思自治。因此，在社会法的行政执法中，行政机关的地位和作用根据国家介入私人领域的程度有很大的不同。比如，在最低生活保障法、社会救助法和社会福利法的执行中，政府不仅是执法主体，而且其很多措施和决定是终局的，当事人不能起诉（这一点我们在后面将详尽讨论）。在劳动法的执行中，政府主要是充当裁判角色。在社会保险法的执法中，政府既是运动员，也可以充当裁判。在慈善法执法中，政府的作用仅仅在于支持、管理和监督，而不是控制和垄断。社会法中私人执法与政府执法并存的局面是由其第三法域的属性决定的。作为公、私法融合的产物，第三

---

① 〔日〕三月章：《日本民事诉讼法》，汪一凡译，五南图书出版有限公司，1997，第330页。
② 〔德〕拉德布鲁赫：《法学导论》，米健等译，中国政法大学出版社，1997，第126页。
③ 〔日〕棚濑孝雄：《纠纷的解决与审判制度》，王亚新译，中国政法大学出版社，1994，第4页。

法域的法在执行中往往需要公共机构和私人相互配合和协调，才能实现最佳的实施效果。也就是说，政府干预并不排除私人的作用。以反垄断法为例，私人诉讼"旨在制裁违法者，并以此给予行政机关无偿协助。从其机能上看，起到了临时替代行政机关履行责任的作用"。① 正如波斯纳评价美国反垄断法中的私人执法时说："私人反垄断诉讼的萌芽诱发了那巨大的、并且我认为是正当的、关于反垄断法律的过度膨胀和其所带来的对竞争的阻碍而非促进作用的关系。"②

3. 赔偿与惩罚相结合

根据传统法律观念，对民事违法行为仅实行单纯的补偿原则，即补偿受害人因此所遭受的财产损失，不能小于也不能大于损失数额，"有如损害事故未曾发生"。③ 也就是说，其法律责任只具有补偿性，不具有惩罚性。同时，损害赔偿又以实际发生的损害为计算标准，否则会使损害得不到完全救济，或者给受害人以不当利益。④ 比如，杀死一头牛赔一头牛，被奉为至理和圭臬。F. H. Lawson 在论述惩罚因素在私法中消失的原因时说："大约在罗马法开始被继受起，镇压犯罪被认为是公共权力机构的职能。这时，法院认为再无必要按照罗马法模式提起惩罚诉讼，而是将其看作一种不法损害诉讼，虽然偶尔伴随有惩罚，但关注的重点更多是赔偿而不是惩罚。"⑤ Donald Black 认为，"私法不能具有惩罚性"的成因，一是公法、私法的划分，二是公法对惩罚的垄断⑥，即便在现代社会，国家对于暴力垄断也仅限于公法领域。在公法中正好相反，公法并不遵循对等原则，而是以单纯惩罚性为特征，如骑车人违反交通管理法规，尽管没有造

---

① 〔日〕田中英夫：《私人在法实现中的作用》，李薇译，载梁慧星主编《为权利而斗争》，中国法制出版社，2002，第 377—502 页。

② William Shughart, "Private Antitrust Enforcement: Compensation Deterrence, or Extortion?" *The Cato Review of Business & Government*, 2007 (5).

③ 曾世雄：《损害赔偿法原理》，中国政法大学出版社，2001，第 17 页。

④ 谢怀栻：《外国民商法精要》，法律出版社，2006，第 186 页。

⑤ F. H. Lawson, "Notes on the History of Tort in the Civil Law", *Journal of Comparative Legislation and International Law*, Third Series, Vol. 22, No. 4, 1940, p. 140.

⑥ Donald Black, *Crime as Social Control*, in *Toward a General Theory of Social Control* (Edited by Donald Black), Academic Press, Vol. 2, Inc. 1984, p. 15.

成任何人的财产损失，仍对当事人处以罚款。又如，私藏枪支弹药、伪造国家单位公文印章等，虽然没有造成不利后果，仍对当事人进行处罚，而且处罚结果完全依照法律规定，不会与当事人"协商"。社会法中，既有民事责任、行政责任，又有经济责任和刑事责任，其特点是补偿性与惩罚性相结合。比如，雇主违反劳动基准法会承担公法责任，包括行政责任和刑事责任。目前，各国劳动法普遍规定了相应的行政处罚措施。对于违反与劳动关系相关的强行法基准，科以刑罚的刑事实体法规，有学者称为"劳动刑法"。[1] 行政处罚、刑罚的适用并不具有私法领域侵权法上损害填补的性质，而是体现国家意志的责难和惩处。又如，用人单位拖欠劳动者工资，不仅要受到劳动行政部门的处罚，还要支付所欠的全部工资及其利息；用人单位不给劳动者缴纳社会保险费，不仅要受到处罚，还要补缴全部费用。因此，社会法上的法律责任，既有公法上的处罚措施，也有私法上的补偿措施。从法律实践看，德国社会法院适用一整套社会法的理念和规范进行审理。比如，领取失业保险金的人私下里工作并领取报酬，可能会在社会法院审理后转负刑事责任。[2] 当然，从行政执法角度看，其法律责任仅限于民事和行政责任，刑事责任属于"司法机制"讨论的范畴。事实上，劳动关系在过去都是以民法上的契约自由为基本原则的，劳动关系双方并不承担对国家的公法义务，违反雇佣契约义务的一方也仅承担民法上的法律责任。[3] 随着社会法的形成和发展，劳动法最终与民法分离而成为社会法家族的一员。从行政执法和法律责任等看，劳动法具有典型的社会法特征，它不仅丰富了社会法的内涵，也为社会法成为全新的法律部门提供了论据。正如帕尔森所说："每一种法律在某种意义上都具有一种法律制裁形式，制裁是每一法律体系和每一项法律规定的必要特征。"[4]

　　为什么社会法上的法律责任是赔偿与惩罚相结合呢？根本原因是，社

---

[1]　黄越钦：《劳动法新论》，中国政法大学出版社，2003，第 9 页。

[2]　黎建飞：《中国社会保障法制的发展战略》，《发展》2008 年第 6 期。

[3]　林嘉等：《论劳动基准法的法律效力》，《清华法学》2014 年第 4 期。

[4]　〔美〕博登海默：《法理学》，邓正来译，中国政法大学出版社，2004，第 361 页。

会法是任意性规范与强制性规范相结合的法律部门。如前所述，社会法的产生是国家运用公权力对某些私人领域在一定程度上的干预，而非对私权的直接取代。因此，它既有公法的成分，也有私法的成分。以劳动法为例，劳动基准法作为法定劳动条件标准不容雇主降低，雇主向劳动者提供的劳动条件可以等于或高于而不得低于此标准。同时，这种最低劳动标准亦不得由劳动合同或集体合同约定，只能由国家法律强制规定。因此一些学者认为，劳动基准法属于行政法一类的公法。① 事实上，劳动法有公法成分，但不能认为劳动法是公法，因为在基准法之上的条件，双方仍可按照"意思自治"的原则协商取得。也就是说，双方关于劳动条件的约定并非全部无效，只是与基准法抵触的部分无效。从结构上看，基准法是私法性劳动契约的"保底"内容，对基准法的违反也是对劳动契约的违反，因为基准法既是公法性权利义务，也是私法性权利义务。作为义务主体，雇主应以作为或不作为的方式，遵守基准法的强制性规定。当然，双方在基准法之上约定的内容也应执行，因此"用人单位违反劳动基准义务所承担的民事责任不仅有侵权责任，还有违约责任"。② 从公私法划分来看，公法的职能主要是惩罚犯罪和不法行为，维护社会秩序和社会公共利益，私法的职能则是对受害人进行救济。作为"第三法域"典型的法律部门之一，社会法实行补偿与惩罚相结合的手段，固然是由其公、私法相融合的特性决定的，也是为了对违法行为进行惩罚或预防不法行为的发生。与一般的民事违法行为不同，社会法上个体权利受到侵害会影响到其他人权利的实现程度，影响范围大，且具有一定的社会危害性。比如，社会保险经办机构及其工作人员违法，所造成的消极影响必然超越个体的范畴，损害不特定多数主体的利益，本质上属于公共不法行为（Public Wrongs）。社会法规定相应的处罚措施，使违法者承担比守法者更多的义务，目的是鼓励人们维护私权，从而保障不特定多数人的利益，既起到了私法的救济和补偿作用，也起到了公法的预防和惩罚作用。美国犯罪与违法少年法官咨询委员会曾阐述："基于社会法学而设置的少年法庭的良好作用是治疗与预防性

① 黄越钦：《劳动法新论》，中国政法大学出版社，2003，第196—201页。
② 刘焱白：《劳动基准法权利救济程序的冲突及其协调》，《法商研究》2010年第3期。

的。预定的宗旨，是保护儿童的自尊心和把他从永久性的犯罪记录中解脱出来。为此，法庭所定的目的及所采用的措施应有效地使少年改恶从善，减轻失去抚养和无人照管儿童的痛苦。"[1] 因此，从法律责任上看，社会法既有私法的补偿性质，又有公法的惩罚性质。以劳动法为例，其调整的对象不仅仅是劳动关系，还包括劳动行政关系，"是规范劳动关系及其附随一切关系之法律制度之全体"。[2] 其通过对雇主设定法律义务，"以国家公权力介入科以雇主一定作为或不作为的义务"，"再以罚则等种种措施，促使雇主严格遵守"[3]，以平衡法律关系中强势主体与弱势主体的法律地位，实现矫正正义。事实上，在矫正正义的法律框架内，诸如损失补偿和因果关系等要件的确定，离不开以公法手段惩罚不法行为的立法考量，以保护不特定多数主体的利益，这也是第三法域部门法的共同特性。如消费者权益保护法和产品质量法规定，产品质量问题造成人身或财产损失，当事人不仅要赔偿一定损失，还要受到有关部门的处罚。环境法规定，对环境侵权造成损害，既要承担民事补偿责任，也要承担公法责任即受行政处罚。在反垄断法和卫生法等中，大多数国家和地区也都规定了补偿和惩罚双重罚则。这些法律都是第三法域的部门法，而且无一例外都与保护不特定多数主体的利益相关联。

在行政执法中，违反社会法的行为一般有民事救济和行政救济两种途径。如果违法行为具有一定的社会危害性，或触犯国家刑律，则由法院依法处理，行政机关无权管辖，这一点本文将在后面继续讨论。以劳动执法为例，如果雇主违反劳动基准法尚不足以达到刑事处罚时，一般会导致行政责任。其如果违反双方在基准法之上约定的义务，还应承担民事责任。根据日本《劳动基准法》，劳动基准监察署受理劳动者因劳动关系而产生的各种投诉或求助。同时，劳动者也有就相关劳动争议提起诉讼的权利。在我国，用人单位违反劳动法规侵害劳动者权益时，有两个救济途径，即

---

[1] 康树华主编《外国少年司法制度与日本保护青少年条例选》，北京大学出版社，1982，第220页。

[2] 史尚宽：《劳动法原论》，正大印书馆，1978，第1页。

[3] 林丰宾：《劳动基准法》，三民书局，2004，第12页。

劳动监察程序和劳动争议处理程序。通常来说，劳动监察适用于强行性法律规范，劳动争议处理则既适用于强行性法律规范，也适用于任意性法律规范。前者由劳动行政部门主动实施，也可以应劳动者请求而启动，其法律责任通常为行政责任。后者依当事人的请求而实施，不告不理，其法律责任一般为民事责任。因此，"劳动监察制度主要体现了劳动法的公法特性，而劳动争议仲裁制度则集中体现了劳动法的私法特性"。① 劳动关系双方对国家所承担的主要为公法责任，彼此之间承担的主要是私法责任。有学者主张，应当"将公法部分交由劳动监察机构处理，将私法部分交由劳动争议仲裁机构处理"。② 以社会保险执法为例，社会保险关系主体包括劳动者、用人单位和政府的经办管理机构，其中前两者之间属于私法关系，它们与第三者则构成公法关系，包括平等主体之间的私法关系和不平等主体之间的公法关系。因此，其权利义务的约束、保障和救济机制，遵循公法和私法的一般原则，既有行政、刑法等公法机制，也有私法机制，包括平等主体之间的请求权、侵权责任及民事救济机制。如劳动者依法有权请求用人单位为其申请办理社会保险参保手续，并及时足额缴纳社会保险费用，否则劳动行政部门会责成用人单位履行义务，并对其进行处罚。劳动者对用人单位的权利也具有民事可诉性，不存在实在法障碍。反歧视执法中，既有私法责任，又有公法责任，体现了社会法的融合性特征。以反就业歧视法为例，对因就业歧视行为而遭受损害的劳动者，用人单位应负赔偿责任，包括补偿性赔偿和惩罚性赔偿，这是私法责任的体现，如美国反就业歧视法就有这样的规定。从公法角度看，就业歧视是一种严重破坏劳动力市场管理秩序的行为，理应受到行政制裁，如罚款、禁止与政府签订行政采购合同或作为政府资助的建设项目的承包商等，很多国家反就业歧视法都有这样的规定。从行政处罚原则来看，社会法与行政法并无二致，但是其赔偿原则与民法有很大的不同。在民法中，赔偿损失是完全赔偿，即侵害人应赔偿由其造成的全部损失。但在社会法中，其是一种限额赔偿而不是完全赔偿。比如，雇员在劳动中损坏机器设备、因过失生产出残次

---

① 刘焱白：《劳动基准法权利救济程序的冲突及其协调》，《法商研究》2010 年第 3 期。

② 张晓坤：《浅析劳动监察与劳动仲裁》，《工会理论研究》2005 年第 4 期。

品、不履行合同义务导致雇主损失等产生的赔偿义务在劳动法中被称为"附随义务"，在赔偿时有严格的条件限制，在赔偿数额上也要受到劳动者工资金额的严格限制，而且在赔偿金的用途上也归结为劳动者的福利而非雇主的财产权益。[①] 又如，按照民法原则，赔偿应该与实际损失对等或相当，但是精神损失怎么计算，在私法上是无法解决的。根据社会法原则，这个问题就迎刃而解。社会法上的赔偿或补偿有一个重要原则，即根据经济社会发展水平考虑，而不是实际损失。在实践中，国内外关于性骚扰的案例都是根据这个方法和原则处理的，这也是第三法域部门法的共同特征。比如，很多国家的医疗法规定，医院不得以没有医疗费用为由拒绝对危急患者诊治等。此外，其在处理医疗事故时，也不是按照私法上的"等价"赔偿标准进行赔偿，而是实行限额赔偿。因此，其既不同于国家赔偿，也不同于民事赔偿。

第三节　社会法的司法机制

一　司法机制的形成

讨论社会法的司法机制，不能不涉及社会权利及其可诉性问题。尽管社会权利与社会法并非一一对应的关系，毋庸置疑它构成了社会法上权利的内核和主要内容。二者的关系可以表述为：保障公民社会权利的法律不一定是社会法[②]，因为社会权利受到宪法、刑法、环境法、国际法等的全方位保护，但社会法保障的权利都是社会权，如生存权、社会保障权、劳动权、休息权和健康权等，都是社会权的重要组成部分。从历史上看，社会权的发展有一个从道德权利到法律权利，从"应然"到"实然"，从"不可诉"到"可诉"的演进过程，由此形成并决定了社会法独特的司法机制。

---

① 王益英主编《外国劳动法和社会保障法》，中国人民大学出版社，2001，第501页。
② 杨士林、张兴堂主编《社会法理论探索》，中国人民公安大学出版社，2010，第8页。

在欧洲，社会权利最早被认为是一种道德愿望，属于美德和理想的范畴，"理想就是一个人可以想要但本身又不能立即实现的东西。相反，权利却是可以实现的，并且从道德的观点看是必须立即得到尊重的东西"①。后来，社会权虽然被承认是一种"权利"，但不是针对所有人的普遍性权利，而更多的是一种利益，直接涉及的仅是特定的人，是一种政府作为施主可以随意施舍或撤销的恩赐、福利、特权或者好处，并非人人生而有之的个体性的权利。② 由于不是普遍性的法律权利，社会权被认为是不可诉的。主流理论通过对比自由权与社会权，认为社会权具有如下特征。（1）社会权在本质上是一种宣言性权利，至少在规范意义上不是真正的权利，只是道德理想与渴望。（2）社会权概念的内涵及外延十分模糊，既然无法准确界定其范围、标准，也就谈不上司法保护问题。（3）社会权仅是积极权利，因此将自由权与社会权对应消极权利与积极权利，可以推导出自由权具有可诉性而社会权不具有可诉性。（4）社会权实施成本高昂，受到国家现有资源限制，是国家逐渐实现的目标，不能由法院强制执行。③ 还有一些人对法院应否保护社会权利表示疑虑，主要表现如下。第一，社会权利保障必然涉及财政分配，而财政分配数量和优先性属于政治决策的范围，通常由立法机关或行政机关决定。法院如果处理这个问题，显然与权力分立原则相违背。第二，如果法院对财政分配问题进行裁决，很可能超出其能力范围，因为在这方面它并不比立法机关和行政机关具有更多知识。比如，立法机关没有将钱投到住房权保障上，而是投到了医疗保障和教育领域，法院根据什么判决一定要将资金用于实现住房权呢？第三，如果法院这么做，不仅可能损害法院的声誉，而且会危及整个民主和分权制度。④ 正是对社会权的这种认识，支配了对社会权利可诉性问

---

① Maurice Cranston, "Human Rights, Real and Supposed", in D. D. Raphael (ed.), *Political Theory and the Rights of Man*, Indiana University Press, 1967, pp. 51 – 52.

② 〔美〕杰克·唐纳利：《普遍人权的理论与实践》，王浦劬等译，中国社会科学出版社，2001，第 31 页。

③ 〔挪〕艾德：《人权对社会与经济发展的要求》，刘俊海等译，载刘海连主编《〈经济、社会和文化权利国际公约〉研究》，中国法制出版社，2000，第 9—10 页。

④ 左传卫：《经济和社会权利保障的理想与实现》，《法商研究》2004 年第 6 期。

题的辩论①，导致该项权利长期无法获得司法帮助。复因社会权的实现依赖于一国的经济发展水平和财政政策，社会法的制定与否属于立法机关的裁量范围，很多国家并不将社会权视为宪法权利，不认为是宪法施加于政府的强制性义务。也就是说，社会权是一种非司法和非诉讼的权利，是一种"应然"而非"实然"的权利。比如，在 20 世纪 30 年代以前，美国的社会权立法一直处于滞后状态。在"洛克纳时代"，法院否决了大量试图规制劳资关系的立法，对社会福利也持否定态度，一直不承认社会权的可诉属性。

随着社会的发展，人们越来越认识到，自由权与社会权不是各自孤立存在的，人们无法摆脱其中的一类权利而抽象地保护另一类权利，甚至有论者将社会权利称为"免于匮乏的自由"。也就是说，作为整体的人的各种权利具有相互关联性，其中一类权利的实现程度会不同程度地影响另一类权利的实现。事实上，关于社会权利争论的焦点不在于国家应否对穷人负有义务，而在于国家是否负有可由法庭裁决的法律义务以采取积极措施解决社会经济的不平等。争论的结果是，只有自由权才是人权的理论遭到越来越多的怀疑和批判，社会权利是新型人权的理论被越来越多的人接受。如马歇尔在《公民资格与社会阶级》中，构建了一个公民权利三要素分析框架②，认为社会权利是公民权利的第三个层次，是最低限度的人权，意指"最低标准的福利和收入权利"，"总体范围包括从较低的经济福利和保障的权利，到根据社会所盛行的标准最大化地享有社会遗产和享受文明社会生活的权利"。③ 而且无救济即无权利，行政救济不能完全取代司法救济。也就是说，社会权利作为一种基本权利，如果是不可诉的，其实现就是空谈。由此催生了包括社会法、经济法和环境法等在内的新的立法运动，社会权利逐步从"道德权利"转化为"法律权利"，从"应然权利"转化为"实然权利"。正如夏勇教授所说："道德权利与法定权利的划分与

① Henry J. Steiner, Philip Alston, *International Human Rights in Context: Law, Politics, Morals*, New York: Oxford University Press, 1996, p. 296.

② Marshall T. H., *Citizenship and Social Class*, Cambridge University Press, 1950, pp. 28 – 29.

③ Marshall T. H., *Citizenship and Social Class*, Cambridge University Press, 1950, p. 72.

法的应然与实然的区分是相适应的"①；权利的发展是社会发展的产物，它"意味着社会结合方式的改进"②，同时"与社会的发展是互动的"。③ 到 20 世纪 70 年代，"经济学家们在关注法律规则的内容时，已经开始将注意力转向法律的执行过程"。④ 很多学者认为，如果法律的执行不比法律的实体规则更重要，也应该是同等重要。用耶林的话说就是，"法不仅仅是思想，而且是活的力量。因此，正义女神一手持有衡量权利的天平，另一只手持有为主张权利而准备的宝剑"，"天平和宝剑相互依存，正义女神挥舞宝剑的力量与操作天平的技巧得以均衡之处，恰恰就是健全的法律状态之所在。"⑤ 从实践中看，司法对于社会权利的保护也在逐步推进。以美国为例，1937 年，在"改组法院"的斗争中，联邦最高法院放弃了激进的正当程序，肯定了罗斯福政府颁布的一系列社会保障法案。但以福利形式出现的社会权始终被认为是政府对国民的恩赐，而不是一项公民权利。1960 年，在"弗莱明诉内斯特"案中，联邦最高法院仍不承认获得退休救济金是可强制执行的财产权。而在 1970 年的"戈德伯格诉凯利"一案中，联邦最高法院的态度发生了戏剧性转变，认为社会福利是政府授予的特权，可以请求法院救济。在日本的"朝日诉讼"和"松本诉讼"案中，尽管法院没有肯定社会权的可裁判性，但理论的发展已有较大突破。如具体权利论认为，虽然社会权是抽象的，难以界定的，但特定时期的某些社会权还是能够计算并予以保障的，如"最低生活限度"保障等。⑥ 在南非，1996 年宪法颁布之前，受英国议会至上和司法保守主义的影响，社会权也是不可诉的。随着新宪法的制定及社会背景的转变，司法保守主义被逐渐抛弃，社会权诉讼开始进入宪法法院视角。2000 年，在著名的 *Government of the Republic of South Africa & Others v. Grootboom & Others* 案中，Yacoob 法官

---

① 夏勇：《中国民权哲学》，三联书店，2004，第 319 页。

② 夏勇主编《走向权利的时代》，中国政法大学出版社，1999，第 11 页。

③ 夏勇主编《走向权利的时代》，中国政法大学出版社，1999，第 30 页。

④ William M. Landes, Richard A. Posner, "The Private Enforcement of Law", *Journal of Legal Studies*, 1975, 4 (1).

⑤ 〔德〕耶林：《为权利而斗争》，郑永流译，法律出版社，2007，第 1 页。

⑥ 〔日〕大须贺明：《生存权论》，林浩译，法律出版社，2001，第 95 页。

认为，"社会经济权利被权利法案清晰的表达，不能仅仅停留在纸面上"，"毋庸置疑，人性尊严、自由和平等作为我们社会的基本价值，那些没有食物、穿着或住房的人们被剥夺享有了"。① 由此。宪法法院确立了包括生存权在内的社会权的可裁判性，并肯定法院对政策的合理性进行审查是完全可行的行为。

　　社会权的可诉性是权利发展的产物，也是社会法、经济法、环境法等实施的必然要求。社会法使劳动权、健康权、社会保障权等从道德权利转化为法律权利，当然具有可诉性。以社会保障权为例，作为新型人权，其在获得法律认可之前是道德权利，由于仅具道德权威，侵害它并不导致法律处罚；在获得法律确认后，其就既是道德权利，也是法律权利。② 从道德权利向法律权利转化，也就使之从一种非司法上的权利成为司法上的权利，从"应然权利"成为"实然权利"。所谓可诉性，"一般被理解为权利应受法院或准司法机构审查的能力"③，即法院能够运用法律原则与技术予以决定的属性。可诉性是法律权利必不可少的属性④，因为"任何法律制度和司法实践的根本目标都不应当是为了建立一种权威化的思想，而是为了解决实际问题，调整社会关系，使人们的行为比较协调，达到一种制

---

① 基本案情：一个居住在沃拉斯的约 900 人的穷人群体因不堪忍受居住地恶劣的条件，集体搬迁到一块由私人拥有的空闲区域。基于对私有财产保护的理由，他们受到政府的强制驱逐，又搬到同一地区的一个运动场。不久，他们再次受到强力驱逐。在走投无路之际，他们以格鲁特布姆为首，请求开普敦地区高级法院发布紧急命令，要求政府立即向其提供临时住所或房屋，直到有能力获得住房。开普敦地区高级法院根据南非《宪法》第 28 条第 1 款第 3 项"关于儿童经济和社会权利"的规定，判决政府应给予那些有孩子的家庭临时住处或住房。南非中央、省和地方三级政府不服，上诉到南非宪法法院。此时，南非人权委员会和社会法律中心作为"法庭之友"参与诉讼。他们认为，社会所有成员，包括没有孩子的成员都有权获得住处，《宪法》第 26 条的规定使国家担负了最低核心义务，要求将格鲁特布姆等人的请求扩大到《宪法》第 26 条。南非宪法法院经审理认为，公民的社会权并非只是一种宣告，其可诉性问题不应以抽象的方法决定，而应在具体案件中得到体现，最终支持了开普敦地方高级法院的判决。参见 *Government of the Republic of South Africa & Others v. Grootboom & Others*，2001（1）SALR46（cc）。

② 李步云：《法理学》，经济科学出版社，2001，第 155 页。

③ Kitty Arambul，"Givingmeaning to Economic Social and Cultural Rights, A Conyinuing Struggle"，*Human Rights and Human Welfare*，2003，p. 14.

④ David Walker, *The Oxford Companion to Law*, Oxford University Press, 1980, p. 694.

度上的正义"。① 事实上，社会保障权的实现，不仅在于利益的设定与给予，更在于一种救济机制的保障，而这种机会的提供，往往被看作衡量一个国家社会保障与福利制度水平的标志。② 承认社会保障权的可诉性，使人们对其法律拘束力性质的总体理解有了新的动力，也促进国家履行其承诺的积极义务。③ 因此，社会保障不是依赖于国家的恩赐，而是施加于政府的强制义务，个人或团体可以采取诉讼方式请求救济，而当"社会救济成为一项法定'权利'之时，也就是社会法的诞生之日"。④ 正因为如此，社会保障权既是一种道德权利，也是一项法定权利。用夏勇教授的话说，这是一种"以权利为主导的需求－责任关系"，"公权者若不能满足需求，社会成员就可以提起诉讼"⑤，而救济"既是对法定权利的保护，也是对道德权利的宣誓"。⑥ 我国《宪法》第 45 条规定，公民有从国家和社会获得物质帮助的权利。《城市居民最低生活保障条例》将这一权利具体化后，当事人即有权向法院提出请求，以司法手段维护其合法权利。由于是一项道德权利，它"不仅不可能为国家权力和立法所取消，而且还是确证或批判国家权力和法定权利的根据"。⑦ 从国际上看，对某些社会权利进行司法救济是国际法和国际公约施加于缔约国的强制义务。1990 年，联合国经济、社会和文化权利委员会提出了《经济、社会和文化权利国际公约》的"最低核心义务"，并指出某些条款具有直接可诉性，缔约国负有立即实施的义务。⑧ 该委员会认为，社会权是自由权的一种补充、一种保障⑨，如果

① 苏力：《法治及其本土资源》，中国政法大学出版社，1998，第 28 页。
② 刘泽军：《国外社会保障行政法律救济制度模式述评》，《中国民政》2006 年第 5 期。
③ 〔挪威〕A. 艾德等：《经济、社会和文化的权利》，黄列译，中国社会科学出版社，2003，第 32—61 页。
④ 李炳安等：《论社会法的产生》，《法学杂志》2013 年第 6 期。
⑤ 夏勇：《中国民权哲学》，三联书店，2004，第 219 页。
⑥ 夏勇主编《走向权利的时代》，中国政法大学出版社，1999，第 3 页。
⑦ 夏勇：《中国民权哲学》，三联书店，2004，第 318 页。
⑧ 这些具体条款包括《公约》第 2 条第 2 款，第 3 条，第 7 条第 1 款第 1 项，第 8 条，第 10 条第 3 款，第 13 条第 2 款第 1 项、第 3 项、第 4 项，第 15 条第 3 款。对于其他条款，委员会认为都具有发展可诉性的可能性，如果缺乏司法救济手段，行政救济等其他手段就不可能非常有效。参见 "Committee on Economic, Social and Cultural Rights", General Comment No. 3, 1990, in *HRJ/GEN/I/Rev.*6, 12 May, 2003, p. 16。
⑨ 冯彦君：《中国特色社会主义社会法学理论研究》，《当代法学》2013 年第 3 期。

缺乏司法救济手段，行政救济等其他手段就不可能非常有效；对有些权利而言，其缺少了司法救济手段就根本不可能得到充分实现。因此，应积极发展其司法救济途径，"当决定如何以最佳方法赋予公约所载权利以国内法律效力时，确保司法管辖就很有必要"。[①]

二　司法机制的主要特征

1. 诉讼模式的特殊性

19 世纪起，大陆法系国家纷纷建立双重法院——普通法院和行政法院，这种司法体制与公、私法理论互为因果。一般来说，普通法院受理私法案件，行政法院受理公法案件。[②] 而对于劳动争议案件，有的国家由普通法院管辖，有的由行政法院管辖，这一现象在一定程度上反映了劳动法的公、私法混合特性。随着社会法的发展，有关劳动和社会保障等争议不断增长。为适应社会法司法救济的特殊需要，西方国家纷纷对原有司法体制进行变革。这是因为，社会法调整和涉及的法律关系既不同于一般民事法律关系，也不同于完全的行政法律关系，其理念与二者大异其趣，由此导致了社会法争议案件只能由独立于普通法院之外的专门法院来审理。以就业平等为例，虽然宪法能禁止政府部门的歧视行为，对普遍存在的私人部门的就业歧视却无能为力。因为宪法是公法，其条款一般直接针对政府而非私人主体。但是，德国劳动法院通过扩大解释"法律规范"突破了宪法规定的局限性。在 1953 年的"伯格夫人案"中，德国公司的劳资协定规定女性员工的小时工资为男性员工的 80%，原告认为其所从事的工作与男性员工并无差异，有权获得与男性员工同等的工资。《基本法》第 3 条第 2 款虽然规定了男女平等，但一般认为宪法并不直接适用于私人争议。结果为联邦劳动法院判决，宪法规定适用于劳资协议，促进了同工同酬原则在德国的推广。[③] 美国目前主要通过社会保障署"行政法官"（Adminis-

---

① 柳华文：《论国家在〈经济社会和文化权利国际公约〉下义务的不对称性》，北京大学出版社，2005，第 5 页。

② 沈宗灵：《比较法研究》，北京大学出版社，1998，第 127 页。

③ 贺赞：《德国就业性别平等立法中的积极国家角色与中国借鉴》，《探求》2014 年第 4 期。

trative Law Judges）适用行政程序解决社会保障争议，对行政程序的最终裁决不服的，可以通过法院进行违宪审查。英国对社会保障实行中央统一的集中管理体制，通过独立于普通法院的行政裁判所下设的社会保障法庭解决争议。德国和法国则设立了专门的社会法院或社会保障法庭等负责与社会法相关的诉讼。① 在诉讼程序上，社会法诉讼亦有别于一般的民事诉讼程序。以劳动司法为例，很多国家设置了"行政裁判前置"程序，如根据我国《劳动法》规定，劳动争议当事人未经仲裁程序不得直接向法院起诉，否则人民法院不予受理。此外，还有两项重要原则：一是缩短劳动争议处理的审限，建立有利于劳工的诉讼结构；二是劳资同盟团体的介入。② 以社会保障司法为例，其也普遍适用举证责任倒置原则，如我国《职业病防治法》第42条第2款规定，没有证据否定职业病危害因素与病人临床表现之间的必然联系的，在排除其他致病因素后，应当诊断为职业病。社会保障争议同样有"行政裁判前置"程序，其在有些情况下还是必经程序。这些都是一般民事诉讼所没有的基本原则。不仅如此，社会法司法的特殊性还在于，其审限比民事诉讼审限短，程序也简单，且裁判者有很多不是职业法官而是非职业的专业法官。③ 由于社会法的诉讼请求与生存权和健康权等息息相关，进入诉讼程序后，如果像债权、物权一样按照普通民事诉讼审理，经过一审、二审，期限都在半年或一年以上，这种"马拉松式"的诉讼程序显然与权利人生存的实现需要是不相容的。急需的医疗救助或社会救助如果不能及时到位，很可能危及权利人的生存。因此，社会法诉讼案件一般适用简易程序，审限也比一般民事诉讼大大缩短。有些裁判者可能不是职业法官，而是大学教授、律师或其他精通专业的人士，这是由社会法的专业性和复杂性决定的。在欧洲国家，很多大学教授都有劳

① 〔法〕让－雅克·迪贝卢：《社会保障法》，蒋将元译，法律出版社，2002，第194—197页。
② 林佳和：《劳工案件专家参审之问题试探》，《律师杂志》2000年第253期。
③ 在司法执行中，对社会法案件的处理与其他案件也有不同，如规定对退休金、抚恤金、残疾津贴等不得强制执行，执行工资也不能超过一定的比例。比如，追索未成年人生活费、健康损害赔偿、致赡养人死亡的损害赔偿以及因犯罪而形成的损害赔偿时，对债务人工资和相当于工资的收入的扣除不得超过70%。参见李浩主编《强制执行法》，厦门大学出版社，2004，第560—562页。

动法官或社会保障法官的身份，这在英美法系和大陆法系国家很普遍。在美国，由于没有严格的法律部门之分，联邦最高法院通过审慎的司法判决发展了一系列审查和检验标准，在其判决中适用"平等保护"条款，确立了肯定性的救济手段给予社会权利以事实上的司法保护。其通过不断增加的判例逐渐确立了各州政府具有赞助性的宪法责任，使人们获得了诸如救济、福利、教育、住房和医疗等重要的政府补贴和服务的权利。

在司法机制上，社会法同样体现了保护社会弱者、向社会弱者倾斜的理念。由于司法权并非民主选举产生，一般认为具有中立和消极性质。但是，社会法上的情况并不完全如此。以工伤事故为例，如果依据民事诉讼通行的举证原则，由劳动者承担举证责任，则绝大多数劳动者都会败诉，这已经为20世纪以前大量的司法实践所证实。由此，催生了社会法另一个独特的司法机制——举证责任倒置。比如，我国《工伤保险条例》第19条规定：用人单位与劳动者或者劳动者直系亲属对于是否构成工伤发生争议的，由用人单位承担举证责任。《劳动争议调解仲裁法》规定：与争议事项有关的证据属于用人单位掌握管理的，用人单位应当提供；用人单位不提供的，应当承担不利后果。在拖欠工资案件中，劳动者只需证明已履行劳动义务即可，对用人单位未付工资的事实不负有举证责任。这些都体现了对弱势劳动者的倾斜保护和特殊保护，而不是平等保护。这从雇员在劳动中给雇主造成损失的赔偿责任与雇员在工作场所遭受财产损失的雇主赔偿责任的非对等性中也可以看出。也就是说，劳动者的损失与雇主即便没有因果关系或过错联系，也不适用民法上的"过错责任"原则，因为劳动者之财产，若进入雇主影响范围内，雇主应予保护，如衣服、汽车存放场所，不再另设契约，如有违反，即为不履行义务。[①] 在美国，就业歧视是违法的，没有一个雇主或公司负责人会公开在有关规定中明示歧视的内容，但隐性的歧视还是存在的。在这种情况下，受影响的当事人在起诉时只要提出"表明"歧视发生的初步证据即可，雇主或被告方则有义务证明不存在差别待遇或在这一特定案件中，存在差别待遇的合法理由。在此之后，举证责任就转移到雇主那里，由雇主证明

---

① 黎建飞：《论社会法责任与裁判的特殊性》，《法学家》2007年第2期。

不平等待遇存在合法理由，否则就构成歧视。在实践中，法院有时候也会基于保护弱者的利益对案件予以特殊的考量。以"反性骚扰"为例，性骚扰一般指一方答应提供或停止提供特定的雇佣好处，迫使对方提供性爱回报的行为。在这种情形下，雇主要对监工的行为承担严格责任，即使雇主不知道监工的性骚扰行为，其也要因此承担责任。在南非 *Minister of Health v. Treatment Action Campaign* 案中，法院认为，政府不合理地禁止了 Nevirapine 在公共医院的使用，没有考虑特定弱势群体的需求，最后责成政府撤销有关禁止推广的命令。① 在著名的 *Government of the Republic of South Africa & Others v. Grootboom & Others* 一案的判决书中，Yacoob 法官写道："保障拥有足够的房屋居住的权利是因为我们尊重个人并想要确保他们基本的需要得到满足。如果一个社会是建立在人类尊严、自由和平等的基础之上的，那么它必须设法确保向所有人提供其生存所需的最低限度的必需品。为使其合情合理，措施不能不考虑他们所致力于实现的权利将受到的拒绝的程度和范围，以实现权利为目标的措施不应忽略那些其需要最迫切、其享有各种权利的能力最弱的人。"② 应该说，对弱者进行最低限度保护是第三法域法的特征之一。以消费者权益保护法为例，由于消费者的弱势地位，市场机制的自发作用以及

---

① 2001年8月21日，南非"治疗行动运动"（Treatment Action Campaign）组织将南非政府告上法庭，指控政府拒绝推广一种名为 Nevirapine 的抗艾滋药物，牺牲了数以万计的孕妇及她们的孩子。原告声称，Nevirapine 被证明可以有效阻止母婴之间的艾滋病病毒传染，它被医药控制委员会认定为符合一定的药品品质、安全和效率规定，并且世界卫生组织（WHO）也推广适用该药，南非政府的拒绝推广行为是不合理的，违反了宪法的相关规定。法院首先强调，在处理这样的问题时，法院并不具备很好的制度能力，它也不能确定公共税收应当如何有效地花费。但法院肯定了该案中政府行为的不合理性：第一，它不合理地禁止了 Nevirapine 在公共医院的使用，没有考虑特定弱势群体的需求；第二，限制 Nevirapine 的政策严重影响了艾滋病的整体计划，因为国家的义务是尽力扩展每个人获得"尽可能合理对待"的机会，以阻止艾滋病的蔓延。法院认为，根据《宪法》第28条规定，每个儿童都有权获得基本营养、住房、基本医疗保健服务和社会服务。因此，法院要求政府采取措施，让那些感染艾滋病病毒的孕妇用上 Nevirapine，以保护未出生的婴儿。此外，政府必须在2002年3月31日之前，提交一份包括咨询、化验、治疗在内的"减少母婴艾滋病传染计划"方案到最高法院。案例表明，南非法院开始尝试在行政权、立法权和司法权之间寻求一个平衡点，逐渐发展如何确定政府行为是否"合理"的相关标准，并通过此种途径使社会权利获得一定的可裁判性。参见胡敏洁《论社会权的可裁判性》，《法律科学》2006年第5期。

② 〔南非〕杰昌德：《促进国内人权法发展的公益诉讼策略》，冉井富译，《环球法律评论》2006年第3期。

传统民法规则很难保证消费者权益免受侵犯，对于一些消费者权益容易受损害的消费领域，国家常常赋予消费者更多的权利和优待，对其实行特别保护，如规定经营者对产品承担无过错责任，对某些侵害消费者权益的纠纷实行举证责任倒置，对经营者侵害消费者权益的行为予以惩罚性赔偿，等等。① 1973 年，欧洲议会通过《消费者保护宪章》，确认了消费者最低限度的权利。② 此外，反垄断法、环境法、产品质量法等都确立了弱势一方主体最低限度的利益标准。

从诉讼主体资格上看，社会法的司法机制与传统法律部门也有很大的不同。根据民法规定，原告应该是与本案有直接利害关系的公民、法人和其他组织，诉讼请求则以实际发生的损害结果为前提条件。如果对于自身权利只有侵害之虞，或者与本案没有直接的利害关系，当事人就无法提起诉讼。当然，这些对于社会法来说都不是问题。以社会保险为例，社会保险权是公益性的社会权，而不是一项完全的私权利，一旦受到侵害，任何利益相关者都可以提起诉讼。如果只允许直接利害关系人提起诉讼，就等于损害了其他不特定多数人的利益，因为社会保险权被侵害的后果不限于个别特定的当事人，而是包括不特定多数人甚至是整个社会公共利益。因此，社会保险诉讼既关系到个体成员的利益，也关系到社会公共利益。比如，当社会保险经办机构工作人员的违法行为或不作为侵害保险基金时，或因公益基金主体不明确或不具体，按照民法规则没有人能提起保护该基金的诉讼时，按照社会法规则任何利益相关者都可以提起诉讼。印度甚至确立了一种"公益诉讼"模式，即一个人或一个阶层的人，因为贫穷或经济社会地位不利，或无行动能力不能到法院寻求司法救济，则任何公众人士，只要是善意的，都可以提起诉讼。③ 在 *Fancis Coralie Mullin* 一案中，

---

① 董新凯：《国家对消费者的保护及其限度》，《新疆大学学报》2005 年第 1 期。

② 具体包括消费者受保护和得到帮助的权利（the right to protection and assistance）、损害赔偿请求权（the right to redress for damages）、明了事实真相权（the right to information）、获得相关知识权（the right to education）和表达意见与咨询的权利（the right to representation and consultation）。参见 Ursula Wassemann，"Council Europe Consumer Protection"，*Journal of World Trade Law*，Winter，1973，p. 112。

③ 郑贤君：《社会权利的司法救济》，《法制与社会发展》2003 年第 2 期。

法官巴格尔瓦蒂宣称："生命权包括有尊严地生活的权利，包括所有与此相关联的东西：基本的生活必需品如足够的营养、衣着和栖身场所。"① 在社会法上，还有一种"诉讼担当人"和"集团诉讼"的概念，也是对民法诉讼主体资格的突破和超越。诉讼担当是指本来不是民事权利或法律关系主体的第三人，对他人的权利或法律关系有管理权，以当事人的地位，就该法律关系所产生的纠纷而行使诉讼实施权，所受判决的效力及于原民事法律关系的主体。② 如集体合同争议中，工会是"诉讼担当人"和唯一的劳方主体，只有它有权提起诉讼，任何单个劳动者都不能提起诉讼。工会尽管不是权利义务的承担者，但可以以原告的名义进行诉讼，而诉讼结果的效力及于其所代表的劳动者。诉讼担当人和民法上的委托代理人的根本区别在于，前者是确定不移和无法改变的，当事人也不能解除"委托"关系，后者具有很大的不确定性，当事人可以随时单方解除"委托"关系。集团诉讼（Class Action）是社会法及第三法域法部门的另一种诉讼机制之一。20 世纪 90 年代，利用集团诉讼案件来处理劳动保护、社会保险、消费者权益、产品责任、反垄断、环境保护等群体性纠纷成为潮流。对于诉讼请求很小的私人受害者来说，如果提起的损害赔偿相比要承担的诉讼费用少，他或她就没有积极性提起诉讼。在这种情况下，私人就会倾向于加入集团诉讼。③ 比如，反垄断的集团诉讼不仅为那些大量的诉讼请求很小的私人受害者提供了诉讼的方式，还能够提供强大的威慑力，给所有的消费者带来好处。在我国，社会法在立法方面存在很多缺失和不足，在司法机制上更是存有大片空白。比如，在《城镇居民最低生活保障条例》中，除了第 15 条规定最低生活保障可诉外，根本没有社会保险金、社会救济金、社会福利等诉讼救济的法律依据。我国《民事诉讼法》和《行政诉讼法》也没有规定公民、社会团体、国家机关和企事业单位可以行使诉权，提起公益诉讼。在社会法的主干法《社会保险法》等中也没有关于公益诉

① 〔印〕索利·J. 索拉布吉：《美国和印度的平等问题》，郑戈、强世功译，载〔美〕路易斯·亨金、阿尔伯特·J. 罗森塔尔编《宪政与权利》，三联书店，1996，第 137 页。

② 江伟：《民事诉讼法》，中国人民大学出版社，2003，第 114 页。

③ 马存利等：《反垄断法私人实施的法经济学分析》，《经济问题》2008 年第 5 期。

讼和集团诉讼的规定，甚至劳动合同争议至今还由民事法庭处理。这些与研究水平有关，与国家法律传统和法治发展水平也有很大的关联。

2. 诉讼的限制性

在司法机制上，社会法与其他法律部门还有一个最重要的不同是，其诉讼权利并非完全的权利，而是受到了一定的限制。一方面，有关社会权的诉讼不大可能扩展到尚未纳入法律保护的领域；另一方面，即便有些权利已经纳入法律保护的领域，也不是完全可诉的。以社会保险权为例，它可以分为保险请求权、接受权和处分权，如果其中的任何一项权利受到侵犯，公民都可以提起诉讼。比如，公民认为经办机构未依法为其办理社会保险登记的，可以申请行政复议，对行政复议决定不服，可以提起行政诉讼。对保险接受权的侵害如用人单位少缴或拒缴社会保险费，或者经办机构不依法支付社会保障待遇，当事人可以提起诉讼。根据规定，公民依法有资格接受社会保险利益，也有资格拒绝，并有资格自主支配自己的社会保险利益，此为社会保险处分权。社会保险处分权有一定的私法性质，如未经法定程序取消主体的社会保险待遇，即是对其处分权的侵犯，当事人可以起诉。[①] 但是，对社会保险机关经过测算后统一核定的保险待遇不满意的，则不能起诉。也就是说，对社会保险机关不给待遇可以起诉，对其给定的待遇则不能起诉。同理，对于公民依法享有的社会救助、社会福利和社会补偿待遇等，如果行政机关不予支付，公民可以提起诉讼，但对于行政机关统一核定的相关待遇不满意的，则不能起诉。以劳动权为例，无论是基准法权益还是约定权益受到侵犯，雇员都可以提起诉讼。比如，雇主没有按规定提供最低劳动条件或支付最低标准工资，雇员可以起诉，但是对政府规定的最低劳动条件和最低工资标准不满意，雇员则不能提起诉讼。也就是说，对基准本身不满意是不能起诉讼的。这就是社会法诉讼的限制性，也是社会法区别于其他法律部门最显著的标志之一。为什么会这样？因为社会权作为一项基本权利，是公民要求享有保证生存和有尊严生活的最低生活水准的权利，其可诉性涉及一个"最低限度"问题，这个

---

① 张姝：《论社会保障权及其司法救济》，《青海社会科学》2010 年第 5 期。

"最低限度"在一定意义上等同于维护人的尊严、获得体面生活的基本要求，是每一项权利起码的水平。给付义务由于依赖于国家可资分配的资源，在司法裁判中，只有在"国家承担维持人的尊严的最低限度的核心义务，确保至少使每种权利的实现达到一个最基本的水平"①的时候才能介入。而且，各国及国家内部各地区的经济发展水平不同，其标准和内涵会有很大差别。比如，在日本1956年"朝日诉讼案"中②，原告认为，每月600日元的标准不足以满足日用和保证营养，不符合日本《宪法》第25条所规定的国民"健康、文化上的最低限度生活"。对这个问题，被告日本政府部门掌握信息更多，其解释理由比原告的诉讼理由更令人信服，导致原告的诉讼请求无果。在南非 *Soobramoney v. Minister of Health* 案中，法院强调，接受医疗保健的权利应在"可利用的资源之内"，这种关涉预算的困难选择将停留在政治层面，法院应缓慢地介入政府机构和医疗行政的合理性决策，他们才具有处理这些事务的责任。在面对有限的资源时，国家必须采取整体的考量以满足社会的较大需求，而非仅满足个人的特定需求。在本案中，上诉人并没有证明政府未能履行相关的义务，如果将透析设备仅仅适用于延长生命，那么此种投入用于他处，将会使更多人从中受益。结果，法院拒绝了原告的主张。③通过这两个案例，我们可以看出法院介入社会权利保护常常实行"司法最低限度主义"，即它在解决所遇到的案件时，往往保持"司法克制"的形式，对很多不属于自身职能的事情并不作

---

① "UN Committee on Economic, Social and Cultural Rights", General Comment No. 3, UN Doc E/1991/23.

② 〔日〕大须贺明：《生存权论》，林浩译，法律出版社，2001，第234—236页。

③ 案情简介：Soobramoney 先生患有许多疾病，包括糖尿病、心脏病以及脑血管病。1996年，他患肾脏病且不能挽救。由于并非肾移植的候选人，他在向德班医院提出透析治疗以延续生命时，被明确告知：公共医院的资源有限，只有那些短期内可以治疗好或有资格接受肾移植的病人才能接受透析治疗。根据《南非宪法》第27条第3款"任何人均不能被拒绝紧急医疗援助"和第11条"每个人都享有生命权"的规定，他向宪法法院提起诉讼，要求保护其紧急医疗援助权和生命权。法院强调了经济社会权利的重要性，但认为"紧急医疗"（Emergency Treatment）是突然产生的生命威胁或灾祸引发的，而对于Soobramoney 先生提供的治疗是为延长生命的持续治疗，不符合"紧急医疗"的特征。根据健康部提供的资料，当时南非存在明显的医疗供应紧张以及服务人员缺少，只有紧急治疗才被认为是权利。据此，法院拒绝了原告的诉讼请求。参见胡敏洁《论社会权的可裁判性》，《法律科学》2006年第5期。

出裁定。同时，它对一个多元异质的社会中存在的合理异议很敏感，试图寻求和根据一个狭窄的理由裁决案件，就事论事，避免提出清晰的规则和终局性的解决方案。①

既然社会法上的权利是司法上的权利，为什么又有一定的限制呢？因为一个特定社会里的成员对公共权力是否享有权利，享有多少权利，"取决于社会发展的总体水平"②，正如马克思所说："权利决不能超出社会的经济结构以及由经济结构制约的社会的文化发展。"③ 首先，社会权与自由权是有一定区别的。社会权是与福利国家观和积极国家观相对应的基本人权。其目的在于消除伴随资本主义的高度化发展而产生的贫困和失业等社会弊病，为此要求国家积极地干预社会经济生活，保护和帮助社会弱者。④它与自由权的主要区别在于：①自由权，"其究极之思想史根据，为基于自然法"，社会权则不然，尽管其也是道德权利，但主要确立于制定法；②自由权"为消极的权利，以不受国家拘束为其内容"，社会权"为积极的权利，以要求国家积极的行为及施策为其内容"；③自由权"原则上不具限界，不附条件"，社会权则"附有限界及条件"。⑤ 在实现方式上，两者也有很大的不同，社会权需要国家提供条件，采取积极措施才能实现，自由权只要国家不干预即能实现。也就是说，社会权本身就不是完全的权利，其实现是需要一定条件的。其次，国家对国民的责任有一定限度。所谓的国家责任，包括国家有责任建立起完善的社会保险制度，以保障公民享受社会保险的权利；也包括国家必须承担必要的财政支出，以及通过行政手段具体实现劳动者社会保险权利的义务等。⑥ 此外，在社会救助、社会福利、社会优抚和补偿等领域，国家同样承担相关责任。但是，社会法上的国家责任是一种有限责任，是在法律规定的范围之内，而不是一种无

① 〔美〕凯斯·R. 桑斯坦：《就事论事——美国最高法院的司法最低限度主义》，泮伟江、周武译，北京大学出版社，2007，第1—23页。

② 夏勇：《中国民权哲学》，三联书店，2004，第229页。

③ 《马克思恩格斯选集》第3卷，人民出版社，2012，第364页。

④ 〔日〕大须贺明：《生存权论》，林浩译，法律出版社，2001，第12页。

⑤ 黄越钦：《劳动法新论》，翰芦图书出版有限公司，2000，第76页。

⑥ 史探径：《社会保障法研究》，法律出版社，2000，第115页。

限责任。也就是说，国家只是在一定的限度内承担自己的责任。从理论上说，社会保障权等的实现不应由国家财政预算左右。而事实上，所有社会法权利的实现都依赖于国家经济和公共财政状况。由于公共资源是稀缺和有限的，如何保护那些权利，保护到何种程度，政治决策和政策选择就不可避免，这些就不是司法机关能完成的了。再次，由司法决定"国家支付"有违权力分立理念。社会法上的国家支付关系到某种政治决策，而且会随着现实生活的改变而发生变化，因此传统上都是由立法和行政机关作出裁量决定。对于立法和行政机关的决定，只要不是明显不合理，法院就不能认为这种决定是违法的。① 如果法院过于侵入传统上属于立法和行政机关职权的范围，则其会被指责为危害民主制度和权力分立的理念。② 正如有的学者所说，在极大程度上，对福利权我们所获得的保护标准是由政治决定的，而不是司法，无论这样的权利是否正式地司法化。③ 美国最高法院一度认为："公共扶助项目中的棘手的经济、社会甚或是哲学问题，不关我们法院的事。"④哈伦大法官认为，虽然各州负有缩小贫穷影响的道德责任，但"把平等保护条款解释成施加一项消除经济差异的积极责任，将等于向宪法塞进一种消极差别的哲学，而这种哲学同我们关于政府同社会适当关系的基本概念中的许多概念格格不入"。⑤ 最后，由立法和行政机关决定公共资源分配有现实合理性。社会法上的权利保护与大量资金投入有关，法院如果直接从社会权推导出无限制的请求权或受益权，必然对国家财政造成巨大负担。因此，请求权客体（财政资金）的有限性直接决定了其诉讼的限制性。从法理上看，立法机关被认为是通过民主选举产生的，故最能代表人民的意志。涉及政治决策，尤其是关系到财政预算、财政支出等的重要举措都应由立法机关作出，包括最低工资、最低生活保障

---

① 〔日〕大须贺明：《生存权论》，林浩译，法律出版社，2001，第236页。
② Robert A. Dahl, "Decision-Making in a Democracy: The Supreme Court as a National Policy-Maker", *6 J. Pub. L. 279*, 1957, p, 285.
③ 〔美〕史蒂芬·霍尔姆斯、凯斯·R. 森斯坦：《权利的成本——为什么自由依赖于税》，毕竞悦译，北京大学出版社，2004，第68页。
④ *Dandridge v. Williams*, 397 U. S. 471, 487 (1970).
⑤ 〔美〕杰罗姆·巴伦等：《美国宪法概论》，刘瑞祥等译，中国社会科学出版社，1995，第180页。

和救助标准等。事实上，即便法院发现某些社会保障措施不妥，由于缺乏对相关问题的深入把握和替代措施，其也难以作出妥善判决。比如，在美国农业部诉莫雷诺案中①，联邦最高法院虽然推翻了农业部取消"不相干的个人的家庭"的福利款，但并未找出解决"欺诈性"领取福利金的更好的办法，结果是这种措施继续得以适用，司法判决并未妥善解决这类争议。因此，加拿大学者 Jackman 深有感触地说："保持法院不担任政策制定或立法的作用，看起来在加拿大社会是必要的。"②尽管如此，联合国经济、社会和文化权利委员会仍然认为，任何经济和社会权利都具有发展可诉性的可能性。因为在绝大多数国家中，没有哪项公约权利会被绝对地否认至少在某些方面具有可诉性。那种认为经济和社会权利因为涉及资源的分配而不适于法院审查的观点是非常武断的，因为大量的公民权利和政治权利虽然也涉及资源的分配，但是仍然可以接受司法审查。③ 在我国，民事诉讼规范的社会关系与社会法关系有巨大的特征差异，常常导致社会法诉讼机制不能很好地发挥作用，使司法机关处于两难境地。

马克思说："法的关系正像国家的形式一样，既不能从它们本身来理解，也不能从所谓人类精神的一般发展来理解，相反，它们根源于物质的生活关系。"④ 社会法的产生也是如此，它是 19 世纪以来社会经济形态发展变化的产物，并且在长期的发展过程中形成了自身的独特性质、宗旨、目标和法律机制等。前文看出，在立法机制、行政执法机制和司法机制等方面，社会法与其他法律部门相比确实有很大的不同。在立法上，它以基准法为依托，将强制性规范与任意性规范相结合，以义务性规范体现权利，向社会弱者适度倾斜。在行政执法上，其强调积极国家，以国家直接履行给付义务为特征，实行积极执法与消极执法相结合、惩罚与赔偿相结合的制度。在司法上，它有自身独立的司法机构、特殊的诉讼程序和要

---

① *United States Department of Agriculture v. Moreno*，413 US 258（1973），参见北京大学法学院司法研究中心编《宪法的精神》，中国方正出版社，2003，第 414 页。

② 胡敏洁：《论社会权的可裁判性》，《法律科学》2006 年第 5 期。

③ 参见 "Committee on Economic, Social and Cultural Rights"，General Comment No. 9, paras. 3, 4, 7, 9. UN Doc. E/1999/22。

④ 《马克思恩格斯选集》第 1 卷，人民出版社，1995，第 2 页。

求，还有一定的诉讼限制。这些一方面是由其保护弱势群体、促进社会福利的性质和宗旨决定的，另一方面是由其第三法域的特性决定的。可以说，社会法的发展历史是现代法律不断完善和修正的历史，也是新型法律部门和法律体系不断形成和发展的历史，它在拯救市场经济的同时促成了市场经济的转型①，完成了现代法律对传统法律思想的超越，体现了法律领域深刻的社会革命。

---

① 郑永年：《中国的 GDP 主义及其道德体系的解体》，《南华早报》2009 年 12 月 29 日。

第六章

社会法的内容体系

社会法体系的概念，最早形成于 20 世纪初的德国和奥地利，以 1919 年《魏玛宪法》为主要标志，它是指为了实现社会政策而制定的诸如劳动法、消费者保护法和住宅法等所构成的、可以与公法和私法排列到一起的第三大法律体系。[①] 这种观点在日本和我国都有一定的代表性。如日本的桥本文雄认为，"作为一个法域的社会法，其除了劳动法及社会保障法这些保护'反资本主义的社会集团'的法之外，还包括了与'生存权的保障'并无关联的社会行为法、社会组织法、社会诉讼法以及社会财产法等"。[②] 我国学者李吉宁将社会法调整的主要内容归纳为五个方面：一是保障弱势群体利益的法律，包括社会保障法、社会救助与救济法、妇女儿童权益保障法、老年人权益保障法等；二是保护劳动者权益的劳动法；三是保障国民基本教育和健康的公共教育法和医疗卫生法；四是社会福利法，包括住宅补助、上学补助、医疗补助和休息娱乐等方面的法律；五是公共卫生法，包括灾害防治法、交通安全法、信息安全法等。此外，其还包括人口法和环境保护法等。[③] 谢晖认为，法域意义的社会法包括社会组织法、社会救济法、社会利益法、社会行为法，其"基本调节方式是导向性平衡，即国家根据社会利益调整政策，个人根据社会利益选择行为，从而使

[①] 吕世伦等：《根本法、市民法、公民法和社会法——社会与国家关系视野中的法体系初探》，《求是学刊》2005 年第 5 期。

[②] 转引自李蕊等《历史视角下的社会法范畴》，《北京科技大学学报》（社会科学版）2007 年第 2 期。

[③] 李吉宁：《构建当代中国社会法体系的实证分析》，《理论界》2006 年第 1 期。

公法与私法上的权力与权利、政府与个人间的关系具有基本的平衡机制"。① 赵红梅等甚至提出，第三法域的出现，"预示着法律科学将有重大的新突破，并在某种程度上代表着人类法律的未来"。② 这就是国内一度流行的"法域说"，我们在第三章已作了详尽批判分析，兹不赘述。另一个比较有代表性的观点是，将社会法等同为劳动与社会保障法，原因是"九届全国人大和十届全国人大的立法实践和立法规划，已经造就了一个包括中义社会法在内的法律体系"，"也许这一法律体系在结构上的科学性、经济性和开放性是允许讨论的，但法学研究者万万不可无视这一法律体系的存在，特别是无视这一法律体系的新的变化。这一法律体系对我们的法学体系构建必然会产生较大的影响，有时甚至会成为推动法学体系变化的源动力"。③ 这就是所谓的"最狭义的社会法"。事实上，这一观点是非常牵强的，也曲解了全国人大常委会的本意。现在，是时候对社会法的体系进行正本清源了，也就是"把上帝的还给上帝，把恺撒的还给恺撒"。笔者认为，社会法是一个法律部门而不是法域，根据法律性质的差异，社会法在学科意义上可分为社会保障法、社会保护法和社会促进法。

第一节　社会保障法

一　社会保障法是社会法

社会保障法是调整社会保障领域中各种权利义务关系的法律规范的总称，是国家和社会对遭遇困难的劳动者和社会成员的基本经济生活给予安全保障的制度规范，其调整对象包括社会保险关系、社会福利关系、社会救助关系和社会优抚与补偿关系等。美国是最先使用社会保障一词的国家，联邦社会保障总署编写的《全球社会保障制度》一书将社会保障定义为：根据政府法规而建立的项目，给个人谋生能力中断或丧失以保险，还

---

① 谢晖：《价值重建与规范选择》，山东人民出版社，1998，第285页。
② 赵红梅等：《环境权的法理念解析与法技术构造——一种社会法的解读》，《法商研究》2004年第3期。
③ 竺效：《法学体系中存在中义的社会法吗》，《法律科学》2005年第2期。

为结婚、生育或死亡而需要某些特殊开支时提供保障。为抚养子女而发给的家属津贴也包括在这个定义之中。① 英国《牛津法律大辞典》将"社会保障"定义为：社会保障是一系列相互联系的旨在保护个人免除因年老、疾病、残疾或失业而遭受损失的制度的总称。1989 年，国际劳工局社会保障司对"社会保障"的定义是：社会通过一系列公共措施向其成员提供的用以抵御因疾病、生育、工伤、失业、伤残、年老和死亡而丧失收入或收入锐减引起的经济和社会灾难的保护和医疗保险的提供，以及向有子女家庭补贴的提供。尽管中外学者提出的关于社会保障的定义见仁见智，但有两点意见是一致的：其一，社会保障是以国家为主体，通过立法而实行的制度；其二，社会保障就其基本内容来说，是对有困难的社会成员的基本生活实行保障的制度。② 作为社会法的重要组成部分，社会保障法律制度内容较多，体系繁杂。从西方国家情况看，它主要包括社会保障基本法、一些主干法和若干行政法规、地方规章等。一般来说，社会保障基本法规定社会保障的目的、范围和基本原则等，包括社会保障管理机构的职能、设置，社会保障资金的筹措、管理、使用以及社会保障的实施、监督等。社会保障的主干法包括社会保险法、社会救助法、社会福利法、社会优抚与补偿法等。此外，社会保障法律体系还包括一些行政法规、部门规章和地方性法规等。从内容和针对对象看，社会保障法主要保护生活贫困者，遭遇特殊社会风险者，老、弱、病、残和其他生活不幸的社会弱势群体的利益，并以此为底线保障全体社会成员的生活安全。

如前所述，单纯的市场机制存在自身难以克服的不足与缺陷，其结果可能是一部分社会成员收入过低，而那些没有财产的老年、残废和失业人员因没有收入来源可能无法生存。社会保障法通过实施生存权保障等，使他们在基本生活水平得到保障的前提下参与市场竞争，不致因先天不足或社会风险而生存困难，失去平等参与的机会。所谓的生存权保障，是国家为了保证经济和社会稳定发展，在公民年老、疾病、伤残、失业、遭遇灾

① 美国社会保障总署：《全球社会保障制度》，魏新武、李鸣善译，华夏出版社，1989，第1 页。

② 史探径：《我国社会保障法的几个理论问题》，《法学研究》1998 年第 4 期。

害或生活面临困难的情况下，由政府和社会给予物质帮助，保障其基本生活需要，并根据经济和社会发展状况逐步提高全体公民生活质量。日本学者大须贺明说："生存权的目的，在于保障国民能过像人那样的生活，以在实际社会生活中确保人的尊严；其主要是保护帮助生活贫困者和社会的经济上的弱者，要求国家有'所作'为的权利。"① 有学者将社会保障法的发展分为四个历史阶段，即前社会保障阶段、社会救助保障阶段、社会保险保障阶段、社会福利保障阶段。② 由此，社会保障法在发展过程中逐渐形成了"四个轮子"：面向有工资收入的劳动者的社会保险法、面向没有收入或收入微薄买不起社会保险的贫困者的社会救助法、面向特殊贡献者或特殊群体的社会优抚与补偿法、面向全体社会成员的更高层次的社会福利法。在历史上，社会保障法最初是劳动法的一个分支，而劳动法又是民法的一个分支，这一点从过去许多著作和教科书中都可以看到。事实上，社会保障法所涉及的领域远远超出了劳动法的调整范围，其后的发展又大大突破了劳动法调整的劳动关系的界限，使之逐渐与劳动法分离，成为与劳动法并行的一项重要的法律制度。在我国，社会保障法也曾被认为是经济法的一个分支，而经济法又是民法的一个分支。因此，相关学科之间的关系一直没有理顺。

有学者认为，应该"把社会保障法作为与民法、刑法、行政法等平行的法律部门来对待"③，这是不了解社会法的性质、形成和发展造成的。正如张守文所说，无论国内外学者认识分歧有多大，"可以肯定的是，社会保障法是社会法的核心"。④ 刘翠萍等认为，社会保障法之所以是社会法，是因为社会保障利益的主体是公众，即公共社会，它不能与私法中的个人和法人相混淆，也不能为宪法、行政法等公法主体所取代，具有自身的特殊性质。同时，社会保障法的目标是实现国家和社会的整体稳定，追求和实现的是社会整体利益而非局部利益，期望实现社会道德和优良风尚，保

---

① 〔日〕大须贺明：《生存权论》，林浩译，法律出版社，2001，第16页。

② 郑功成：《论中国特色的社会保障道路》，武汉大学出版社，1997，第36页。

③ 余卫明：《社会保险法若干理论问题研究》，《中南工业大学学报》2001年第1期。

④ 张守文：《社会法略论》，《中外法学》1996年第6期。

证社会公平。① 林嘉认为，社会保障法作为典型的社会法，具有几个特征，即以社会利益为本位、以社会公平为其价值追求、以强制性作为实施手段等。② 应该说，社会保障法能够作为社会法的重要组成部分，是由其法律性质、法律特征、法律机制、法律价值和法律功能等决定的。社会保障法以保护和促进民生为己任，是应对私法解决社会问题的不足而形成的新的法律制度，是国家积极化、私法公法化、道德法律化和权利义务化的产物，它调整的是形式平等而实质不平等的社会关系，通过基准法机制向社会弱者适度倾斜，与前述章节社会法的"义理"完全契合。

二　社会保障法的内容体系

（一）社会保险法

从历史上看，最初出现的保险是商业保险。据考证，1424 年意大利热那亚出现了第一家海上保险公司，被称为最早的商业保险的萌芽。③ 1669 年，英国医生尼古拉·巴蓬受 1668 年 9 月伦敦一场大火的启发，开办了第一家火灾保险营业所。1680 年，他又创办了第一家现代意义上的火灾保险公司，开始了商业保险的最早尝试。所谓的社会保险，是指以劳动者为保险对象，以劳动者的年老、疾病、伤残、失业、死亡等特殊事件为保险内容的一种社会保障制度，主要包括养老保险、医疗保险、工伤保险、失业保险、生育保险等内容。④ 世界上最早实行社会保险立法的是德国。"铁血宰相"俾斯麦采取"胡萝卜加大棒"的政策，一方面严厉镇压工人运动，另一方面通过社会保险立法，逐步推行社会保险制度，相继制定了《疾病保险法》（1883）、《工伤保险法》（1884）、《养老和残废保险法》（1889）等法律法规。社会保险立法的内容主要包括养老保险、医疗保险、失业保险、工伤保险和生育保险等。从各国发展社会保险的历史和发展趋势看，社会保险呈现范围扩大、项目增多的态势，与此相对应，社会保险关系的

---

① 刘翠萍等：《社会保障法部门独立性的法律基础分析》，《理论观察》2005 年第 2 期。
② 林嘉：《论社会保障法的社会法本质》，《法学家》2002 年第 1 期。
③ 张念：《保险学原理》，西南财经大学出版社，1999，第 361 页。
④ 郑功成：《中国社会保障法论》，湖北人民出版社，1995，第 108 页。

外延也会有所扩展。社会保险由于适应了工业社会与市场经济对劳动力市场化的需要，解决的是社会成员中进入劳动年龄段的劳动者的后顾之忧，所以在现代社会保障制度中占有核心地位。① 目前，社会保险法主要包括养老保险法、医疗保险法、工伤保险法、失业保险法和生育保险法，有些国家还有护理保险法，具体内容涵盖国家、单位和个人在社会保险制度中的权利、义务等，社会保险费比率、征缴方式和各个主体负担的比例，享受社会保险的条件，各类社会保险计发的办法和发放形式，社会保险管理模式，对社会保险基金运营的规定和许可，对违法行为的罚则，等等。在社会保障制度的四个组成部分社会保险、社会救助、社会福利、社会优抚和补偿中②，社会保险居于核心地位。以德国为例，依其劳动与社会部所确定的社会保障外延，社会保障主要指社会法法典所规范的劳动促进（包括职业训练、职业介绍及失业保险）、教育促进、健康保险、年金保险、伤害保险、照护保险、战争受害人补偿、暴力犯罪受害人补偿、房屋津贴、子女津贴、儿童与少年扶助、社会扶助以及非属社会法法典之公务员照护、政府聘雇人员之照护、服兵役或民役者之照护、残障者之复建与重建等。③ 由此可见，社会保障法在社会法中居于核心地位，而社会保险法在社会保障法中又居于核心地位。

（二）社会救助法

社会救助制度古已有之。在我国，很早就有国家设立专门机构，收养残疾人的记录。《管子·入国》载："聋、盲、喑、哑、跛辟、偏枯、握递，不耐自生者，上收而养之疾官，而衣食之，殊身而后止。此之谓养疾。"也就是说，由官府对残疾人加以供养，一直到死为止。稽之古籍，我国历代都有救济残疾人的专门机构。在唐代，国家设"悲田养病坊"，收养包括残疾人在内的生活无着者。到宋代，这种救济机构越来越多，如东、西福田院，居养院，安济坊等，专门收养贫穷、残疾、无家可归者及

① 郑功成：《论中国特色的社会保障道路》，武汉大学出版社，1997，第 10 页。
② 覃有土等：《社会保障法》，法律出版社，1997，第 12 页。
③ 郭明政：《社会安全制度与社会法》，翰芦图书出版公司，1997，第 126—127 页。

孤儿。元代始设"众济院"，以收养包括残疾人在内的社会贫弱者，后又增设"养济院"。从立法上看，英国是世界上最早制定社会救助法的国家。1349 年，英王爱德华三世颁布了一项有关贫民救济的法令①，尽管其目的是"禁止行乞"，却也含社会救济、救助的某些内容。1531 年，亨利八世又颁布了一个被称为"名副其实的救济法"的法令，规定老人和缺乏能力者可以乞讨，地方当局将根据良心从事济贫活动。1572 年，政府进一步规定，在全国征收强制性济贫费，以备救济之需。当然，影响最大、最著名的是 1601 年的"伊丽莎白济贫法"，它在英国实施达三百年之久，影响了很多国家济贫法的制定。② 1795 年 5 月，英国伯克郡斯宾汉兰德的地方长官制定了一项济贫制度，后来为英格兰各地区普遍采用。这一制度不是规定最低工资标准，而是补贴工人的收入使之达到一定水平：一个工人每周的补贴标准按 12 公斤面包价格折算，他的妻子和每个孩子按 6 公斤面包折算。1834 年，斯宾汉兰制度被新济贫法取代。后来，社会保障中的社会保险、社会福利等都是社会救助发展的结果或从社会救助中衍生出来的。

随着社会保险制度的发展，社会救助的历史地位有所下降，但其因担负着解决特别脆弱社会成员基本生存权利问题的重任，在社会保障体系中仍具有不可或缺的基础性地位。③ 事实上，社会救助法属于典型的社会法。有学者认为，"社会救助法的社会性更强"，因为"相对于社会救助法而言，社会保险法是主要针对市场的保障法，它是建立在有职业者范畴，解

---

① 《简明不列颠百科全书》，中国大百科全书出版社，1986，第 121 页。

② 如澳大利亚社会保障法律制度受英国《济贫法》影响很大。1800 年，新南威尔士州仿照英国《济贫法》建立了第一个女孤儿学校，该学校由英国统治者发起成立，由政府出资并对学校进行管理。1813 年，新南威尔士州慈善协会成立，主要向人们提供衣食方面的救济。1862 年，州政府决定将救济对象转向年老体弱者，主要包括穷困体弱者、孤儿和特殊群体，如穷困的老年人、产妇及寡妇等。独立以后，澳大利亚联邦政府于 1908 年颁布了第一个法律性文件《残疾抚恤金和养老金条例》，并于 1909 年在全国范围内推行养老金等一系列制度。1947 年，澳大利亚政府制定了第一部《社会保障法》，不久又陆续推出很多社会保障新措施，到 20 世纪 70 年代，随着经济的繁荣，各种社会福利措施相应地发展到了顶峰。澳大利亚社会保障制度最突出特点是，为经济上有困难的人提供帮助，如果他们因失业、年老、丧失工作能力、抚养小孩或其他情况无法工作，即可得到一定的收入补助，补助标准每年按消费者价格指数进行调整，以维持实际价值。

③ 杨思斌：《社会救助权的法律定位及其实现》，《社会科学辑刊》2008 年第 1 期。

决养老、医疗、失业和住房的风险的。社会救助法并不要求救助对象的职业性和对经济统筹的个人义务。对于社会福利法而言，社会救助法是雪中送炭，而社会福利法是锦上添花；对于社会优抚法而言，社会救助法与其方式相似，都是无偿给予，但社会优抚是建立在受优抚者或其亲属对于国家或社会有贡献的基础上，其社会的普遍性相对较弱"，社会救助法是"社会法的首要立法，也是一个前提立法，因为它是社会保障的最后一道门槛"。① 在本质上，社会救助法与社会法一样，维护的是公民的基本生存权，它包括对自然灾害造成生活危机的社会成员的救助，对城乡困难居民的救助，对老、弱、病、残和其他生活不幸者的救助，等等。在形式上，其既可以是物质救助，也可以是权利救助。目前，法律援助法被认为是行政法而非社会法，是错误的。

法律援助是通过法律扶贫、扶弱、扶残，实现法律面前人人平等和对特殊群体进行特殊保护的重要措施，也是世界各国普遍采用的一种司法制度。法律援助法是指对那些需要专业法律帮助，又无力承担各种费用的经济困难的弱势群体和特殊案件的当事人，规定可以缓交、减交或免交费用，由国家和社会为其提供抵偿或无偿法律援助的法律。早在 15 世纪末，法律援助法就已在英国出现。当时的苏格兰国王颁布法令，要求律师必须免费为穷人提供法律服务。当时的国王亨利一世在一个法案中规定：根据正义原则任命律师，律师应同样地为穷苦人提供服务。这项制度后来为世界上许多国家所借鉴。一般而言，法律援助的对象集中在经济困难者阶层。法律援助的范围包括各类刑事案件，犯罪嫌疑人或被告人只要符合规定，均可获得援助；除责任事故外因公受伤害请求赔偿以及请求国家赔偿的诉讼案件；请求给付赡养费、抚育费、扶养费以及盲、聋、哑、老、妇等特殊社会群体追索侵权赔偿的法律事项；请求国家或政府有关部门发给抚恤金、救济金和其他确实需要法律援助的法律事务等。法律援助的资金来源主要是国家财政、律师协会等行业组织和国内外的捐赠等。法律援助的实质是扶贫、扶弱，是对弱势群体的支持②，保护的主要是弱势群体的

---

① 周启柏等：《对制定社会救助法的思考》，《唯实》2006 年第 12 期。
② 赵兴宏：《弱势群体的权益保护与法律援助》，《辽宁社会科学辑刊》2005 年第 4 期。

权益。如刑事诉讼的被告人，面对的不仅仅是被害人，还有强大的国家公诉机关，"由此，犯罪嫌疑人、被告人很容易成为刑事诉讼程序中的弱者，而老年人、残疾人等社会弱者一旦承担这些角色则更是弱者中的弱者"。[①]因此，法律援助法主要是保障弱者的诉讼权利，实现其在法律面前实质意义的平等和公平。法律援助制度的建立、完善和运行，不仅需要明确的法律规定，而且需要系统的机构来管理和充足的资金保障。目前，我国有关法律援助的规定散见在诸如《律师法》《律师业务收费管理办法》《刑事诉讼法》等中，还没有专门的法律援助法，只有一个简单的《法律援助条例》，需要进一步完善。

（三）社会福利法

关于社会福利的概念，我国学界争论较多，至今未能达成具有共识的定论。这是因为我国的社会福利还处在变动之中，在今后一个时期内还会出现更剧烈的变化。因此，在这种动态变化的过程中还很难看到它比较成型的轮廓。郑功成认为，社会福利是"专指国家和社会通过社会化的福利设施和有关福利津贴，以满足社会成员的生活服务需要并促使其生活质量不断得到改善的一种社会政策"。[②]李乐平认为，社会福利是全体社会成员共享社会发展成果的一种社会政策，它包括公共福利、职业福利和特殊福利等多种形式。公共福利是社会福利的主体，主要指国家和社会举办的文化教育事业、市政设施、住房保障和社会服务等，享受的对象是全体社会成员；职业福利是指职工所在单位举办的福利设施、各种补贴等，以改善职工的物质文化生活，享受的对象是本单位的职工及其家属；特殊福利是指国家和社会为特殊社会群体举办的福利事业，如残疾人福利、儿童福利、老年人福利和妇女福利等。[③]德国学者路德维希·艾哈德认为，社会福利通常指国家采取的各种社会政策的总称，即把凡是为改善和提高全体

---

① 朱海波：《和谐社会的社会法维度——以弱势群体法律援助制度为视角》，《济南大学学报》2007 年第 5 期。

② 郑功成：《社会保障学——理念、制度、实践与思辨》，商务印书馆，2002，第 20 页。

③ 李乐平：《社会保障法法理思想探析》，《前沿》2008 年第 6 期。

社会成员的物质、精神生活而采取的措施、提供的设施和服务等都称为社会福利，不仅包括社会保障的内容，而且包括公共文化、公民免费教育、公共卫生服务与设施、家庭救助等。可以说，社会福利是最高层次的社会保障，或者说社会保障发展的最高境界，它是经济和社会不断发展的产物。① 一般来说，社会福利的政策主体是立法部门以及中央政府、地方政府等决策部门，其主要职能是发布社会福利法令、政策，统筹规划社会资源。社会福利的供给主体通常是基层政府、社会福利团体、社会福利中介协调机构，主要负责推行政策主体制定的方针政策，直接参与福利设施运作及福利服务活动，对居民生活中的福利问题进行调查、管理和指导等等。

社会福利法包括社会教育福利、住房福利、残疾人福利、老人福利、儿童福利、公共医疗卫生保健和社区服务法律等。其体系建构有以下层次。（1）宪法相关规定。宪法是国家的根本大法，是以保护全体国民的福利为目的，对复杂的社会现象和组织进行规范的基本法律。如我国《宪法》第45条规定："中华人民共和国公民在年老、疾病或者丧失劳动能力的情况下，有从国家和社会获得物质帮助的权利。国家发展为公民享受这些权利所需要的社会保险、社会救济和医疗卫生事业。国家和社会保障残废军人的生活，抚恤烈士家属，优待军人家属。国家和社会帮助安排盲、聋、哑和其他有残疾的公民的劳动、生活和教育。"可见，宪法主要规定国家对国民生活保障的责任和国民享有社会福利权利的原则，是社会福利法规体系建设的主要依据。（2）社会福利基本法。随着福利需求及专业化发展，社会福利会派生诸多分支领域。为了对各个分支领域进行规范和协调，需要一部支架性的法律作为平台，以体现社会福利的整合性原则，其主要任务是：明确社会福利的基本理念、社会福利的体系框架、社会福利对象、中央政府和地方政府在社会福利行政和财政中的责任、政府机构和民间机构之间的关系以及在提供社会福利服务中的责任和义务等，确立各分支领域需要共同遵循的原则等。（3）社会福利的具体法律。以日本为例，20世纪90年代以后，日本基本上确立了与各个分支领域相对应的法

① 〔德〕路德维希·艾哈德：《大众的福利》，丁安新译，武汉大学出版社，1995，第181页。

律体系，如老人保健法、老人福利法、社会福利及医疗事业团体法、身体残障者福利法、儿童福利法、精神病患者福利法、妇幼保健法、母子福利法等，对不同需求的福利对象规定了极为详细的福利保障的权益和义务层次。①

在我国，学界和实务界基本上将社会福利看作社会保障的四大组成部分之一，是社会保障发展的较高阶段。也有一种观点认为，社会保障和社会福利是分离的制度和法律体系，二者有一定区别。首先，以养老和医疗保险为主要内容的社会保障的运作主体只能是政府，而社会福利的政策主体除了政府以外，还有大量的民间力量。其次，社会保障更注重经济性问题，比如失业、疾病或其他社会原因带来的经济上的贫困，而社会福利更重视生活性问题，比如由于体弱年迈需要提供家政以及护理援助，或者由于离婚、吸毒等带来的人际关系、精神状态贫困等。再次，社会保障坚持普遍、平均、平等原则，在实施过程中具有强制性特点，社会福利在坚持普遍性的同时，强调对有特殊需求的人提供个别、特殊服务，而且排斥强制性，提倡自发和自愿性。最后，社会保障主要依靠财政拨款和投保基金，社会福利则积极倡导社会捐助和志愿者活动。因此，社会福利相对于社会保障来说，有补充性的一面，也有相对独立的一面。② 随着社会发展走向全面富裕和社会保险实现全覆盖，低保对象数量逐步减少，社会保障需求呈现稳定趋势，社会福利需求却伴随着生活质量的提高，以及生活的多样化和复杂化而急速增长。比如，提供实物性服务、照顾性服务、感情交流的服务、信息咨询服务等。到这一阶段之后，社会保障的框架将越来越容不下逐渐膨胀的社会福利，只能是两者并驾齐驱，甚至社会福利包容社会保障，这将由我国社会福利和社会保障需求发展状况、政策取向和财政投入等决定。③

（四）社会优抚与补偿法

社会优抚是社会补偿的形式之一，它是国家和社会对烈士家属、军人

---

① 沈洁：《中国社会福利政策建构的理论诠释》，《社会保障研究》2005 年第 1 期。
② 沈洁：《中国社会福利政策建构的理论诠释》，《社会保障研究》2005 年第 1 期。
③ 沈洁：《中国社会福利政策建构的理论诠释》，《社会保障研究》2005 年第 1 期。

及其家属、残疾军人及其家属、参战致残的民兵兵工提供的各种优待、抚恤、养老和就业安置等待遇和服务的社会保障方式，包括社会优待、社会抚恤和安置保障等。所谓的社会补偿，是对为国家、社会和他人利益作出贡献而使自身利益受损的群体或公民提供物质帮助和补偿的一种社会保障方式，其范围不限于社会优抚对象。在我国，由于一直只有针对革命烈士和军人及其家属等的社会优抚制度而没有全民意义上的社会补偿制度，学者常常将之称为"社会优抚与补偿制度"。事实上，社会优抚与社会补偿是从属概念（以下统称"社会补偿"），社会优抚是带有褒扬性质的社会补偿，它能保证优抚对象的生活达到一定标准，是社会补偿的一种高级形式。费孝通先生也认为，优抚安置"本质上是对其（指优抚安置对象）以往所作贡献的补偿"。① 理解社会补偿概念要注意两点。（1）补偿不同于奖励。奖励虽然是针对人们的贡献和成绩作出的，不涉及损失，国家和社会在社会补偿之外有相应的奖励制度。（2）补偿不同于赔偿。赔偿大多针对损失而言，一般以"过错"为原则。优抚和补偿对象的损失，既不是国家的过错造成的，也不是遭受的特别损失，只能用补偿概念来解释。因为补偿既有奖励贡献的含义，也有赔偿损失的含义，是二者的复合形态。所谓的社会补偿法，是调整社会补偿过程中产生的社会关系的法律规范的总称。目前，我国的社会补偿法规主要针对军人及其家属，如 1950 年的《革命军人牺牲病故褒恤暂行条例》《民兵兵工伤亡褒恤暂行条例》《革命残废军人优待抚恤暂行条例》，1981 年的《关于军队干部退休的暂行规定》和 1982 年的《关于军队干部离职休养的暂行规定》等，1984 年的《兵役法》对军人的抚恤、优待、退休养老、退役安置等也作了具体规定。总体上说，社会补偿法还没有惠及普通大众和黎民百姓，有失社会公平，需要进一步完善和加强。

社会补偿法的社会学依据是社会交换理论，其最主要的特征是用代价和报酬分析社会关系。这一理论认为，人们作出的行为要么是为了获取报酬，要么是为了逃避惩罚。报酬可以是物质的，也可以是非物质的；可以

---

① 袁寅生：《社会交换理论与补偿概念》，《中国民政》2001 年第 4 期。

是外在的，也可以是内在的。社会交换与严格的经济交换有一个重要区别——社会交换带来的是未作具体规定的义务，而且始终包含最低限度的内在意义。交换的给予方对于某种未来的回报有一种一般的期望，但这种回报的确切性事先没有被作出明确的规定。① 社会补偿原则论最早由美国经济学家 H. 霍特林于 1938 年提出。之后，英国经济学家 R. 哈罗德试图用历史事实来解释个人间效用的比较和福利标准的检验问题，从另一个角度提出了补偿原则论。再后，卡尔多把补偿原则论与福利经济学联系在一起。补偿原则被提出后，希克斯立即大加发挥，并提出了自己的理论。随后，美国经济学家西托夫斯基又加以补充。到了 1949 年，英国经济学家李特尔（I. M. D. Little）不同意原有的补偿原则论把收入分配问题完全撇开的做法，重新引入了收入分配问题，并以此作为补偿原则论的补充。这样，从卡尔多、希克斯、西托夫斯基到李特尔，新福利经济学的补偿原则论最终形成了。补偿原则论的基本思想是，对于一种使一部分社会成员受益而使另一部分社会成员受损的社会变动，如果受益者得到的好处能够补偿受损者遭到的损失而有余，那么这一变动就能使社会福利增加。但是，对于受益者来说，其应对受损者作出补偿。根据这一理论，优抚安置可视为对参军报国这一行为"补偿"的一部分。因为参军后，军人就失去了其他获得的机会，而且军人在退伍、退休、伤残甚至死亡后，本人和家属会遭受更大的损失和困难，实行社会补偿显得尤为必要。② 很多国家还在不同程度上以不同形式对妇女生育进行补偿。例如，罗马尼亚女教师每生一个孩子，工资可增加 100 列依；苏联给做母亲的女职工发放补助；匈牙利曾规定父母都领"儿童营养费"，并享受育儿假；法国有多子女津贴；瑞士规定公务员每生一个孩子可给 400 法郎补助。我国规定，双职工妇女产期工资照发，还有"独生子女补助费"，以及产妇享有同等福利待遇等。③ 但我国的规定不是基于肯定妇女在人口生育中的特殊价值，而是为了解决某些特定社会问题。

---

① 袁寅生：《社会交换理论与补偿概念》，《中国民政》2001 年第 4 期。
② 袁寅生：《社会交换理论与补偿概念》，《中国民政》2001 年第 4 期。
③ 刘晓玲：《妇女生育社会补偿的价值审度》，《株洲工学院学报》2003 年第 1 期。

目前，学界普遍将"社会优抚与补偿法"看成社会保障法的重要组成部分。事实上，社会优抚待遇高于一般的社会保险和社会救助标准，优抚对象能够优先优惠地享受国家和社会提供的各种优待、抚恤、服务和政策扶持。而且，优抚的资金主要由国家财政支出，优抚措施也不限于经济补偿，还有给予社会荣誉和安置工作等。相比之下，社会保险资金有相当一部分要由社会和个人承担。社会救助资金尽管主要由国家承担，但是救助水平普遍较低，国家不会给救助对象以荣誉和地位，也不会安排工作。在本质上，社会优抚是针对某一类特殊身份的人所设立的，包括抚恤、优待、养老、就业安置等多方面内容，是一种综合性的保障。因此，有些地方如我国台湾地区的"社会保障法"不包括"社会优抚和补偿法"。在我国，社会优抚只针对军人及其家属，普通百姓是享受不到的。比如，为了保护国家利益和公共利益而放弃个人的合法权益，因见义勇为或参与志愿活动受伤、受损，因突发公共事件遭受损失、损害，政策实施、调整或失误造成个人损失，因遭受犯罪侵害不能获得赔偿，等等，国家目前或有政策无法律，或有法律但难操作，或既有的法律落后于时代发展，使受损者、受影响者的权益得不到法律保障。这是我国社会法建设的"系统漏洞"，应通过完善社会补偿法解决。建议制定一部支架性的"社会补偿法"，对社会补偿的基本原则、补偿责任主体、补偿形式、补偿的基本范围、补偿基金的筹集和管理、违法责任等重大事项予以明确，再以分散立法如见义勇为法、志愿服务受害者补偿条例、犯罪被害人补偿办法等予以补充，使社会补偿法的体系更加完备。

第二节　社会保护法

一　社会保护法及其原理

（一）社会保护与社会保护法

1944 年，匈牙利学者卡尔·波兰尼（Karl Polanyi）在《巨变：当代政治与经济的起源》一书中提出，现代社会为两种方向完全相反的作用力所支配，一种要彻底释放市场力量，另一种则要保护社会。波兰尼认为，所谓的"大转型"涉及"社会之中两种组织原则的作用"，"其中之一就是经济自由主义的原则，其目的是要建立一个自律性的市场"，"另一个原则是社会保护的原则，其目的是人类、自然和生产组织的保护"。从语源学上看，这是现代社会保护概念的肇始。20 世纪 90 年代以后，在一些国际组织的推动下，"社会保护"（Social Protection）开始取代社会保障的概念，成为国际上与社会经济发展相联系的一个重要议题，而且逐步成为新的国际共识。英国海外发展研究所（ODI）认为，社会保护是为了应对脆弱、风险以及社会无法容忍的剥夺而采取的一种公共行为。国际劳工组织（IMF）认为，社会保护是通过不断的政府行动和社会对话而实现的一系列政策措施，以确保所有的男人和女人都能享有尽可能安全的工作环境，获得充分的社会服务和医疗服务，而且在因疾病、失业、生育、伤残、丧失家庭主要劳动力或年老而使收入丧失或减少时，能够得到足以维持生计的保障待遇。世界银行（WBG）认为，仅在遭遇风险时向低收入者提供临时救助和津贴是远远不够的，应该对人力资本投资（如教育和医疗卫生）进行公共干预，帮助个人、家庭和社区更好地管理风险，为受到社会剥夺的低收入人群提供支持。① 可以看出，上述组织对"社会保护"的界定有一定差异，角度也不尽相同，但它们有一个共同点，即主张对社会脆弱群体进行特别保护，而且这种保护在社会保障之上。

目前，我国学界和实务界对社会保护概念及其与社会保障的区别没有给予足够的重视，研究也很少。尚晓援在《中国社会保护体制改革研究》一书中说："社会保护，在中国是一个使用效率比社会福利、社会保障、社会保险低得多的概念。在西方发达国家的社会政策研究中，自 20 世纪 90 年代以来，社会保护概念的使用频率则日益增加。"② 他认为，社会保护是"用以概括各种形式的国家干预政策，这些政策旨在保护个人免受市场不测造成的种种后果的危害"。③ 这一论述触及了社会保护的本质，但是

① 谢东梅：《低收入群体社会保护的政策含义及其框架》，《商业时代》2009 年第 21 期。
② 唐钧：《社会保护的历史演进》，《社会科学》2015 年第 8 期。
③ 唐钧：《从社会保障到社会保护：社会政策理念的演进》，《社会科学》2014 年第 10 期。

太原则，也没有指出"社会保护"与"社会保障"的不同。关于社会保护的外延，欧洲委员会（EC）以列举式界定将其分为8类，即疾病与医疗服务保护、残疾保护、老年保护、遗属保护、家庭与儿童保护、失业保护、住房保护和其他未分类的社会排斥保护。经济合作与发展组织（OECD）同样以列举式界定将社会保护分为9类，包括老年保护、遗属保护、丧失劳动能力保护、健康保护、家庭保护、积极的劳动力市场项目、失业保护、住房保护和其他社会政策领域保护。联合国（UN）对社会保护的界定是建立在政府职能分类基础上的，政府职能首先被分为两个独立功能——健康保障和社会保护。然后，社会保护又被分为疾病和伤残保护、老年保护、遗属保护、家庭和儿童保护、失业保护、住房保护、其他未分类的社会排斥保护、社会保护研究和开发，以及其他未分类的社会保护。可以看出，社会保护的范围相当广泛，已经超出了传统社会保障的范围。但是社会保护的对象有一个共同特点，即主要是老年人、残疾人、妇女、未成年人、劳工等特殊脆弱群体。有鉴于此，本书将社会保护界定为，国家通过社会政策或社会立法对特殊脆弱群体如劳工、妇女、未成年人、残疾人、老年人等实行的特殊保护，保护的内容不限于经济和生活保障，还包括某些优待和津贴等。

所谓的社会保护法，主要是指社会脆弱群体保护法，是保护妇女、未成年人、残疾人、老年人、劳工等脆弱群体的法律法规的概称。在很多发达国家，由于社会保障的福利化发展，"社会保护"是超越社会保障的概念，几乎包括社会福利和社会保障的全部内容。在一些发展中国家，社会保护概念被广泛使用的动因在于其较强的包容性，可以包含比社会保障更多的内容。在我国，社会保障和社会福利体系同样面临制度创新和体制变革的外在压力与内在动力。尤其是对特殊脆弱群体的保护，是我国社会政策和社会立法的重要目标。因此，本书所谓的社会保护主要是指对社会脆弱群体的特殊保护，即在社会保障之外给社会脆弱群体更多的保护。借用哲学理论来阐释，社会保障法解决的是普遍性问题，社会保护法解决的是特殊性问题。因为有特殊性，社会保护的内容就不限于社会保障。比如，老年人可以免费乘车、免费进公园，残疾人可以领取残疾补助和津贴，可以享受比其他人更多的优惠待遇，这些都超出了社会保障的范围。从世界银行的界定来看，社会保护甚至包括"对人力资本投资的主张进行公共干预"，"创造更多就业机会"等。① 从国际上看，尽管社会保护的对象具有多样性，其重点仍然是弱势群体或贫困群体。社会保护与反贫困之间存在较强的关联性，或者说社会保护具有显著的减贫效果。在保护对象被剥夺的程度达到社会无法接受的地步时，社会保护是应对风险和劣势的有效方式，它不仅可以应对暂时性贫困，也可以降低周期性贫困人群的风险。有学者提出，应制定一部"弱势群体保护法"的基本法，然后针对不同弱势群体进行特别立法。② 这种观点是将弱势群体保护与社会法割裂开了，因为社会保护法就是弱势群体保护法。

（二）企业的伦理责任立法

企业的伦理责任立法，也是社会法的重要组成部分，具体体现在职工保护、社会保险、困难职工救助等方面。所谓企业的伦理责任，是与企业的社会责任（Corporate Social Responsibility）相关的概念。卡洛尔认为，"企业的社会责任包括在某一时间点上社会对企业的经济、法律、伦理期望和合理期望"。③ 其中，经济责任要求企业为顾客提供有价值的商品和服务，使所有者或股东获得盈利；法律责任要求企业在法律和法规允许的范围内经营；伦理责任是要求企业除了满足法律的最低要求之外，还要满足社会成员所期望或禁止的活动和实践的义务需要。其主要指标有遵守商业道德、不以垄断方式排挤和打击竞争对手、提供安全可靠的产品和服务、善待员工、依法纳税、环境与资源保护、社区公益服务和慈善事业等。理查德把企业盈利的经济责任看成社会责任的重要部分，他说："企业的社会使命并非单纯来源于法律，其所承担的一般社会职责，即提供丰富的高质低价产品，事实上也是一种社会职责，它来自公众的需求，并通过各种

---

① 谢东梅：《低收入群体社会保护的政策含义及其框架》，《商业时代》2009 年第 21 期。

② 屈广清等：《弱势群体特殊保护的法理分析》，《福建政法管理干部学院学报》2007 年第 2 期。

③ 〔英〕帕特里夏·沃海恩等：《布莱克韦尔商业伦理学百科辞典》，刘宝成译，对外经济贸易大学出版社，2002，第 645 页。

方式表达出来。"① 也有学者认为，企业的社会责任仅限于经济责任，不包括伦理责任。如弗里德曼将追求利润作为企业唯一的社会责任，他说："企业仅具有而且只有一种社会责任——在法律和规章制度许可的范围内，利用它的资源和从事旨在增加它的利润的活动。"② 事实上，一个企业在负担了它的经济和法律责任（如照章纳税）之后，只是履行了其一般性社会义务，达到了法律的最低要求，还不算完成了对社会的责任。所谓的企业的社会责任，是指企业在遵守国家法令的前提下，不能仅仅以股东利益最大化为目标，还应最大限度地促进和保护职工的利益、消费者权益、环境利益和社会弱者的利益，包括财务资讯披露和社区参与等。其中，促进和保护职工的利益、社会弱者的利益和社区参与就是企业的伦理责任。以企业的社会道德责任标准（SA8000）为例，其主要内容有童工、强迫性劳工、健康与安全、组织工会的自由与集体谈判的权利、歧视、惩戒性措施、工作时间、工资、管理体系等。尽管 SA8000 只是企业外部守则的一种，还没有达到国际公认的程度，随着国际劳工运动的发展和企业社会责任的加强，它必将成为 ISO9000 和 ISO14000 之后又一个重要的国际标准。

企业社会责任的提出缘起于对企业与社会关系的不断认识。企业作为社会的一员，其生存发展需要良好的社会环境，没有良好的社会环境，企业很难生存和发展。既然企业从社会中得到了许多益处，享受了许多权利，就应当向社会承担一定的责任。也就是说，企业发展后，必须对它经营所处的良好社会环境作出回应，并承担相应的社会责任，不能将企业仅仅理解为长久盈利的工具，而是为了一种共同的社会目标而努力的价值追求。因此，企业承担社会责任是权利和义务的统一，权利－责任关系是提出企业社会责任的基础。因为"企业的存在不仅是为了营利，还有维护社会公正、公平的责任，维系经济和社会发展的责任，保护资源和环境的责任，承担社会保障和福利事业的责任"③，正如涂尔干所说："经济功能本

① 〔美〕理查德·T. 德乔治：《经济伦理学》，李布译，北京大学出版社，2002，第 22 页。
② 〔美〕弗里德曼：《资本主义与自由》，张瑞玉译，商务印书馆，1986，第 128 页。
③ 陈秀峰等：《企业社会责任的兴起与中国公益基金会事业的发展》，《经济社会体制比较》2008 年第 3 期。

身不是目的，而只是实现目的的手段；它们只是社会生活的一个器官，而社会生活首先是各项事业的和谐一致的共同体，特别是当心灵和意志结合起来，为共同的目标努力工作的时候。"① 伴随着社会的进步，其在企业社会责任基础上进一步发展出了"企业公民"和"公益营销"的理念。20世纪末，"企业公民"作为国际上通行的表达企业社会责任的新概念，被认为是企业社会责任感的精华所在。根据波士顿学院企业公民研究中心的定义，企业公民是指"一个公司将社会基本价值与日常商业实践、运作和政策相整合的行为方式"，"一个企业公民认为公司的成功与社会的健康和福利密切相关，因此，它会全面考虑公司对所有利益相关人的影响，包括雇员、客户、社区、供应商和自然环境"，即企业不仅仅是社会的一个经济单位，它已经成为一个既享有权利也要承担社会责任的"公民"，应该在更广的人文价值上发挥作用。② 正是企业社会责任和企业公民理论的兴起，推动了相关立法的发展，成为社会保护法尤其是劳工保护法的重要组成部分。在我国，有关企业伦理责任的立法主要分散在《公司法》《劳动法》《劳动合同法》《社会保险法》《企业破产法》等法律法规之中，没有形成系统的体系。

二　社会保护法的内容体系

（一）劳动法

劳动法以劳动关系为主要调整对象。在现实中，劳动关系有三个主要特征：（1）它是劳动力所有者和劳动力使用者之间的社会关系；（2）它是与劳动过程密切联系的社会关系；（3）它是劳动主体双方管理与被管理的社会关系。③ 人类最早的劳动法规，可追溯到13世纪德国颁布的《矿工保护法》，其后是1802年英国制定的《保护学徒的身心健康法》。二战以后，

---

① 〔法〕涂尔干：《职业伦理与公共道德》，渠东、梅非等译，上海人民出版社，2001，第18页。

② 陈秀峰等：《企业社会责任的兴起与中国公益基金会事业的发展》，《经济社会体制比较》2008年第3期。

③ 张志京：《社会法浅谈》，《中国卫生法制》2007年第6期。

随着经济、生产的不断发展和高、新、尖技术的运用，一些国家愈来愈感到必须把劳动和职业安全作为重要问题单独列出来，制定劳动安全卫生基本法规。[①] 在此背景下，世界各主要国家纷纷制定了自己的劳动安全卫生法，逐步形成了综合的劳动保护法规体系。以职业安全法为例，它有两个普遍性特征。（1）确立劳动安全卫生基准法。如美国劳动安全卫生法的核心和基础是劳动安全卫生标准，包括一般工业标准、海运业标准、建筑业标准和农业标准；英国通常以美国的标准为标准，如果遇到美国的标准不适合英国的国情时，也会制定新标准；日本将安全卫生标准作为《劳动安全卫生规则》的重要内容；我国台湾地区和香港地区也制定和颁布了一系列劳动安全卫生标准，使一些行业的安全卫生工作"有法可依"。（2）在安全生产领域实行国家干预。为了防止和遏制职业安全事故，各个国家都强调对职业安全领域的干预，并赋予其很大权力。如英国就业大臣领导的安全卫生委员会、美国的劳工部、日本的劳动省都是专门负责监督、监察劳动安全法实施的最高权力机关。不仅如此，法律还规定了具体负责安全卫生监督、监察的领导机构，如英国的安全卫生执行局、美国的职业安全卫生监察局和矿山安全卫生监察局、日本的劳动基准监督署都有这样的职能。[②] 法国的劳动法院是以调解和判决手段为解决雇主和雇员之间劳动争议而设立的，是劳动法的司法机关，法官分别来自雇主和雇员方面，正副职每年更换。长久以来，劳动法和社会保障法在社会保险部分存在交叉，二者在社会法中是关系较为密切的法律分支。由此，国内有学者一度将其并称为"劳动与社会保障法"。在19世纪八九十年代，有一些教科书就以"劳动与社会保障法"命名。事实上，德国1883年的劳工疾病保险法和1884年的劳工伤害保险法，在很长一段时期内也被视为劳动法的构成内容。[③]

劳动具有社会性，这一点毋庸置疑，马克思主义经典作家已有很多论述。由于社会分工不同，劳动者不可能像农业社会那样实现自给自足，他

---

① 楚凤华等：《职业安全卫生法的国际比较及其启示》，《甘肃社会科学》2007年第5期。
② 楚凤华等：《职业安全卫生法的国际比较及其启示》，《甘肃社会科学》2007年第5期。
③ 史探径：《我国社会保障法的几个理论问题》，《法学研究》1998年第4期。

必须通过参加社会劳动，获取劳动报酬，以维持基本生活。英国学者欧文在《社会观念》一书中提出，每个有足够体力的社会成员的劳动，都可供公众有力的利用。只要加以适当的指导，就能使他们全部找到适合自己的工作。因此，一个关心自己国民福利的政府，首要的责任是使真正对国家有用的人长期工作，使所有想去工作的人都有权利要求立即受雇。[①] 作为社会立法的重要成果，劳动法的社会法性质主要体现在：（1）劳动法的立法宗旨是劳动者保护与劳动管理的统一；（2）劳动法的调整对象和内容涉及的社会主体和社会生活广泛而复杂；（3）劳动合同是以国家意志为主导，以当事人意志为主体的特殊合同；（4）劳动争议案件的处理与管辖具有特殊性；（5）劳动监察是以保护劳动者个人利益为主要目标的具体行政行为。[②] 以工伤保险法为例，它以法定形式规定什么是工伤、工伤的等级和最低赔偿标准等。此外，"无过错责任原则"贯穿工伤保险制度的始终，这与私法"意思自治"原则绝不相同。只要发生工伤事故，就可直接按照工伤基准法的规定进行损害赔偿，不需要像私法那样维持相当高的成本。工会法也是典型意义的社会法，因为"工会是劳动者基于维护共同合法权利的需要而自愿结成的社会团体，在劳动力市场和企业内形成与用人方相制衡的社会力量，采用一种合法的集体活动方式，平衡劳动力提供方和使用方交换条件，及时协调劳动关系运行中出现的不和谐因素"。[③]相对于资方而言，劳动者是弱势一方，工会的作用乃是保护弱者的利益。工会主要帮助职工实现具体劳动权益，包括签订劳动合同、获得劳动报酬、职工集体福利、协商劳动标准、调解劳动争议等，"为了扼制利用社会资源占有份额上的优势、偏离社会公正而导致的妨碍社会进步态势，工会必须以团体力量、用集体性劳动力交换的方式，在劳动标准的订立与落实上争取发言权、协商权、签约权"。[④] 安全生产法也是社会法，因为安全生产"属于劳动范畴"，且"与人身安全和社区安全密切相关，而

---

① 林嘉：《社会保障法的理念、实践和创新》，中国人民大学出版社，2002，第 134 页。

② 陈会林：《简论劳动法的社会法性质》，《沙洋师范高等专科学校学报》2002 年第 3 期。

③ 何沿：《从社会法观的视角看工会》，《理论导刊》2001 年第 6 期。

④ 何沿：《从社会法观的视角看工会》，《理论导刊》2001 年第 6 期。

人身安全诸如卫生安全又属于人口生存范畴，涉及人口、劳动、城乡建设、社区安全等领域"①，"出现了生产安全问题，就立生产安全法，也说明社会立法可以深入到比较具体的社会领域解决比较具体的问题"。② 因此，有学者提出，将劳动法"划入"社会法"更为适宜"，理由如下：（1）从社会法的发展过程看，英国 1802 年的《学徒健康与道德法》、法国 1806 年的《工厂法》和 1841 年的《童工、未成年工保护法》、普鲁士 1839 年的《工厂矿条例》等均是较早的社会立法，这些立法在 19 世纪即已成为社会法的重要组成部分；（2）从调整的内容看，劳动法也与社会法密切相关；（3）全国人大常委会工作报告明确将劳动关系纳入社会法的调整范围。③本文认为，劳动法及相关法规属于社会法，是社会保护法的重要组成部分。

（二）残疾人权益保护法

残疾人是指相对于相同年龄的正常健康人来说，身体、智力或精神状况违反常规，偏离正常状态的人，不包括暂时性功能减退者。我国古代即有对残疾人施行特别法律保护的规定。《周礼·秋官》记载，蠢愚者为"三赦"对象。《文献通考·户口考》记载，周朝残疾人为国中免服征役的"舍者"之一，并针对残疾人的特长量能授事，安排不同的工作，"墨者使守门，劓者使守关，宫者使守内，刖者使守囿，髡者使守积"（《周礼·秋官》）。可见，周朝对残疾人实行特别照顾，采取的是"宽疾"政策。此后，我国历朝历代都有对残疾人保护的特殊规定。到汉晋时期，对残疾人的特殊保护已扩大到刑事法律领域。《汉书·刑法志》记载，景帝后元三年诏书曰："师、侏儒、当鞫系者，颂系之。"《太平御览·刑法·收赎》记载，晋律中有"笃癃病"可以收赎的规定。到唐宋时期，有关残疾人特殊保护的法律规定更加完善。《唐令拾遗·户令》最先将残疾人分为"残

---

① 汤黎虹：《论安全生产群众监督体制的社会法建构》，《福建政法管理干部学院学报》2007年第3期。

② 汤黎虹：《论安全生产群众监督体制的社会法建构》，《福建政法管理干部学院学报》2007年第3期。

③ 杨旭：《经济法与社会法关系考察》，《河北法学》2004年第9期。

疾""废疾""笃疾"三个等级，规定残疾人可以"不课"。宋时继续沿用
这一规定。《宋刑统·户婚律》称："一目盲、两耳聋、手无二指、足无三
指、手足无大拇指、秃疮无发，久漏下重、大瘿？如此之类，皆为残疾。
痴哑、侏儒、腰脊折、一支（肢）废，如此之类，皆为废疾。恶疾、癫
狂、二支（肢）废、两目盲，如此之类，皆为笃疾。"根据规定，"身有残
废者免身丁税"，笃废、残疾之人"放纳丁钱"。明清更注重残疾人权利实
现的保障措施。如《明律·户律·户役》规定："凡鳏寡孤独及笃废之
人，贫穷无亲属依倚，不能自存，所在官司应收养而不收养者，杖六十。"
清王朝有"保息十政"之举措，其中有对包括残疾人在内的弱势群体的特
别保护条款。① 当然，我国古代残疾人的权利也受到很多限制，如有的朝
代规定残疾人不能出庭作证、不能为官等，体现了对残疾人的制度和法律
歧视。而且，有关残疾人的法律规定是不系统的，与现代"残疾人保障
法"有很大差距。事实上，我国古代残疾人立法的宗旨只是对残疾人等下
层小民的同情，没有把残疾人作为人的"独立人格"和"社会价值"融入
立法之中。从历代王朝对残疾人的立法可以看出，它只注重对残疾人生存
权的保护，比如养疾、施舍、开收养院，目的是让老百姓感觉到帝王的
"仁道"，最终达到维护自己统治的目的，并没有给残疾人提供"平等的实
现人的价值的环境"②，与现代社会保护的理念相差甚远。

　　西方国家对残疾人权益保护的认识也经历了不同的发展阶段。人类
早期，由于改造自然、征服自然的能力较低，健全的体魄是人类生存所
不可缺少的前提条件，残疾人常常受到歧视，甚至被"淘汰"，如古代
斯巴达人将天生残疾的孩子抛弃。随着社会的进步，特别是人类文明的
进步，社会逐步承认了残疾人的生活空间，并且采取各种措施、建立各
种制度对残疾人进行特殊保护。其理论基础是，残疾人是社会的参与者
和各种权利的享有者，应当不受歧视地参与社会生活，残疾人作为社会

---

①　罗财喜：《从古代残疾人法律制度审视当今残疾人保障法的完善》，《吉首大学学报》2005
　　年第4期。

②　罗财喜：《从古代残疾人法律制度审视当今残疾人保障法的完善》，《吉首大学学报》2005
　　年第4期。

主体享有当然的、与生俱来的基本人权，社会应赋予残疾人平等机会和条件。现代残疾人权益保障法的宗旨是，从生理功能补偿的角度，发展无障碍设施，搞好残疾人用品用具的供应和服务，且从残疾人文化和精神需要的角度，按照平等、共享的原则，发展和完善残疾人文化体育、休闲娱乐设施，为残疾人提供各种便利条件。也就是说，以对残疾人的特殊照顾实现人与人之间实质意义的平等和公平。很多国家都通过特别立法为残疾人提供充分的教育、培训、就业机会，以保障其劳动就业权利和自我价值的实现。如在美国，立法十分重视对残疾人的医疗、康复和劳动技能培养，以让残疾人充分享受社会发展的成果。在德国，法律禁止企业对残疾人歧视，要求雇主不能因其残疾而不雇佣、不晋升、不进修，违者将受到不少于该员工三个月工资的经济处罚，并将罚款直接补偿给该残疾员工。德国《高度残疾人法》规定，行政机关、企业应按在册职工 6% 的比例吸收残疾人就业，不按比例吸收的须交纳残疾人就业弥补经费，并规定企业解雇残疾职工，须经州劳资部门批准。经批准解雇残疾职工后，企业要偿还政府给予企业的各种补偿性补贴。在德、法两国，法律都规定了对残疾人"福利企业"的特殊保护措施，如企业厂房、设备由国家或受政府委托的机构投资，通过社会保障部门每月对残疾职工提供一定的补贴，企业享受国家应征 15% ～16% 税收中 7% 的免征优惠，对"残疾人"工厂予以产品扶持，企业一旦出现亏损，政府视情况给予财政补贴等。① 在北欧，残疾人从出生或伤残开始就备受政府和社会的关注，残疾人到康复中心进行技能训练和生活自理训练均为免费，为照顾残疾人生活所发生的费用也由政府给予补贴。在丹麦，残疾人上班有困难的，社会福利中心派专车接送；聋哑人语言交流有困难的，社会福利中心派翻译；盲人需要写论文的，社会福利中心派秘书；企业没有无障碍设施的，政府免费帮助改建等。② 这些都体现了国家立法对残疾人的特殊保护，是残疾人权益保障法的重要内容。

---

① 沈家观：《国际福利企业残疾人保障模式》，《社会福利》2007 年第 5 期。
② 沈家观：《国际福利企业残疾人保障模式》，《社会福利》2007 年第 5 期。

（三）妇女权益保护法

恩格斯认为，生产本身分为两种，"一方面是生活资料即食物、衣服、住房以及为此所必需的工具的生产；另一方面是人自身的生产，即种的蕃衍"。① 意即人类社会的进步，必须是物质资料生产和人类自身生产同时进行，否则就没有人类社会的延续、存在和发展。因此，作为人类两种基本生产形态之一的人类自身生产的主要承担者——妇女，为人类的延续、存在和发展付出了巨大的劳动，为下一代的健康成长作出了男性难以替代的特殊贡献。既然人类自身生产具有社会价值，妇女为此作出了巨大贡献，理应得到社会的承认和相应的报酬及补偿。② 而事实上，正如有的学者所说，"妇女在法律、经济和社会方面的依附使他们在历史上处于次等地位，尤其易受男性侵犯的伤害"③，男人对女人的统治，是"一种性别对另一种性别的统治"，"是一个像世界一样古老的问题"。④ 这也是一些学者主张对妇女应予必要特殊保护的根本原因。因为妇女的生育价值是客观的，对直接地稳定家庭、间接地稳定社会，对人类生存、延续和发展具有不可替代的特殊作用。在一定意义上，"确认妇女承担人类自身生产的社会价值，对妇女为人类再生产作出的特殊贡献给予客观的、公正的评价，改进和完善现行的生育价值的社会补偿方式，显得日趋突出和重要"。⑤

从立法上看，对妇女实行特殊劳动保护和生育补偿，是各国妇女权益保护法的重要内容，"前者是在物质资料生产过程中，国家为保护女职工和下一代的身心健康给予的特殊保护，后者则是妇女在人类自身生产中所付出特殊劳动的价值补偿"。⑥ 20 世纪 80 年代，在美国首先兴起的女权主义法学就是追求男女事实上的平等，要求在保障女性权益的基础之上建立

---

① 《马克思恩格斯选集》第 4 卷，人民出版社，1995，第 2 页。

② 郝安珍：《妇女生育价值社会补偿与妇女权益维护》，《工会论坛》2005 年第 2 期。

③ 〔加〕丽贝卡·库克：《妇女的人权——国家和国际的视角》，黄列译，中国社会科学出版社，2001，第 20 页。

④ 〔法〕皮埃尔·布尔迪厄：《男性统治》，刘晖译，海天出版社，2002，第 152 页。

⑤ 郝安珍：《妇女生育价值社会补偿与妇女权益维护》，《工会论坛》2005 年第 2 期。

⑥ 郝安珍：《妇女生育价值社会补偿与妇女权益维护》，《工会论坛》2005 年第 2 期。

真正公正的法律。这一思潮在当代美国乃至西方法律思想界具有重要地位，直接影响了包括性暴力和家庭暴力、雇佣劳动中的不平等对待以及基于性别的各种歧视等多种法律规定。在美国，"妇女权利"有三种含义：一是指妇女应有与男人同样待遇的权利；二是指妇女可以有与男人不同的待遇，即受法律优待或特别保护的权利；三是指美国所有公民都享有，由于生理而非法律上的原因特别强烈影响妇女，或仅仅影响妇女的权利。可以说，涉及雇佣、离婚、生育权、强奸、家庭暴力、性骚扰、堕胎等方面的法律，都是女权主义法学运动的成果。[①] 尤其是文化主义女权学者，他们从两性之间的差异出发，使社会认同妇女在培养下一代人和维护社会和谐等方面的价值[②]，为妇女权益保护法的发展作出了卓越贡献。

妇女权益保护法所确立的男女实质平等、非歧视、对妇女权益特殊保护等基本原则，是社会法价值观的集中体现。严格地说，婚姻家庭法尽管涉及私有财产处置，但它并非规范市场和交易行为，因而具有很多社会法的属性。长期以来，由于婚姻家庭中存在诸多侵害妇女权益的现象，很多人寄希望于婚姻法或修改婚姻法，实现对妇女权益的特别保护。目前，我国婚姻法基本上是民法定位，是基于男女之间平等地位的婚姻家庭关系的法律规范，目的在于废除过去封建的一夫多妻制，确立男女在婚姻关系中的平等地位。而事实上，由于历史文化、生理和体力不同等，男女双方在婚姻家庭中的实际地位并不平等，女方通常处于弱势地位，因此有必要对妇女实行特别保护或倾斜保护，从立法理念上逐步从民法向社会法回归。妇女权益保护法属于典型的社会法，其基本理念是：男女平等并非男人要做什么，妇女也要做什么，而是让妇女有同男人一样的机会和待遇；由于男女生理特征和体能等的实际差别，应通过对妇女的特别保护以体现男女实质意义的平等，不适合妇女做的绝对不能让妇女做，这才是真正的平等。在国际上，《世界人权宣言》、《公民权利和政治权利国际公约》、《经

---

① Barbara S. Deckard, *The Woman's Movement: Political Sociieconomic and Psychological Issues*, New York: Happy & Row, 1979, p. 346.

② 袁锦秀：《妇女权益保护法律制度比较研究》，《中南林业科技大学学报》（社会科学版）2007 年第 2 期。

济、社会和文化权利国际公约》及"任意议定书"的签订，也确立了对妇女权益实行特别保护的基本模式和框架。此后，一系列保护妇女权益的国际公约相继出现，对妇女权益的特殊保护作了细节性描述，并形成配套的法律运行机制。《消除对妇女一切形式歧视公约》要求采取的长期性措施，指的是以保护孕妇为目的的措施。根据消除对妇女歧视委员会的观点，临时性特别措施包括扩展或支持项目、资源的分配和/或重新分配、优惠待遇、优惠雇佣、雇佣和提升、有时间框架的数字化目标、配额制等。[①]《妇女政治权利公约》要求各国采取措施，保障妇女在参政和担任公职方面享有实际平等的权利，同时在劳动保护、劳动卫生方面得到不同于男子的待遇和权利。如德国政府对妇女参政作了特殊保护，强制性规定在国家的各级重要岗位女性公民须占一定的比例，在很多国家包括我国也都有类似规定。

目前，我国已形成以宪法为基础，以妇女权益保障法为主体，包括国家各种基本法律、单行法律法规、地方性法规和部门规章在内的一整套保护妇女权益、促进男女实质平等的法律法规体系。这些法律中，有些属于公法范畴如宪法、刑法、选举法，有些属于私法范畴如民法通则、婚姻家庭法、继承法、民事诉讼法，有些属于第三法域范畴如妇女权益保障法、母婴保健法等。第三法域中的这些法律，加上《全国城乡孕产期保健质量标准和要求》《妇幼卫生工作条例》《女职工劳动保护规定》《女职工禁忌劳动范围的规定》等行政法规，都是妇女权益保护法，都属于社会法。以妇女权益保障法为例，其从多方面、多角度体现了对妇女权益的特殊保护。（1）在妇女从事的劳动工种、强度和妇女"四期"保护方面，其规定用人单位不得以结婚、怀孕、产假、哺乳等为由，辞退女职工或单方面解除劳动合同。（2）在婚姻家庭方面，其一是规定女方在怀孕和分娩后一年内，男方不得提出离婚，女方按照计划生育的要求终止妊娠的，在手术后六个月内，男方不得提出离婚。但女方在此期间提出离婚不受此限制。其二是规定在离婚时，在子女抚养问题上优先照顾妇女的合理要求。其三是

---

① 〔芬〕凯塔琳娜·佛罗斯特尔：《实质平等和非歧视法》，中国－欧盟人权网络秘书处译，《环球法律评论》2005 年第 1 期。

保护离婚妇女房屋的所有权，对妇女的住房权实行优先保护而不是男女对等保护。（3）在保障妇女政治权利和参与社会事务方面，根据有关规定，在各级人大代表中，应保持一定比例的女性代表名额；在任用领导干部时，同等条件下实行"女士优先"原则。（4）在妇女受教育权利方面，其特别规定父母或其他监护人有义务送适龄女童、少年入学，适龄女童、少年就学有实际困难的，政府、社会和学校必须采取有效措施，保证其学完当地规定的受教育的年限。此外，我国刑法和刑事诉讼法对妇女的人身权利保护也有一些特殊规定，如规定审判的时候怀孕的妇女，不适用死刑，对应当逮捕的人犯，如果是正在怀孕或哺乳婴儿的妇女，可以采取取保候审或监视居住的办法，等等。① 不过，单从妇女权益保护法来看，"原则性规定较多，注重宣言化、纲领化，针对性和可操作性较弱；此外，内容过于庞杂，相互协调性不够"②，这也是我国社会法立法中存在的普遍问题。

（四）青少年权益保护法

青少年权益保护法属于社会法。受心理、生理等诸多因素影响，青少年和未成年人属于社会弱势群体，应实行特殊保护。如我国《未成年人保护法》明确规定，优先保护未成年人的合法权益，公共场所和学校发生重大突发事件时，应优先救护未成年人。2012 年，新修订的《未成年人保护法》有两大显著变化：一是明确和突出了未成年人应享有的基本权利——生存权、发展权、受保护权和参与权；二是尊重未成年人身心发育不成熟、自我保护能力弱等特殊性，明确了国家对未成年人的权利进行特殊和优先保护的义务。同时，该法规定了政府在保护未成年人中的责任，体现了社会法的典型特征，如第 7 条规定："中央和地方各级国家机关应当在各自的职责范围内做好未成年人保护工作。国务院和地方各级人民政府领导有关部门做好未成年人保护工作；将未成年人保护工作纳入国民经济和社会发展规划以及年度计划，相关经费纳入本级政府预算。"该法还设有社会保护专章，规定"全社会应当树立尊重、保护、教育未成年人的良好风尚，关心、

---

① 孙素文：《论中国法律对妇女权益的特殊保护》，《河北法学》1995 年第 4 期。
② 王莉：《论我国妇女权益保障立法的完善》，《中国妇运》2000 年第 10 期。

爱护未成年人"（第27条）。应该说，对青少年和未成年人进行特殊保护是社会法的必然要求，也是各国青少年权益保护法的共同特点。如日本1954年修订的《少年法》第51条规定：对犯罪时未满十八周岁的人，应处死刑的判无期徒刑，应处无期徒刑的判十年以上十五年以下徒刑，体现了对未成年人的"特别保护"。我国台湾地区"少年事件处理法""儿童与少年福利法"等都在一定程度上确立了对未成年人的特殊保护措施，加上前后颁布的"身心障碍者保护法""优生保健法""特殊教育法"等，其保护未成年人成长的社会法体系已基本形成。

（五）老年人权益保护法

老年人权益保护法也是社会法。与妇女、未成年人、残疾人等特殊群体一样，老年人在社会中也处于一种相对弱势的地位。比如，在金融消费、住房消费甚至旅游消费中，老年群体受到了不同利益集团的排斥和歧视：各大银行对贷款者的年龄作了严格限制，把老年群体挡在了大部分金融消费之外；房地产开发商将购买对象聚焦在中青年白领阶层或准白领阶层，忽视了对老年人专用住宅的人性化设计；旅行社对老年人旅行团采取有条件、有区别的接待方式；等等。这些现象对老年人的心理无疑造成了严重的消极影响。随着经济改革的不断深化和市场体制的逐步确立，以及对传统利益关系的调整与突破，收入差距正逐步拉大。由于丧失劳动和竞争能力，老年人尤其是农村老年人不可避免会成为低收入群体。作为特殊的弱势群体，老年人应该得到全社会的特别关照。因此，"在制订一些涉及老年人切身权益的法规政策时，要事先反复论证，本着社会公正的原则，对老年人采取必要的倾斜，这种倾斜不应是'点到为止'的官样文章，而应该是有力度的切实的政策倾斜"。[①] 以医疗保健为例，由于在患病概率与病重程度上老年人和年轻人不可相提并论，如果在医疗待遇上将老年人和年轻人"同等对待"，实际上就是对老年人的歧视。在新建或者改造公共设施、居民区和住宅时，如果不考虑老年人的特殊需要，就建设老

[①] 孔祥玲：《贯彻〈老年人权益保障法〉反对代际歧视　维护社会公正》，《社会福利》2002年第9期。

年人生活和活动的配套设施，对老年人是实质的不公平。因此，"在贯彻《老年人权益保障法》的过程中，必须一切从老年人的实际出发，设身处地为老年人考虑，打破貌似'平等'的怪圈，在政策上对老年人要有充分、足够的倾斜"①，这是老年人权益保护法的精髓，也是社会法的精髓。

三 社会保护法的除外批判

（一）经济法

1. 经济法"被"社会法

在国内学界，有一种颇具代表性的观点是，将经济法看成社会法的一部分，是社会"法域"的一个法部门。这种观点将社会法看成与公、私法并列的第三法域（详见第三章）。如郑少华认为，"经济法以社会利益为本位，属于社会法领域"，是"社会法法域下的一个法部门"，"如果从社会法的视角，揭示经济法的一些思维，更有助于巩固和提升中国经济法学的学术地位"②，其理由是：（1）客观存在的"市场失灵"，导致作为市场机制内在构成的民商法无力救济，应运而生的以克服"市场失灵"为目标的经济法，必然以社会利益为本位；（2）经济法的基本使命，一方面要克服"市场失灵"，另一方面要防止"政府失灵"，现代经济法的重要主体"社会性团体"出现后，必然使经济法归于社会法领域；（3）随着经济的发展，非政府组织在干预各国经济中的作用日益显著，这种协调和干预经济之活动，以社会利益为本位，是社会公共干预的一种重要形式，其所遵循的法律规范属于经济法。③ 在另一篇文章中，他断言，经济法作为社会法中的一个重要组成部分，具有社会法的基本属性④，田占义认为，"现代法制将法律体系中的各部门法按照其利益导向的不同划分为私法、公法和社会法三类。而经济法、劳动法与社会法具有同质性，都体现着国家干预精

---

① 孔祥玲：《贯彻〈老年人权益保障法〉 反对代际歧视 维护社会公正》，《社会福利》2002 年第 9 期。
② 郑少华：《社会法：团体社会之规则》，《法学》2004 年第 5 期。
③ 郑少华：《经济法的本质：一种社会法观的解说》，《法学》1999 年第 2 期。
④ 郑少华：《社会经济法散论》，《法商研究》2001 年第 4 期。

神，都将社会公平和社会公益作为其宗旨内容，所以说应当属于社会法范畴"。① 李颖认为，"经济法的性质既不属于传统公法，也不属于传统私法的范畴，而是带有两种法律的混合形态特征的法。经济法这个新的法律部门已经处于社会法的一部分的地位"。② 单飞跃等认为，经济法不等同于社会法，将社会法作为经济法的研究进路有一定的局限性，"它充其量只是社会法的一种"。③ 刘鑫等认为，经济法所保护的利益不是单纯的国家利益或个人利益，"经济法应当有自己的法域归属，即归属于社会法"④，经济法的"本质是社会法"。⑤ 也有学者提出，日本有一些学者将经济法看成社会法，如菊池勇夫主要从范围上界定社会法，认为经济法具备了社会法应有的基本特征，是社会法的分支学科，其被称为"实证法学派的社会法学理论"。⑥

但是，持有这种观点的人常常在论述时出现混乱，不能自圆其说。如董保华认为，"依三元法律结构分析，传统经济法调整对象实际上是由两部分组成的。一部分国家税收、财政、宏观调控的内容，应当是被国外称为'公共领域'或'政治领域'的内容，并划入公法系统；而另一部分保护消费者、产品质量法、反不正当竞争的内容则应当是'社会领域'的内容，应归入社会法。硬将两类不同性质的社会关系放在一起，不可能建立起科学体系"。⑦ 周晋滢认为，不以国家为法律关系一方的经济法属于社会法，"这部分经济法对强弱力量不等的市场主体间的经济活动进行调整，着重保护弱势群体，以平衡彼此之间的利益关系，因此，调整对象为弱势主体与强势主体之间的'利益平衡关系'"。⑧ 董保华认为，"经济法的研究方向应当分流，一部分以国家为本位，研究具有经济内容的行政关系；

---

① 田占义：《社会保障法的理论思考》，《行政与法》2003年第3期。
② 李颖：《经济法和社会法的关系二题》，《绥化学院学报》2004年第4期。
③ 单飞跃等：《社会法：一种经济法研究进路的反思》，《湘潭大学学报》2001年第5期。
④ 刘鑫等：《经济法的社会法性质研究》，《西安政治学院学报》2004年第5期。
⑤ 卢代富等：《经济法基础范畴刍议》，《云南大学学报》2003年第4期。
⑥ 王为农：《日本的社会法学理论：形成和发展》，《浙江学刊》2004年第1期。
⑦ 董保华：《略论经济法学的视角转换——兼谈经济法与社会法的关系》，《法学》2004年第5期。
⑧ 周晋滢：《对经济法的公法性与社会法性之解读》，《盐城工学院学报》2006年第3期。

另一部分则可能另辟捷径以社会为本位，研究具有强弱对比关系的社会关系"。① 也就是说，经济法中只有一类是社会法，另一类是公法。此外，也有学者将社会保障法看成经济法的一部分，是经济法的部门法，或者说是经济法在社会生活领域的延伸，因为"社会保障具有明显的经济职能，是经济法宏观调控职能实现的重要途径之一"，而且"社会保障法与经济法在调整方法上也是一致的"。② 如朱崇实认为，"经济法所调整的又一个方面的社会经济关系就是国家在实施二次分配和建立社会保障制度的过程中所形成的社会经济关系"③，即社会保障关系应该由经济法调整。这种观点虽不普遍，也说明了理论上的混乱。

2. 经济法及其本质

世界上最早使用"经济法"概念的是法国空想社会主义者摩莱里。1775 年，他在《自然法典》一书中提出，经济法的调整范围仅限于分配领域，主要用以解决资本主义社会分配不公，是消除社会黑暗的一种法律手段。1843 年，另一名空想社会主义者德萨米在《公有法典》一书中辟有"分配法和经济法"专章，内容仍局限于分配领域。1865 年，法国思想家蒲鲁东在《论工人阶级的政治能力》中提出，法律应该通过普遍和解的途径解决社会生活的矛盾，但要实现普遍和解，必须改组社会。对此，蒲鲁东提出，构成新社会组织基础的就是"经济法"，因为公法会造成政府过多地限制经济自由，而私法又无法影响经济生活的全部结构，故此社会组织只能建立在"作为政治法和民法之补充和必然结果的经济法"基础之上。④ 1906 年，德国学者怀特在《世界经济年鉴》杂志上第一次从现代意义使用"经济法"一词，现代经济法概念和学科由此诞生。

经济法产生之初主要指战时统制经济法、应付经济危机的对策法等，后来逐渐演变为国家干预经济的法律的总称，如反垄断法、消费者权益保

① 董保华：《略论经济法学的视角转换——兼谈经济法与社会法的关系》，《法学》2004 年第 5 期。
② 田占义：《社会保障法的理论思考》，《行政与法》2003 年第 3 期。
③ 朱崇实：《论对经济法调整的再思考》，《现代法学》1998 年第 4 期。
④ 余少祥：《弱者的权利——社会弱势群体保护的法理研究》，社会科学文献出版社，2008，第 147 页。

护法、市场管理法、计划法、产业政策法、中小企业促进法等。因此，经济法并不调整所有的经济关系，它调整的是一定范围的经济关系，与政府干预和协调市场经济活动有关，是政府在进行宏观调控和市场规制过程中产生的法律规范的概称。也就是说，并非所有与经济活动有关的法律都是经济法，如很多民商事法律都与经济活动有关，但不能称为经济法。目前，国内学者对经济法的性质、特征、体系等理解不一，但都承认这样一个事实，即"现代意义上的经济法"产生于 19 世纪末 20 世纪初，是资本主义从自由竞争进入垄断阶段的产物①，是国家为了克服市场失灵而制定的需要由国家干预的具有全局性和社会公共性的经济关系的法律规范的总和②，是国家干预经济的基本法律形式。其实质是，国家从社会整体利益出发，运用公权力对一切不利于社会整体利益的经济活动和行为进行限制。正如金泽良雄所说："经济法从本质上说，是适应经济调节要求的法律，这可以理解为，经济法主要是用社会调节的办法解决在经济循环中所产生的矛盾。换言之，可以说在资本主义社会里，经济法是依靠'国家之手'来满足各种经济性调节的要求的法。"③ 由于是在"私法公法化"和"公法私法化"的背景下产生的，它"以公法性质为主，同时兼有某些私法性质"。④ 作为社会经济生活的规则，经济法是"修正以个人绝对所有权与契约自由等为基本原则的近代市民法的新的法学理论；根据这个修正理论而制定的法律，不属于私法、公法等任何一个旧的法律部门，而成了新的第三个法律领域"。⑤ 也就是说，经济法是"第三法域"的重要组成部分。

3. 为什么经济法不是社会法

经济法被误判为社会法，最根本的原因是社会法被等同为第三法域。如有学者认为，经济法与社会法的包容关系体现在：（1）从二者产生的背景来看，它们之间有一种天生类似的起源关系，都起源于旨在克服信息不

---

① 〔日〕金泽良雄：《经济法概论》，满达人译，甘肃人民出版社，1985，第 1 页。

② 李昌麒主编《经济法学》，中国政法大学出版社，2002，第 41 页。

③ 〔日〕金泽良雄：《经济法概论》，满达人译，甘肃人民出版社，1985，第 31 页。

④ 周昀：《反垄断法的性质、基本特征与地位探析》，《安徽警官职业学院学报》2006 年第 3 期。

⑤ 〔日〕金泽良雄：《经济法概论》，满达人译，甘肃人民出版社，1985，第 31 页。

对称、利益失衡等不足的努力；（2）从利益本位来看，社会法以社会利益为本位，这也正是经济法主体的利益追求；（3）从法的品格来看，社会法的品格是团体的竞争性、团体成员的互助性以及团体权力的非垄断性等，而经济法力求完善的品格也在于此。而且，社会法与经济法之融合点——社会法对经济法律现象之研究，正是"从社会法规制团体社会的视野出发，形成经济法学的内容"。① 也有学者提出，证券投资者尤其是中小投资者是社会法上的弱势群体，主要表现在：（1）投资者在与券商的对抗中信息不对称、经济力量处于弱势地位；（2）在公司的内部结构上，中小投资者在与公司控制股东或内部人的对抗中处于劣势。② 按照资本多数决原则，大股东凭借手中掌握的绝对多数股份或控制股份控制股东大会进而控制公司事务，而大股东与中小股东的利益函数是不完全一样的，在两者发生冲突时，中小股东利益难以得到保障。证券法成立投资者保护公司或投资者保护协会，运用法律赋予的结社权，使处于弱势地位的投资者强大起来，抗衡券商、发行人、证券交易所，以此来改变力量的失衡状态。尤其是投资者保护协会，其是一个为证券投资者代言，集合全体证券投资者的力量，以维护和争取弱势投资者合法权益的社会团体。还有一种观点认为，经济法以社会为本位，以政策性平衡为调整方式，以实现经济领域中的"社会和谐"为终极价值追求，这与社会法基本理念相一致，因此"可将经济法归属于社会法域"。③ 事实上，这既是对经济法的误读，也是对社会法的误解。经济法的终极目标是追求经济的平稳协调发展和经济效率的稳步提高，而垄断破坏了经济民主，"冲击着较小的竞争者，冲击着他们所服务的人民"④，处于弱势地位的中小企业如果没有发言权，只能唯其马首是瞻，则国家的整体经济活力必然受到损害。因此，经济法和所有第三法域的法一样，具有抑强扶弱的性质，不能因此就将经济法与社会法等同。即便认为经济法属于"社会法的一种"⑤的学者也认为，以社会法的研究

---

① 周晋滢：《对经济法的公法性与社会法性之解读》，《盐城工学院学报》2006 年第 3 期。
② 罗勇等：《论证券投资者的社会法保护》，《沧桑》2005 年第 2—3 期。
③ 刘鑫：《经济法的社会法性质研究》，《西安政治学院学报》2004 年第 5 期。
④ 王保树等：《经济法与社会公共性论纲》，《法律科学》2000 年第 3 期。
⑤ 单飞跃等：《社会法：一种经济法研究进路的反思》，《湘潭大学学报》2001 年第 5 期。

进路论证经济法的产生、地位等基本理论问题，具有很大的局限性，也是不明智之举。① 在现代社会，社会分化加剧，需要国家干预的远远不止经济垄断和社会保障问题，诸如劳动问题、人口问题、健康问题、教育问题、社区问题、环境保护问题等，都需要国家公权力的干预，随着"私法公法化"的发展和国家公共事业职能的扩张，教育、卫生、人口、环境等立法都成为第三法域的法。与此相同，经济法是国家干预经济的基本法律形式，社会法是国家解决国民生计和促进社会普遍福利的基本法律形式，都是第三法域的法。在本质上，二者是西方国家在应对经济发展和国民生计问题过程中同时形成的两个法部门，"随着社会进一步分化，经济法和社会法也沿着各自的路径发展"②，它们是并行的。因此，作为第三法域的法，尽管经济法与社会法有很多类似特征，如都是在承认经济主体的资源和个人禀赋等方面差异的前提下追求结果上的公平③，但二者是平行而非从属关系。④

（二）环境法

1. 环境法"被"社会法

由于同属第三法域的法，环境法有时候也被认为是社会法。如赵红梅等认为，"环境法中涉及人和自然关系的法律，属于维护社会利益的社会法范畴。其核心价值是维护人类社会的整体利益，是以社会利益为本位的社会法"。⑤ 这一观点形成有两个理论支点：其一，社会法等于第三法域；其二，环境权属于社会权，而社会法是围绕社会权构建的。根据其论述，现代社会个体成员的环境利益主要是依靠财产权和人格权实现的，这就必然导致社会成员由于财产的多寡而受到差别待遇，产生实质的不公平，而现代意义的环境权是作为生存权等社会性权利而不是自由权等市民性权利

---

① 单飞跃：《经济法理念与范畴的解析》，中国检察出版社，2002，第124页。

② 甘强：《经济法与社会法的法本质定位》，《经济法论坛》2004年第1期。

③ 甘强：《经济法与社会法的法理念辨析》，《理论与改革》2005年第3期。

④ 杨旭：《经济法与社会法关系考察》，《河北法学》2004年第9期。

⑤ 赵红梅等：《环境权的法理念解析与法技术构造——一种社会法的解读》，《法商研究》2004年第3期。

的下位阶权利而存在的，是全体国民对国家要求的权利，因此"不应仅将设立环境权视为解决社会个体利益冲突的法律手段，而应确立环境权的设立是为解决社会整体利益冲突的法理念"，"人类利用环境要素所产生的冲突并非仅仅是社会个体之间的利益冲突，国家应将对社会经济的干预政策很好地扩展到环境保护领域，政府应在环境保护方面发挥更为积极的作用"。① 也有学者提出，环境权是社会权的重要组成部分，是公民要求其所置环境资源具有基本生态功能的权利，主要包括优良环境享有权、环境恶化拒绝权、环境知情权和环境参与权②，"相对国家，国民应有权拥有良好的环境即享有环境权，就拓展为社会权的第三层内容，成为社会法进一步追求和保护的目标"③，"环境权的实现不仅需要环境权利人的积极努力，更需要政府和各级行政组织运用国家权力在环境权的实现、促进环境保护推进方面起到决定性作用。因此，环境权对个人、国家政府的义务要求更强烈，其实现的社会性的特性尤为突出，毫无疑问与生存相关的环境保护法规应该纳入社会法的范畴"。④ 日本学者大须贺明没有将环境法归结为社会法，但承认和认可环境权的社会权性质。他说："国民对国家可以请求其保护良好环境的权利，则是社会权性质侧面的环境权，属于社会权性质侧面的生存权的范畴。不管公私之性质，国家和地方公共团体对于企业所造成的环境破坏施行的公法性规则，或者为改善已经恶化的环境所采取的积极性措施，都是基于国家的环境保护义务的，即为了对应作为社会权性质侧面的环境权而施行的。"⑤ 在实践中，无论是官方还是学界，我国均没有从权利的角度将环境法纳入社会法体系，而是将之纳入了经济法或行政法体系。

2. 环境法及其本质

从世界范围看，环境法因环境问题而产生。在过去，由于环境系无主

---

① 赵红梅等：《环境权的法理念解析与法技术构造——一种社会法的解读》，《法商研究》2004 年第 3 期。

② 林喆：《环境权：人类与社会和自然的契约》，《学习时报》2004 年 7 月 10 日。

③ 李蕊等：《历史视角下的社会法范畴》，《北京科技大学学报》2007 年第 2 期。

④ 李蕊等：《历史视角下的社会法范畴》，《北京科技大学学报》2007 年第 2 期。

⑤ 〔日〕大须贺明：《生存权论》，林浩译，法律出版社，2001，第 199 页。

物，甚至不是民法上的物，任何人不得将其作为独立财产主张权利，企业由此获得了向环境排污的"自由"。在环境问题被提出之前，企业排污权一直被作为企业的一项"自由权"得到法律认可。20 世纪 50 年代以后，随着经济开发政策的施行和工业化、城市化的推进，各国的环境污染现象不断加剧。由于传统法律手段不能有效解决日益严重的环境污染和环境破坏问题，各国开始以专门立法的形式制定环境与资源保护法。公共权力进入这一传统私权领域体现在，国家通过排污许可、排污收费和总量控制等制度，向企业分配其可支配的环境容量资源，而企业行使排污权则需向国家支付排污费，且只能在国家规定的许可限度内进行，否则就是违法。①从本质上看，环境法的终极目标是保护民众健康，提高民众生活质量，促进社会经济健康、稳定、协调发展，与社会法维护生活安全的法益目标完全不同。但是，由于国家公共权力的介入，所以环境法也是"私法公法化"的结果，也属于第三法域的法。因此，它既不像民商法那样仅仅调整平等民事主体之间的人身关系和财产关系，又不像行政法那样只调整行政管理方与相对人之间的法律关系，而是二者兼而有之，既有公法规制的一面，也有私法平等协商的一面。这一点与社会法很类似，是由其第三法域的法律性质决定的。应该承认，环境法的产生与环境权的发展密切相关，但是将环境权归结为社会权，继而将环境法理解为社会法在逻辑上是错误的。事实上，在 20 世纪 60 年代，人们在为人权斗争的过程中，就逐渐认识到生存环境的重要性。1960 年，西德的一位医生向欧洲人权委员会提出控告，认为向北海倾倒放射性废物违反了《欧洲人权条约》中关于保障清洁卫生的环境的规定，环境权的概念和要求从此产生。1972 年，联合国大会通过的《人类环境宣言》提出："人类有权在一种能够过尊严和福利的生活环境中生存，享有自由、平等和充足的生活条件的基本权利，并且负有保护和改善这一代和世世代代的环境的庄严责任。"1987 年，世界环境与环境发展委员会在《我们共同的未来》报告中提出了新的发展观，认为发展应包含经济与社会的有效变革，发展的目标是既满足当代人的需求，又不对后代人满足

---

① 赵红梅等：《环境权的法理念解析与法技术构造———一种社会法的解读》，《法商研究》
2004 年第 3 期。

其需求的能力构成危害，这就是"可持续发展观"。1992 年，联合国《21世纪议程》要求各国"必须发展和执行综合的、有制裁力的和有效的法律和条例，而这些法律和条例必须根据周密的社会、生态、经济和科学要求"。① 可以看出，环境法与社会法在价值理念、法律机制、法律原则和法律功能等方面并不相同，二者不是从属关系而是并列关系。

（三）消费者权益保护法

1. 消费者权益保护法"被"社会法

由于具有对强者科以更严格的责任、对弱者实行特别保护的特性，消费者权益保护法有时候也被误认为是社会法。如司春燕认为，"消费者法律关系所具有的形式上平等，但实质上不平等的法律特性，以及此特性在数量上的普遍性决定了其应当由社会法予以调整，由于受社会法调整便具有了社会法的属性"，"基于消费法律关系的社会法属性，在消费纠纷案件的法律适用方面，如果法律规定不明确或出现法律漏洞，应当遵循倾斜保护弱势群体即对消费者实行偏重保护的原则"。② 也有学者提出，由于高技术被广泛应用于商品生产，商品质量、安全、卫生方面的问题及危险相应增多，且不易为人们当即察觉，加之产品说明广告宣传方面普遍存在的过度夸张，危险及有毒商品对环境、群众的危害，信用经济下的分期付款购物，都使消费者受损害的事实越来越多，可能性越来越大，消费者的弱势地位体现得越来越明显。③ 尤其在厂商与消费者的长期博弈中，消费者处于事实上的弱势和不利地位。这是因为：（1）消费者与厂商经济实力不对等，厂商常常通过价格控制、操纵市场、划分市场、虚假宣传、格式合同等不正当竞争手段控制市场，支配市场，而消费者谈判能力有限；（2）厂商与消费者之间信息不对称，消费者收集信息的途径有限，获得信息多依赖于经营者提供的资讯，而受"利益最大化"支配的厂商存在"逆向选择"倾向，向消费者提供的信息往往不完备、不充分，存在种种遗漏甚至

---

① 孙佑海：《法制建设：可持续发展的重要保障》，《中外法学》1994 年第 3 期。
② 司春燕：《浅析消费法律关系的社会法属性》，《桂海论丛》2007 年第 2 期。
③ 徐德敏：《国外消费者保护运动的发展趋势与我国的选择》，《法律科学》1992 年第 S1 期。

恶意欺诈；（3）消费者团体意识淡薄，与厂商相比，消费者多为零散群众，不足以与作为压力集团及利益团体的经营者对抗；（4）消费者的认知能力有限，因缺乏专业技术与知识，其无法从商品本身来辨别商品优劣，无法判断商品功能，在购买与消费时处于无保障状态。[1]

进入现代社会以后，随着科学技术日益发展，消费者的弱势地位更加突出。首先，现代技术的发展使消费者面临的潜在危险与日俱增，如有害食品、含副作用的药品、缺陷车、缺陷家电产品及缺陷日常用品等，对消费者的生命、身体、健康、财产构成直接与间接的冲击与危害。其次，现代技术的发展使产销过程和流通环节更加复杂，消费者认知能力相对减弱，求偿能力更加低下，维权之路更加艰辛。[2] 正如刘俊海等所说，"消费者个体弱小，是由于某一特定消费者的实力往往逊于其对应的交易伙伴商家的经济实力，尤其是公司化的商人"，"百万富翁的消费者虽然在经济实力上与商家处于势均力敌的平等地位，但由于信息占有的不对称仍摆脱不了弱者地位"[3]，"而且在一般情况下，消费者也无暇对所需要的各种消费品及服务的价格与品质进行比较以获取对自己有利的消费信息"。[4] 这时候，消费者权益保护法横空出世，以"卖者当心"的约束取代了传统的"买者当心"的公理，从而体现了对消费者利益的倾斜和保护。[5]如韩国《消费者保护法》规定，消费者安全涉及三个方面：一是注重对特殊弱势阶层的安全保护，明确提出应当为幼儿、老弱及残疾人等特殊弱势群体谋求优先的预防和保护措施；二是在消费者安全措施中，明确对缺陷产品的处理办法，如生产者对缺陷产品的信息报告义务和修理、更换、退还、回收、废除等义务；三是设立消费者安全中心，加强对消

---

[1]　谢海：《国际消费者保护政策的国内借鉴——以欧盟为例》，《经济体制改革》2005 年第 4 期。

[2]　谢海：《国际消费者保护政策的国内借鉴——以欧盟为例》，《经济体制改革》2005 年第 4 期。

[3]　刘俊海等：《构建和谐社会与法理念的更新——兼论和谐社会与社会法的完善》，《学习与探索》2006 年第 5 期。

[4]　郭威等：《大陆和香港特别行政区消费者保护法比较研究》，《安阳工学院学报》2006 年第 1 期。

[5]　张文显：《法理学》，法律出版社，1997，第 275 页。

费危害信息的收集与公布。① 这些都体现了对消费者的特殊倾斜和保护。我国消费者权益保护法对生产者和经营者也规定了更严格的责任，并对消费者规定了一些倾斜保护措施，如"惩罚性赔偿"和"举证责任倒置"等。正是对强者的严苛以及对弱者的特殊保护，使消费者权益保护法被误认为是"社会法"。

2. 消费者权益保护法的本质

对于消费者的定义，一般有狭义和广义两种解释：狭义的消费者是指为生活需要购买、使用商品或者接受服务的自然人；广义的消费者还包括有偿取得商品或服务，满足生产消费或物质、文化消费的单位或个人。② 欧盟《消费者合同中的不公平条款》将"消费者"（Consumer）解释为"谈判本指令所指的业务的自然人，其活动不属于其职业或营业活动范畴"③，显然指"狭义的消费者"。事实上，在传统自给自足的自然经济条件下，对消费者法律关系的调整主要靠私法，消费者和商人之间遵循一种"买者当心"原则，当消费者与商人之间发生纠纷的时候，国家对消费者并不采取任何特别的保护措施。我国从 1949 年至改革开放前一直实行计划经济制度，社会经济生活中最根本的问题是商品短缺，关于产品的质量、价格等问题没有成为最重要和最迫切的问题。改革开放和市场经济政策的实施，"促成了我国商品经济的极大发展，同时也发生了严重损害消费者利益的社会问题"④，消费者运动和消费者权益保护法应运而生。

从世界范围看，国际消费者运动肇始于美国。1891 年，世界上第一个消费者协会在纽约成立。自 1867 年以来，美国国会先后制定了《洲际商业法》（1887）、《纯洁食物及药品法》（1906）、《食品药物及化妆品法案》（1938）等一系列与消费者有关的法律。1962 年 3 月 15 日，肯尼迪总统在其"消费者权利咨文"中强调消费者具有寻求安全、了解事实真相、选择商品、意见被尊重四大权利。此后，美国消费者保护政策逐步系统化，涉

---

① 赵冬等：《韩国消费者法律保护制度简介》，《理论界》2007 年第 8 期。
② 王利明：《消费者的概念及消费者权益保护法的调整范围》，《政治与法律》2002 年第 2 期。
③ 谢海：《国际消费者保护政策的国内借鉴——以欧盟为例》，《经济体制改革》2005 年第 4 期。
④ 梁慧星：《消费者运动与消费者权利》，《法律科学》1991 年第 5 期。

及食品卫生、产品质量、广告宣传等方方面面。① 可以看出，消费者权益保护法也是国家公权力有限介入传统私权领域的产物，即"私法公法化"的产物。在这一点上，消费者权益保护法与社会法、经济法和环境法是一样的，都是第三法域的法部门之一。其实质是，以基准立法的方式规定国家、地方自治团体及经营者保护消费者权益的责任和义务，促进消费者保护政策的实施，提高消费水平和促进国民经济的发展。以我国香港地区为例，因其采用的是英美法系的模式，没有基本法形式的消费者权益保护法，但我国香港地区保护消费者权益的社会立法十分完备，如 1987 年的《消费品安全条例》（Safe of Consumer Goods Ordinance）、《商品售卖条例》（Safe of Goods Ordinance），1994 年的《服务提供条例》（Supply of Service Ordinance），1995 年的《不合情理合约条例》（Unconscionable Contracts Ordinance）和 1998 年的《不安全产品的民事法律责任条例》（Civilyliability for Unsafe Products Ordinance）等，都是依据消费者需要保护的不同范围订立的个别法例。我国香港地区消费者委员会公布的消费者权利还包括了一项享有可持续发展及健康环境的权利，这就要求商品的经营者及服务的提供者在经营商品和提供服务时考虑环境因素，以保护环境，保护消费者的身体健康。在中国内地，消费者协会都挂靠在各级工商行政管理局，具有浓厚的"官方"色彩，这是一个很大的问题。从法律规定看，除了《消费者权益保护法》，《民法通则》、《食品卫生法》、《药品管理法》、《计量法》、《产品质量法》和《反不正当竞争法》等也都体现了对消费者权益的保护。过去，学界的主流观点是将消费者权益保护法列为特别民法。实际上，消费者权益保护法既不是私法意义的特别民法，也不是公法意义的行政法，而是第三法域独立的部门法。因此，它与社会法既有区别，又有联系。二者的联系在于，都有公共权力的介入，都是第三法域的法，都适用第三法域的法律机制等。但无论是从法律性质、法益目标还是法律功能来看，二者都有本质区别：前者主要是以公法手段维护市场的交易安全；后者主要保护民众的生活安全。而且，社

① 谢海：《国际消费者保护政策的国内借鉴——以欧盟为例》，《经济体制改革》2005 年第 4 期。

会法所谓的弱势群体是经济、能力和权利上的绝对弱势群体，而消费者权益保护法所谓的弱势群体是相对弱势群体，二者不同，不能相提并论，更不能相互混淆。

（四）卫生法

1. 卫生法"被"社会法

由于社会法被看成一个法域，卫生法也被一些学者认为是社会法，是社会法域中一个独立的法律部门，包括医患关系法都"具有社会法的属性，应由社会法调整"。① 如肖卫华认为，卫生法是以社会公共卫生利益为本位，将公法的调整方法和私法的调整方法结合来保护人们的卫生健康权。因为，在现代条件下，各种损害人们健康利益的问题引人注目，如果仅依私法上平等自愿、意思自治、等价交换等原则来处理卫生健康关系，公民的卫生健康权很难得到真正保护。因此，国家需要以社会的名义进行调节，并创立一些公法性规则，以保障卫生健康权的实现。从这个意义上说，"卫生法律规范在性质上属于社会法范畴，它是以社会公共卫生利益为本位，以保护人们的卫生保健权为宗旨的一个新兴的独立的法律部门"，因为"任何将卫生法纳入其他部门法的观点和理由都不能全部解决好在现代社会条件下保护基本人权——卫生保健权的法学理论问题，而且也有悖于法学的一般原理"。② 钱矛锐认为，卫生法"具有典型的社会法属性和调整方法以及独特的调整对象——医事领域的各种独特关系"，并且"体现了技术规范和道德规范法律化、法律规范科学化的特征，与其他的部门法有着本质的区别"，"应当成为社会法域又一独立的法律部门"③。

卫生法"被"社会法的根本原因是将社会法等同为第三法域，而卫生法是社会法这个"法域"下的一个法律部门。如钱矛锐认为，"依据传统的观点，卫生法或者归属于公法，或者归属于私法。而现有的部门法理论既没有从卫生法的发展角度去揭示其部门法的形成过程，也没有界定卫生法具有何

---

① 邓烈琳：《试论医患法律关系的社会法属性》，《卫生经济研究》2005 年第 8 期。
② 肖卫华：《论卫生法的意义》，《中国卫生法制》2000 年第 5 期。
③ 钱矛锐：《试论卫生法在社会法域中的部门法属性》，《西北医学教育》2007 年第 6 期。

种性质，仅仅从部门法划分的角度就事论事地去论证卫生法的部门法地位，其理论难以得到法学界普遍的肯定"①；"卫生法在调整医患关系时，以纵横结合的方式来调整卫生服务活动，其法益目标兼具社会公益和私人利益，直接体现了国家干预和主体私法自治有机结合的法律调整模式，具有典型的公法与私法融合的特征"②，而"医患关系既不归属于民法，也不归属于行政法，而是受独立的调整斜向的医事法律关系的医事法调整"③，"国家制定干预医疗卫生事务的政策法规，以保障公民卫生健康利益和弱势患者合法权益的实现，从这个意义来讲，卫生法应属于社会法的范畴"。④ 肖卫华认为，卫生法是以卫生关系为调整对象的法律部门，这些社会关系具有广泛性、复杂性、综合性和技术性，其既不是单纯的行政关系，也不是单纯的民事关系，是其他法律部门所不能包容的。此外，卫生法有以公法性干预和私法性调整相结合的独特调整方法，有自己完整的法律原则和制度，如预防为主原则、社会参与原则、资格制度、注册制度和许可证制度等，明显不同于其他法律部门。⑤ 卫生法调整所属关系时，双方为监督和被监督关系，法律地位是不平等的。卫生监督机构所采取的保证卫生质量的措施，当事人必须立即执行。违反卫生法的行为人所承担的法律责任并非与被侵害人损失的实际财产数额等价，这种违法行为关系到不特定多数人的身体健康和生命安全，可根据违法的性质、情节给予必要处罚。但对被侵害人的损害赔偿部分，可根据实际造成的损失赔偿。在医疗事故补偿方面，国务院颁布的《医疗事故处理办法》所确定的补偿标准有最高限制，而《民法通则》和最高人民法院关于《民法通则》第119条的解释，只规定了赔偿的计算方法，而没有规定最高限额。这体现了"第三法域"和"私法"差别的特征，这些也都被说成了卫生法和私法的差别。

2. 卫生法及其本质

作为法律体系的重要组成部分，卫生法集中反映和体现了人类自身对

---

① 钱矛锐：《论卫生法的部门法属性》，《医学与哲学》2008年第2期。
② 钱矛锐：《论卫生法的部门法属性》，《医学与哲学》2008年第2期。
③ 钱矛锐：《试论卫生法在社会法域中的部门法属性》，《西北医学教育》2007年第6期。
④ 钱矛锐：《论卫生法的部门法属性》，《医学与哲学》2008年第2期。
⑤ 肖卫华：《论卫生法的意义》，《中国卫生制》2000年第5期。

健康、安全、人道、幸福等美好价值的肯定和追求。从调整对象看，卫生法主要调整国家卫生行政机关、医疗卫生组织、企事业单位、个人及国际组织，因预防和治疗疾病，改善人们劳动、学习和生活的环境及卫生状况，保护和增进人们身心健康、获得健康后代而产生的以及它们内部所形成的各种社会关系。① 在《关于卫生改革与发展的决定》中，我国政府将卫生事业确定为"政府实行一定福利政策的社会公益事业"，提出"卫生事业发展必须与国民经济和社会发展相协调，民众健康福利水平必须与经济发展水平相适应"，说明卫生法与行政法和民法有本质不同。与社会法、经济法、环境法等法律部门一样，卫生法也是第三法域的法，也是在"私法公法化"和"公法私法化"的过程中形成和发展的。卫生事业因为是保障公民生命健康权的必要条件，关系到国家和民族的生存与发展，所以现代国家在制定卫生健康法时，都不允许卫生健康法律关系完全由私法进行调整，而是用大量的基准性规则进行国家干预。因此，其在调整医患关系时，"一方面规定了医生的诊疗义务，医生的业务自主权，医疗纠纷的行政处理以及医生的行政、刑事责任等很多带有国家干预的公法色彩的规定，而另一方面，医患之间可以就医疗服务的内容和方式进行协商的规定又体现了平等主体间私法自治的色彩，使得卫生法律规范兼具公私法性质"。② 比如《医疗事故处理条例》既规定了医疗事故的行政处理与监督、医疗事故鉴定，又规定了医疗事故的民事赔偿责任、医患双方可协商解决的内容，体现了第三法域法国家干预与私法自治相结合的特点。

卫生法由于在实践中既调整纵向的卫生行政管理关系，又调整横向的卫生服务关系，于是许多学者便将卫生法划分为两大块：将卫生执法与监督归于行政法，由卫生行政法调整；而将卫生服务归于民法，由民法来调整。也就是说，卫生法律规范分属于行政法和民法。③ 由于卫生法所调整的社会关系可以分别被纳入民法和行政法的调整范围，因此其并不

---

① 王全兴：《经济法基础理论研究》，中国检察出版社，2002，第101页。
② 钱矛锐：《试论卫生法在社会法域中的部门法属性》，《西北医学教育》2007年第6期。
③ 钱矛锐：《论卫生法的部门法属性》，《医学与哲学》2008年第2期。

是"独立的法律部门"。① 也有学者认为，正因为如此，其成为一个"新的法律部门"。② 事实上，卫生法和调整国家行政机关行政管理职权的行政法是有区别的，其目的是维护公民的生命健康、促进医药卫生事业的发展，其法益目标是社会公共卫生利益；而行政法则是为了规范国家行政机关的行政职能和行政管理活动，提高行政效率，其法益目标是国家的行政统治利益。③ 卫生法与民法也有本质的不同，民法调整的侵害他人健康、生命的不法行为由公民实施，法人无法实施，被侵权的人一般都是特定的人；卫生法所调整的侵害他人健康、生命的违法行为法人可以实施，被侵权的人必定是不特定的人。一些学者从学术上论证医患关系是一种"特殊民事关系"，即"无名合同"关系，因此由现行合同法进行调整，是法律关系定性上的错误，在实践中也是十分有害的。卫生法作为独立学科，在本质上是第三法域的一个法部门，将社会法等同为第三法域，将卫生法称作社会法，是不了解社会法基本概念和基本特征的必然结果，必然陷入理论混乱。

第三节　社会促进法

一　社会促进法及其原理

1. 社会促进法的概念

社会促进原本是社会心理学的用语。20 世纪 20 年代，实验社会心理学的创始人 F. H. 奥尔波特在哈佛大学领导了一系列有关他人在场对个体绩效影响的研究，并最终提出了社会促进的概念。社会促进是相对于社会懈怠而言的，社会懈怠指群体共同完成一件任务时，个人付出的努力相比单独完成时偏少的现象，社会促进是指个体完成某项任务时，由于他人在场或与他人一起活动而使行为效率提高的现象。所谓的社会促进法，是指某一类立法，能够在其他立法之外促进社会正义、社会效用和社会福利等

① 陈绍辉：《卫生法地位研究》，《法律与医学杂志》2005 年第 2 期。
② 达庆东：《卫生法是一个新兴的法律部门——试论卫生法在我国法律体系中的地位》，《中国卫生制》1998 年第 5 期。
③ 钱矛锐：《论卫生法的部门法属性》，《医学与哲学》2008 年第 2 期。

普遍提高，促进社会共同进步。也就是说，国家在承认公民在法律面前一律平等的同时，考虑到特定个人或特定群体的差异，通过制定慈善捐赠、反社会贫困、反社会歧视等法规，缩小形式平等造成的差距，实现社会实质平等、社会进步和人类对美好生活的追求。由于个体存在事实上的差异，仅有形式平等，可能导致实质不平等，与旨在反对不合理差别的形式平等的宗旨相悖。因此，对形式平等和社会进步的保障，有赖于社会实质平等。

经济增长能够促进社会发展，但经济增长不等于社会发展，更不等于社会进步。社会进步不仅意味着物质财富数量的增加，同时意味着主体素质和社会精神文明的提升，因此应"在对社会进步的科学态度中补充和引入人文、道德内容，达到科学精神与人文精神的二元互补，经济效应与人文效应的全面优化"①，即发展既不等于经济增长，也不直接等于进步。② 以往，我们把"经济增长"等同于"社会发展"，实践中出现的有增长无发展的情况，使我们看到了增长与发展之间的重大差别。尤其是面对存在的高代价现象和严重的发展问题，我们必须将发展与进步严格区别开来，并将社会进步从社会发展中剥离出来。③ 长期以来，一些人仅仅将经济的发展、物质财富的积累、国民生产总值的提高等同于社会进步，这种观点无疑是错误的，会带来更多的社会问题。④ 如果说过去主要通过经济建设和经济增长实现发展向进步转化，如今发展向进步的转化就不仅仅是单一的经济增长的问题了。"从发展美学的角度分析，人只有遵循以人为本和全面协调可持续的原则，按照美的规律来创造发展，才能真正实现发展向进步的转化。"⑤ 也就是说，社会发展和社会进步并非单纯体现为社会生产力的发展，也不是体现为社会财富总量的增加，而是通过改革生产关系和上层建筑的关系，促进人的发展和人类进步。

① 李斌斌：《社会进步概念的现代诠释》，《科技创业月刊》2007年第9期。
② 韩庆祥：《发展与代价》，人民出版社，2002，第59页。
③ 邱耕田：《社会发展与社会进步辨析》，《教学与研究》2006年第1期。
④ 高建明等：《社会进步的评价尺度及其复杂性》，《武汉理工大学学报》2005年第5期。
⑤ 邱耕田：《社会发展与社会进步辨析》，《教学与研究》2006年第1期。

2. 社会促进法的法益目标

（1）促进社会实质平等和公平。民法所谓的平等是一种形式平等，即以法的形式承认所有的人在法律面前一律平等，在法律权利和义务上给予相同的对待，禁止有差别待遇的歧视性对待。十七八世纪的平等观主要是一种形式平等，注重机会均等和起点的平等，如1789年法国制宪会议颁布的《人权宣言》最早以法的形式确立了平等权，但没有体现实质平等与结果的平等和公平。形式平等通常被称为"机会平等"，它要求经济上、社会上和生理上的"弱者"与"强者"按照同一规则平等地自由竞争。所谓的实质平等即事实平等，是指国家对形式上的平等可能导致的事实上的不平等，针对具体情况和实际需要，对特定人群在经济、社会、文化等方面与其他人群存在的事实上的差异，依据理性、合理和正当决定，采取适当、合理、必要的区别对待等方式和措施，为其提供平等发展条件，缩小形式平等造成的差距。比如，1919年德国《魏玛宪法》规定了财产权的受制约性，规定了劳动权、生存权等社会基本权，目的就是克服形式意义的平等，以实现实质意义的平等和公平。从一般意义上讲，实质平等主要指为了在一定程度上纠正保障形式上的平等所导致的事实上的不平等，依据各个人的不同属性分别采取不同的方式，对作为各个人的人格之形成和发展所必需的前提条件进行实质意义上的平等保障。实质平等主要考虑男女之间的差异性（生理、心理和社会文化上的），要求给予"弱者"更优厚的保护，强调有必要创造一种支持性的环境，即通过提供有利条件或采取积极行动，让弱者行使并享受平等的权利。

（2）促进社会发展和进步。社会进步是一个以人为核心的评价性概念，是对人而言的。马克思将社会进步理解为人的解放的过程，认为人是价值关系的中枢。衡量社会进步一般有三个尺度，生产力、生产关系和人的全面发展，而前二者都是为第三者服务的。由前述可知，社会发展与社会进步相互关联、相互统一，但社会发展不等同于社会进步。社会发展的内涵大于社会进步，它是社会进步与代价的矛盾统一体。所谓"代价"是指社会发展所面临的一系列问题或负效应，如人类社会在发展过程中，既取得了辉煌成就，又面临一系列严重的发展问题，包括生态环境问题、道德失范问题等。作为价值层面的概念，社会进步仅指向美好、理想、合理、善等价值趋归。在发展学中，社会发展属于低层次的"形而下"的范畴，具有实践性、过程性、局域性和代价性等特点；社会进步属于较高层次的"形而上"的范畴，是社会发展进程中主流、本质的现象和必然趋势，具有总体性、趋势性、前进性和结果性等特点。因此，社会发展和社会进步之间存在明显区别。① 但是，二者又是相互依存的，并且可以在一定条件下相互转化。社会促进法的法益目标既包括社会发展，也包括社会进步，但主要指社会经济发展中的非经济部分，如社会正义和公平等核心价值。

3. 社会促进法的法律机制

社会法实质公平的基本内涵是：在社会生活领域，主张实质平等而非形式的机会均等，关注具体而非抽象的人格平等，强调特殊困难群体而非强势群体的利益，通过"倾斜保护"手段来调节和消除基于出身、禀赋等偶然因素而形成的不平等关系以及社会历史过程中基于财富累加而形成的"交易优势"。② 社会促进法对于社会发展进步和实质公平的价值追求也是通过国家干预实现的，比如对社会基准法的国家干预，可以使主体达至实质平等、信息充分、保护社会弱者和社会整体利益的价值目标，最终使契约自由与契约正义达至新的"合体"。作为反思法律形式正义的必然结果，社会促进法主要以"倾斜保护"方式对平等主体间不平衡的利益关系予以适度调整，设定一些法律禁止或倡导的方面，以实现对社会进步和实质公平的价值追求，体现马克斯·韦伯所称的"现代法的反形式主义"的趋势，是一种实质理性法或称回应性法。其深刻的法理基础是，为了在一定程度上纠正保障形式平等所致的实质不平等，依据个人的不同属性分别采取不同的方式，对作为个人的人格之形成和发展所必需的前提条件进行实质意义上的保障。在很大程度上，社会促进法颠覆了传统契约自由的理念，也是对契约自由进行的某种限制。比如，《反就业歧视法》规定，雇主在录用雇员时不得进行年龄、性别、相貌等歧视。事实上，契约在社会

---

① 邱耕田：《社会发展与社会进步辨析》，《教学与研究》2006年第1期。
② 李昌麒：《经济法理念研究》，法律出版社，2009，第133页。

法上并没有死亡，只是契约自由背离了形式正义走向了实质正义，它将实质公平理念引入契约自由原则，在某种程度上是契约的"浴火重生"。这是因为"表面的契约自由导致的实质的不公正，使人们对这个原则本身产生了极大的怀疑"①，正如内田贵在《契约的再生》中所说，死亡的内容是古典契约法原理中交易理论的崩溃和契约责任的扩大，死亡的对象是作为社会现象的古典契约②，其主要源于社会基准法规定和禁止性条款的普及。社会法上契约自由的部分丧失，不是说契约"已经死了"，而是基于社会进步和实质正义的要求受到了适当限制。

4. 社会促进法的法律特质

社会促进法促进实质平等和社会发展进步的国家义务对平等权而言是必要的，但这种积极义务仍然是辅助性的，因为"基本权利最为根本的功能在于排除国家侵害的'主观防御权功能'，而基本权利要求国家积极保障的'客观价值秩序功能'则是次要的和辅助的。在基本权利的主观性质和客观性质之间，前者应当居于优先的地位"。③ 就平等权来说，其作为"主观防御权功能"的形式平等仍居于主导地位，要求国家促进和保障的实质平等则居于辅助地位，它是对形式平等的缺陷和不足进行的必要修正和补充。因此，实现社会实质平等和发展进步在很大程度上只是一种政治道义责任，有时候不具有可执行性和可诉性④，有些国家的宪法对此作了明确规定。比如，孟加拉国宪法在第二章"国家政策的基本原则"中确立了一些"积极措施"条款，如规定"国家采取有效措施，以逐步消除城乡生活水平差距"等。该章第 8 条第 2 款规定了作为"国家政策的基本原则"的地位，即"本章所述原则是治理孟加拉国的基本原则，国家制定法律依据的原则，解释孟加拉国宪法和其他法律的指南以及国家及其公民活动的准则，但没有司法强制性"。此外，斯里兰卡、马耳他、巴布亚新几内亚等国的宪法都规定了一些"积极措施"条款的非司法性。

---

① 傅静坤：《二十世纪契约法》，法律出版社，1997，第 128 页。

② 〔日〕内田贵：《契约的再生》，胡宝海译，中国法制出版社，2005，第 31 页。

③ 〔美〕赫尔母特·施泰因贝格：《美国宪政主义和德国宪法发展》，郑戈等译，载〔美〕路易斯·亨金等编《宪政与权利》，三联书店，1996，第 271 页。

④ 陈霞明：《论实质平等》，《江西社会科学》2007 年第 4 期。

国际人权公约，也有对某些"积极措施"的司法限制。虽然联合国人权事务委员会认为"公民暨政治权利国际盟约"第 3 条赋予成员国采取"积极措施"的义务，但在具体执行中，委员会还没有认定哪个国家违反了其积极义务。① 确保实质平等规定的积极措施，不像形式平等那样具有可诉性的主要原因如下。其一，是否采取积极措施以及采取何种措施是一个主权国家的内部事务，且何种措施是适宜的，人权事务委员会并不比缔约国更适合作出判断，"缔约各国在决定其采取的特别措施时还有很大的考量幅度"。② 也就是说，只有缔约国能够采取积极措施而不作为时，才可能违反公约。其二，即便某些条款要求缔约国采取特别积极措施，法院也更倾向于将其视为对缔约国的一种呼吁而非一种法律强制。社会促进法的某些规定也有类似的情况，有一定的司法限制性，尤其是涉及国家义务的时候。如我国《慈善法》第九章中的"促进措施"，有很多就不能起诉。其第 86 条规定，国家为慈善事业提供金融政策支持，鼓励金融机构为慈善组织、慈善信托提供融资、结算等金融服务；第 88 条规定，国家采取措施弘扬慈善文化，培育公民慈善意识；第 91 条规定，国家建立慈善表彰制度，在慈善事业发展中作出突出贡献的自然人、法人和其他组织，由县级以上人民政府或者有关部门予以表彰。这些都是倡导性规定，都是不能起诉的。但是，并非社会促进法的所有规定都不能起诉，如慈善法、反歧视法、扶贫法、非营利组织法的很多规定都是可以起诉的。目前我国的相关立法还很不完善，需要进一步加强。

二 社会促进法的内容体系

(一) 慈善法

1. 慈善法的起源与发展

追根溯源，西方慈善事业肇始于宗教教义的感召，最初是个人或宗教

---

① 庄国荣：《西德之基本权理论与基本权的功能》，《宪政时代》1990 年第 3 期，第 40 页。

② 〔芬兰〕凯塔琳娜·佛罗斯特尔：《实质平等与非歧视》，中国 - 欧盟人权网络秘书处译，《环球法律评论》2005 年第 1 期。

团体的自发性民间行为。慈善一词的英文为 Philanthorpy，源于古希腊语，原意为"人的爱"，大约从 18 世纪开始使用。Charity 也是慈善的意思，该词出现较早，可以追溯到公元前，其本意为"爱"。① 在西方，基督教文明作为慈善文化的原动力，提倡人们建立以上帝为精神支撑的绝对尊崇和原罪救赎观念，将"救助贫苦"作为宗教义务之一，逐渐培植起人的博爱、谦卑和忏悔等精神观念，为慈善事业发展确立了基本方向。在英国，早期只有教会从事济贫工作。随着资本主义的发展，社会贫富差距日益扩大，贫民数量激增令教会体系不堪重负，转而寻求政府帮助。当时，英国航海贸易发达，民间财富大量增加，兴办民间慈善事业的个人和团体越来越多，客观上产生了由国家立法进行管理的需要。1601 年，英国颁布了世界上第一个规范民间慈善行为的法律《慈善用途法》。该法不仅定义了慈善行为和慈善公益组织，规定这类行为和组织所具有的公益性、慈善性和民间性等特点，还明确表示了政府对于民间慈善事业的支持态度，确立了从事慈善行业、筹集社会资源的法律依据。② 美国沿袭了英国的法律传统。目前，美国的慈善组织主要分为四类，包括社区邻里机构、宗教团体、基金会、联合集资和募款组织等。基金会是慈善行业的主要运作方式，现代慈善事业的标志正是各类基金会的兴起。③ 根据有关规定，基金会是指拥有资产的、非营利性的非政府组织，它们或者直接从事，或者通过向其他非营利组织拨款来资助慈善、教育以及其他公益活动。对慈善的定义也比较宽泛，只要是"将时间与产品转移给没有利益关系的人或组织"，"这种行为就被称为'慈善'或'博爱'"。④

　　我国历史上有慈善思想、慈善文化和慈善举措，但是没有系统的慈善法规，慈善文化起源于以儒家为主要代表的传统文化，其思想内核为"仁"，讲求由仁而趋善，包括民本思想、大同思想和孝悌观念等，对我国

① 赵环：《西方慈善事业专业化的经验与借鉴》，《社会工作》2008 年第 2 期。
② 赵环：《西方慈善事业专业化的经验与借鉴》，《社会工作》2008 年第 2 期。
③ 李韬：《慈善基金会缘何兴盛于美国》，《美国研究》2005 年第 3 期。
④ 〔美〕加里·S. 贝克尔：《人类行为的经济分析》，王业宇等译，三联书店，1995，第321 页。

后世慈善事业发展产生了重要影响。① 从现有史料来看，《北史》称崔光"宽和慈善，不忤于物，进退沉浮，自得而已"，这可能是"慈善"二字合成使用的最早载录。② 事实上，不论是在西方还是在中国，慈善事业都有一个共同点就是"悯孤恤弱、济贫助困"，而慈善法就是为了规范和推动慈善事业的发展，其必然体现了对弱势群体救助和保护的基本精神。

2. 慈善法的性质定位

社会发展过程中必然会出现贫弱群体，只要基于善心而无偿关注、帮助社会中的弱势群体的行为，都可以看作慈善行为。慈善法对慈善募捐的组织、募捐过程、获得募捐的财务运转等进行规定，同时通过法律所具有的引导功效和强制功效，规定取得"慈善机构"身份的企业或个人可以享受多方面的减税待遇，以引导整个社会多做善事，更好地促进社会公平。有学者认为，慈善事业具有扶危济贫、协调社会发展的内在功能，因而具有社会保障的作用，可以把慈善事业看作社会保障事业的一部分。③ 诚然，慈善事业与社会保障在维护社会稳定方面具有相似的社会功能，但二者有很大的不同。首先，主体不同。慈善是民间行为，社会保障是政府行为。其次，资金来源不同。慈善资金主要来自民间，社会保障资金主要来自财政，当然前者包括政府购买服务，后者包括个人缴费。再次，实施机制不同。慈善是自愿行为，社会保障是强制行为。最后，行为特征不同。慈善具有随机性，社会保障具有制度性。也就是说，慈善法中的支付不能由法律进行规定，更不具有强制性特征，而社会保障法中的支付是由法律明确规定的，具有一定的强制性。因此，不能将慈善法纳入社会保障法律体系，二者都属于社会法，慈善法属于社会促进法，而社会保障法、社会保护法和社会促进法构成了社会法的主要内容或者说基本维度。

作为社会法，慈善法具有公法的某些特征，如政府对慈善事业监督、管理和对违法行为的处罚，都具有公法性质，但是不能将慈善法看作行政

---

① 任振兴等：《中外慈善事业发展比较分析——兼论我国慈善事业的发展思路》，《学习与实践》2007 年第 3 期。

② 周秋光等：《中国慈善简史》，人民出版社，2006，第 3 页。

③ 郑功成等：《中国社会保障制度变迁与评估》，中国人民大学出版社，2002，第 68 页。

法。将慈善法看成行政法，必然导致慈善组织缺乏独立性和自主性、财政拨款成为慈善资金的主导、慈善组织的社会融资能力弱、组织内部行政管理色彩浓厚等现象，依靠政府推行强制捐款和摊派捐款，必将使慈善捐款环境日益恶化，最终葬送社会慈善事业。俄罗斯《慈善活动与慈善组织法》将慈善行为定义为自然人和法人的任意行为，目的在于谋求某种无私和无偿的公众利益或他人的福利，规定事实慈善行为的方式有两种，社会的形式（慈善基金会）和个人的形式（公民个人进行慈善活动），明确规定政府的救助不属于慈善行为。① 慈善行为是一种道德义务，政府救助是一种法律义务，二者的性质完全不同。同时，慈善法也有私法的某些特征，如救济和接受救济都遵循"自愿"原则，不能强迫，慈善组织在定位上也属于 NGO。但慈善法与私法又有很大的不同，它不以"等价"为原则，也不以"有偿"为条件，权利人的行为也不是完全的意思自治。慈善法最重要的作用就是，确立政府干预慈善行为的"群己权界"，因为现代慈善事业是一个政府无法包揽的社会性事业，具有明显的社会性特征。各国通过立法，明确慈善机构的独立法人地位，让慈善组织真正独立承担民事责任，大力培育发展民间慈善组织，发展慈善事业，是大势所趋。

（二）反歧视法

1. 反歧视法及其特点

国际人权法对"歧视"的定义为：基于种族、肤色、性别、语言宗教、政治或其他见解、国籍或社会出身、财产、出生或其他身份而作的任何区别、排斥、限制或优待，其目的或效果妨碍或否定了任何人的一切权利和自由在平等的基础上的承认、享有或行使。② 《朗文法律词典》对"歧视"的定义更为简洁：对处于相同情况下的人或团体加以不同对待，例如性别或种族歧视。③ 《消除一切形式种族歧视国际公约》第 1 条将"种族歧

---

① 徐冀鲁：《社会募捐也应有一定的法律规范——俄罗斯慈善法草案简介》，《现代法学》1994 年第 6 期。

② 李薇薇：《论国际人权法中的平等与不歧视》，《环球法律评论》2004 年第 2 期。

③ *Webster's Dictionary & Thesaurus*, Pop-Publications Ivyl and 1989 Edition, p. 23.

视"定义为：基于种族、肤色、世系或民族或人种的任何区别、排斥、限制或优惠，其目的或效果为取消或损害政治、经济、社会、文化或公共生活任何其他方面人权及基本自由在平等地位上之承认、享有或行使。《消除就业和职业歧视公约》对"就业歧视"所下的定义是：根据种族、肤色、性别、宗教、政治观点、民族血统或社会出身所作出的任何区别、排斥、优惠，其结果是剥夺或损害在就业和职业上的机会或待遇上的平等。《消除对妇女一切形式歧视公约》第 1 条将"对妇女的歧视"定义为：基于性别而作的任何区别、排除或限制，其效果或目的在于妨碍或否定妇女对人权及基本自由之承认、享有或行使。正如恩格斯所说："只要妇女仍然被排除于社会的生产劳动之外而只限于从事家庭的私人劳动，那么妇女的解放，妇女同男子的平等，现在和将来都是不可能的。妇女的解放，只有在妇女可以大量地、社会规模地参加生产，而家务劳动只占她们极少的工夫的时候，才有可能。"①

在很多国家的国内法中如澳大利亚和加拿大，反歧视法都存在两个层次的解决指控程序，即委员会的和解程序与司法诉讼程序。这种司法上的特殊性，具有反歧视法的公、私法融合性质，也体现了其社会法特征。如澳大利亚规定，受害人一旦认为受到某种歧视，可以向人权与机会平等委员会提出指控。该委员会由 6 名专职委员组成，其中包括一名反对性别歧视委员、一名禁止种族歧视委员和一名禁止对残疾人歧视委员，并由相应的委员通过和解方式来处理。如果案件不能和解或指控程序被委员会终止，指控人可以在接到通知之日起 28 日内，向澳大利亚联邦法院提起诉讼。联邦法院经过审理后，将作出具有约束力的判决。② 在加拿大，有一个人权委员会专门负责处理有关社会歧视的指控。如果和解不成，或当事人不服指控被驳回，或事情非常严重，委员会认为不宜进行和解，案件将会被提交到人权法庭处理，进入正式司法程序。③ 加拿大有一部综合性的

① 《马克思恩格斯选集》第 4 卷，人民出版社，2012，第 178—179 页。
② 李薇薇：《国际人权法中不歧视原则的国内实施机制——加拿大与澳大利亚法律模式的借鉴》，《法学杂志》2003 年第 4 期。
③ 李薇薇：《国际人权法中不歧视原则的国内实施机制——加拿大与澳大利亚法律模式的借鉴》，《法学杂志》2003 年第 4 期。

反歧视法即《加拿大人权法》，各种类型的歧视包括种族、性别、残疾、宗教等理由，都被纳入该法的调整范围，包括公共服务领域中的歧视、就业中的歧视和政策上的歧视等。一些发达国家还专门制定了协调男女两性社会关系、保护女性权益、反对性别歧视的专门性法律。这些法律的目标都是促进社会实质平等，具有典型的社会促进法特征。

我国还没有专门的反歧视法。从现实生活来看，各种歧视现象普遍存在，有些方面可以说已经很严重。2005 年 12 月，CCTV 对就业歧视进行了一个网上调查，结果显示，有 74% 的求职者遭遇过就业歧视。可见，就业歧视在我国已不是个案，不是小概率事件，不是靠道德和舆论谴责就可以解决的。[①] 郑功成教授认为，在中国的就业市场上，90% 以上的招聘广告均含有歧视性条款，包括年龄歧视、性别歧视、学历歧视、户籍歧视、地域歧视乃至身体歧视如身高、相貌等，就业歧视已愈演愈烈。[②] 在其他领域，社会歧视也不可小觑，必须出台一部专门的反歧视法进行调整和规制。

2. 反歧视的国际法视角

从目前来看，"不歧视原则"已成为国际法的核心。《联合国宪章》第 1 条即申明，联合国的宗旨之一是"不分种族、性别、语言或宗教，增进并激励对全体人类之人权及基本自由之尊重"。《经济、社会与文化权利国际公约》第 2 条规定，人人应享受法律的平等保护，不因"种族、肤色、性别、语言、宗教、政治或其他主张、民族本源或社会出身、财产、出生或其他身份"而受歧视，要求缔约国废除或修改带有歧视性的立法。《消除对妇女一切形式歧视公约》第 4 条第 1 款规定：缔约各国为加速实现男女事实上的平等而采取的暂行特别措施，不得视为本公约所指的歧视，亦不得因此导致维持不平等或区别的标准，但这些措施应在男女机会和待遇平等的目的达到之后，停止采用。消除对妇女歧视委员会第 5 号一般性建议指出，审查缔约国报告后发现，缔约国在消除歧视性立法方面取得了很大的进展，但仍然需要采取行动实现事实上的男女平等，因此，委员会建议缔约国更多地利用暂时的特别措施，如积极措施、优惠待遇、名额制度

---

① 魏雅华：《中国亟需〈反就业歧视法〉》，《观察与思考》2006 年第 21 期。
② 魏雅华：《中国亟需〈反就业歧视法〉》，《观察与思考》2006 年第 21 期。

来提高妇女的地位。国际劳工组织《消除就业和职业歧视公约》第 1 条第 2 款规定：对一项特定职业基于其内在需要的任何区别、排斥或优惠不应视为歧视。如清真寺规定招用信仰伊斯兰教的工作人员，并不构成对其他人的就业歧视。对就业歧视总的判断原则是"关联性原则"，即对公民就业权所实施的各种限制必须确定是基于职业、工种或岗位本身特殊性的内在需要，或者说该种限制应与相对应的工作具有内在的关联性，确属从事该工作所必要、合理之限制，故又称"内在需要原则"或"必要性与合理性原则"①，这一规定已成为各国反歧视法的基本原则。

3. 反歧视的国内法视角

在西方，如欧盟及日、美都有关于反就业歧视的立法。尤其是美国，劳动立法十分完善，仅反就业歧视的立法就有十余部，且有大量判例，具有重要的立法价值。其中，比较典型的有《薪酬平等法案》《民权法案》《反年龄歧视法案》《怀孕歧视法》《职业安全与健康法案》《联邦职业复兴法案》等。不仅如此，美国的法律还规定了"例外情况"，即雇主在某些特定的情况下，可以不必受到反歧视法的约束，如清真寺的神职人员限定为伊斯兰教徒是合法的等。② 1963 年的《薪酬平等法案》规定了"同工同酬"原则，禁止雇主对女性受雇者加以性别歧视。但该法的最大缺陷是对雇佣以及升迁等重要雇佣措施未做任何规定。③ 1964 年《民权法案》第七章规定，雇主因为一个人的种族、肤色、宗教信仰、性别或最初国家来源等而没有雇佣或拒绝雇佣此人，或解雇此人，或在薪酬、就业条件或就业权利等方面采取歧视性行为以及对雇员或求职者以任何一种方式实施限制、隔离或分类，以剥夺此人的就业机会或对其他雇员地位产生负面影响的行为都属于非法行为。但是，如果宗教信仰、性别或者原始国籍等因素是雇主事业正常运作所必需之真实职业资格（BFOQ），则不适用该法。1991 年的《民权法案》对该法第七章、《美国残疾人法案》和《就业年龄歧视法案》进行了修订：在歧视案件中，增加了补偿性损害赔偿和惩罚性

---

① 陈亚东：《中美反就业歧视法之比较》，《重庆社会科学》2006 年第 5 期。

② 范忆：《就业领域中的反歧视措施》，《社会》2003 年第 2 期。

③ 陈亚东：《中美反就业歧视法之比较》，《重庆社会科学》2006 年第 5 期。

损害赔偿的规定，将合同的缔结、执行、修正、终结以及合同关系中所有利益、权利、各种关系和条件都包括在内。同时，很多政令都涉及"反歧视"问题，如 11478 号政令要求联邦政府的所有雇佣政策应当建立在业绩和适合的基础之上，并明确种族、肤色、宗教信仰和最初来源国等因素不被考虑在内。[①]

日本于 1975 年制定了《反对性别歧视法》，挪威于 1972 年制定了《男女平等地位法》，瑞典于 1980 年制定了《男女机会均等法》，芬兰于 1987 年制定了《男女平等法》，这些立法都从反性别歧视角度，保障妇女的合法权益。历经修改的《法国民法典》一方面确立了天赋人权的原则，规定在法律面前人人平等，另一方面明确规定妇女有超越男子的某些特殊权利，具有与未成年人、残疾人、老年人等一样的法律地位。国家应当以向妇女倾斜的方式，负担起提升女性经济地位，缓和抽象人格平等与现实地位差距之间的矛盾。澳大利亚也有一系列的反歧视立法，除了 1975 年批准的《消除一切形式种族歧视公约》，还有同年制定的《反对种族歧视法》，以及后来制定的《禁止性别歧视法》《人权与平等机会法》等。国家以法律形式对各种歧视行为进行了界定，明确规定了禁止歧视的领域。但是，根据法律规定，如果为了某一族群或某一弱势群体平等地享有或行使人权与基本自由而采取了必要的特殊措施，则不属于歧视。因为这些特殊措施正是为了促进该族群或弱势群体获得实际平等地位。[②]

（三）就业促进法

就业歧视指在其他条件相同的情况下，劳动者求职时因自身非经济特征遭到雇主拒绝，或在职过程中因自身非经济特征在晋升、工资、在职培训等方面受到不公正待遇。就业促进法主要解决表面上平等而事实上不平等的就业权问题，与反歧视法是一个问题的两个方面，它们都是社会促进法的重要组成部分。其宗旨是，促进就业，发展和谐劳动关系，推动经济

---

① 陈亚东：《中美反就业歧视法之比较》，《重庆社会科学》2006 年第 5 期。
② 李薇薇：《国际人权法中不歧视原则的国内实施机制——加拿大与澳大利亚法律模式的借鉴》，《法学杂志》2003 年第 4 期。

发展同扩大就业良性互动，实现社会和谐稳定。就业歧视是一种就业障碍，会对就业产生消极影响，人为地加剧失业，使一部分人丧失工作机会，以致被剥夺工作和生活权利。大多数就业歧视源于雇主偏见，雇主既定的偏好使求职者因为性别、地域、身高等被拒，即使他们的生产率不低于其他人。相对而言，处于弱势地位的雇员很少会因个人偏见影响雇主招聘，一般雇员歧视导致的就业歧视很少。一项针对包括北京、上海在内的国内 10 大城市的调查显示：85.5% 的人认为，现实生活中存在就业歧视；58% 的人认为，就业歧视严重和比较严重。[①] 因此，政府必须从全社会利益出发，制定出有效的政策规范，维护就业平等。就业促进法与反歧视法由于在本质上是相辅相成的，兹不赘述。

（四）扶贫法

扶贫法主要是明确扶贫机构及其人员的职责、职能与工作机制，对扶贫开发的范围和目标、扶贫对象、扶贫标准、扶贫投入、社会帮扶等进行规范，促进扶贫开发工作更有力、更有序地开展。扶贫法不是公法，也不是私法，作为社会法的重要组成部分，它同样具有公、私法融合的性质和特征。因此，扶贫不仅仅是政府的责任，也是社会各界的共同责任。当然，各个主体的责任有所不同，政府扶贫以公法规范为主，由国家安排专项资金，直接帮助贫困地区和贫困人口脱离贫困；社会扶贫以私法规范为主，是社会各界共同参与扶贫事业，从不同角度扩大扶贫资源，提高扶贫工作水平。扶贫法的目标就是，形成政府、行业和社会等多方力量、多种举措相互结合、互为支撑的扶贫格局，鼓励民营企业、社会组织和个人以多种形式参与扶贫。社会扶贫可以增加财政资源、社会资源、组织资源，而且可以弥补现有制度的不足，改变政府扶贫资源传递渠道单一等问题。同时，还要重视调动扶贫对象的积极性，如制定扶贫相关政策时，对有劳动能力的贫困家庭规定享受相关政策的最长期限等，防止其对政府和扶贫政策产生依赖。

---

① 张雄等：《从就业歧视的角度看〈就业歧视法〉》，《中国集体经济》2007 年第 5 期。

一般来说，扶贫的基本方式有两种，一种是救助式扶贫，另一种是开发式扶贫。前者是对最低保障标准以下的贫困人口以家庭为单位提供补助，维持其最低生活水平，是"输血"式扶贫，更多地关注其生存权；后者是为所有具有劳动能力的扶贫对象创造条件，提供生产发展机会，提高其自我发展能力，是"造血"式扶贫，更多地关注其发展权。扶贫法的核心是后者而不是前者，因为前者属于社会救助法的范畴，社会救助法属于社会保障法。扶贫法属于社会促进法，在法律功能和法律目标上与社会救助法不同，执行和实施机构也不相同，社会救助在民政部门，扶贫在政府扶贫办公室。但是，社会保障法和社会促进法都属于社会法，二者既有区别，又有联系。从国际上看，扶贫的重点都是振兴和开发落后地区，如美国的《地区再开发法》《公共工程和经济开发法》《鼓励西部植树法》《沙漠土地法》，英国的《工业分布法》《工业法案》等，都是典型的扶贫法，与《社会保障法》和《社会救助法》的内容完全不同。这些国家的扶贫法，在缩小地区差距、振兴和促进落后地区经济和社会发展上起到了非常重要的作用。

（五）社团法

1. 社会法上的社团

社会促进法包括一部分社团组织法，但并非全部社团法都是社会促进法。具体来说，只有以利他和促进社会实质平等为宗旨的社团法才是社会法。社团的概念很宽泛，有人称之为"民间组织"、"非营利组织"（Nonprofit Organizations，简称NPO）、"非政府组织"（Non-governmental Organizations，简称NGO）、"第三部门"（Third Sector）等，这些词尽管有很多相近之处，但也有不同，不能等同。在我国，政府文件一般称"社会团体"，较少用"非政府组织"、"非营利组织"和"民间组织"等词。1989年10月国务院发布的《社会团体登记管理条例》规定，社会团体主要指在中国境内组织的"协会、学会、联合会、研究会、基金会、联谊会、促进会、商会等"。可以肯定，社会促进法上的社团包括研究会、基金会和促进会等，但不包括协会、联合会、联谊会、商会等自利性团体，其内涵有点类似于俄罗斯的"社会联合组织"。在俄罗斯，社会联合组织被界定为"根据利益一致原则联合起来的公民的动议，为了实现章程中规定的总目标而自愿成立的、自我管理的非营利组织"①，包括公益性基金会、社会独立团体等，但不包括政党组织、宗教团体、行业协会和商会等自利性团体，后者由《政党法》《良心自由和宗教团体法》《非营利组织法》等进行规制。社会促进法中的社团主要指以促进社会实质公平和发展进步为己任的社会组织，"尤其是那些维护草根阶层权益的组织"②，如红十字会、扶贫基金会等。随着福利国家的出现及发展，各种社会关系越来越多，它们无法再用私法或者公法加以分门别类，促进了所谓的（第三法域）社会法的诞生。③

社会法上的社团不同于马克思所谓的"市民社会"。"市民社会"一词来源于黑格尔的论述。黑格尔认为，市民社会处于家庭和国家之间的地带，它不仅仅是市场得以运作及其成员得到保护所必需的制度，同时通过同业公会将个人组合为超个人的集体。他所谓的"市民社会"的逻辑体系有三个组成部分：需求的体系（市场经济）、多元的体系（自愿组织）和司法的体系（警察和司法结构）。④ 其中的自愿组织就是自治性团体，如同业公会等。在黑格尔看来，自愿组织联结着个人与国家，私人利益和普遍利益，有助于克服个人主义，培育公共精神。可见，黑格尔将在市民社会和国家机构之间起中介作用的任务赋予了"法团"。近代以来，市民社会所造就的"法团"并非仅仅表现为原子化、疏离化的乌合之众。恰恰相反，市民社会的政治解放在展现出普遍社会的独立"经济人"这一宏伟景观时，也对传统血缘、等级社会结构进行了重大改组，形成了以角色分化、利益联结及合理性追求为表征的众多社会组织，尤其是公司、政党及各种利益团体，成为市民社会丰富而多样性的、富有生命力的象征。⑤ 事实上，现代国家所谓的社团与黑格尔所谓的市民社会已经有很大的不同，

① 李伟：《俄罗斯结社法分析》，《学会》2007 年第 1 期。
② 王绍光：《实践与理论：各国第三部门概观》，天津人民出版社，2001，第 383 页。
③ 〔德〕哈贝马斯：《公共领域的结构转型》，曹卫东译，学林出版社，1999，第 176 页。
④ 邓正来：《国家与社会》，四川人民出版社，1997，第 32 页。
⑤ 马长山：《国家、市民社会与法治》，商务印书馆，2002，第 160 页。

其更强调公民对社会政治生活的参与和对国家权力的监督与制约。正如哈贝马斯所说："今天称为'市民社会'的，不再像在马克思和马克思主义那里包括根据私法构成的，通过劳动市场、资本市场和商品市场之导控的经济。相反，构成其建制核心的，是一些非政府的、非经济的联系和自愿联合。"①

2. 两种错误观点

（1）社会法是社会团体法。这种观点认为，社团在近两个世纪得到了巨大的发展，那些处于相同社会境遇，有相似文化价值观的人群，为了共同的利益，纷纷结社，产生了巨大的社会影响。② 伴随着社团成为重要的社会主体，原有的"市民社会 – 政治国家"二元社会结构相应地演变为"市民社会 – 社会团体 – 政治国家"三元结构：一方面，国家进一步还权于社会，如一些原来政府的管理职能下放到社团以增强其自律性；另一方面，原来分散于民间的私权，随着社团的建立而重新集结③，使社团在现代三元社会结构中居于纽带地位。由于利益主体的多元化，仅靠政府难以代表不同利益主体的利益，需要建立能够反映自己利益的社团来维护自身利益。这是因为，个体维护自己利益的力量是有限的，社团则能使其诉求组织化，在利益多元化的社会中为其利益表达发挥重要作用。④ 他们将社团之间和谐平衡的利益关系看成增进社会利益的基础，认为社团逐渐成为个体成员利益的代表，个体利益只有依托或以社团利益的形式存在才能得到完满实现，将社会结构的变迁和社团利益的非均衡分布理解为社会法产生的"现实社会基础"⑤，恰恰违背了社会法的理念和原则。事实证明，团体社会形成后，在"社团自由竞争、政府不干预"的多元主义模式下，强势社团常常凭借其优势地位，通过政治竞争支配政府的公共政策，呈现越来越强的态势；反之，弱势社团占有的社会资源较少，内聚力弱，结果使强势社团吞噬了大部分的社会利益，而弱势社团的利益

---

① 〔德〕哈贝马斯：《在事实与规范之间》，童世骏译，三联书店，2003，第453页。
② 韩震：《公共社团主义的兴起及其理论》，《中国社会科学》1995年第2期。
③ 郭道晖：《论社会权利与法治社会》，《中外法学》2002年第2期。
④ 汪志强：《我国非政府组织：检视、批评与超越》，《武汉大学学报》2006年第2期。
⑤ 毛杰等：《从社会结构和利益关系的变迁看社会法的基本特征》，《前沿》2004年第3期。

往往落空。这种团体之间激烈的利益冲突，显然不是社会整体利益持续、普遍地增进，而是呈现"强者越来越强、弱者越来越弱"的马太效应，因此，这种社会团体法绝不可能是社会促进法，社会促进法反对以自利形式谋取团体利益。

（2）社会法包括社会团体章程。这种观点认为，社会法的法律渊源不仅限于"国家制定法"层面，而且大为扩张：社团章程、行业惯例、纠纷处理规则等规范，对次级社团具有约束力，也是社会法渊源的重要组成部分。① 目前，持有这一观点的学者不在少数。由前述可知，社会团体法不必然是社会法。社团作为一种社会实体，可以参加不同的法律关系，成为不同法律关系的主体，比如参加民事法律关系，就成为民法主体，参加行政法律关系，就成为行政法主体，参加经济法律关系，就成为经济法主体，等等。② 只有以促进社会实质公平和发展进步为宗旨，以利他主义为原则，尤其是以维护弱势群体利益为纲领的社团法，才是社会法。但是，社团章程等在任何时候都不是社会法，甚至根本就不是"法"，因为法的产生有严格的程序和条件限制，其制定或认可的主体只能是国家，并非所有的具有拘束力的东西都是法律，这是法律常识。社团章程根本不具备法的构成要件，如中央机关的文件、公司内部管理制度，甚至过去的"家法"都在一定范围内有约束力，按照他们的逻辑，这些规则不仅是法，而且是社会法，真是失之千里。过去"帮会"都有帮规，依此类推，帮规也是社会法。这种观点过于荒谬，兹不再驳。

三 社会促进法的除外批判

（一）公益法

1. 公益法不是社会法

从字面意思来看，公益即公共利益，其实质是社会财富的再分配。公益活动指一定的组织或个人向社会捐赠财物、时间、精力和知识等活动，

---

① 毛杰等：《从社会结构和利益关系的变迁看社会法的基本特征》，《前沿》2004 年第 3 期。
② 单飞跃等：《社会法：一种经济法研究进路的反思》，《湘潭大学学报》2001 年第 5 期。

包括社区服务、环境保护、知识传播、公共福利、帮助他人、社会援助、社会治安、紧急援助、青年服务、慈善、社团活动、专业服务、文化艺术、国际合作等等。公益事业指直接或间接为经济活动、社会活动和居民生活服务的部门、企业及其设施，包括自来水生产供应系统、公共交通系统、电气热供应系统、卫生保健系统、文化教育系统、体育娱乐系统、邮电通信系统、园林绿化系统等。公益事业可以由政府投资建设和经营管理，也可以由私人企业建设、经营管理，如电力的生产和供应、公共交通运行等。在英美法系国家，其一般认为，公益目的包括扶弱济贫、发展教育、促进宗教和其他社会公益事业。① 我国台湾地区"信托法"第69条将"以公益目的"定义为"以慈善、文化、学术、技艺、宗教、祭祀或其他公共利益为目的"。大陆学界所谓的公益法也是一个很大的概念，远远超过社会法调整的广度和范围。作为一个法律门类，公益法的范围比部门法还要宽泛，"它不是公法，不是行政法，不是刑法，也不是民法"，公益诉讼"不是单为律师保留的一个领域"，因为它"还会涉及到疏通、研究、辩护以及人权教育"。② 如李龙认为，公益法是与阶级法相对的，泛指不具有阶级性、维护所有社会成员共同利益和要求的法律，它调整的是"人同自然界和全社会的关系，其目的在于保护和促进人类的生存和发展，保护和发展全社会的共同利益"③，主要包括科技法、环境与自然资源保护法以及法律化的各项技术规范、鼓励发明创造的发明法、专利法等。他将调整人与社会的关系，维护社会秩序和公共安全的法律称为"社会法"，如交通法、计划生育、社会救济和保险法、食品卫生法等。他所谓的"社会法"与20世纪初出现的社会法学派所讲的社会性是不同的，因为他们把人们的一切关系都拉入"社会连带关系"的范围，而一概否定法的"阶级性"。但他赞同"社会法学派关于人们在社会生活中形成某些共同的需求这一观点"，认为"它反映了客观事实，对于研究公益法有一定启示作用"。④

---

① Denis Ong, *Trusts Law in Australia*, The Federation Press, 1999, p. 271.
② 〔南非〕温诺德·杰昌德：《促进国内人权法发展的公益诉讼策略》，冉井富译，《环球法律评论》2006年第3期。
③ 李龙：《公益法简论》，《湖北师范学院学报》1988年第3期。
④ 李龙：《公益法简论》，《湖北师范学院学报》1988年第3期。

2. 公益法的法律本质

事实上，李龙对于公益法和社会法的理解都是错误的，这在一定程度上反映了我国理论界的混乱现状。首先，公益法不是一个法部门，而是一个法律群，是所有维护公共利益法律的统称，其中既有公法、私法，也有第三法域的法，因此与社会法不能等同。有些维护社会公共利益的法律如社会保险法、社会福利法、社会救助法、慈善法等属于社会法，但并非所有维护公共利益的法律都是社会法，如宪法、刑法、民法、行政法等都有维护公共利益的内容和条款。社会法与其他法部门维护公共利益的角度不同，法律原理和原则等也不相同。其次，一些公益法如环境保护法、消费者权益保护法属于第三法域，这些法律与社会法一样，具有第三法域法的一些共同特征。比如，在公益诉讼中，原告由于非直接利害关系人，不存在私法诉讼中基于当事人意思自治原则而拥有的处分权，因为"原告不仅仅是为自身起诉，而是为集体，为一个集团或亚集团起诉；正是这一集团而不只是当事人必须恢复其'集体性权利'的享有。因而，观念上的当事人的义务以及法院监控的责任就变得更加严格了。一方面，当事人不能自由地'处分'争议的集体权利；另一方面，法官有责任确保：当事人的程序行为是，且在整个诉讼程序中皆保持为公共事业的'胜任的捍卫者'"。① 也就是说，公益诉讼中当事人的尤其是原告的处分权和社会法中原告的某些处分权一样，受到了一定的限制。正是因为某些公益法具有与社会法一样的特征，很多人将公益法看成社会法。最后，公益法与社会法有交叉。例如，《公益事业捐赠法》就是典型的社会法，具有社会法的本质特征。根据该法，捐赠协议是诺成性合同，一经订立就具有法律效力，不可随意撤销。这一规定将一般性赠与与公益性赠与区别开来，前者属于民法范畴，后者属于社会法范畴。将公益事业捐赠法理解为社会法，很多民法上无解的问题即可迎刃而解。如一些企业借"慈善捐赠"之名，行"宣传"之实，事前承诺，事后赖账，甚至假借"捐赠"行骗或促销。根据民法"等价有偿"原则，捐赠的标的只要没有实际交付，就可以撤销。但是，

---

① 〔意〕卡佩莱蒂：《比较法视野中的司法程序》，徐昕等译，清华大学出版社，2005，第412页。

社会法上的"慈善捐赠"只要承诺了，就不可以撤销，因为社会法不遵循"等价有偿"原则，其重要特征之一正是"无偿"，因此与民法有很大的不同。

（二）教育法

各国教育法主要包括四个方面的内容：义务教育法、学校法、高等学校法和职业教育法。这些法律规定各类教育的目的，并由议会通过预算法决定教育经费的数额与分配。有学者认为，义务教育法属于社会法。[①] 也有学者认为，成人教育法属于社会法，因为"成人教育法是福利国家理论的一项实践，本质上属于一项社会福利政策。这项政策的根本目的是促进社会总体财富的增加和社会总体福利水平的提高"。[②] 尽管义务教育法和成人教育法都有一定的社会福利性质，但是不能因此说教育法就是社会法。教育法在本质上也是第三法域的法，是国家干预传统私人领域形成的新的法律部门。国家对教育进行干预，主要是使劳动者能够具有获得财产的能力，而且教育有助于培养劳动者的财产权观念。尤其是在现代社会，如果个人没有掌握相当的技艺和知识，就如同失去肢体或者躯体受损一般，没有生活能力，不能自由地发展他的能力，也不利于其获得财产能力。为了排除障碍，国家强行推行初等教育[③]，开办高等教育和各类教育。但是教育法不属于行政法，除了义务教育和针对特定对象之外，政府不能强制他人接受教育，教育也不必然由国家和政府举办，私人也可以举办学校和各类形式的教育。同时，教育法不是纯粹的私法，它不完全遵循意思自治和平等协商的原则。在有些领域，教育收费由市场调节，如商业培训和私立学校收费；在有些领域，教育收费要受到国家严格限制，比如中、高等教育收费；在有些领域，则完全不允许收费，如初级阶段的义务教育，这是一种强行法，不允许收取任何形式的学费。这些都体现了教育法的第三法

---

① 蔡茂寅：《社会法之概念、体系与范畴——以日本法为例之比较观察》，《政大法学评论》第 58 期，1997 年。

② 郭丁铭：《论成人教育法的社会法属性》，《昆明理工大学学报》2007 年第 2 期。

③ 邓振军：《从个人权利到社会权利——格林论财产权》，《浙江学刊》2007 年第 3 期。

域法属性特征，既有公法性质，也有私法性质。

有学者认为，教育法在一定程度上具有社会福利性质，因此也是社会法。例如，成人教育法规定，由国家对成人教育进行全部补贴或部分补贴，而补贴的资金来源于国家税赋。在成人教育的享有者上，大部分为穷人，而不是富人。因为出生在富裕家庭的人一般有财力接受系统的正规教育，对成人教育的依赖程度远远小于穷人。因此，成人教育是"劫富济贫"的一种社会财富再分配形式，符合社会法的宗旨和性质。[①] 也有学者提出，从价值取向上看，"成人教育法主张积极实施分配正义，关注社会福利的增进，从而实现社会的总体和谐。它不属于权利本位的私法，也不属于义务本位的公法，而是公法和私法相交融的社会法"[②]，各种成人教育形式，包括扫盲、学历教育、岗位培训、继续教育、社会生活文化教育都是为了提高成人的教育水平和素质，增强其在劳动力市场上的竞争能力，从而提高其抵御各种不幸的能力。事实上，这是将社会法上的生活安全和提升主体的生活能力混淆了，社会法的要义是直接维护主体的基本生活安全，不包括提升其生存竞争技能，后者是无限的，也是没有止境的。而且，不是所有的与国家福利相关的法律都是社会法，例如卫生法在某些方面也有社会福利性质，但我们不能说卫生法就是社会法。

（三）人口与计划生育法

人口法起源很早。根据《周礼·地官》的记载，为了保证人口增长，我国西周时规定男女达到结婚年龄就要完婚，并专门设立"媒氏"一职主管民众的婚配事宜。春秋时期，著名政治家管仲在《管子·重令篇》中说，"地大国富，人众兵强"，"终身之计，莫于树人"。在当时战乱纷争的情况下，其采取鼓励生育的政策。《国语·越语》记载，越国为了获得足够的人力，颁布法令规定：男20不娶或女17不嫁，其父母有罪；生男孩者，奖两壶酒一只犬；生女孩者，奖两壶酒一头猪；一胎生两个，由官府免费供应食粮，一胎生三子，由官府代雇乳娘；婴儿断乳，官府代为哺

---

① 郭丁铭：《论成人教育法的社会法属性》，《昆明理工大学学报》2007年第2期。
② 郭丁铭：《论成人教育法的社会法属性》，《昆明理工大学学报》2007年第2期。

养；等等。① 这些都是人口法最早的记载。相比之下，计划生育法起源较晚，主要是世界人口的急剧增长，以及移民、难民等问题引起的。因为人口的过快增长，不仅影响一个国家国民经济的发展，而且影响人民实际生活水平的提高。目前，世界各国的生育政策和法规差别很大，俄罗斯、法国、德国等国家采取鼓励生育的人口政策，而发展中国家多采取控制人口增长的政策。根据世界银行统计，采取节制生育或倾向节制生育人口政策的国家，其人口数占世界人口总数的70%。整个世界主要是从可持续发展的高度来认识人口问题。如1974年8月在布加勒斯特世界人口会议上通过的《世界人口行动计划》、1981年10月在亚洲议会人口和发展会议上通过的《人口与发展北京宣言》、1984年8月在国际人口会议上通过的《墨西哥城人口与发展宣言》和《进一步执行〈世界人口行动计划〉的建议》、1994年9月在开罗通过的《国际人口与发展大会行动纲领》等②，都是把人口问题视为与经济和社会发展紧密相关的重要因素。一些国家还制定了专项法规，对人口和生育问题进行规制。如美国自1922年芝加哥市法院制定第一部完整的人口法律《模范优生绝育法》以来，有关人口的法律已涉及人口数量、人口质量、人口管理、人口教育等各个方面，初步形成了自己的法律体系。③ 意大利1978年颁布《终止妊娠法》规定，国家保证一切具有母爱和责任感的生育权，对于人的生命从形成初期开始给予保护。该法第1条申明：本法阐述的自由终止妊娠，不作为控制出生率的手段。墨西哥在1973年制定了《总人口法》，1978年又在《总人口法》的基础上制定了地区人口政策。阿根廷在1977年就通过了《国家有关人口的目标和政策》。我国于2001年通过了《人口与计划生育法》，以维护公民实行计划生育的合法权益，提高计划生育依法行政水平，保障人口与计划生育事业持续、稳定、健康发展。

就人口与计划生育法的研究来说，其起步更晚。迄今为止，有关人口法的概念尚未见到国内外的专门论述。有学者认为，主要原因可能是：其

---

① 《国语·越语》。

② 汤啸天：《我国亟待制定〈人口法〉》，《探索与争鸣》1998年第6期。

③ 杨新科等：《关于人口法研究的几个问题》，《甘肃理论学刊》1998年第6期。

一，人口法是一个正在发展中的全新领域，它与传统的其他法律领域的关系还不十分明确；其二，人口现象非常复杂，且处于不断变化之中，至今有关人口问题的法律还不成熟和完善。① 所谓的人口法，是指协调人口生产和再生产、人口优生优育等的各种法律规范的总称。广义的人口法包括计划生育法，但不包括人口管理法和行为关系法，如户籍管理法、婚姻法和继承法等。计划生育法是专指国家调控生育、人口数量和质量等方面的法律法规，如优生优育法、人口优教法等。从法律性质上讲，人口与计划生育法与社会法一样，同属于第三法域，是"私法公法化""公法私法化"过程中形成的新的法律体系。在过去，人口生育被认为完全是个人的私事，国家可以采取奖励措施却并不干预或惩罚，因此不存在现代意义的人口与计划生育法。后来，随着人口问题越来越严峻，人口压力越来越大，世界上一些国家开始不同程度地将人口生产、人口管理等纳入国家有关计划发展轨道，开始加强人口立法，以法律形式调控人口发展，提高人口素质。这里的"调控"包含两层意义，既包括控制生育，也包括鼓励生育。如我国《人口与计划生育法》规定，"国家采取综合措施，控制人口数量，提高人口素质。国家依靠宣传教育、科学技术进步、综合服务、建立健全奖励和社会保障制度，开展人口与计划生育工作"，"开展人口与计划生育工作，应当与增加妇女受教育和就业机会、增进妇女健康、提高妇女地位相结合"，以保持适度的人口总量、优良的人口质量、合理的人口结构，促进人口与经济、社会、环境、资源的协调与可持续发展。当然，人口立法并非单纯限制人口增长，也包括鼓励和刺激人口增长，如西欧和俄罗斯即鼓励人口增长。由于人口问题是重要的社会问题，而社会法被认为是解决社会问题的法律，人口与计划生育法有时也被看成社会法。如程信和认为，"社会法中包含人口法，这些都可以统一到'可持续发展立法'的战略框架中来考虑"。② 其实，这是对社会法的误解，是将社会法等同为第三法域的必然结果。社会法是保障和促进民众生活安全的法律，与人口与计划生育法迥然不同。

---

① 杨新科等：《关于人口法研究的几个问题》，《甘肃理论学刊》1998 年第 6 期。
② 程信和：《关于社会法问题——兼论开展人口法研究》，《南方人口》1996 年第 3 期。

（四）科学技术法

1. 科学技术法及其定位

科学技术法是调整科技活动领域社会关系的法律规范的总称。作为一个独立的法律部门，科学技术法大约产生于 20 世纪 80 年代，而科学技术法律规范，在科学技术产生时就产生了。尤其是 18 世纪以降，科学技术突飞猛进，极大地改变了人类的生存和生活方式，以及可能的空间、前景或限度。为适应因科技进步而发生巨变的物质生产状况和社会生活方式，以及由此带来的生存发展压力，法律必须作出相应的调整。① 20 世纪六七十年代以后，许多国家将法治的重点由政治转向经济和科技，科技立法受到普遍重视。比如，美国建立了灵活多样的运行机制，通过科技立法促进科技进步，发展和提高生产力。日本提出"科技立国"的战略思想，并明确宣布从法律上、政策上保障科技经济迅速发展。法国先后成立了"科技咨询委员会"和"科技研究部委员会"等机构，并陆续颁布了很多科技法规，以推动科学技术的发展。20 世纪 70 年代，在各国颁布的新法中，科技法规所占的比重越来越大，成为整个法律体系的重要组成部分。②

关于科学技术法在法律体系中的定位，目前主要有七种观点：（1）行政法一部分说，即认为科学技术法是行政法的一部分；（2）经济法分支说，即认为科学技术法是经济法的一个分支；（3）综合性法律部门说，认为其调整对象不是某一种社会关系，而是包含性质不同的多种社会关系；（4）领域法说，认为科学技术法是介于公法和私法的新法域；（5）宪法性法律说，认为其中有很多规范国家行为的条款，这是除宪法之外的任何部门法所不能规范的；（6）独立部门法说，认为它是调整科技活动领域社会关系的法律，具有相对独立性；（7）特殊部门法说，认为它是以开拓先进

---

① 侯纯：《科技法的价值目标》，《科技与法律》2008 年第 3 期。

② 严明清等：《从国际经验看科技法在科技经济发展中的作用》，《科技进步与对策》2002 年第 12 期。

生产力和合理利用自然为目的，而不是以调整社会关系为目的。① 由于科学技术法是为解决科技发展引发的社会问题而产生的，很容易将其理解为社会促进法。事实上，科学技术法与社会促进法有明显的不同。

2. 科学技术法的立法宗旨

科学技术法的立法宗旨与社会促进法有所不同。其主要宗旨是：一方面，保障和促进科学技术事业的进步，以提高国民整体生活水平和品质；另一方面，防止科技发展可能带来的消极后果，如环境污染和破坏等，防止可能造成的有害后果的发生。首先，科学技术法的立法宗旨之一是促进科技进步和科技成果的合理利用，用激励手段鼓励人们投身科技活动，为社会公益做贡献。需要通过鼓励科学发明和技术革新，创造更多的社会财富，并对其予以承认和保护，尤其是对新技术革命的特别领域实行特别扶持和保护政策。比如，企业的任何投资都不能作为免税扣除额，但各发达国家和新兴工业化国家的法律大多规定，企业投入科研开发的资金可按 100% ~150% 作为免税扣除额。又如，科研开发的仪器乃至企业的高技术设备可以加速折旧（日本称为特别折旧制度），这些都不是按照一般的公平原则处理，而是体现国家的特殊扶持和保护措施。依据科学技术法这一规则，社会贫富差距会越来越大，而不是越来越小。因此，尽管科学技术法具有公、私法融合的性质，但其不属于社会法，其价值目标是"效率"而不是社会公平。其次，科学技术法的另一个宗旨是，协调人与科技发展的关系，进而协调人与自然、生态环境的关系，以增进人类的快乐和幸福。在人类历史上，科技的不当应用，曾带来严重和恶劣的社会问题，无论是核技术、基因技术，还是纳米技术，这些令人生畏的高新技术在创造许多前所未有的奇迹的同时，也给人类生活增添了许多未知的无法控制、无法逆转的安全风险和隐患。② 正如爱因斯坦所说："科学是一种强有力的工具。怎样用它，究竟给人类带来幸福，还是带来灾难，全取决于人类自己。"尤其是现代科技的发展，造成了自然环境与生态环境的巨大改变，如现代科技应用带来的温室效应、城市热岛效应问题，转基因的动

---

① 曹昌祯：《科技法在法律体系中定位问题再思考》，《法治论丛》2006 年第 1 期。
② 侯纯：《科技法的价值目标》，《科技与法律》2008 年第 3 期。

植物带来的物种变异和基因漂移等问题。比如，通过基因工程重组的生物极有可能发展为新型有害生物，一旦进入自然环境会导致生态灾难或环境危险。① 这时候，就需要科学技术法"规范人们的行为，使人们在从事科技活动时，担负起对他人、对社会，乃至对自然应尽的责任，从而促成一个人与自然、人与社会、人与人相和谐的局面"。② 因此，科学技术法的价值目标除了科技自由、科技进步和科技效率，还包括科技安全等③，而"安全对于个人而言，尤其意味着个人的生活、人格尊严、合法权益及其他种种自由不应成为科技进步的代价"。④ 这与社会法所谓的"免于匮乏的自由"完全不同。

3. 科学技术法的法律性质

科学技术法也是第三法域的法，其中既有私法规范，又有公法规范⑤，因此既有私法的特征，又有公法的特征。其私法特征体现在：很多国家以科技民事法律的形式，规定科技这种特殊商品生产和交换的准则，规定技术劳动关系、保守技术秘密的准则，制裁与科技有关的民事违法行为，等等。其公法特征体现在：以行政法规形式，规定对技术商品生产和交换的鼓励与限制措施，维护社会整体利益，并采取科技刑事法律的形式，规定科技领域的犯罪与刑罚，保护科技活动的正常进行。⑥ 由于科学研究的基本任务在于探索未知，对于科学技术和发明创造，主体之间的关系不能用行政命令性规范去解决，即对科研进程和成果很难用公法的命令和服从的方式解决。同时，很多探索性的研究是没有效益和结果的，成为单向的无偿的付出，科技法只能鼓励发明创造，而不能规定一定要有成果和回报，这与私法中规定的"等价有偿"原则也有明显不同。科技法不是社会法的根本原因在于，它并不排除或排斥贫富分化，反而会加剧社会不平等和贫

---

① 肖峰编著《现代科技与社会》，经济管理出版社，2003，第150页。
② 侯纯：《科技法的价值目标》，《科技与法律》2008年第3期。
③ 叶卫平：《略论科技法的价值目标》，《科技与法律》2007年第3期。
④ 侯纯：《科技法的价值目标》，《科技与法律》2008年第3期。
⑤ 曹昌祯等：《大科学·科学学·科技法学·科技法的法理问题》，《科技与法律》2008年第1期。
⑥ 严明清等：《从国际经验看科技法在科技经济发展中的作用》，《科技进步与对策》2002年第12期。

富分化。尤其是某些个人或群体相对于其他占有科技资源特别是关键性科技资源的个人或群体而言，处于被选择、被决定、被剥夺的明显弱势地位。这种科技进步造成的一部分个人或群体优于另一部分个人或群体的现象，实质上也是对社会实质平等和公平的损害，与社会法的目标背道而驰。

参考文献

一 期刊论文

白小平、李擎：《社会法的规范语境与本土化建构》，《河北法学》2013 年第 6 期。

白小平：《社会权初探》，《社科纵横》2004 年第 4 期。

白玉：《试论劳动法的社会法性质》，《法制与社会》2008 年第 1 期。

蔡茂寅：《社会法之概念、体系与范畴》，《政大法学评论》第 58 期，1997 年。

曹昌祯：《科技法在法律体系中定位问题再思考》，《法治论丛》2006 年第 1 期。

曹昌祯等：《大科学·科学学·科技法学·科技法的法理问题》，《科技与法律》2008 年第 1 期。

常凯：《论个别劳动关系的法律特征——兼及劳动关系法律调整的趋向》，《中国劳动》2004 年第 4 期。

陈爱娥：《自由－平等－博爱：社会国原则与法治国原则的交互作用》，《台大法律论丛》第 26 卷第 2 期，1996 年。

陈步雷：《社会法的部门法哲学反思》，《法制与社会发展》2012 年第 4 期。

陈聪富：《契约自由与定型化契约的管制》，《月旦法学杂志》第 91 期，2002 年。

陈会林：《简论劳动法的社会法性质》，《荆楚学刊》2002 年第 3 期。

陈继胜：《劳工法体系之基本认识》，《劳工研究季刊》第 77 期，1983 年。

陈雷：《正义思想的三次浪潮》，《浙江社会科学》2017 年第 1 期。

陈绍辉：《卫生法地位研究》，《法律与医学杂志》2005 年第 2 期。

陈维荣：《社会公平本质解析》，《甘肃高师学报》2003 年第 1 期。

陈霞明：《论实质平等》，《江西社会科学》2007 年第 4 期。

陈信勇等：《社会保险法基本原则研究》，《浙江工商大学学报》2006 年第 5 期。

陈亚东：《中美反就业歧视法之比较》，《重庆社会科学》2006 年第 5 期。

程信和：《关于社会法问题》，《南方人口》1996 年第 3 期。

楚风华等：《职业安全卫生法的国际比较及其启示》，《甘肃社会科学》2007 年第 5 期。

达庆东：《卫生法是一个新兴的法律部门——试论卫生法在我国法律体系中的地位》，《中国卫生法制》1998 年第 5 期。

单飞跃等：《社会法：一种经济法研究思路的反思》，《湘潭大学社会科学学报》2001 年第 5 期。

邓烈琳：《试论医患法律关系的社会法属性》，《卫生经济研究》2005 年第 8 期。

邓振军：《从个人权利到社会权利——格林论财产权》，《浙江学刊》2007 年第 3 期。

丁望等：《谁在漠视底层》，《改革内参》2002 年第 2 期。

丁元竹等：《社会经营：一种解决社会问题的新理念》，《社团管理研究》2012 年第 4 期。

董保华：《"广义社会法"与"中义社会法"》，《东方法学》2013 年第 3 期。

董保华：《论经济法的国家观》，《法律科学》2003 年第 2 期。

董保华：《略论经济法学的视角转换——兼谈经济法与社会法的关系》，《法学》2004 年第 5 期。

董保华：《社会基准法与相对强制性规范——对第三法域的探索》，《法学》2001 年第 4 期。

董保华：《试析社会法的调整模式——对第三法域的探索》，《西南政法大学学报》2000 年第 1 期。

董保华等：《社会法——对第三法域的探索》，《华东政法学院学报》1999

年第 1 期。

董溯战：《德国、美国养老社会保障法的比较研究》，《宁夏社会科学》2005 年第 2 期。

董溯战：《论社会保障法基础的社会连带》，《现代法学》2007 年第 1 期。

董新凯：《国家对消费者的保护及其限度》，《新疆大学学报》2005 年第 1 期。

樊启荣等：《社会法的范畴及体系的展开》，《时代法学》2005 年第 2 期。

范忆：《就业领域中的反歧视措施》，《社会》2003 年第 2 期。

房莉杰：《从社会保障到社会福利——由福利供需的角度理解社会福利变迁》，《社会政策研究》2017 年第 1 期。

冯彦君：《中国特色社会主义社会法学理论研究》，《当代法学》2013 年第 3 期。

付子堂：《关于自由的法哲学思想》，《中国法学》2000 年第 2 期。

甘强：《经济法与社会法的法本质定位》，《经济法论坛》2004 年第 1 期。

甘强：《经济法与社会法的法理念辨析》，《理论与改革》2005 年第 3 期。

龚向和：《权利的兴起与近代宪法的产生》，《湖南大学学报》（社会科学版）2003 年第 3 期。

龚向和：《社会权的概念》，《河北法学》2007 年第 9 期。

龚向和：《社会权的历史演变》，《时代法学》2005 年第 3 期。

龚晓洁等：《试论社会法对实现社会公正的意义》，《济南大学学报》（社会科学版）2006 年第 5 期。

辜明安：《中国民法现代化研究引论》，《社会科学研究》2004 年第 4 期。

关立新等：《反垄断法：基于法经济学视角的解析》，《商业研究》2008 年第 8 期。

郭道晖：《论社会权利与法治社会》，《中外法学》2002 年第 2 期。

郭明政：《社会法之概念、范畴与体系》，《政大法学评论》第 58 期，1997 年。

郭曰君：《论社会保障权的价值》，《中国社会科学院研究生院学报》2008 年第 5 期。

国务院扶贫开发领导小组办公室：《坚持扶贫开发促进共同富裕》，《求是》1999 年第 20 期。

韩震:《公共社团主义的兴起及其理论》,《中国社会科学》1995 年第 2 期。

韩志红:《社会法浅析》,《理论与现代化》2002 年第 4 期。

郝安珍:《妇女生育价值社会补偿与妇女权益维护》,《工会论坛》2005 年第 2 期。

郝凤鸣:《法国社会安全法之概念、体系与范畴》,《政大法学评论》第 58 期,1997 年。

郝凤鸣:《社会法之性质及其于法体系中之定位》,《中正法学集刊》第 10 期,2003 年。

郝铁川:《权利实现的差序格局》,《中国社会科学》2002 年第 5 期。

何士青:《通过法治迈向民生保障》,《政治与法律》2008 年第 5 期。

何沿:《从社会法观的视角看工会》,《理论导刊》2001 年第 6 期。

何增科:《市民社会概念的历史演变》,《中国社会科学》1994 年第 5 期。

何自荣:《社会法基本问题探究》,《昆明理工大学学报》2009 年第 8 期。

贺赞:《德国就业性别平等立法中的积极国家角色与中国借鉴》,《探求》2014 年第 4 期。

侯纯:《科技法的价值目标》,《科技与法律》2008 年第 3 期。

胡锦光等:《论我国宪法中"公共利益"的界定》,《中国法学》2005 年第 1 期。

胡敏洁:《论社会权的可裁判性》,《法律科学》2006 年第 5 期。

胡小红:《现代民法、现代行政法及社会法三者关系简释》,《河北法学》2000 年第 1 期。

江平等:《民法的本质特征是私法》,《中国法学》1998 年第 6 期。

姜登峰:《社会法概念的基本分析》,《佳木斯大学社会科学学报》2007 年第 4 期。

景天魁:《"底线公平"的社会保障体系》,《中国社会保障》2008 年第 1 期。

来君:《试论纳税人权利与义务的异化及归位》,《攀登》2007 年第 2 期。

蓝山:《可持续发展立法两大支柱:经济法与社会法》,《河北法学》1994 年第 4 期。

雷兴虎等:《矫正贫富分化的社会法理念及其表现》,《法学研究》2007 年第 2 期。

黎建飞：《论社会法责任与裁判的特殊性》，《法学家》2007 年第 2 期。

黎建飞：《中国社会保障法制的发展战略》，《发展》2008 年第 6 期。

李炳安：《社会权——社会法的基石范畴》，《温州大学学报》2013 年第
　　4 期。

李炳安等：《社会法的产生》，《法学杂志》2013 年第 6 期。

李昌麒等：《经济法的社会利益论纲》，《现代法学》2005 年第 5 期。

李昌麒等：《经济法与社会法关系的再认识》，《法学家》2005 年第 6 期。

李昌麒等：《经济法与社会法关系考辨》，《现代法学》2003 年第 5 期。

李成斌：《社会保障法的范畴体系及价值取向》，《法制与社会》2008 年第
　　6 期。

李吉宁：《构建当代中国社会法体系的实证分析》，《理论界》2006 年第 1 期。

李乐平：《社会保障法法理思想探析》，《前沿》2008 年第 6 期。

李蕊等：《历史视角下的社会法范畴》，《北京科技大学学报》2007 年第
　　2 期。

李少伟等：《医院未征得患者同意使用自费药纠纷初探——从社会法“倾
　　斜保护”的理论出发》，《西南政法大学学报》2005 年第 5 期。

李韬：《慈善基金会缘何兴盛于美国》，《美国研究》2005 年第 3 期。

李薇薇：《国际人权法中不歧视原则的国内实施机制——加拿大与澳大利
　　亚法律模式的借鉴》，《法学杂志》2003 年第 4 期。

李薇薇：《论国际人权法中的平等与不歧视》，《环球法律评论》2004 年第
　　2 期。

李伟：《俄罗斯结社法分析》，《学会》2007 年第 1 期。

梁慧星：《从近代民法到现代民法——二十世纪民法回顾》，《中外法学》
　　1997 年第 2 期。

梁慧星：《消费者运动与消费者权利》，《法律科学》1991 年第 5 期。

廖加林等：《关于我国社会弱势群体的伦理思考》，《学术交流》2006 年第
　　1 期。

林佳和：《劳工案件专家参审之问题试探》，《律师杂志》第 253 期，2000 年。

林嘉：《论社会保障法的社会法本质》，《法学家》2002 年第 1 期。

林嘉等：《论劳动基准法的法律效力》，《清华法学》2014 年第 4 期。

林星娟：《经济法与民法基本原则的比较》，《法制与社会》2008 年第 2 期。

刘翠萍等：《社会保障法部门独立性的法律基础分析》，《理论观察》2005 年第 2 期。

刘光华：《社会法调控创新论》，《兰州大学学报》2004 年第 3 期。

刘辉：《质疑经济法的社会法属性》，《求索》2009 年第 12 期。

刘俊海：《构建和谐社会与法理念的更新——兼论和谐社会与社会法的完善》，《学习与探索》2006 年第 5 期。

刘俊海：《社会法的理论创新和制度完善》，《学习与探索》2006 年第 5 期。

刘廷华：《〈劳动合同法〉的"倾斜保护"及其效果》，《经济论坛》2011 年第 5 期。

刘鑫：《经济法的社会法性质研究》，《西安政治学院学报》2004 年第 5 期。

刘焱白：《劳动基准法权利救济程序的冲突及其协调》，《法商研究》2010 年第 3 期。

刘泽军：《国外社会保障行政法律救济制度模式述评》，《中国民政》2006 年第 5 期。

陆季藩：《社会法之发生及其演变》，《法律评论》第 15 期，1936 年。

罗克全：《"古典自由主义"之"古"与"新古典自由主义"之"新"——"消极主义"国家观研究》，《南京社会科学》2005 年第 4 期。

罗勇等：《论证券投资者的社会法保护》，《沧桑》2005 年第 2、3 期。

吕世伦等：《根本法、市民法、公民法和社会法》，《求是学刊》2005 年第 5 期。

吕世伦等：《社会法的几个基本理论问题研究》，《北方法学》2007 年第 6 期。

毛杰等：《从社会结构和利益关系的变迁看社会法的基本特征》，《前沿》2004 年第 3 期。

倪先敏：《关注弱势群体，构建和谐社会》，《改革与战略》2005 年第 1 期。

潘荣伟：《论公民社会权》，《法学》2003 年第 4 期。

彭飞荣、王全兴：《分配正义中的政府责任：以风险与法为视角》，《社会科学》2011 年第 1 期。

齐加将：《经济法与社会法的关系探究》，《北京工业大学学报》2008 年第 2 期。

钱矛锐：《论卫生法的部门法属性》，《医学与哲学》2008 年第 2 期。

钱矛锐：《试论卫生法在社会法域中的部门法属性》，《西北医学教育》2007 年第 6 期。

邱耕田：《社会发展与社会进步辨析》，《教学与研究》2006 年第 1 期。

任振兴等：《中外慈善事业发展比较分析——兼论我国慈善事业的发展思路》，《学习与实践》2007 年第 3 期。

沈家观：《国际福利企业残疾人保障模式》，《社会福利》2007 年第 5 期。

沈宗灵：《人权是什么意义上的权利》，《中国法学》1991 年第 5 期。

史际春等：《合同异化与异化的合同》，《法学研究》1997 年第 3 期。

史探径：《世界社会保障立法的起源和发展》，《外国法译评》1999 年第 2 期。

史探径：《我国社会保障法的几个理论问题》，《法学研究》1998 年第 4 期。

司春燕：《浅析消费法律关系的社会法属性》，《桂海论丛》2007 年第 2 期。

苏号朋：《民法文化：一个初步的理论解析》，《比较法研究》1997 年第 3 期。

孙素文：《论中国法律对妇女权益的特殊保护》，《河北法学》1995 年第 4 期。

孙笑侠：《宽容的干预和中立的法律》，《法学》1993 年第 7 期。

孙佑海：《法制建设：可持续发展的重要保障》，《中外法学》1994 年第 3 期。

汤黎虹：《论社会法的价值及其取向》，《行政与法》2008 年第 10 期。

汤黎虹：《社会法的生成与体系定位》，《温州大学学报》2013 年第 4 期。

汤黎虹：《社会法特征之我见》，《法治研究》2009 年第 11 期。

唐钧：《社会保护的历史演进》，《社会科学》2015 年第 8 期。

唐钧：《从社会保障到社会保护：社会政策理念的演进》，《社会科学》2014 年第 10 期。

田占义：《社会保障法的理论思考》，《行政与法》2003 年第 3 期。

童之伟：《对权利与义务关系的不同看法》，《法商研究》1998 年第 6 期。

汪朝霞：《论社会救助制度的福利经济学思想渊源》，《理论观察》2007 年第 6 期。

王保树等：《经济法与社会公共性论纲》，《法律科学》2000 年第 3 期。

王广彬：《社会法上的社会权》，《中国政法大学学报》2009 年第 1 期。

王国奇：《中国古代社会保障思想与实践初探》，《攀登》2008 年第 2 期。

王家福等：《论依法治国》，《光明日报》1996 年 9 月 28 日。

王健平：《论平等、公平与效率》，《兰州大学学报》1992 年第 2 期。

王利明：《消费者的概念及消费者权益保护法的调整范围》，《政治与法律》2002 年第 2 期。

王全兴等：《经济法与社会法关系初探》，《现代法学》2003 年第 2 期。

王思斌：《改革中弱势群体的政策支持》，《北京大学学报》2003 年第 6 期。

王为农：《日本的社会法学理论：形成和发展》，《浙江学刊》2004 年第 1 期。

王为农等：《社会法的基本问题：概念与特征》，《财经问题研究》2002 年第 11 期。

王允武、贺玲冷、雪松：《论社会法在加强社会管理中的作用》，《西南民族大学学报》（人文社科版）2012 年第 5 期。

吴传颐：《社会法和社会法学》，《中华法学杂志》1948 年第 1 期。

夏勇：《权利哲学的基本问题》，《法学研究》2004 年第 3 期。

肖卫华：《论卫生法的意义》，《中国卫生法制》2000 年第 5 期。

谢东梅：《低收入群体社会保护的政策含义及其框架》，《商业时代》2009 年第 21 期。

谢荣堂：《社会行政法概论之一》，《华冈法粹》2004 年第 32 期。

谢增毅：《社会法的概念、本质和定位：域外经验与本土资源》，《学术与探索》2006 年第 5 期。

徐柄：《人权理论的产生与发展》，《法学研究》1989 年第 3 期。

徐国栋：《市民社会与市民法——民法的调整对象研究》，《法学研究》1994 年第 4 期。

徐冀鲁：《社会募捐也应有一定的法律规范——俄罗斯慈善法草案简介》，《现代法学》1994 年第 6 期。

徐显明：《人权的体系与分类》，《中国社会科学》2000 年第 6 期。

许育典：《社会国》，《月旦法学杂志》第 12 期，2003 年。

杨华：《论当前我国社会保障法的价值取向》，《社会工作》2007 年第 7 期。

杨礼琼等：《起源与思考：论现代社会保障体系初建立》，《理论探讨》2008 年第 3 期。

杨思斌：《社会救助权的法律定位及其实现》，《社会科学辑刊》2008 年第 1 期。

杨思斌：《英国社会保障法的历史演变及其对中国的启示》，《中州学刊》2008 年第 3 期。

杨旭：《经济法与社会法关系考察》，《河北法学》2004 年第 9 期。

杨雅华：《社会保障法的公平价值及其实现》，《福建论坛》2005 年第 9 期。

杨雅华：《社会保障法律制度的人性基础》，《探索》2003 年第 1 期。

叶卫平：《略论科技法的价值目标》，《科技与法律》2007 年第 3 期。

于柏华：《社会实在的规范性与公私法的界限——与徐国栋教授商榷民法的"公私法混合说"》，《北方法学》2011 年第 3 期。

余少祥：《法律语境中弱势群体概念建构分析》，《中国法学》2009 年第 3 期。

余少祥：《经济民主的政治经济学意涵：理论框架与实践展开》，《政治学研究》2013 年第 5 期。

余少祥：《社会法的界定与法律性质论析》，《法学论坛》2018 年第 5 期。

余少祥：《论社会法的国家给付原则》，《法学杂志》2017 年第 4 期。

余少祥：《社会法上的积极国家及其法理分析》，《江淮论坛》2017 年第 3 期。

余少祥：《论社会法的限制所有权原则》，《法学论坛》2016 年第 6 期。

余少祥：《社会法的诉讼机制：特性及其限制》，《江淮论坛》2015 年第 5 期。

余少祥：《社会法"法域"定位的偏失与理性回归》，《政法论坛》2015 年第 6 期。

余少祥：《论公共利益的行政法律保护》，《环球法律评论》2008 年第 3 期。

余卫明：《社会保险法若干理论问题研究》，《中南工业大学学报》2001 年第 1 期。

袁寅生：《社会补偿：优抚安置的一种理论阐释》，《中国民政》2001 年第 4 期。

袁寅生：《社会交换理论与补偿概念》，《中国民政》2001 年第 4 期。

张成杰等：《经济法基本概念的思考》，《新学术》2008 年第 3 期。

张翀：《社会法与市民社会——第三法域探微》，《安徽师范大学学报》2006 年第 3 期。

张俊娜：《"社会法"词语使用之探析》，《语言应用研究》2006 年第 3 期。

张鹏菲：《社会法性质的法理学浅析》，《法制与社会》2007 年第 12 期。

张守文：《社会法论略》，《中外法学》1996 年第 6 期。

张姝：《论社会保障权及其司法救济》，《青海社会科学》2010 年第 5 期。

张淑芳：《社会行政法的范畴及规制模式研究》，《中国法学》2009 年第 6 期。

张翔：《基本权利的受益功能与国家的给付义务》，《中国法学》2006 年第 1 期。

张翔：《基本权利的双重性质》，《法学研究》2005 年第 3 期。

张佑任：《经济法与社会法中的"社会利益"之辨析》，《四川文理学院学报》2007 年第 4 期。

张志京：《社会法浅谈》，《中国卫生法制》2007 年第 6 期。

赵红梅：《第三法域社会法理论之再勃兴》，《中外法学》2009 年第 3 期。

赵红梅：《私法社会化的反思与批判》，《中国法学》2008 年第 6 期。

赵红梅等：《环境权的法理念解析与法技术构造——一种社会法的解读》，《法商研究》2004 年第 3 期。

赵家馨：《社会保障视角下的中国企业社会责任》，《南京工程院学报》2011 年第 11 期。

赵万忠等：《论社会保障法的基本原则》，《延安大学学报》2005 年第 2 期。

赵兴宏:《弱势群体的权益保护与法律援助》,《辽宁社会科学辑刊》2005 年第 4 期。

郑尚元:《社会法的存在与社会法理论探索》,《法律科学》2003 年第 3 期。

郑尚元:《社会法的定位和未来》,《中国法学》2003 年第 5 期。

郑尚元:《社会法的特有属性与范畴》,《法学》2004 年第 5 期。

郑尚元:《社会法是法律部门,不是法律理念》,《法学》2004 年第 5 期。

郑尚元:《社会法语境与法律社会化》,《清华法学》2008 年第 3 期。

郑少华:《经济法的本质:一种社会法观的解说》,《法学》1999 年第 2 期。

郑少华:《社会法:团体社会之规则》,《法学》2004 年第 5 期。

郑少华:《社会经济法散论》,《法商研究》2001 年第 4 期。

郑素一等:《论社会弱势群体的法律保护》,《行政与法》2006 年第 7 期。

郑贤君:《社会权利的司法救济》,《法制与社会发展》2003 年第 2 期。

郑勇:《反社会排斥:支持弱势群体的政策选择》,《南京政治学院学报》2005 年第 5 期。

中国社会科学院法学所课题组:《建立社会主义市场经济法律体系的理论思考和对策建议》,《法学研究》1993 年第 6 期。

周浩、万春明:《维护社会安全——以社会法功能为视角》,《经济与法律》2011 年第 6 期。

周开畅:《社会法视角中的"工伤保险和民事赔偿"适用关系》,《华东政法学院学报》2003 年第 6 期。

周沛等:《新型社会救助体系研究》,《南京大学学报》2010 年第 4 期。

周启柏等:《对制定社会救助法的思考》,《唯实》2006 年第 12 期。

周旺生:《论法律的秩序价值》,《法学家》2003 年第 10 期。

朱海波:《和谐社会的社会法维度——以弱势群体法律援助制度为视角》,《济南大学学报》2007 年第 5 期。

朱海波:《论社会法的界定》,《济南大学学报》2006 年第 5 期。

朱晓喆:《社会法中的人》,《法学》2002 年第 8 期。

竺效:《法学体系中存在中义的社会法吗》,《法律科学》2005 年第 2 期。

竺效:《社会法的概念考析》,《法律适用》2004 年第 2 期。

竺效：《社会法意义辨析》，《法商研究》2004 年第 2 期。

左传卫：《经济和社会权利保障的理想与实现》，《法商研究》2004 年第 6 期。

二　中文专著

北京大学法学院司法研究中心编《宪法的精神》，中国方正出版社，2003。

曹沛霖：《政府与市场》，浙江人民出版社，1998。

曾繁正：《西方国家法律制度、社会政策与立法》，红旗出版社，1998。

曾世雄：《民法总则之现在与未来》，中国政法大学出版社，2001。

曾世雄：《损害赔偿法原理》，中国政法大学出版社，2001。

常凯：《劳动法》，高等教育出版社，2011。

陈国钧：《社会政策与社会立法》，三民书局，1984。

陈明立主编《人口与计划生育立法研究》，西南财经大学出版社，2001。

陈乃新：《经济法理性论纲》，中国检察出版社，2004。

陈甦主编《社会法学的新发展》，中国社会科学出版社，2009。

陈晓律：《英国福利制度的由来与发展》，南京大学出版社，1996。

陈新民：《德国公法学基础理论》（下），山东人民出版社，2001。

陈新民：《公法学札记》，中国政法大学出版社，2001。

陈治：《福利供给变迁中的经济法功能研究》，法律出版社，2008。

陈自强：《民法讲义——契约之成立与生效》，法律出版社，2002。

程燎原、王人博：《赢得神圣——权利及其救济通论》，山东人民出版社，1998。

丛晓峰主编《社会法专题研究》，知识产权出版社，2007。

邓大松等：《社会保障理论与实践发展研究》，人民出版社，2007。

邓正来：《国家与社会》，四川人民出版社，1997。

董保华：《"社会法"与"法社会"》，上海人民出版社，2015。

董保华：《劳动关系调整的法律机制》，上海交通大学出版社，2000。

董保华：《社会法原论》，中国政法大学出版社，2001。

董文勇：《社会法与卫生法新论》，中国方正出版社，2011。

董云虎等：《世界人权约法总览》，四川人民出版社，1990。

方乐华：《社会保障法》，世界图书出版公司，1999。

傅静坤：《二十世纪契约法》，法律出版社，1997。

葛洪义：《法理学》，中国法制出版社，2007。

郭明政：《社会安全制度与社会法》，翰芦图书出版公司，1997。

郭强主编《大学社会学教程》，中国审计出版社、中国社会出版社，2001。

韩德培：《人权的理论与实践》，武汉大学出版社，1995。

韩庆祥：《马克思人学思想研究》，河南人民出版社，1996。

胡敏洁：《福利权研究》，法律出版社，2007。

胡平仁：《法理学基础问题研究》，中南大学出版社，2001。

胡长清：《中国民法总论》，中国政法大学出版社，1997。

黄越钦：《劳动法论》，政治大学劳工研究所，1993。

黄越钦：《劳动法新论》，中国政法大学出版社，2003。

杨振山主编《罗马法——中国法与民法法典化》，中国政法大学出版社，1995。

江伟：《民事诉讼法》，中国人民大学出版社，2003。

姜明安主编《行政法与行政诉讼法》，北京大学出版社，1999。

康树华主编《外国少年司法制度与日本保护青少年条例选》，北京大学出版社，1982。

李炳安：《劳动和社会保障法》，厦门大学出版社，2011。

李步云：《法理学》，经济科学出版社，2001。

李步云：《人权法的若干理论问题》，湖南人民出版社，2007。

李昌麒：《经济法理念研究》，法律出版社，2009。

李昌麒主编《经济法学》，中国政法大学出版社，2002。

李昌麒主编《中国经济法治的反思与前瞻》，法律出版社，2001。

李浩主编《强制执行法》，厦门大学出版社，2004。

李宁等：《社会法的本土化建构》，学林出版社，2008。

李少伟、王延川：《私法文化：价值诉求与制度构造》，法律出版社，2009。

李珍：《社会保障理论》，中国劳动和社会保障出版社，2001。

梁慧星：《民法总论》，法律出版社，1996。

梁慧星：《民商法论丛》第 8 卷，法律出版社，1997。

梁慧星：《中国民法经济法诸问题》，法律出版社，1991。

梁慧星主编《民商法论丛》第7卷，法律出版社，1997。

梁慧星主编《中国大陆法学思潮集》，中国法制出版社，2000。

林丰宾：《劳动基准法》，三民书局，2004。

林纪东：《行政法》，三民书局，1977。

林嘉：《社会保障法的理念、实践和创新》，中国人民大学出版社，2002。

林嘉主编《社会法评论》第2卷，中国人民大学出版社，2007。

林嘉主编《社会法评论》第3卷，中国人民大学出版社，2008。

林莉红等：《社会救助法研究》，法律出版社，2008。

林万亿：《福利国家：历史比较的分析》，巨流图书公司，1994。

刘得宽：《民法诸问题与新展望》，中国政法大学出版社，2002。

刘海年：《〈经济、社会和文化权利国际公约〉研究》，中国法制出版社，2000。

刘升平、夏勇：《人权与世界》，人民法院出版社，1996。

刘新主编《中国法律思想史》，中国人民大学出版社，2008。

刘宗荣：《定型化契约论文专辑》，三民书局，1989。

柳华文：《论国家在〈经济社会和文化权利国际公约〉下义务的不对称性》，
　　北京大学出版社，2005。

吕世伦：《西方法律思潮源流论》，中国人民公安大学出版社，1993。

吕世伦主编《现代西方法学流派》（上），中国大百科全书出版社，2000。

马长山：《国家、市民社会与法治》，商务印书馆，2002。

美国社会保障总署：《全球社会保障制度》，华夏出版社，1996。

欧阳谿：《法学通论》，上海会文堂编译社，1933。

潘念之：《法学总论》，知识出版社，1981。

齐延平：《社会弱势群体的权利保护》，山东人民出版社，2006。

钱宁主编《现代社会福利思想》，高等教育出版社，2006。

邱本：《自由竞争与秩序调控》，中国政法大学出版社，2001。

萨缪尔森：《经济学》（下），中国发展出版社，1992。

上海社会科学院法学研究所编译《法学总论》，知识出版社，1981。

邵诚、刘作翔：《法与公平论》，西北大学出版社，1995。

沈宗灵：《法理学》，北京大学出版社，2014。

沈宗灵：《西方人权学说》（下），四川人民出版社，1994。

沈宗灵：《现代西方法理学》，北京大学出版社，1992。

史际春等主编《经济法评论》，中国法制出版社，2004。

史尚宽：《劳动法原论》，正大印书馆，1978。

史尚宽：《民法总论》，中国政法大学出版社，2000。

史探径：《社会保障法研究》，法律出版社，2000。

史探径：《社会法论》，中国劳动社会保障出版社，2007。

苏国勋：《理性化及其限制——韦伯思想引论》，上海人民出版社，1988。

苏力：《法治及其本土资源》，中国政法大学出版社，1996。

苏永钦：《走入新世纪的私法自治》，中国政法大学出版社，2002。

孙光德等：《社会保障概论》，中国人民大学出版社，2004。

孙笑侠：《法的现象与观念》，群众出版社，1995。

覃有土等：《社会保障法》，法律出版社，1997。

田成平主编《社会保障制度》，人民出版社，2006。

汪行福：《分配正义与社会保障》，上海财经大学出版社，2003。

王利：《国家与正义：利维坦释义》，上海人民出版社，2008。

王全兴：《经济法基础理论专题研究》，中国检察出版社，2002。

王全兴：《劳动法》，法律出版社，1997。

王绍光：《实践与理论：各国第三部门概观》，天津人民出版社，2001。

王伟奇：《最低生活保障制度的实践》，法律出版社，2008。

王益英主编《外国劳动法和社会保障法》，中国人民大学出版社，2001。

王泽鉴：《民法总论》，中国政法大学出版社，2001。

温文丰：《现代社会与土地所有权理论之发展》，五南图书出版公司，1984。

文雅：《平等的所以然：卢梭平等观与清末民初思想界》，中国社会科学出版社，2017。

习荣华主编《法律之演进形式》，汉林出版社，1977。

夏勇：《朝夕问道——政治法律学札》，上海三联书店，2004。

夏勇：《人权概念的起源——权利的历史哲学》，中国社会科学出版社，2007。

夏勇：《中国民权哲学》，三联书店，2004。

夏勇主编《公法》第1卷，法律出版社，1999。

夏勇主编《走向权利的时代》，中国政法大学出版社，2000。

夏正林：《社会权规范研究》，山东人民出版社，2007。

肖扬主编《社会主义市场经济法制建设讲座》，中国方正出版社，1995。

谢晖：《法学规范的矛盾辩思》，山东人民出版社，1999。

谢晖：《价值重建与规范选择》，山东人民出版社，1998。

谢荣堂：《社会法入门》，元照出版公司，2001。

熊必俊等：《老年学与老年问题》，科学技术文献出版社，1989。

徐大同：《现代西方政治思想》，人民出版社，2003。

徐国栋：《民法基本原则解释》，中国政法大学出版社，1992。

徐国栋：《民法哲学》，中国法制出版社，2009。

徐显明主编《公民权利和义务通论》，群众出版社，1991。

徐永康主编《法理学专论》，北京大学出版社，2008。

许明月主编《劳动法学》，重庆大学出版社，2003。

许志雄：《社会权论》，众文图书股份有限公司，1991。

许志雄：《现代宪法论》，元照出版公司，1999。

严存生：《西方法律思想史》，湖南大学出版社，2005。

杨冠琼：《当代美国社会保障制度》，法律出版社，2001。

杨士林、张兴堂主编《社会法理论探索》，中国人民公安大学出版社，2010。

杨士林等主编《社会法理论探索》，中国人民公安大学出版社，2010。

余少祥：《弱者的权利——社会弱势群体保护的法理研究》，社会科学文献
　　出版社，2008。

余涌：《道德权利研究》，中央编译出版社，2001。

俞可平：《社群主义》，中国社会科学出版社，2008。

詹火生：《社会福利理论》，巨流图书公司，1988。

张宏生、谷春德主编《西方法律思想史》，北京大学出版社，1990。

张俊浩主编《民法学原理》，中国政法大学出版社，2000。

张念：《保险学原理》，西南财经大学出版社，1999。

张千帆：《宪法学导论》，法律出版社，2004。

张庆福主编《宪法学基本理论》（下），社会科学文献出版社，1999。

张世明：《中国经济法历史渊源原论》，中国民主法制出版社，2002。

张守文：《经济法理论的重构》，人民出版社，2004。

张文焕：《拉萨尔和俾斯麦》，三联书店，1981。

张文显：《法哲学范畴研究》，中国政法大学出版社，2003。

张文显主编《法理学》，北京大学出版社，2011。

张翔：《基本权利的规范架构》，高等教育出版社，2008。

张兴茂：《劳动力产权论》，中国经济出版社，2002。

张泽荣：《德国社会市场经济理论与实践考察》，成都科技大学出版社，1992。

长孙无忌等：《唐律疏议》，中华书局，1983。

赵红梅：《私法与社会法——第三法域之社会法基本理论范式》，中国政法
    大学出版社，2009。

赵震江主编《法律社会学》，北京大学出版社，1998。

郑功成：《论中国特色的社会保障道路》，武汉大学出版社，1997。

郑功成：《社会保障学——理念、制度、实践与思辨》，商务印书馆，2015。

郑功成：《中国社会保障法论》，湖北人民出版社，1995。

郑尚元：《劳动和社会保障法学》，中国政法大学出版社，2008。

郑玉波：《民法总则》，三民书局，1979。

钟秉正：《社会法与基本权保障》，元照出版公司，2010。

钟明钊主编《社会保障法律制度研究》，法律出版社，2000。

周辅成：《西方伦理学名著选辑》（下），商务印书馆，1987。

周枏：《罗马法原论》，商务印书馆，2004。

周秋光等：《中国慈善简史》，人民出版社，2006。

朱采真：《法律学通论》，世界书局，1930。

朱传一主编《美国社会保障制度》，劳动人事出版社，1986。

朱景文：《比较法社会学的框架和方法》，中国人民大学出版社，2001。

朱力：《社会学原理》，社会科学文献出版社，2003。

卓泽渊：《法的价值论》，法律出版社，2006。

三 中文译著

〔奥〕埃利希:《法社会学原理》,舒国滢译,中国大百科全书出版社,2009。

〔奥〕弗·冯·维塞尔:《自然价值》,陈国庆译,商务印书馆,1982。

〔奥〕凯尔森:《法与国家的一般理论》,沈宗灵译,中国大百科全书出版社,1996。

〔澳〕菲利普·佩迪特:《共和主义——一种关于自由与政府的理论》,刘训练译,江苏人民出版社,2006。

〔澳〕马尔科姆·沃斯特:《现代社会学理论》,杨善华等译,华夏出版社,2000。

〔丹〕埃斯平-安德森:《福利资本主义的三个世界》,郑秉文译,法律出版社,2003。

〔丹〕卡塔琳娜·托马瑟夫斯基:《人口政策中的人权问题》,毕小青译,中国社会科学出版社,1998。

〔德〕W. 杜茨:《劳动法》,张国文等译,法律出版社,2003。

〔德〕迪特儿·格林:《现代宪法的诞生、运作和前景》,刘刚译,法律出版社,2010。

〔德〕迪特尔·梅迪库斯:《德国民法总论》,邵建东译,法律出版社,2000。

〔德〕迪特尔·施瓦布:《民法导论》,郑冲译,法律出版社,2006。

〔德〕弗朗茨·维亚克尔:《近代私法史》,陈爱娥等译,三联书店,2006。

〔德〕古斯塔夫·拉德布鲁赫:《法律智慧警句集》,舒国莹译,中国法制出版社,2001。

〔德〕古斯塔夫·拉德布鲁赫:《法学导论》,米健等译,中国大百科全书出版社,1997。

〔德〕哈贝马斯:《公共领域的结构转型》,曹卫东译,学林出版社,1999。

〔德〕哈贝马斯:《合法性危机》,刘北成等译,上海人民出版社,2000。

〔德〕哈贝马斯:《现代性的地平线——哈贝马斯访谈录》,李安东等译,上海人民出版社,1997。

〔德〕哈贝马斯:《在事实与规范之间:关于法律和民主法治国的商谈理

论》，童世骏译，三联书店，2003。

〔德〕哈贝马斯等：《全球化与政治》，王学东等译，中央编译出版社，2000。

〔德〕黑格尔：《法哲学原理》，范扬、张企泰译，商务印书馆，1979。

〔德〕霍尔斯特·杰格尔：《社会保险入门》，刘翠霄译，中国法制出版社，2000。

〔德〕卡尔·拉伦茨：《德国民法通论》，王晓晔等译，法律出版社，2003。

〔德〕卡尔·拉伦茨：《法学方法论》，陈爱娥译，商务印书馆，2003。

〔德〕康德：《法的形而上学原理》，沈叔平译，商务印书馆，1991。

〔德〕考夫曼：《法律哲学》，刘幸义等译，法律出版社，2004。

〔德〕考夫曼：《社会福利国家面临的挑战》，王学东译，商务印书馆，2004。

〔德〕拉德布鲁赫：《法学导论》，米健、朱林译，中国大百科全书出版社，1997。

〔德〕拉德布鲁赫：《法哲学》，王朴译，法律出版社，2005。

〔德〕路德维希·艾哈德：《大众的福利》，丁安新译，武汉大学出版社，1995。

〔德〕罗伯特·霍恩：《德国民商法导论》，楚建译，中国大百科全书出版社，1996。

〔德〕罗尔夫·克尼佩尔：《法律与历史——论〈德国民法典〉的形成与变迁》，朱岩译，法律出版社，2003。

〔德〕马克思：《剩余价值理论》第1卷，人民出版社，1975。

〔德〕梅迪库斯：《德国民法总论》，邵建东译，法律出版社，2000。

〔德〕齐美尔：《社会是如何可能的》，林荣远编译，广西师范大学出版社，2002。

〔德〕韦伯：《新教伦理与资本主义精神》，彭强译，陕西师范大学出版社，2002。

〔德〕耶林：《为权利而斗争》，郑永流译，法律出版社，2007。

〔法〕E. 涂尔干：《社会分工论》，渠东译，三联书店，2000。

〔法〕M. 戴尔玛斯·玛蒂：《世界法的三个挑战》，罗结珍译，法律出版社，2001。

〔法〕迪尔凯姆：《社会学方法的准则》，狄玉明译，商务印书馆，2003。

〔法〕盖斯坦·古博:《法国民法总论》,谢汉琪等译,法律出版社,2004。

〔法〕霍尔巴赫:《自然政治论》,陈太先、眭茂译,商务印书馆,1994。

〔法〕卡特琳·米尔丝:《社会保障经济学》,郑秉文译,法律出版社,2003。

〔法〕莱昂·狄骥:《宪法学教程》,王文利译,春风文艺出版社,1999。

〔法〕卢梭:《论人类不平等的起源》,高修娟译,九州出版社,2007。

〔法〕卢梭:《社会契约论》,何兆武译,商务印书馆,1982。

〔法〕孟德斯鸠:《论法的精神》,张雁深译,商务印书馆,1991。

〔法〕莫里斯·奥里乌:《法源:权力、秩序和自由》,鲁仁译,商务印书馆,2015。

〔法〕莫里斯·迪韦尔热:《政治社会学——政治学要素》,杨祖功译,华夏出版社,1997。

〔法〕皮埃尔·勒鲁:《论平等》,王允道译,商务印书馆,1988。

〔法〕让-雅克·迪贝卢:《社会保障法》,蒋将元译,法律出版社,2002。

〔法〕涂尔干:《职业伦理与公共道德》,渠东、梅非等译,上海人民出版社,2001。

〔法〕雅克·盖斯坦、吉勒·古博:《法国民法总论》,陈鹏译,法律出版社,2004。

〔古罗马〕查士丁尼:《法学总论》,张企泰译,商务印书馆,1996。

〔加〕金里卡:《当代政治哲学》(下),刘莘译,三联书店,2004。

〔加〕丽贝卡·库克:《妇女的人权——国家和国际的视角》,黄列译,中国社会科学出版社,2001。

〔罗马〕查士丁尼:《法学总论》,张企泰译,商务印书馆,1989。

〔美〕R.M 昂格尔:《现代社会中的法律》,吴玉章、周汉华译,译林出版社,2001。

〔美〕阿瑟·奥肯:《平等与效率——重大的抉择》,王奔洲等译,华夏出版社,1999。

〔美〕埃里克·方纳:《给我自由!一部美国的历史》(下),王希译,商务印书馆,2010。

〔美〕艾伦·沃森:《民法法系的演变及形成》,李静冰等译,中国法制出版社，2005。

〔美〕昂格尔：《现代社会中的法律》，吴玉章等译，译林出版社，2001。

〔美〕昂格尔：《知识与政治》，支振锋译，中国政法大学出版社，2009。

〔美〕奥肯：《平等与效率》，王奔洲等译，华夏出版社，1987。

〔美〕本杰明·卡多佐：《法律的成长——法律科学的悖论》，董炯等译，中国法制出版社，2002。

〔美〕波斯纳：《法理学问题》，苏力译，中国政法大学出版社，1994。

〔美〕伯恩斯·拉尔夫：《世界文明史》（上），赵风等译，商务印书馆，1998。

〔美〕伯尔曼：《法律与革命》，贺卫方等译，中国大百科全书出版社，1996。

〔美〕伯尔曼：《法律与宗教》，梁治平译，三联书店，1991。

〔美〕伯纳德·施瓦茨：《美国法律史》，王军等译，中国政法大学出版社，1990。

〔美〕博登海默：《法理学——法律哲学与法律方法》，邓正来译，中国政法大学出版社，2004。

〔美〕布坎南：《赤字中的民主》，刘廷安、罗光译，北京经济学院出版社，1998。

〔美〕布坎南：《自由、市场与国家》，平新乔译，北京经济学院出版社，1988。

〔美〕布莱克：《法律的运作行为》，唐越、苏力译，中国政法大学出版社，2004。

〔美〕布劳：《社会生活中的交换与权力》，孙非等译，华夏出版社，1988。

〔美〕戴维：《社会学》，李强等译，中国人民大学出版社，1999。

〔美〕道格拉斯·莱斯利：《劳动法概要》，张强等译，中国社会科学出版社，1997。

〔美〕迪尼托：《社会福利：政治与公共政策》，何敬等译，中国人民大学出版社，2007。

〔美〕蒂莫尔·耶格尔：《制度、转型与经济发展》，陈宇峰、曲亮译，华夏出版社，2010。

〔美〕范伯格：《自由、权利和社会正义》，王守昌、戴栩译，贵州人民出版社，1998。

〔美〕菲利普·塞尔兹尼克：《社群主义的说服力》，马洪等译，上海世纪出版集团，2009。

〔美〕弗里德曼：《法律制度》，李琼英、林欣译，中国政法大学出版社，1994。

〔美〕弗里德曼：《资本主义与自由》，张瑞玉译，商务印书馆，1986。

〔美〕哈拉尔：《新资本主义》，冯韵文等译，社会科学文献出版社，1999。

〔美〕加里·S.贝克尔：《人类行为的经济分析》，王业宇等译，三联书店，1995。

〔美〕杰克·唐纳利：《普遍人权的理论与实践》，王浦劬等译，中国社会科学出版社，2001。

〔美〕杰罗姆·巴伦等：《美国宪法概论》，刘瑞祥等译，中国社会科学出版社，1995。

〔美〕卡多佐：《法律的生长》，刘培峰等译，贵州人民出版社，2003。

〔美〕卡多佐：《司法过程的性质》，苏力译，商务印书馆，1998。

〔美〕卡尔·弗里德里希：《超验正义》，周勇等译，三联书店，1997。

〔美〕凯恩斯：《预言与劝说》，赵波等译，江苏人民出版社，1997。

〔美〕凯斯·R.桑斯坦：《就事论事——美国最高法院的司法最低限度主义》，泮伟江、周武译，北京大学出版社，2007。

〔美〕凯斯·R.孙斯坦：《自由市场与社会正义》，金朝武译，中国政法大学出版社，2002。

〔美〕肯尼斯·阿罗：《社会选择与个人选择》，陈志武等译，四川人民出版社，1987。

〔美〕库利：《人类本性与社会秩序》，包凡一等译，华夏出版社，1989。

〔美〕赖克：《国家的作用》，东方编译所译，上海译文出版社，1994。

〔美〕劳伦斯·M.弗里德曼：《美国法律史》，王军译，中国社会科学出版社，2007。

〔美〕李普塞特：《一致与冲突》，张华清等译，上海人民出版社，1995。

〔美〕理查德·T.德乔治：《经济伦理学》，李布译，北京大学出版社，2002。

〔美〕列奥·施特劳斯等：《政治哲学史》，李天然译，河北人民出版社，1993。

〔美〕路易斯·亨金等：《宪政与权利》，郑戈等译，三联书店，1996。

〔美〕路易斯·卡普洛等：《公平与福利》，冯玉军等译，法律出版社，2007。

〔美〕罗尔斯：《正义论》，何怀宏等译，中国社会科学出版社，2001。

〔美〕罗斯：《社会控制》，秦志勇等译，华夏出版社，1989。

〔美〕罗斯科·庞德：《法理学》第3卷，廖德宇译，法律出版社，2007。

〔美〕罗斯科·庞德：《通过法律的社会控制：法律的任务》，沈宗灵、董世忠译，法律出版社，1984。

〔美〕迈克尔·桑德尔：《民主的不满：美国在寻求一种公共哲学》，曾纪茂译，江苏人民出版社，2008。

〔美〕麦金太尔：《追寻美德：伦理理论研究》，宋继杰译，译林出版社，2003。

〔美〕梅利曼：《大陆法系》，顾培东等译，法律出版社，2004。

〔美〕米德：《效率、公平与产权》，施仁译，北京经济学院出版社，1988。

〔美〕米尔斯：《社会学的想象力》，陈强等译，三联书店，2005。

〔美〕莫顿·J.霍维茨：《美国法的变迁：1780—1860》，中国政法大学出版社，2004。

〔美〕莫顿·J.霍维茨：《沃伦法院对正义的追求》，信春鹰、张志铭译，中国政法大学出版社，2003。

〔美〕默顿：《社会理论和社会结构》，唐少杰等译，译林出版社，2006。

〔美〕诺内特等：《转变中的法律与社会》，张志铭译，中国政法大学出版社，2004。

〔美〕诺奇克：《无政府、国家和乌托邦》，姚大志译，中国社会科学出版社，2008。

〔美〕潘恩：《常识》，田素雷译，中国对外翻译出版公司，2010。

〔美〕潘恩：《潘恩选集》，马清槐等译，商务印书馆，1982。

〔美〕庞德：《法律史解释》，邓正来译，中国法制出版社，2002。

〔美〕普莱斯·费希拜克等：《美国经济史新论：政府与经济》，张燕等译，中信出版社，2013。

〔美〕乔·B.史蒂文斯：《集体选择经济学》，杨晓维等译，上海人民出版社，1999。

〔美〕施瓦茨：《美国法律史》，王军等译，中国政法大学出版社，1997。

〔美〕史蒂芬·霍尔姆斯、凯斯·R.森斯坦：《权利的成本——为什么自由依赖于税》，毕竞悦译，北京大学出版社，2004。

〔美〕斯蒂芬·埃尔金等：《宪政新论》，周叶谦译，三联书店，1997。

〔美〕斯坦利·L.恩格尔曼、罗伯特·E.高尔曼主编《剑桥美国经济史（第三卷）：20世纪》，巫云仙、邱竞译，中国人民大学出版社，2012。

〔美〕威廉·巴雷特：《非理性的人》，杨照明等译，商务印书馆，1999。

〔美〕威廉姆·H.怀特科等：《当今世界的社会福利》，解俊杰译，法律出版社，2003。

〔美〕罗尔斯：《作为公平的正义——正义新论》，姚大志译，上海三联书店，2002。

〔挪〕A.艾德等：《经济·社会和文化的权利》，黄列译，中国社会科学出版社，2003。

〔日〕川岛武宜：《现代化与法》，王志安等译，中国政法大学出版社，1994。

〔日〕大须贺明：《生存权论》，林浩译，法律出版社，2001。

〔日〕高柳贤三：《法律哲学原理》，汪翰章译，上海大东书局，1932。

〔日〕金译良雄：《经济法概论》，满达人译，甘肃人民出版社，1988。

〔日〕芦部信喜：《宪法》，林来梵等译，北京大学出版社，2006。

〔日〕美浓部达吉：《公法和私法》，黄冯明译，中国政法大学出版社，2003。

〔日〕内田贵：《契约的再生》，胡宝海译，中国法制出版社，2005。

〔日〕棚濑孝雄：《纠纷的解决与审判制度》，王亚新译，中国政法大学出版社，1994。

〔瑞典〕博·罗斯坦：《正义的制度：全民福利国家的道德和政治逻辑》，蒋小虎译，中国人民大学出版社，2017。

〔意〕彭梵得：《罗马法教科书》，黄风译，中国政法大学出版社，2005。

〔印〕阿玛蒂亚·森：《以自由看待发展》，任赜等译，中国人民大学出版社，2012。

〔印〕阿玛蒂亚·森：《贫困与饥荒》，王宇等译，商务印书馆，2001。

〔英〕安东尼·吉登斯：《第三条道路》，郑戈译，北京大学出版社，2000。

〔英〕安东尼·吉登斯：《现代性的后果》，田禾译，译林出版社，2000。

〔英〕彼得·斯坦、约翰·香德：《西方社会的法律价值》，王献平译，中国人民公安大学出版社，1990。

〔英〕庇古：《福利经济学》，朱泱等译，商务印书馆，2006。

〔英〕边沁：《道德与立法原理导论》，时殷弘译，商务印书馆，2005。

〔英〕戴维·李等：《关于阶级的冲突》，姜辉译，重庆出版社，2005。

〔英〕丹宁勋爵：《法律的训诫》，代中译，法律出版社，1999。

〔英〕哈耶克：《法律、立法与自由》，邓正来等译，中国大百科全书出版社，2000。

〔英〕哈耶克：《致命的自负》，冯克利等译，中国社会科学出版社，2000。

〔英〕哈耶克：《自由秩序原理》，邓正来译，三联书店，1997。

〔英〕霍布斯：《利维坦》，黎思复等译，商务印书馆，1986。

〔英〕吉登斯：《社会的构成》，李康等译，三联书店，1998。

〔英〕卡尔·波兰尼：《大转型：我们时代的政治与经济起源》，冯刚等译，浙江人民出版社，2007。

〔英〕洛克：《政府论》（下），叶启芳等译，商务印书馆，1964。

〔英〕迈克尔·希尔：《理解社会政策》，刘升华译，商务印书馆，2003。

〔英〕梅因：《古代法》，沈景一译，商务印书馆，1984。

〔英〕米尔恩：《人的权利与人的多样性》，夏勇等译，中国大百科全书出版社，1995。

〔英〕穆勒：《政治经济学原理》，赵宋潜等译，商务印书馆，1991。

〔英〕诺曼·巴里：《福利》，储建国译，吉林人民出版社，2005。

〔英〕欧文：《欧文选集》第1卷，柯象峰等译，商务印书馆，1979。

〔英〕斯密：《国民财富的性质和原因的研究》，郭大力等译，商务印书馆，1972。

〔英〕威廉·韦德：《行政法》，徐炳等译，中国大百科全书出版社，1997。

〔英〕威廉姆·贝弗里奇：《贝弗里奇报告－社会保险和相关服务》，中国劳动社会保障出版社组织翻译，中国劳动社会保障出版社，2008。

〔英〕休谟:《人性论》(下),关文运译,商务印书馆,2015。

〔英〕以赛亚·伯林:《自由四论》,陈晓林译,联经出版公司,1987。

〔英〕约翰·格雷:《自由主义》,曹海军等译,吉林人民出版社,2005。

〔英〕约翰·亨利·梅利曼:《大陆法系》,顾培东等译,知识出版社,1984。

〔英〕约翰·梅纳德·凯恩斯:《就业、利息和货币通论》,徐毓枬译,商务印书馆,1963。

〔英〕约翰·密尔:《论自由》,许宝揆译,商务印书馆,2015。

〔英〕约翰·穆勒:《政治经济学原理》,胡企林、朱泱译,商务印书馆,1991。

《列宁选集》第 1 卷,人民出版社,1972。

《列宁选集》第 3 卷,人民出版社,1972。

《列宁全集》第 2 卷,人民出版社,1984。

《列宁全集》第 6 卷,人民出版社,1984。

《列宁全集》第 21 卷,人民出版社,1984。

《列宁全集》第 29 卷,人民出版社,1985。

《马克思恩格斯全集》第 7 卷,人民出版社,1959。

《马克思恩格斯全集》第 19 卷,人民出版社,1963。

《马克思恩格斯全集》第 6 卷,人民出版社,1972。

《马克思恩格斯全集》第 23 卷,人民出版社,1973

《马克思恩格斯全集》第 26 卷,人民出版社,1973。

《马克思恩格斯全集》第 2 卷,人民出版社,1976。

《马克思恩格斯全集》(下)第 46 卷,人民出版社,1979。

《马克思恩格斯全集》第 4 卷,人民出版社,1985。

《马克思恩格斯全集》第 1 卷,人民出版社,1995。

《马克思恩格斯全集》第 3 卷,人民出版社,1995。

《马克思恩格斯全集》第 25 卷,人民出版社,2001。

《马克思恩格斯全集》第 5 卷,人民出版社,2001。

《马克思恩格斯文集》,人民出版社,2009。

《马克思恩格斯文选》第 1 卷,人民出版社,1958。

《马克思恩格斯选集》第 19 卷,人民出版社,1963。

《马克思恩格斯选集》第 20 卷，人民出版社，1971。

《马克思恩格斯选集》第 1 卷，人民出版社，1995。

《马克思恩格斯选集》第 2 卷，人民出版社，1995。

《马克思恩格斯选集》第 3 卷，人民出版社，1995。

《马克思恩格斯选集》第 4 卷，人民出版社 1995。

《拿破仑法典》，李浩培等译，商务印书馆，1996。

《马列著作选读》，人民出版社，1998。

《西方哲学原著选读》（上），北京大学哲学系西哲教研室编译，商务印书馆，1981。

《资本论》第 1 卷，人民出版社，2004。

四　英文原著

A. Ppgou, *The Economics of Welfare*, Macmillan, 1924.

Abraham Lincoln, *Address at Sanitary Fair*, Baltimore delivered on April 18, 1864.

Anna Coote, *The Welfare of Citizens*, *Developing New Social Right*, London River Oram Press, 1992.

Arrow. K. J., *Social Choice and Individual Values*, Yale University Press, 1963.

Barbara. S. Deckard, *The Woman's Movement: Political Social Economic and Psychological Issues*, New York: Happy & Row, 1979.

Baron de Montesquieu, *The Spirit of the Laws (Two volumes in one)*, Trans. by Thomas Nugent, New York: Hafner Publishing Company, 1949.

Cile Faber, *Social Right under the Constitution*, Clarendon Press, 2000.

David Kelley, *A life of One's Own: Individual Rights and the Welfare State*, Cato Institute Washington, D. C, 1998.

David Walker, *The Oxford Companion to Law*, Oxford University Press, 1980.

Denis Ong, *Trusts Law In Australia*, The Federation Press, 1999.

E. J. Hobsbawm, *Nations and Nationalism Since* 1780, 2nd edition, Cambridge University Press, 1990.

F. A. Hayek, Law, Legislation and Liberty (Vol. 2: The Mirage of Social Justice）, London: Routledge & Kegan Paul, 1982.

F. A. Hayek, *The Constitution of Liberty*, Chicago: Henry Regnery Company, 1972.

Hans Kelsen, *Pure Theory of Law*, *Bereley & Los Angoles*, University of Califounia Press, 1967.

Henry J. Steiner & Philip Alston, *International Human Rights in Context*: *Law*, *Politics*, *Morals*, New York: Oxford University Press, 1996.

Henry Shue, *Basic Right-Subsistence*, *Affuence and U. S Foreign Policy*, Princeton University Press, Princeton, NewJersey, 1996, 2nd edition.

Heodor Meron, *Human Right in International Law*: *Legal and Policy Issues*, Oxford: Clarendon Press, 1984.

Jeremy Waldron, *Liberal Rights*, *Collected Papers* (1981 - 1991), Cambridge University Press, 1993.

John Rawls, *A Theory Justice* (Revised Edition), The Belknap Press of Harvard University Press Cambridge, Massachusetts, 2000.

Josiah Royce, The Problem of Christianity, Vol. 2, NewYork: Macmillan, 1913.

Jurgen Habermas, *Between Facts and Norms*, Cambridge: Polity Press, 1996.

L. T. Hobhouse, *The Elements of Social Justice*, Routledge, Thoemmes Press, 1993.

Marshall T. H. *Citizenship and Social Class*, Cambridge University Press, 1950.

P. Cohen, *The Theory of Modern Society*, London, 1968.

P. Watson, *Social Security Law of the European Communities*, Oxford: Mansell, 1980.

R. pound, *An Introduction to the philosophy of Law*, Yale University Press, 15printing, 1976.

R. M. Hare, *Freedom and Reason*, Oxford: Clarendon Press, 1963.

Rawls, *A Theory of Justice* (*revised edition*), Cambridge: Harvard University Press, 1999.

Ronald Dworkin, *Sovereign Virtue*, Harvard University Press, 2000.

S. Pufendorf, *On the Duty of Man and Citizen*, Cambridge University Press, 1991.

T. H. Marshall, *Citizenship and Social Class*, Cambridge University Press, 1950.

Thomas H. Marshall, *Class*, *Citizenship*, *and Social Development*, Greenwood Press, Westport, 1973.

Timmons, William, *Public Ethics and Issues*, Belmont: Wadsworth Publishing Co., 1990.

Titmuss, *Commitment to Welfare*, London, 1968.

Tom L. Beauchamp, *Philosophical Ethics*, New York: Mc Graw-Hill Book Company, 1982.

W. G. Runciman, *Ralative Deprivation Social Justice*, Penguin, 1972.

Wesley Newcomb Hohfeld, *Fundamental Legal Conceptions as Applied in Judicial Reasoning and Other Legal Essays*, New Haven: Yale University Press, 1919.

William Beveridge, *Social Insurance and Allied Services*, New York: Agathen Press, 1969.

《弱者的正义》自序

五四故地，景山东麓。余忝为学者后，效身国家，于兹有年矣。

夫学者，沉浸醲郁，含英咀华，出世之谓也。余甫入学道，心志俱奋，常思立德立言，将以有为也。是以孜孜矻矻，孑孑自谨，不敢后于恒人也。昌黎先生曰，焚膏油以继晷，恒兀兀以穷年，其是之谓乎！余之志业，社会法也。社会法，尚公益而悲贫困者也。是法也，源于泰西，余于义理、考据、辞章，均不得其要。故不自量力，痌瘝为之。寒暑五载，余蛰伏陋巷，深居简出，箪食瓢饮，不改其乐。宠辱不累吾心，毁誉不移吾守。《诗》《书》遗吾以思绎，天地假吾以文章。余于治学也，目不停视于百家之篇，口不绝吁于弱者之权，不知老之将至，而忧志之有倦。嗟夫，盖有幸而从学，岂因冷寂而怠惰。虽然，吾时运不齐，学途偃塞，文不见爱于当世，道不见察于执事。跋前疐后，步履维艰。《老子》云：知足不辱，知止不殆。为学也，道方而事实，守真则志平。余虽不合于俗，不遇于时，未尝不忧心于国家也。人道"兴，百姓苦；亡，百姓苦"，何也？权利不行、社会法不施者也。故每念斯情，则中心悁悁，惟恐学之不精，功之不补。或曰："先生何患也？达则兼济，穷则独善，岂不知自安逸为之乐哉！"是亦莫我知矣。古云：位卑未敢忘忧国。余少始知学，行且不息，自奉惟义于归，今月费俸禄，岁糜廪钱，岂敢为一己之安而忘情国家？苟无国家，何有民泰；不有民泰，何申予怀！

且夫天下非协和也，今所谓和谐，将谋之而已。嗟革新以降，计划减而市场立，国资退而民资进，曰松绑，曰转型。自是财资日进，国库充盈，富者富足。为强盛奠基业，为万世开太平。中华复兴，其庶几乎？第以今日之事势观之，吾国之得千千而失有三，号为"三制遏"。首曰贫富分化。迩来富益富，贫益贫，昭昭也。富者贵者坐拥民出，一掷万金，日日耽于灯红酒绿；黎民百姓厄困震悸，家无余储，惟朝夕刍米之资是急。以今之制，天下资财，十之六七入于官，或附于官者。中产之人事其制者，温饱而已；下之人，作器皿、治农桑，地出庐入，仅得自存。至若贫贱，曰弱势群体，衣食于奔走，号呼而转徙，连年暴露，旦夕忧惧。必有凶年，人其流离，身寄荒野，悲苦谁诉！其死其生，故不可知也。次曰道德沦丧。今日之中国，成也市场，败也市场。民众过度逐利，风俗与化日异，人惟见利而不闻义久矣。所谓五德不行，五教不修，民各有心，神鬼乏主。为利也，子不父其父，父不子其子，夫妻反目，兄弟阋墙；为利也，禄位之人以权谋私，屡禁不止，奸邪欺负之徒，肆于市庭。天威之怒不能戒，圣贤之言无所用。是以大道悖乱，文教失宣。天下熙攘，唯利来利往。再曰家园毁突。今之度，唯利市至上，是谓政绩。为是绩也，竭泽焚林，百物污染，无所不用其致。每遇矿源，辄不惜一夕以罄之，何患子孙无有也。是以山川丘墟，取之无度；地藏物产，用之不节。以致四海虚弊，中州耗斁，财殚力痛，功不补患。人祸临之，天灾乘之。或赤地千里，或洪水肆虐，夏则山峦崩摧，冬则北风振漠。风雨不调，四时不序。此岂改革发展之功乎！古云：博爱之谓仁，行而宜之之谓义。今博爱不行，仁义未施，不义不昵，唯利是取，地坏物空，原陵污毁，吾尝与有司言而痛之。且夫九夷未服，列强汹汹，人民絮怨者，铤而走险。其势诚急，其情诚可悲也。土地、人民、礼乐，国之本也。本且不固，则邦无宁日，国将不国矣。

　　语云：仕者修政立事，淑世安民。今所谓官吏，其宜大有为于天下欤？抑将安而不救欤？曰：听其言不见其功也。吾闻古之志士，修辞明道，正心诚意。未得位，则思有所为；居其职，则思死其守。兆民未安，思所泰之；天灾时变，思所赈之。鞠躬尽瘁，死而后已。今之政客则不然，或为权势，或为利禄，或结党营私，或与民争利。是为利仕者众，为道仕者鲜矣。今所谓权贵者，号令施于人，名声着于时。出则车水马龙，从者塞途；入则广厦厅堂，前呼后拥。洪惟作威，高高在上。此成功之至也，享万钟之禄，而以专贵为事。夫位益尊，则威益盛。其体民情也，武夫前呵，奉承之人，夹道而疾驰。至若礼贤下士，吐哺握发之事，吾未之闻也。或不以天下国家为事，既得其位，玉盘珍馐，思所取之；声音美色，思所致之。道貌岸然，私心慆慆。府邸之雄、妻孥之富，止乎一己之私而已。位卑则傲之临之，位高则趋之谀之。开琼筵以坐花，飞羽觞而醉月。脂膏滫瀡，享用而无度；粉黛裙裾，列屋而闲居。不思奋发有为，先天下之乐而乐。曰：此乐何极！或为朋党，以恶相济，同流合污。此辈善钻营，日日酒食游戏相征逐，诩诩然强笑以悦上。一人得势，属党升天。奸人附势而陟之，直士抗言而黜之。是故投间抵隙之徒，每居事职；龙蟠凤逸之士，鲜见于庙朝。此所谓奸雄蹑高位，英俊沉下僚也。或以私怨，奋其戾气，虐于非辜。曰："此辈清流，宜投浊流。"彼近亲朋党之祸，为害烈矣。天下之人敢怒而不敢言。或贪邪罔道，鱼肉乡里。语云：不知耻者，无所不为。此辈窃得权位，放乎一己之私，而忘天下之治忽。或心怀不轨，挟私分肥；或径剞其人，倚迭如山。行不蹈距，言不由衷。处污秽而不羞，触刑辟而诛戮。《孟子》云：仕不为贫。吾尝疑乎是，以为欺世盗名也。君不见，庙堂之上，硕鼠出出；殿陛之间，腐弊丛生。至若民生艰棘，非不察其情也，而忽焉不加喜戚于其心。政由是出，恶得蠲浊而扬清，废贪而立廉乎！

今之学人则如何？曰：今昔亦不同矣。吾闻古之学者，所守者道义，所行者忠信，所惜者名节。其志也，德被苍生，而功施社稷，或特立独行，隤而不息，不畏义死，不荣幸生。孟子云："富贵不能淫，贫贱不能移，威武不能屈。"此之谓也。今之学众则不然，其自奉也重以周，其责己也轻以约。或趋炎附势，摧眉折腰；或独善自养，高尚其事；或苟且偷生，以全天年。至若进死并命，毁身以为国是，贤者不能也。今所谓天降大任者，伺候于公卿之门，奔走于形势之途。逐富贵而趋之，远寒贱而忽之。于学问也，踸踔调于促促，窥陈编以盗窃，是弄笔墨以邀利达也。此君子之所难，小人之所易也。曩有吴人者，窃居学职，意色洋洋，曰："官不在高，有权则灵。吾世代寒门，得慰平生矣。"其人不足谋，其用不足称。使其未达也，色厉而内荏；既得用事，前恭而后倨。是故处士多戚戚之穷，居位有赫赫之光。或曰："吾恶夫诒上者。天行淡定，无执无失。吾今保其明哲，委身存道，涅于混浊而不缁，其乐也大矣。夫时则动，不时则静。闲居而野处，登高而望远。车服不惟，刀锯不加，神仙之谓也。"是道其所道，德其所德矣。此辈自高气节，不屈以求合，诚可敬也。然怀抱利器，不思经世致用，外以欺于人，内以欺于心，曾不若引车卖浆、抱关击柝者流。有道之士，故如是乎哉！或曰："吾尚乎希夷。邦有道则智，邦无道则愚。好尽言于不测之诛，国武子之所以见杀也。"此辈志不饮盗泉，遗世独立，晦是谟范，辱于庸奴。出则低首下心，沁沁睍睍；入则习于苟且，安于微贱。天下兴亡，莫之与也。不为玉碎，宁为瓦全。若夫非常鳞凡介者，则以身成仁，亡于沟壑。世无士乎？其真无几矣。

若是者何哉？曰：大道弗行也。大道弗行，天下为私。原帝王之所以得天下，与其所以失之者，可以知之矣。天下为私，则政权为私。政权为私，则武力决之，杀伐得之，俟其分崩，又群起逐之。是不议曲直，暴寡胁弱，上下交相贼，以为国柄也。天下为私，其弊有三。首曰公意不行。公意不行，则销息民主，公权私授。公权私授，则政事得失，唯上是从。唯上是从，则民无所措手足。语云：顺民者昌，逆民者亡。公权私授，则强者治法，弱者治于法；公意不行，则强者治人，弱者治于人。民无所措手足，是公仆为"父母"，人黎为臣役耳。次曰权为私用。得之不以其道，约之不以其法，权为利谋，劳而无用，此自然之理业也。天生蒸民，日夜劳作而不能自存；一俟为官，不稼不穑而财源广进。曰："此我为官之花息也。"民不患得而患失之，官不患无有而患不厚。彼汲汲于官者，实汲汲于利也。官民之间，从古如斯。是故人人争为官而耻为民。再曰利以害义。官以权谋私，商以奸为祸，侠以武犯科，利所使然也。或为官，所好者利禄，所贪者财货，谋利不谋道；或为商，见利忘义，唯利是图，不肯拔一毛而利天下；或为侠，铤而走险，暴以取利，为害乡邦。是祸国乱法，而义利之道废矣。及生灵涂炭，人民怨谤，则坚甲利兵以陈之，刀锯斧钺以威之。国人莫言，道路以目。大道弗行可知矣。仕者之所以私身，学者之所以沦落，其皆出于此乎！

大道之行也，天下为公。是无有阶级，一切平等，人人为人人，不以私爱害公义。彼为治也，本于公民，选贤与能，使之称职，讲信修睦，咸使安业。地则尽其所出，人则尽其所能。强不执弱，众不劫寡，贵不傲贱，诈不欺贫。寒然后为之衣，饥然后为之食，鳏寡孤独废疾者皆有所养。四海之外，六合之内，皆抚而有之，是谓大同。或曰：大同之道，何以致之？曰：民主为体，民权为用，民生为功。夫民主，政决于众而非寡，权出于约而非力。立宪章，举笃敬，使公权者无渎其职，而私便己身。内不欺于心，外不恧于法。至若"肇命民主"，以亲民、爱民、重民、保民，非吾所谓民主也，是王、霸之术而已。吾所谓民主也，攘除专制，公议公决，不胁于私。此治乱之由，强国之本也。行其道则治，弗行其道则乱。故未行民主而大治者，未之有也。夫民权，天之所畀，本于民性而存乎社会，曰政治、经济、社会权利之属，人人等而有之。任公云："《春秋》大同之学，无不言民权者。"民权也，将相无所加，编氓无所损，兴之则国权立，湮之则国权亡。吾师上夏下勇，博学宏词，踔厉风发，合中西之璧，着为新民本说，曰：民惟邦本，权惟民本，德惟权本。是创新民权，与时俱进也。噫嘻，微先生，不能成民权之功；微民权，岂能遂先生之高哉！夫民生，黎民生计，国之大略也。是保息养万民，收孤寡，补贫穷，宽疾患，赈乏绝，使老有所终，幼有所长，日有食，岁有衣，嫁娶凶葬皆有赡。《书》云：惟民生厚，因物有迁。民生厚而有国家，民生困敝，则其危不可以终一哺耳。民生之先，民主为体，民权为用。惟有民主，方有平等，使民人有击壤之乐，而无荼毒之苦；惟有民权，方能自存，使民人生命、财产、自由毋受侵犯。夫如是，虽有滥权，信无碍也。故民主不存，则民权不兴；民权不兴，则民生蔽匿。民生蔽匿，则大同之道废矣。

或曰：大同之道，宜何所法守欤？曰：社会法也。社会法，民生之法，弱者之正义也。是法也，西人俾斯麦、施穆勒首倡之，以经国家，定社稷，固本而兴邦耳。惟其如是，于今颂施氏之德，而称俾氏之功不衰。语云：徒善不足以为政，徒法不能以自行。是法也，起于仁爱，本乎人情，致于中和，使趋义者知其所以向，困厄者知其所以立矣；是法也，无论贵贱贫富，择其有余而取之，择其不足而施之，使有力者疾以助人，有财者勉以分人，饥者得食，寒者得衣；是法也，抑豪强而兴公利也，条其纲纪而盈缩之，齐其法度而整顿之，害至而为之备，患至而为之防，由是天下可运于掌。谚曰：一善易修也，一艺易能也。社会法，善举之所立、善风之所由也。是使生老病死、穷乏伤残之属，悉有法度可依，将以行大义于世矣。夫法之大本，以防乱也。举社会法而兴之，推道训俗，民风于是乎清夷，苍生以之而安政，则国家庶几而治矣。拙著不揣浅陋，以社会法名之，敢问何谓也？曰：扶掖弱者，维絜公益，社会法所行道也。余奉此说久矣，未尝敢以示人。今编目出书，列为"弱势群体篇"、"社会分享篇"，将以明道也，非以为直而加诸人矣。夫转型之际，民生日蹙，而公义不行，治具不张。某一介书生，食禄国家，谟猷筹划，冀有所计议，以匡时弊也。窃以为，公平者政之衡也，仁义者治之始也。若夫弱势群体，成于制度，宜且殊例以安之，毋使放任而自流之。《管子》所谓九惠之教，实乃社会保障权利，而非布德行惠也。夫如是，则民各安其所而乱不起矣。公益也，公利也。邦之道，公利行则治，私利浸则乱，是有"公共利益篇"。社会法，惟正义与公平于归。夫自然法，法之正义与公平之衡也；法律监督，法之正义与公平之守也。是有"经典回顾篇"。此吾畴昔心迹，为肉食者谋之，非大而全欤，未免挂一漏万。今列而陈之，其亦庶乎其可也？

呜呼，士穷乃见节义！穷而独善其身，不忧天下者所能安也，忧民之疾苦者，则不能矣。语云：天下兴亡，匹夫有责。吾侪生而为人，同乎万物生死，百代之过客也。今恂恂而处此世，虑盛世之虞、道德之失，必有所担当，将以有为也。夫天授人以文墨之能，岂使自娱而已，必有以利其世也。然文之能照千秋，垂万世者几希？不义不仁，虽美而不彰；不恤民意，虽盛而不传。为学之道，诞漫而深邃；人生苦短，如白驹过隙。某幼承教化，强学力行久矣。今年届不惑，为贫为弱，敢效微躯。是锲而不舍、恒无变其初而坠其志也。故忘其疏愚之失，而有是作。成败之迹，盛衰之理，岂天命哉，人事而已，为政者可以鉴矣。或曰："见公之作，知公之志耳。"余以为然。言为心声，文以咏志。外有居安思危之遽迫，内有忧思感愤之郁积。盛世危言，盛世危言矣！余甘菽水藜藿，落寞为此，奋力操觚，数年乃成。于是咏而歌曰：恢恢乎吾志，渺渺兮予怀。《易》

云："王臣蹇蹇，匪躬之故。"某才疏学浅，惶恐属文，情隘辞蹙，不知所裁，惟惧耳目有所不闻见，思虑有所不及也。读者诸君其宜赐教耳。路漫漫其修远兮，吾将上下而求索！

是为序。

余少祥

辛卯年仲夏于北京

《弱者的救助》序言

古者君为上，天下为属。君者，为上天牧民者也。民者，出粟米丝麻，作器皿通货财以事其上者也。民有四业，学以居位曰士，辟土殖谷曰农，作巧成器曰工，通财鬻货曰商。民者，瞑也。《说文》称，民萌而无识。《六书略》谓，民象俯首力作之形。董仲舒称：性而瞑之未觉，天所为也；效天所为，为之起号，故谓之民。农者，四民之属，耕者之谓也。《春秋穀梁传》诠为播殖耕稼者，《唐六典》释为肆力耕桑者。农民，民之主体，劳力而位卑者也，曰庶人、曰小人。孔子曰：劳心者治人，劳力者治于人。楚子襄谓，士兢于教，其庶人力于农穑。《左传》称，君子尚能而让其下，小人农力以事其上。又曰，刑不上大夫，礼不下庶人。周制，农人谓之野人，听政于国人而非野人。所谓民本，王霸之术而已矣。《左传》谓，国将兴，听于民。《孟子》云，民为贵，社稷次之，君为轻。唐太宗称，天地之大，黎元为先。然则民之位也尊，其权也重乎？非也，是保民而王，为驭民、使民，而非民主、民治、民享之义也。

《诗》云：倬彼甫田，岁取十千。农之为生，春耕夏耘，秋获冬藏，伐薪樵，治官府，纳徭役。春不得避风尘，夏不得避暑热，秋不得避阴雨，冬不得避酷寒。其位也庳，其害也多矣。旧制，六合之内，人迹所至，皆纳税赋。若夫小农，田日减而保役不休，王族田日增而保役不及。幸遇明君，取其什一，不者取之太半，故虽男力耕不足粮饷，女勉绩不足衣服，百姓膏腴皆归贵势之家。或无田畴，依托豪强，以为私属，贷其种食，赁其田庐，终年服劳，无日休息。罄输所假，常患不充，地主缙绅，使若牛马然。是故富者贵者田连阡陌，贫者丐者无立锥之地。勤苦如此，尚复被水旱之灾，每每鬻子孙而流离失所矣。或遇急政暴虐，贪官污吏横征暴敛，朘削剥掠，民不堪命，转加困敝。老氏曰：民之饥，以其上食税之多。倘被战乱，干戈不息，乱兵贼匪，虐遍天下。或为流寇，刀头舐血；或为黔首，朝不保夕。触风雨，犯寒暑，呼嘘毒疠，父母不保其赤子，夫妻相弃于匡床。黯兮惨悴，风悲日曛。加以瘟疫繁兴，往往而死者相藉也。

若是者何哉？医在王宫也。周制，疾医掌养万民之疾病，大司徒以保息六养万民，一曰慈幼，二曰养老、三曰赈穷，四曰恤贫，五曰宽疾，六曰安富。是则民之疾皆得以医乎？曰：止乎王公贵族而已。唐制，礼部掌医政，太医署、尚药局、药藏局三足鼎立。凡京师百官、宫廷杂役患疾，太医署医之；嫔妃媵嫱、诸王公主、禁军官兵患疾，尚药局医之；太子患疾，药藏局医之。《唐律疏议》载：诸合和御药，误不如本方及封题误者，医绞。宋制，翰林医官院掌医政，凡京师官吏、三学（太学、律学、武学）师生及禁军官兵患疾，太医局医之；帝室宗亲及宫廷厮役患疾，尚药局、御药院医之。时太医局下属和剂局，专发新药，凡一剂成，皆为朝士及有力者得之。至若农、工、商之民，有财者自延医药，无财者束手待毙，医政于彼何加焉！

《礼记》载：天子布德行惠，命有司发仓廪，赐贫穷、振乏绝。稽诸史籍，天子赐钱合药，惠及百姓，时有所见。南齐文惠太子设六疾馆，收贫乏无医者居之。北魏显文帝悯百姓病苦，民多非命，诏告天下：民有病者，所在官司遣医就家诊视，所需药物任医量给之。未几，宣武帝诏太常立馆，使京畿内外疾病之徒，咸令居处，又命太医署于闲敝处别立一馆，严敕医署，分师疗治，考其能否而行赏罚。北魏一朝，医馆迭出，曰别坊，曰悲田坊，皆有别于太医院，为民医疾。宋时养病院、安济坊，亦此职司也。或曰："帝王哀鳏寡，恤孤独，赈困穷，赐医授药，此非古之社会保障乎？"老小子曰："否，非若是也。帝王偶行仁政，遣医赐药，非囿于公民权利，成于律法，亦非祖宗之制也。是明君怀柔之术，王业之举，旨在统江山，固社稷，而非权利保障也。君王权谋，从古如斯。"昔帝王治下，非惟民生无守，民命亦如草芥矣。岁丰且吏治清明，则苟全性命；

岁恶而抚恤不足，则民不聊生。又无医供，私自延请医药，吊死问疾。一俟大疫流行，王宫大内，尚可得免；黎民百姓，往往死者不可胜数。或丁尽户绝，寨芟村灭；或合门而亡，举族而丧。家家有伏尸之痛，室室有号泣之声。无老无幼，同为枯骷；白骨山积，遗骸遍野。天地为愁，草木凄悲。天乎何辜，罹此冤横！

夫事之不近人道者，鲜不为大奸慝。荀子曰：有社稷者而不能爱民，不能利民，而求民之爱己，不可得也；民不亲不爱，而求其为己用为己死，不可得也。昔汤武以百里昌，桀纣以天下亡，民心向背异也。是故孟子曰，明君制民之产，使仰足以事父母，俯足以畜妻子，乐岁终身饱，凶年免于死亡，然后驱而之善。为国之道，当先敬民。圣王之世，民不饥不冻者，非能耕而食之、织而衣之，与百姓同之谓也。夫腹饥不得食，疾患不得医，虽慈母不能保其子，国安能有其民哉？故曰：治国者必使疾者医之，饥者廪之，死者槁葬之，孤幼有归，华发不匮。语云：民怨则奸邪生。使民生凄苦，旦夕忧惧，虽有高城深池，严刑峻法，不能禁也。嬴政灭六国，振长策而御宇内，执敲扑以鞭笞天下，以为千世万世而为君也。陈涉瓮牖绳枢之子，甿隶之人，奋臂于大泽，而崛起于阡陌之中。至江东豪俊并起，二世而亡，身死庙毁。仁义不施、繁法严刑故也。贾子曰：贪夫徇财，烈士殉名，夸者死权，众庶冯生。嗟我中华，自盘古开基，王朝更迭，不知凡几矣。每遇酷政暴烈，辄有人者出，高擎反旗，替"天"行道。所谓一夫夜呼，乱者四应。百姓也，生也何恩，死亦何惧。及朝堂既覆，伏尸百万，血流漂橹，胜者南面为王，又横征暴敛，浸淫天下。于是复有人者出，独夫民贼覆亡于鉏耰棘矜。如是循例往复，杀伐相继，以暴易暴，不知其非也。故曰：兴，百姓苦；亡，百姓苦。

岁在己丑，共和继立；攘除旧制，革故鼎新。当是时也，物资匮乏，百废待兴。官府悉收天下资财，以为公有。是城乡分治、一国两策之始也。凡仕宦百工，保障供给；居乡务农者，集体劳作，收获归公。因是天下良田美业，山林湖泽，农庶贫困。货殖扬工抑农，曰"剪刀差"，是收利侵渔于农也。仕宦工者罹患，官给医药，死者官为埋瘗；农人有疾，缺医少药，官不与问。苍苍蒸民，谁无疾患？为祛病疗创，关东农人各捐私钱设为病坊，曰"农合"，俾域中农人疾病者得药与医。官府盛赞之，以为创举，推崇备至。未几，春雷震响，风云再变，曰改革开放。自是利市主导医政，农合土崩瓦解。是时也，仕户有"公费医疗"，工者有"劳保"，惟农人就医，无所恃凭。农人被天命，漂若河中尘。若夫贫者，忍饥病死者多有。但逢灾荒，农人操壶瓢，为沟中瘠者，岂又少哉？其间书策稠浊，百姓不亲；上下相愁，至于不振。屈子曰：长太息以掩涕兮，哀民生之多艰。农人其微贱耶？天降其祟也耶？夫何为而至于此哉！

见兔而顾犬，未为晚也；亡羊而补牢，未为迟也。癸未年早春，国家始倡以人为本，社会协和，复令补医助药，以济农人。五月，乃衰农户得十钱，发囊中银四十钱，以作病资，曰"新农合"，令诸郡县并置。正帷布而雷动，终风解而霰散。自是农人患疾，郡县畜钱以待，曰：凡在癃老、疾废有疴疡者，使医分治之，补其需用，无使乏。复置"救助站"于各驿，收贫病无依、道路之废疾饿者，给予医药。此国家所以济贫民，贫民所以寄身也。《诗》曰：相彼雨雪，先集维霰。至壬辰年六月，各有安庇。夫参合者，官定病坊，掌收资费，经营出息，市药修剂，以惠农人。凡贫乏不能自存者，以府库充其费。不足，则予"医疗救助"，以利其疾。如是者十有余年矣。子曰：有国有家者，不患寡而患不均，不患贫而患不安。新农合利国利民，乡人额手相庆，老幼鼓腹讴歌。是仁为可亲，义为可尊也。老氏曰：上德不德，是以有德；下德不失德，是以无德。今国家立法度，发仓廪，医农牧老疾孤残丐者，实乃开天辟地之举也。吾尝询之于有司，曰："应之以人事，顺之以天理耳。"《诗》云：民亦劳止，汔可小康；惠此中国，以绥四方。今者修养农桑，矜孤恤贫，敬老养病，此所谓战胜于内廷。

夫众生乘化，是云天常。凡治之道，知理而后可以行政，知节而后可以用权，知势而后可以兴邦。知理则不枉，知节则不沮，知势则不辱。农人医疾保障，是其权利，而非恩惠也。昔帝王治下，以刀锯鼎镬待天下之人，民曰臣民，曰子民，曰草民，而非公民也。公民者，立法之主体，权利之固有者也。法者非惟治之具，亦抑权利之守也。子民者，无权利而附君者也。是故安危出其喜怒，祸患伏于帏闼；国以一人兴，亦以一人亡也。权利者，肇于西洋，天道固然，和谐之源也。此泰西所以易治而乱不兴也。苟无权利，则民无庇庥，大小人物皆胆战心惊，其生命、财产、自由朝不虑夕。此何故哉？好恶乱其中，而厉害夺其外也。夫权利人权，生民之护持也。微权利，生民平居无罪夷灭者，不可胜计矣。故曰，宁饥寒于尧舜之荒岁，不饱暖于桀纣之丰年。夫民本，权利为本，而非重民之谓也。吾师讳夏勇，学贯中西，巉岩壁立，合民本与权利，立为新民本说。厥义有四：民本而非君本，自本而非他本；民权为民之所本；民权本于民性，德性统摄权利；民性养于制度，民权存乎社会。其远见卓识，非安上而全下之策欤？夫民主权利，为国之芒刃也；宪政法治，为国之斤斧也。知此者，可以兴邦矣。要之以权利，齐之以法度，则四方之民襁负其子而至矣，何内忧外患之有也。

或曰：今天下承平日久，米满仓廒，财盈府库，百姓老有所养，病有所医，是不为大同之世乎？老小子曰：只见其喜，不见其忧矣。夫农人之"养老""医疗"保障，什之二三，犹杯水之于车薪也。且天下方病大瘤，失之不治，必为锢疾。近者祸及身，远者及子孙。今所谓贪官，位尊而无功，奉厚而无劳，而挟重器多也。出则高牙大纛，旗旄导前；入则目指气使，唯我独尊，尸位素餐者也。今所谓奸商，操行不轨，专犯忌讳，而终身逸乐，富厚累世不绝，蠹国害民者也。今所谓官嗣，饭封禄之粟，而载方府之金，宫中积珍宝，牛马实外厩，美人充下陈，绮襦乱纲者也。今所谓富嗣，男不耕耘，女不蚕织，衣必文采，食必粱肉，亡农夫之苦，而有仟佰之得，不劳而获者也。况有肉食者焉，不以人民国家为事，而耽于吴蔡齐秦之声，鱼龙爵马之玩；东都妙姬，南国丽人。所谓朱门酒肉臭，路有冻死骨。今之习俗则何如？曰：世风日下，人心惟危矣。君不见，众生煦煦，皆为利来；众生攘攘，皆为利往。所寡有者，惟正义耳。至若奸伪萌起，贪官污吏蠹害吾民，上下相遁，非止一日矣。当权者不爱抚其民，而贾利之；趋势者舐痔结驷，佞谄日炽。以致邪夫显进，直士幽藏。韩子曰：明主治吏不治民。今吏治不肃，纲纪不振，滥权者利己自足，取之于民，用之于身。是何道也？是无道也！吾闻夫人君之子，犹不能恃无功之尊，无劳之奉，以守金玉之重，而况公仆乎！

事有必至，理有固然。治国有常，而利民为本。为国者，以农为基。农者，万世之业也，得之则治，失之则乱。自古及今，未有失农而无危者也，未有农人乱而政能独久存者也。语云：物必先腐而后虫生之。为政亦如是。夫民不患有疾，而患疾无医。使老有所终，幼有所长，鳏寡孤独废疾者皆有所养，则民安政矣。盖有所恃，乃知生命之重；无所顾，则知死之不足惜。《刍言》谓：得民之劳者昌；得民之忧者康。文贞公曰：怨不在大，可畏惟人；载舟覆舟，所宜深慎。乐天先生曰：邦之兴，由得人也；邦之亡，由失人也。为政之道，百姓安则天下安，百姓不安，天下孰与安矣。故曰，吏虽乱而有独善之民，未有乱民而有独治之吏也。此天道至理，不待智者而后知也。《诗》曰：君子如祉，乱庶遄已。夫民无长性，惟上所待。济之以道，则民乐从之；威之以刑，则铤而走险。是故经国不以爵禄，安民不以斧钺。经国以爵禄，是其道行于爵禄之所加，而不行于其所不加也；安民以斧钺，是安于斧钺之所及，而不及于其所不及也。存亡之理，其在此耶？

医疾保障，利在当代，功在千秋。今惠及农人，善莫大焉。夫万物生身，暂聚之形，卓然而不朽者，功业也。造福人民，乃邦国之光，非闾里之荣也，岂止夸一时而耀一乡耶？居庙堂之高者，其宜奋发有为欤？吾姑拭目以待之。不然，天下将被祸，而吾获知言之名，不亦悲夫！祥穷巷掘门，桑户棬枢之士，嗟农人之不幸，虽处逸而怀愁。今惩羹吹齑，为民请命，事势蹙矣，吾不能安之若素。盖辛卯中秋，有乡农告余，欲鬻祖宅，嘱予因便利之。余问其故，曰："母病不能医，以资其费。"未几，复有乡农出奔父丧，往借盘赀。余怪之。对曰："先父罹患，旬年有加。虑及家室，已自绝数日矣。"余大惊，曰："不有新农合乎？奈何不假之也！"答曰："大病沉疴，日费千金，无济于事也。"余久不能应。乃夙兴夜寐，皓首研习。或曰："养技而自爱者，无敌于天下。先生处远江湖，不忮不求，不惑于事，安步以当车，无罪以当贵，盍清净贞正以自虞乎？"曰："瓶之罄矣，维罍之耻。黎不恤纬，聊尽人事而已矣。"适有课业招标，垂注农桑，承蒙彩霞、李萍、娅丽诸君惠助，卒获起用。外有任毅、新和、汤怀诸君通其意，内有晓锋、张翔、桥龙诸君膺其任，厥事乃成。余之述作，以弱者为序列，曰"弱者的权利""弱者的正义"，书生意气，诚可鉴也。亦余心之所善兮，虽九死犹未悔。农人，弱者之谓也。间者数千年不堪疾患，而一朝革正，因名"弱者的救赎"，乐其始而勉其终也。语云：君子固穷。余不能变心以从俗兮，团将愁苦而终穷。然余宵旰攻苦，求仁得仁，又何怨乎？于是歌曰：穷且益坚，不屈寒士微志；老当弥壮，宁移学者本心。

是序。

少祥 谨识
癸巳年仲夏于北京

《弱者的守望》序言

　　生民之初，两伊故地，有巴比伦焉，繁华竞逐，国泰民安。王令僧侣、胥吏及里正课民赋金，以备大裁，曰"保险"。有埃及焉，圬者拢其剩枚，共立义金，遇有丧葬殡殁，即以此金周全之。至罗马，军人效之，凡战殁者，众聚财币以抚恤其家。其后，兹法渐行于世。我周恭王六年，以色列王令课征税金，以补海损者之用。南宋政和八年，冰岛设荷瑞甫社，劝百姓课出余币，于当社共聚之。每遇火裁及畜亡之变，即以储币赔付之。明洪武十七年，佛罗伦萨首现"保单"，执账检校，以为制式。大清圣祖康熙二十八年，义得利人佟蒂倡合从养老，曰"佟蒂法"。光绪年间，布国人俾斯麦行"疾病""工伤"之法，令百工各纳所得，立为课金，俟其疾病、伤残、年老，辄以此金佐之，曰"社会保险"。金自众入，量度而出，丰凶有给，缓急有权，俾使守望相助，疾病相扶持。因是民生不见作乱，而安于工场衣食，涵煦于百年之深也。乙亥年中秋，花旗国有罗斯福者，厉行新政，诰曰："凡在孤老、黄发、疾病、穷困之士，国家发仓廪以赈之，以佐其急。"是"社保"之继兴也，使人人得自存，德泽有加于氓隶矣。自是国无贫富，垂法而行，一从于法。若遭水旱，民不困乏，天下安宁。岁孰且美，则民大富乐而无违心也。壬午年冬月既望，英吉利人贝弗里奇始倡"福利国家"。未几，法令诏曰："百姓之身家，皆国之仓廪所从出，以乐生送死，颐养万民。"是故行业时节，民为国实仓储，疾病年老，国为民谋保聚。由是勋泽洋乎岛内，福祉归乎庶众。故其治天下，不以事诏而万物顺，是社保之大成也。无何，各国步其后尘，劝课当社保，以为尤效。至癸酉年末，制章立典者凡百六十三国。故曰：天下之治，唯各特意耳，而有所共予者，社保也。

社保者，使国设司衡，令民出其所得，官捐其府库，存之以备不时也。所谓取于有余之时，用于不足之需。上及仕宦，下达黎庶，行终身之契，以为定例。其事理焉，一人为众，众人为一，供奉有时，损益有度。源大则饶，源小则鲜；岁岁有入，莫之予夺。智者弗能巧，力者弗敢争。所以循法令，惠民生者，施及萌隶，不特致政者有之。是法也，不论贵贱贫富，悉有所加，使各有宁宇。何则？造化弄人，时有灾变也。譬若富厚之家，遇天灾人祸，或破落败失，或入不敷出，身至子孙，卒困穷而无以自全也。或为奴婢仆从，或为窭人丐夫，皆编户之贱民也，性命不可期。社保之法，使安身有恃，奉养有待，以免于困穷之患也。故虽盛世之期，升平之际，不可或缺耳。是法也，经世济民之谓也，上则定国，下则安家，富者得执益彰，失执则身无所之，以而不赡。故曰：社保者，安民心也，民心安，则天下定矣。夫国库之岁入，赖乎税赋，出乎编民。遇变则民贫，民贫则赋无所出。生民救死不暇，若犹责以产息，徒重其困。苟为之计以社保，则民悦无疆。是法也，顺乎民心，所补者三：一曰国用足，二曰民赋少，三曰惠百业。故兴之有彰于德政，失之有损于协和。社保既行，则万物得宜，事变得应，上得天时，下得地利，中得人和；社保大成，则财货浑浑如泉源，汸汸如河海，暴暴如丘山。是使民养生丧死无憾也，欲民之祸乱，不可得也。夫广积钱粮，府储累厚，粟米汩汩乎不漏尽，雉与鱼鳖不可胜食，木材不可胜用，天下何患不足，国家何患不安也！

稽诸史籍，中土代有荒政之举而无社保之实也。荒政者，徒积蓄以备灾荒耳。武王克商，问政周公："天有四殃，水旱饥荒，其至无时，非务积聚，何以备之？"曰："送行逆来，赈乏救食，老弱疾病，孤子寡独，惟政为先，民有欲蓄。"《周礼》载："遗人掌邦之委积，以待施惠；乡里之委积，以恤民之艰厄；门关之委积以养老孤，县都之委积，以待凶荒。"《逸周书》云："国无三年之食者，国非其国也；家无三年之食者，家非家也。此谓之国备。"故周有数年之水，期年之旱，而亡捐瘠者，以蓄积多而备先具也。孔子云："耕三余一。"昔齐桓主葵丘之盟，曰"无遏籴"，以备不虞之患，兆民之用。援例，列国有灾，同位相吊。宣王亦尝发棠邑之仓，以赈贫民。《荀子》曰："足国之道，节用裕民，而善藏其余"，"岁虽凶败水旱，使百姓无冻馁之患"。贾子称："夫积贮者，天下之大命也。苟粟多而财有余，何为而不成？"故景帝不受献，减太官，省繇赋，每年收积，以备灾害。东莱吕氏曰："荒政条目，始于黎民阻饥。"淳熙元年，江南大饥，孝宗命出"常平米"赈之。史谓天子爱民，当患而为之备，即灾而为之捍，为符信发粟，免民流离之苦。是王霸之术而已，君主信意为之，非法定职司也。故曰：有十年之积者王，有五年之积者霸，无一年之积者亡。明设社仓，以本乡所出，积于本乡；以百姓所余，散于百姓，村村有储，缓急有赖。是众出众利，自相保障，非社保之义也。社保者，众出官助而利民者也，政之本务，垂为国家定制，公民之权利，生民之守护也。

语云："国以民为本，民以食为天。"社保者，国之重器，世之大用也。夫千乘之王，万家之侯，百室之君，尚犹患贫，而况匹夫编户之民乎！故圣人全民生也，五谷为养，五果为助，五畜为益，五菜为充，必将刍豢稻粱、五味芬芳以塞其口，然后众人徒、备官职、渐庆赏、严刑罚以戒其心。《诗》曰："钟鼓喤喤，管磬玱玱，降福穰穰。"其是之谓也！夫货财粟米之于家也，多有者富，少有者贫，至无有者穷，而礼生于有而废于无。管子曰："仓廪实则知礼节，衣食足则知荣辱。"君子富，好行其德；庶人富，以适其力。社保者，安民之道，存亡之由也。社保既就，则天下顺治，清和咸理；社保无有，则天下不待亡，国不待死。故上国立法御天下，必以社保为先。社保遂则民用足，民用足则国本固。民不足而国可治者，自古及今，未之尝闻。谚云："寒者利短褐，而饥者甘糟糠。"夫食不足，饥之本也；衣不全，寒之源也。饥寒并至，能无为非者寡矣。故曰：安民可与为义，危民易与为非。此道之所符，自然之验也。凡物有乘而来。天道何亲？惟德之亲；鬼神何灵？因人而灵。苟自朝士至于众庶，人怀自危之心，亲处穷苦之实，咸不安位，而欲祸不由生，不可得也。是故安者非一日而安也，危者非一日而危也，皆以积渐然。天下治平，无故而发大难之端，非祸从天降，其实有不测之忧。社保者，积有余以补不足，理所当然，势所必然也。若百姓不足，夷狄内侵，纵有芝草遍街衢，凤凰巢苑囿，何异于桀、纣哉？《逸周书》云："小人无兼年之食，遇天饥，妻子非其有也。"既元元之民得安其性命，莫不虚心仰上。当此之时，专威定功，安危之本，在于此矣。或曰："虚则欹，中则正。"若乘天地之正，而御社保之利，则上下相和，亲近而远附。夫如是，虽有狡害之民，必无暴乱之奸；虽有逆行之徒，必无影从之助矣。

吾闻夫大治之世，货恶其弃于地也，不必藏诸己；力恶其不出于身也，不必为己。积储而防患，行善而备败，所以阜财用衣食者也。清暖寒热，无不筹救；贵贱相和，愚智提衡而立。因时变化，四季不害而民和年丰；去就有序，求万物而无不遂。所谓瓯窭满篝，污邪满车，五谷蕃熟，穰穰满家。入则有法家拂士，出则无敌国外患。民之所欲，因而与之；民之所否，因而去之。嘉言罔伏，野无遗贤；朝政肃清，万邦贤宁。蓝苴路作，智者不为；悍戆好斗，勇者不屑。饥者歌其食，劳者歌其事。强毋攘弱，众毋暴寡，老耆以寿终，幼孤得遂长。为上者，不凝滞于物，而能与世推移，其慈仁殷勤，诚加于心，非虚辞以借也；为下者，各劝其业，乐其事，若百川归海，日夜无休时，不召而自来。史载，先汉欲天下务农蚕，帝亲耕，后亲桑，以奉宗庙粢盛祭服。是天下之士，仁义皆来役处。辩士并进，莫不来语；东西南北，莫敢不服。故曰：世之大治也，域民不以封疆之界，固国不以山溪之险，威厉而不试，刑措而不用，辄旷日长久而社稷安矣。小子不慧，遥想至治之美，至今以为恨矣。或曰："天下歌舞升平，且安且治矣！"窃以为未然也，曰安且治者，非愚则谀。夫天下之患，最不可为者，名为治平无事，实则有不测之忧。盖明者远见于未萌，而智者避危于无形，祸固多藏于隐微而发于人之所忽也。文帝之治，九州晏然，贾子独以为抱火厝积薪之下而寝其上。火未及燃，因谓之安矣。方今之势，何以异此！某窃惟事势，悖理亡道者多矣，可为痛心者四。

首曰名不正。官吏者，民之役也，非以役民者也。春秋吕氏曰："凡人之性，爪牙不足以自守，肌肉不足以捍寒暑，筋骨不足以从利辟害，勇敢不足以却猛禁悍。"为御敌寇，兴公利，治乱决缪，绌羡齐非，生民群聚群议，协契立约，绥合政府，是有"宪法"，亦谓之"社会契约"。曰：权力者，权利之让渡也，而权利之实，源于天赋。《诗》云："布政优优，百禄是遒。"此宪法之要旨，为政之基原也。立约以宪，使天下之人皆知己之所愿欲在宪也，故其令行；皆知己之所畏恐在宪也，故其禁止。故曰：宪法失能者，其国必乱，政不在民故也。今之奸佞，犹谓政出暴恐，必也正名乎！语云："求木之长者，必固其根本；欲流之远者，必浚其泉源；思国之安者，必正其名实。"苟不正名，而欲以力御之，必后世无危亡，此理之所必无，岂天道哉！窃人之财，犹谓之盗，况贪天之功，以为己力乎？子厚先生曰："民为主，官为役。"《送薛存义序》载，民之食于土者，出其什一佣乎吏，使司平于官也。官受其值，怠其事者，天下皆然。岂惟怠之，又从而盗之。先生愤然曰："向使佣一夫于家，受若值，怠若事，又盗若货器，则必甚怒而黜罚之矣。"今天下多类此耳。或诩为民之父母，生聚不察，狱犴不治，箠筥不饰，帷薄不修。衣食所安，一己专之；声色犬马，夜夜笙歌。或诈伪为吏，疏知而不法，察辨而操僻，以货赂为市，渔夺百姓，侵牟万民。或重权独揽，骄恣逞欲，废王道而立私爱，焚文书而酷刑法，以虐害为天下始。故曰：人为刀俎，我为鱼肉。子云："聪明圣知，守之以愚；功被天下，守之以让；勇力抚世，守之以怯；富有四海，守之以谦。此所谓挹而损之之道也。"苟不治吏而挹民，乱其教，繁其刑，百姓困穷而不收恤，吾不知其可也。

次曰实不称。官吏者何也？曰：公仆也。今之佩虎符、坐皋比者，洸洸乎干城之具，昂昂乎庙堂之器，果能建伊、皋之业耶？吾甚惑矣。盗起而不知御，民困而不知救，吏奸而不知禁，法斁而不知理，坐糜廪粟而不知耻。生生所资，未见其术。狗彘食人食而不知检，途有饿莩而不知发。厚作敛于百姓，暴夺民于衣食。因便即乘，见利则逝；幼稚不哺，瓶无余储。卑下之名以显其身，毁国之厚以利其家。德不处其厚，情不胜其欲。耳目欲极声色之好，口腹欲穷刍豢之味，身安逸乐而心矜势能之荣。不念居安思危，毋忧海内之患。尘游躅于蕙路，污渌池以洗耳。郡将下车辄切齿，州府以为公害。故上下之情，壅而不通；天下之弊，由是而积。或居上位，不卫疆域而卫权势，不谋社稷而谋利禄，玩细娱而不图大患，非所以为职司也。至若朋党宗强比周，设财役民，侵凌百姓，恣欲自快，习以为常矣。顺我者畅，逆我者亡，使天下之士倾耳而听，重足而立，嗫口而不言。是故巧者有余，劳者不足，介士危死于非罪，奸邪安利于无功，此志士所以愤怨不平者也。天下嗷嗷，新政之资也。此言饥民易与为仁耳。为政者，未得其实，而喜其为名，以骄奢为行。据慢骄奢，则休祲降之；行乱所为，则凶殃中之。故曰：无实而喜其名者削，无德而望其福者约，无功而受其禄者辱，祸必握。陈涉皂隶之人，不用弓戟之兵，鉏耰白梃，望屋而食，横行天下，而终毁秦庙。前事不忘，后事之师也。今之浊官，皆务所以乱而不务所以治也。及其伏案，又皆释法而私其外，是祸国殃民者也。名不正，实不称，损民以益雠，内自虚而外树怨，求国无危，不可得也。

再曰法不行。法者公民协约，非治者之志也。古云法令如流水之源，斯民议定之故也。夫礼禁于将然之前，法禁于已然之后，故法之所用易见，礼之所为难知也。所谓法治，不别亲疏，不殊贵贱，朝野纷争，一断于法。故上国使法择人，不私举也；使法量功，不自度也。峻法，所以凌过游外私也；严刑，所以遂令惩奸恶也。雷霆之威，上先服之。若不可，黜不能以戒之。是故为政不以禄私其亲，功多者授之；不以官随其爱，察其能而公举之。至若以佞取宰相、卿、大夫，殊不可得也。故官民之间明辨易治，雠法即可。所谓官吏，奉法者而非立法者也；庶民，约法者而非祭法者也。诰誓效于五帝，盟诅比乎三王，斯无邪慝矣。吾师讳夏勇，汪洋浩博，俊杰廉悍，倡始人权法治，曰：民惟邦本，权惟民本，德惟权本；法者公意，明法而行，法律主治。廓开大计，鸿业远图。推此志也，虽与日月争光可也。故曰：国将兴，必贵法而重公论；国将衰，必贱法而轻众议。今法不选任，以党朋举官，行赏以政，民务交而不求用于法，法治不行之故也。法治不行，则天下贫羸穷居之士，虽怀尚、塞之术，挟伊、管之才，而素无根柢之容，必袭按剑相眄之迹矣。是使布衣之士不得为枯木朽株之资也。朝达权士，不过阿谀逢迎之雄耳。夫溜须拍马之辈出其门，此志士之所以沉沙也。长此以往，必有所害。或曰："法令者治之具，而非至治清浊之源也。"诚哉斯言！人有贤愚，法有良恶。良法者强国之本，恶法者乱国之源。行之以良法，政道洽而民气乐；纵之以恶法，法令极而民风哀。故曰：置天下于恶法者，德泽亡一有，而怨毒盈于世，民憎之如仇寇，祸及己身，子孙诛绝，此天下之所共见也。今法令滋章，不分良恶，犹未能学庖而使割也，其伤实多。且刑不上公卿，法不责诸侯，而直数百里外威令不行，可为痛心者其三也。

四曰教不兴。教化者，使天下之人悉尊礼法，更节修行，各慎其身。古之圣王以教化育万民，以盛德与天下，行义不辍，恩泽有加，天下顺治。《诗》曰："嘉乐君子，宪宪令德。宜民宜人，受禄于天。"闵子骞不间于父母，柳下惠与后门者同衣而不见疑，非一日之闻也。今之世则不然，侈靡相竞，而民亡制度，弃礼仪，捐廉耻日甚，可谓时异而岁不同矣。盗者剟寝户之帘，搴庙宇之器，白昼大都之中剽府库而夺之金。放辟邪侈，恃强妄为，使俗之渐民久矣。或见利争先，利尽而交疏，反相贼害，虽父子兄弟，不能免也。兼并者高诈力，安危者贵顺权。国乱其教，生民迷惑而堕焉，又从而制之。是故刑戮相望于道，法虽繁而邪不胜。古云恶有五，而盗窃不与焉：一曰心达而险，二曰行辟而坚，三曰言伪而辩，四曰记丑而博，五曰顺非而泽。此亡教化之至也。至于剖劫剽掠，累积巨金，恬不知怪，以为固如是也。夫百人作之不能衣一人，欲天下亡寒，不可得也；一人耕之，十人聚而食之，欲天下亡饥，不可得也。饥寒切于民之肌肤，欲其亡为奸邪，胡可得耶？语云："物类之起，必有所始；荣辱之来，必象其德。"人情一日不再食则饥，终岁不制衣则寒。寒之于衣也，不待轻暖；饥之于食也，不待甘旨。是以圣王之治，必本于人性，勿使冻馁。谚曰："民贫则奸邪生。"贫生于不足，不足生于厚敛。故欲定国安邦，唯积至诚，用大德结乎天心，薄赋敛，广蓄积，备水旱，以为保障，则民可得而有也。语云："国遇其民如犬马，彼将犬马自为也；遇如贼寇，彼将贼寇自为也。"是以善者因之，其次利导之，其次教化之，再次整齐之，最下者与之争。今上失其行而杀其下，盍重刑戮如此，轻教化若彼耶？吾观夫今日事势，举国嗜利，官民相疑。下数被其殃，上数爽其忧。比相倾轧，弱肉强食，不同禽兽者几希！故曰：上下相蒙，好恶乖迕，而欲国富法立，不可得也；四维不张，六亲不固，而欲民不逾矩，虽尧舜不治。

政道，知人；学道，知事。夫学者，博学、深谋、修身、端行以俟其时者也。出则论行结交，入则正心诚意，不戚戚于贫乏，不汲汲于富贵。进思竭力，退思尽心。劳苦彫萃而无失其敬，灾祸患难而无失其义。于其身也，隘穷而不失，劳倦而不苟，临患难而不忘细席之言。诗曰："匪交匪舒，天子所予。"此之谓也。或以耿介拔俗之标，潇洒出尘之想，度白雪以方洁，干青云而直上。达则益上之誉而损下之忧，不能而去之，无益而远疏之。举世偶之而不加劝，举世非之而不加沮。故学者之大行也，从道不从势，从义不从利，从理不从贵。所谓权利不能倾，群众不能移，天下不能荡也。或立身事国，竭智尽谋，忠告善道，销患于未形，保治于未然。鞠躬尽力，死而后已。或以身许国，为天下犯大险，不为自全计，激昂大义，慷慨赴难。生于忧患，死于安乐。骋西山之逸议，驰东皋之素谒。荣勋盖于当世，功业覆于天下。垂光百世，照耀简策。语云："将顺其美，匡救其恶。"其学者之谓乎！吾闻圣明学士，功立而不废，故著于《春秋》；仁人君子，名成而不毁，故称于后世。昔舜发于畎亩之中，傅说举于版筑之间，胶鬲举于鱼盐之中，管夷吾举于士，孙叔敖举于海，百里奚举于市。此亦言贵贱无恒，学者之有重于社稷也。今有学者则不然，从势不从理，从利不从义，任其能以得所欲，俾身全以求富贵。意者学道有亏，天道有变，政道有失欤？抑或学者之奉养与费不足欤？何趋利寡义若此也！夫学者，国之脊梁也。第以今日之事势观之，可为流涕者二。

首曰唯官是瞻。古之学人，贱为布衣，贫为匹夫，食则饘粥不足，衣则竖褐不完，然而非礼不进，非义不受。若颜回、原宪，皆坐守陋室，蓬蒿没户，而意志充然，有若囊括于天地者。其学也，磨砻淬砺，刮垢磨光，以美其身。若夫鹓鸰，非梧桐不止，非练实不食，非醴泉不饮。今之学者，不诚于内而求之于外，学曾未如疣赘，而具然欲为执司，唯恐或后于人。当其未遇之时，羡于位势之贵，慕于威重之权，回面污行，求官若渴。日夕策马，候于权贵之门；苞苴竿牍，以求亲近左右。虽假容于江皋，乃缨情于好爵。既得志，则纵情以傲物，专利己身而不为国家。经日所思，凤笙龙笛，蜀锦齐纨；夜夜所耽，琼蕤玉树，歌楼舞馆。临不测之威，以幸为利。顽顿亡耻，奰诟亡节；廉耻不立，苟若而可。不务曾参孔子之行，而欲胜于曾参孔子。逞谄谀之辞，挟帷廧之制，使寥廓之士迍邅不伸，折戟沉沙，此鲍焦之所以愤世耳。故曰：不学无术，捱风缉缝，君子之所憎恶也。吾闻有舜而后知放四凶，有仲尼而后知去少正卯。然君子能为可贵，不能使人必贵己，能为可用，不能使人必用己。语云："非其人而用之，赍盗粮、借贼兵也。"曩有吴人者，不能奉先贤之教，以利国利民，而欲砥行立名，亦见其失矣。夫辩足以移万物，而穷于用说之时；谋足以夺上卿，而辱于右武之国。此又何说耶！曾子曰："多知而无亲、博学而无方、好多而无定者，君子弗与也。"夫俗儒之所务，在于刀笔筐箧，而不知大体，若夫智谋功名之士，窥时俯仰以赴势物之会。故曰：以贤易不肖，不待卜而后知吉；以治伐乱，不待战而后知克。余谨稽之天地，验之往古，按之当今之务，日夜念此至孰也。夫举世逐官，毋务学道，是舍本逐末，贵仆而贱主也。为国家计，亡以易此。

　　次曰无有担当。或不得志于有司，放浪曲蘖，恣情风物。曰："言有招祸，行有招辱也。昔玉人献宝，楚王诛之；商鞅竭忠，惠王车裂。是以箕子阳狂，接舆避世，恐遭此患也。夫芷兰生于深林，非以无人而不芳。君子之学，非为通也，为穷而不困、忧而意不衰也，知祸福终始而心不惑矣。"或曰："吾彼濠梁之儵鱼也，其怡然自乐。世道清明，可以出而仕之；世道混浊，吾且恶乎待哉！夫兰槐之根是为芷，其渐之滫，君子不近，庶人不服。是故孙叔敖三去相而不悔，於陵子仲辞三公为人灌园。且居不隐者思不远，身不佚者志不广。夫庸知吾不得于桑落之下？"或曰："世无道而松柏先凋。子夏不仕，以诸侯之骄也。子谓知者、忠者以谏之道必行邪？伍员、岳武穆、袁督师不见刑乎！以史鉴之，国非无深谋远虑知化之士，所以不敢尽忠指过者，多忌讳之禁也，忠言未卒于口而身糜没矣。"或曰："众口铄金，积毁销骨也。仕途险恶，鹤怨猿惊。夫以孔、墨之辩，尚不能自免于谗谀，而况吾辈碌碌者乎！古云：'争利如蚤甲而丧其掌。'吾观夫清士议政，刑连祸结，菹醢烹戮，载在史册者，不可枚数矣。是故申徒狄蹈雍之河，徐衍负石入海，以其不容于世也。吾义固不苟取比周，不如高蹈远引，戢鳞潜翼，保全首领，以老于户牖之下。"或劫迫于暴陵而无所辟之，则矫其善，饰其美，言其所长，而不称其所短也。奴颜婢色，卑躬屈膝，为五斗米而折七尺之躯。曰："神莫大于化道，福莫长于无祸。吾自负以不肖之名，故不敢为辞说。彼熊掌、貂裘、璧英、丽谯，世之奢华也，吾恶乎不取之耶？"穷奢极欲，随俗浮沉。此其故何也？曰：所谓失其本心！若夫避居者，疾今之世，自引而居下，大者不能，小者不为，怀独行君子之德，义不苟合当世，蝼屈不伸，忧郁而终。是弃国捐身之道也，当世亦笑之，岂仁人志士之所为耳！

少祥布衣之士，横山赤子。承先祖之故业，荷国家之厚恩。既愤腐败之尤甚，又痛民生之日艰。亦常慨然自许，欲有所为。呜呼！社保之学，其不明于世，非一朝一夕之故也。今所谓学官，尚功利，崇妄说，是谓乱学；习陈词，传滥调，以涂天下之耳目，是谓辱学；侈邪辞，竞诡辩，饰奸心盗行，犹自以为荣，是谓贼学。若是者，宁复以为尊学术也耶？师台讳王家福，鹤鸣九皋，德至而色泽怡，行尽而声问远。《诗》云："言念君子，温其如玉。"先生之谓也！一日，先生语于余曰："士有净友，则不为不义；国有净士，则封疆不肖。社保者，国之中柱也。今天下贫者不足，群情汹汹，为国家计者，莫如先审取舍。取舍之极定于内，则安危之萌应于外矣。"戊子年冬月巳朔，太学爰降明诏，问余课业，题以社保，责余试艺。余过蒙拔擢，宠命优渥，得陟于无措之中，而立乎群贤之上，故忐忑然求教于先生。先生曰："事有不可知者，有不可不知者；有不可言者，有不可不言者。社保之学，使天下回心而向道，类非俗子所能为也。今国家以天下之政，四海之大，得失利弊，萃於吾侪使言之，其为任亦重矣。汝之所学，春华秋实，含辞满胸，终须奋见于事业。是义不容辞也，汝其勉之乎！"窃以为奉令承教，可以幸无罪矣，故受命不辞。间者数年专攻社保，少有所得。语云："文死谏，武死战。"为政之道，莫若至公，以顺民心为本，必因其失而谏焉。故曰：规谏无官，自公卿大夫，至于工商，无不得谏者。昔晋平有失，师旷援琴撞之，君以为戒。邹忌讽齐王纳谏，而战胜于朝廷。某食禄国家，当竭诚尽智，吊死问疾，此荐轩辕而忠万民之职分也。

吾始用事，静纠合诸贤十三人同为参决，众咸附焉。荀子曰："君子之学如蜕，幡然迁之。故其有效，其立效，其坐效，其置颜色、出辞气效。无留善，无宿问。"窃以为，学之精深，在乎区盖之间矣。故受命以来，宿夕研磨，寒暑不辍，恐托付不效，以伤有司之明。余于课业也，疑则不言，未问则不言，裙拘必循其理，淖约而微达。虽公卿问正，以是非对。每有困惑，则焚香默坐，消遣世虑，所以动心忍性，增益其所不能。此固非勉强期月之间，而苟以求名之所能也。《诗》曰："嗟尔君子，无恒安息。"某立志如穷，不懈于内而忘身于外者，盖思民生疾苦，将欲有为于论策也。语云："如切如磋，如琢如磨。"学问之道，固学一之也，全之尽之，然后学者也。忽出焉，忽入焉，涂巷之人也。是故人之于学，犹玉之于琢磨也。和氏璧，井里之厥也，玉人琢之，为天下宝。子赣、季路，故鄙人也，被文学，服礼义，为天下列士。荀子曰："无冥冥之志者，无昭昭之明；无惛惛之事者，无赫赫之功。"所谓激湍之下必有深潭，高丘之下必有浚谷也。然善学者尽其理，善行者究其难。凡人之智，能见已然，不见于将然，盈虚倚伏，去来之不可常。吾辈峻节书生，少达而多穷，故殚诚毕虑，筹谋划策，必因其材而笃焉。或曰："女无美恶，入宫见妒；士无贤不肖，因言见嫉。信必然之画，捐朋党之私，挟孤独之交，不能自免于嫉妒之人矣。况三谏不从，移其伏剑之死耶？盍勤宣令德，策名清时乎！"曰："曾子泔鱼，伤其闻之晚也。夫宣上恩德，以襟黔首，吏员之事也。哗众取宠，言行不一而流喆然，虽辩，小人也。假言令色，投机取巧，纵得小利，终丧身名。子曰：'言要则知，行至则仁。'吾侪心怀民众，明辨慎思，夫恶有不足矣哉？君子苟无以利害义，则耻辱亦无由至矣。且夫天下兴亡，匹夫有责，而况于谏职之士乎！"

呜呼！岁月不居，时节如流。天命之年，忽焉将至。余自负蝉蜕于浊秽，不获世之滋垢，然觏闵既多，受侮不少，所居学职积年不徙。子曰："道不同，不相为谋。"斯亦某之褊衷，以此屡不见悦于长吏，某则愈益不顾也。窃以为，君子与君子以同道为友，小人与小人以同利为朋，此自然之理也。正君渐于香酒，可谗而得之，此世所谓上下相孚也。故曰：君子之所渐，不可不慎也。《诗》云："无将大车，维尘冥冥。"士有离世异俗者，独行其意，骂讥、笑侮、困辱而不悔，无常人之求而有所待也，其龃龉固宜，恶乎以皓皓之身，而蒙世之温蠖乎！夫遇不遇者，时也；贤不肖者，才也。君子博学深谋不遇于时者众矣，皆得厌其为迂乎？比干、子胥忠而君不用；仲尼、颜渊知而穷于世。人生有命，亦各从其志矣。靖节先生曰："质性自然，非矫厉所得；饥冻虽切，违己交病。"此士之风节耳，何予独不能之乎！荀子曰："学者非必为仕，而仕者必为学。"君子博学而日参省乎己，则知明而行无过矣，何必仕为！天下君王至于卿相众矣，当时则荣，没则已焉。孔子布衣，颠沛流离，饥渴劳顿，而垂芳百世，学者宗之。嗟夫！举世嗜利，士子能不易其志者，四海之大，有几人欤？或将有为也，于是有水火之孽，群小之愠，劳苦变动而后能光明也。少祥不敏，倾身学业，欲来者不拒，欲去者不止。仰观宇宙之大，俯察品类之盛；芥千金而不眄，屣万乘其如脱。今忘怀得失，衔觞赋序，著文自娱，以乐其志也。古云："少不习读，壮不论议，虽可未成也。"某强学慎行，恫瘝在抱，而终身空室蓬户，褐衣疏食不厌，惟守分而已矣。缑城先生曰："虑天下者，常图其所难而忽其所易，备其所可畏而遗其所不疑也。"君子笃志问道，得无慎其所言乎！

越三年，各有所成，会于京畿。某以为不顿命，列表而陈之。语云："尽小者大，积微者著。"诸君论策，笔冢研穿，气韵道逸，物无遁情，非好学深思，心知其意，固难为之。某虽不佞，数奉教于君子矣。或曰："白头如新，倾盖如故。"何则？知与不知也。所谓"岁不寒，无以知松柏；事不难，无以知君子"，以予所学观之，存亡之变，治乱之机，尽在其中矣。然理无专在，学无止境。诸君意气，有醒世之心，惟前知其当然，事至不惧，而徐为之图，方得至于成功。故曰：善为《诗》者不说，善为《易》者不占，善为《礼》者不相。吾闻之，以德予人者谓之仁，以财予人者谓之良。故竭诚尽忠，裒辑诸君所著若干篇，掇为一卷，刻而传之，即所载诸什是也。社保者，弱者之依托，生民之护持也，因名"弱者的守望"。文不能悉意，略陈固陋，计议愿知而已矣。嗟乎！世之学者，得此说而求诸其心焉，亦庶乎知所以为社保也。将有作于上者，得此说而存之，其国家可几而理欤！故是说诚行，则天下大而富，使有功，撞钟击鼓而和。他日国家采风者之使出而览观焉，其能遗之乎？余谨识之。谚曰："言之者无罪，闻之者足戒。"吾侪博观约取，陈情明切，非以于忤上也。以思往昔者，其言也衷，其情也切矣。子云："朝闻道，夕死可矣。"吾何求哉？吾得正而死焉斯已矣。语云："观今宜鉴古，鉴古宜知今。"后之视今，犹今之视昔也。苟名实不称，吾当妄言之罪。至若成败利钝，非吾所能逆视也。窃唯学道多端，谅非一揆，依理验之，或有不足。太岳先生曰："天下之事，不难于听言，而难于言之必效，不难于立法，而难于法之必行。"吾侪文墨书生，含辞采言，若夫厘奸剔弊，旋乾转坤，非所能也。今临毁辱之非，堕籍籍之名者，亦某所大恐也。至于文辞工不工，及当作者之旨与否，非所论大者也，故不予著，唯读者诸君留意焉。《诗》曰："瞻彼日月，悠悠我思。"社保大业，任重道远，吾侪其锲而舍之乎？

甲午年秋日少祥手序

于京畿书香阁

《弱者的权利》后记

时维三月，序属仲春。

余蛰伏书斋，潜心习作，今一年有加矣，其间寒暑易节，竟有隔世之感。《荀子》曰："骐骥一跃，不能十步；驽马十驾，功在不舍。"彼为学也，宁有境乎！

然吾学业不精，今决起而飞，不过数仞而下，孜孜而不倦者，盖求抛砖引玉也。《尚书》曰："民惟邦本，本固邦宁。"《孟子》曰："民为贵，社稷次之，君为轻。"夫民者，国之根本，载舟覆舟，千古一理。余本书生，为谋生计，舍真理于中途，而逐利于商贾之中，迄来十有余年矣。其间虽有所成，是曳尾涂中而弗自知也。语云：为国为民，儒之大者。吾侪日日利来利往，醉醺醺而饫肥鲜，空生天地，其如土石何！吾师也，悯弟子之发奋，擢之于众生，躬亲教导，晓之以国家大义，遂使舍利求义而投身民生大业。师之道，曰人权，曰法治。百年之间，开民力，启民智，为民权号呼奔走，舍康、梁与中山其谁欤！生存权，民之本也。嗟晚清以降，吾国吾民，积贫积弱久矣。方今之时，国运渐昌，然三秦之野，犹有衣不蔽体之众；五津之市，矜有食不果腹之民。曰"贫民"，曰"弱势群体"。贫也者，但临疾痼，则生死两茫；弱也者，侵害加身，乃束手引颈。民生如是，不亦悲夫！故每念斯众，则汗未尝不发背沾衣也。吾师心系人民，境界高远，博学笃行，气度恢宏，教吾侪以国家民族大义，是非志士之为欤？窃以为，君子者也，铁肩担道义，妙手著文章，慎乎内外之分而辨乎荣辱之境。余虽不敏，为贫为弱，志虑忠纯，今当庶竭驽钝，陈力就列。语云："夫水之积也不厚，其负大舟也无力。"余荒废学业久矣，竭虑经年，冀有所得。

伏维雄文，以博采见长。余之为文也，久而不得其理。至于斟酌损益，条分缕析，实有阙漏。或所论非要，或引喻失义，此文之忌也。吾师者，悉以彰之，故凡数易其稿。尊师诲教，得无幸耶！张志铭师，余之首任业师也，怀璧不露，淡泊谦和，其治学严谨令不才终身受益。余入学三载，并承蒙诸师长指教，有信春鹰师、吴玉章师、刘作翔师，李步云师、王家福师、刘海年师、陈泽宪师、张广兴师、梁慧星师、孙宪忠师、王晨光师、王亚新师、朱景文师、龙翼飞师者也，谨表敬意！诲加我者有冯军教授、张明杰教授、张少瑜教授、刘俊海教授、刘翠霄教授、高全喜教授、孙世彦教授、陈新欣教授、严军兴教授、张小虎教授、谢寿光教授、曹明德教授、傅郁林教授、孙国栋教授、齐延平教授，谨此致谢！余友者，余日与交游，受益良多，有胡水君博士、贺海仁博士、黄金荣博士、刘海波博士、邹利琴博士、谢海定博士、谢鸿飞博士、范亚峰博士、冉浩博士、赵合俊博士、赵雪刚博士、王四新博士、刘培峰博士、温珍奎博士、翟小波博士、朱晓飞博士。余同窗者，皆青年才俊，英气勃发，余每与论交，辄受益匪浅，有陈国刚君、杨晓锋君、高航君、杨俊峰君、任毅君、李裕君、马英娟君、朱继萍君、蔡琳君、翁开心君、支振峰君、严海良君、唐剑飞君。是可以已乎？曰：非举之属也。子云："三人行，必有我师焉。"余漫历学海，惠我教我者众矣，纸短情长，非能罄之。余妻梅氏，性行淑均，由丰入俭，勤勉持家，使余得倾力课业，谨此致谢。

鸣呼，居学无常，庠序难再。余以而立之年，游京畿而入太学，其间甘苦几多，欢乐几何！始余之叩问之时，折戟英文，屡试屡北，而愈挫愈奋，生命不息者也。荀子曰："学不可以已。"余数世布衣，少贫疾苦，外无期功强近之亲，内无隔宿三日之粮，彻夜苦读，上下求索。既加冠，躬奉父母；每用事，勤而不辍。今弃贾从文，为民鼓呼，余愿足矣。所赖君子安贫，达者知命，一箪食，一瓢饮，夫复何求？惟余之问道也勤，责己也严，思之也蕃，而鲜为文者，何也？慎乎文章者也。余偶有所得，偿试述之，不舍昼夜。未几，得一美文，孰视良久，乃曰：

"吾固不及也。"卒不为。噫嘻，天下文章，汗牛充栋，浩如烟海，持论者几人！余本学子，不求宦达，不衿名节。承师景命，沐浴清化，著微言于陋室，陈民情以明时，书生意气，诚如斯也！今当远离，谒文诸师，苟以教闻，则余之幸矣。

归期将至，兰舟催发。昔我来思，雨雪霏霏；今我往兮，杨柳依依。

丙戌年仲春
少祥谨识

图书在版编目（CIP）数据

社会法总论 / 余少祥著. —— 北京：社会科学文献
出版社，2019.5
ISBN 978 - 7 - 5201 - 4533 - 6

Ⅰ. ①社… Ⅱ. ①余… Ⅲ. ①社会法学 - 研究 - 中国
Ⅳ. ①D902

中国版本图书馆 CIP 数据核字（2019）第 048554 号

社会法总论

著　　者 / 余少祥

出 版 人 / 谢寿光
责任编辑 / 芮素平
文稿编辑 / 张春玲

出　　版 / 社会科学文献出版社·社会政法分社 （010）59367156
　　　　　　地址：北京市北三环中路甲 29 号院华龙大厦　邮编：100029
　　　　　　网址：www. ssap. com. cn
发　　行 / 市场营销中心 （010）59367081　59367083
印　　装 / 三河市尚艺印装有限公司

规　　格 / 开　本：787mm × 1092mm　1/16
　　　　　　印　张：24.5　字　数：376 千字
版　　次 / 2019 年 5 月第 1 版　2019 年 5 月第 1 次印刷
书　　号 / ISBN 978 - 7 - 5201 - 4533 - 6
定　　价 / 119.00 元